W. H. Riehl

Historisches Taschenbuch

Fünfte Folge, dritter Jahrgang

W. H. Riehl

Historisches Taschenbuch
Fünfte Folge, dritter Jahrgang

ISBN/EAN: 9783743310865

Hergestellt in Europa, USA, Kanada, Australien, Japan

Cover: Foto ©Thomas Meinert / pixelio.de

Manufactured and distributed by brebook publishing software (www.brebook.com)

W. H. Riehl

Historisches Taschenbuch

Historisches Taschenbuch.

Begründet von Friedrich von Raumer.

Herausgegeben

von

W. H. Riehl.

Fünfte Folge. Dritter Jahrgang.

Leipzig:
F. A. Brockhaus.

1873.

Vorwort.

Es sind sechs Aufsätze von sehr verschiedener Art, welche wir in diesem neuen Jahrgange den Lesern des „Historischen Taschenbuches" bieten. Sie ordnen und gruppiren sich mannichfach unter wechselnden Gesichtspunkten.

Zunächst nach dem Inhalte. Voran steht eine Urkunde zur Kriegsgeschichte, dann folgen Beiträge zur Sittengeschichte, zur Staats- und Rechtsgeschichte, zur Kirchengeschichte, zur Literaturgeschichte, und den Beschluß macht ein Stücklein Geschichte des Theaters.

Nach chronologischer Reihe führt uns Felix Dahn in die Epoche der Völkerwanderung, Georg Weber und von Liliencron zum Wendepunkt des 15. und 16., Henke des 16. und 17. Jahrhunderts, Karoline Schulze an der Hand Uhde's ins 18. Jahrhundert und zuletzt — als unfreiwilliger Mitarbeiter — General Mack in die für Deutschland so traurigen Anfangsjahre des 19. Jahrhunderts.

Auch in der Form vertritt jeder der sechs Beiträge eine besondere Gattung. Mack's Vertheidigungsschrift ist ein Actenstück, — zu groß für ein Geschichtsbuch, zu klein für selbständigen Abdruck und doch von erheblichem In= halt, und also gerade recht für eine gelehrte Zeitschrift. Weber's „Uebergangsproceß zweier Weltalter" bietet eine culturgeschichtliche Schilderung mit welttragenden Per= spectiven; Dahn's „Gesellschaft und Staat in den ger= manischen Reichen der Völkerwanderung" ist ein ab= handelnder Essay, Henke's „Theodor Agrippa d'Aubigné" eine biographische Studie, von Liliencron's „Weißkunig" eine literarhistorisch=kritische Analyse, und Uhde theilt naive Denkwürdigkeiten mit aus der Feder einer un= literarischen Frau.

Vom Standpunkte des Lesers hat das „Historische Taschenbuch" seit seinem Beginne stets zweierlei Beiträge enthalten: Aufsätze zur belehrenden Lektüre und Aufsätze zum Studium.

Beide Gattungen erscheinen auch diesmal wieder. Weber's Culturgemälde der Renaissance ist recht eigent= lich fürs Lesen im besten Sinne geschrieben, und die Memoiren=Fragmente aus dem „deutschen Komödianten= leben" bieten sich von selbst als anregende Lektüre. Da= gegen steht Dahn's Abhandlung über socialpolitische Probleme des germanischen Alterthums und Henke's Charakterbild des französischen Calvinisten, Kriegs= mannes und Poeten auf einer Uebergangsstufe: sie heischen Studium in der Lektüre. Noch stärker zieht

Liliencron's „Weißkunig" nach der Seite des Studiums, und das Actenstück über die Capitulation von Ulm gehört dann vollends ins archivalische Gebiet, und das Archiv besucht man nicht um zu lesen, sondern um zu studiren.

Zum Schlusse noch ein Wort über den Beitrag Henke's. Der äußerst fleißige Aufsatz ist wol die letzte abgeschlossene literarische Arbeit des hochverdienten Kirchen= historikers. Er hatte dieselbe für das „Historische Taschen= buch" bestimmt, allein der Tod ereilte ihn, bevor er noch einmal die letzte Hand an das im wesentlichen fertige Concept legen konnte. So erhielt es die Redaction aus dem Nachlasse des Verewigten. Ursprünglich hatte Henke eine ausgeführte Inhaltsangabe des großen d'Aubigné'schen Gedichtes „Les Tragiques" mitten in die Geschichts= erzählung gefügt. Nach Mittheilung eines ihm nahe stehenden Freundes wollte er aber dieselbe ausscheiden, weil sie einen zu breiten Raum zwischen den historischen Thatsachen einnehme, und so lag sie als sichtbar nicht ganz zum Abschluß gelangter Nachtrag bei der Hand= schrift. Die Redaction glaubte von diesem Anhang das= jenige, was zum Verständniß der literarischen Persönlich= keit d'Aubigné's nöthig war, ausscheiden und wieder an seinen ursprünglichen Platz in den Gang der Erzählung herübernehmen, dagegen die weiter ausgeführte Analyse hinweglassen zu dürfen, um so mehr, da diese Analyse nicht sowol eine Charakteristik oder Kritik, als vielmehr nur eine sorgsame und citatenreiche Inhaltsangabe des

Gedichtes enthielt, welches den Kennern und Forschern ohnehin ja gedruckt vorliegt.

Möge die gediegene Arbeit den vielen Freunden und Schülern Henke's hier als ein werthes Andenken an den Verstorbenen erscheinen!

München, 29. März 1873.

W. H. Riehl.

Inhalt.

Die Capitulation von Ulm.

Eine Denkschrift des Generals Mack.

Napoleon's Feldzug von 1805 gegen Oesterreich und dessen Verbündete erscheint, soweit er unter des Kaisers eigener Führung geschlagen wurde, wie ein Drama in zwei Acten. Den ersten Actschluß bildet die Capitulation von Ulm, den zweiten die Schlacht von Austerlitz.

Von dem Tage des Rheinüberganges der Franzosen (25. September) bis zum Tage der ulmer Capitulation (20. October) vollzieht sich der Kriegsplan Napoleon's fast rein in der Form eines großen Manövers, um die österreichisch-russischen Streitkräfte zwischen Iller und Inn zu trennen und die an der Iller aufgestellte österreichische Armee durch Umgehung zu vernichten. Beides gelingt. Mack's Armee wird zu Grunde manövrirt; es kommt zu keiner Schlacht, sondern nur zu vorbereitenden Gefechten, und die Niederlage vollendet sich in der Form von Gefangennahmen: zur Capitulation der 23000 Oesterreicher in Ulm gesellen sich die kleinern Capitulationen von Bopfingen, Trochtelfingen und Memmingen.

Ganz anders der zweite Act des Feldzugs. Er gipfelt in der Entscheidungsschlacht und verhält sich zum ersten Act wie die in großen Schlägen vollzogene dramatische Lösung zur feingesponnenen Exposition.

Selten liegen diese Gegensätze so klar und durchsichtig vor wie damals, selten verwirklicht sich überhaupt der Ge-

1 *

sammtplan eines Feldzugs in so einfachen, folgerechten Zügen wie der Napoleonische Plan von 1805. Darum begreift sich's, daß die Meister und Schüler der Kriegskunst jenen Feldzug von jeher als ein besonders günstiges Object des Studiums angesehen haben, als ein sehr geschicktes Beispiel, woran gezeigt wird, wie man's machen und wie man's nicht machen soll. Hat ihn doch W. Rüstow in seinem Buche über den „Krieg von 1805" genau in derselben Weise zur praktischen Grundlegung der Theorie benutzt, wie der Aesthetiker eine bestimmte Tragödie, deren Scenen er Schritt für Schritt analysirt, um solchergestalt unvermerkt die Technik des Dramas zu lehren. Er erzählt den genauen Gang des Feldzugs „als Anleitung zu kriegshistorischen Studien".

Jeder neue Beitrag zur genauern urkundlichen Erkenntniß der Einzelheiten dürfte schon wegen dieses eminent lehrreichen Charakters des Feldzugs dankenswerth sein. Gerade dieser Charakter des theoretischen Interesses eignet aber doch wol in noch höherm Grade dem vorbereitenden ersten Theile mit der Schlußkatastrophe von Ulm als dem entscheidungsreichern zweiten mit der Schlacht von Austerlitz.

Zwei der großartigsten Entscheidungsmomente im Kriege von 1870/71 — die Gefangennahme der Armeen von Sedan und Metz — haben uns die ulmer Capitulation neuerdings in lebhafteste Erinnerung gebracht; die Parallele lag auf Aller Lippen. Auch der Proceß gegen Bazaine dürfte zu einem vergleichenden Blicke auf den Proceß Mack's reizen. Es ergeht aber hier wie bei allen solchen historischen Parallelen: bei der ersten flüchtigen Betrachtung finden wir die frappanteste Aehnlichkeit, aber je genauer wir die Thatsachen und ihre Motive ins Auge fassen, um so weiter gehen sie auseinander. Auf der Oberfläche wiederholt sich manchmal die Geschichte, in der Tiefe ist sie immer neu.

Eine Vertheidigungsschrift, wie wir sie im Folgenden aus der Feder des Generals Mack mittheilen, wäre heutzutage ganz undenkbar. Wenn irgendwo, so erkennen wir bei der genauern Prüfung der einzelnen Factoren, welche die Capitulation von Ulm und andererseits von Sedan und Metz zur Folge hatten, den gewaltigen Umschwung der Kriegskunst, die neuen Kräfte, welche sich im Felde geltend machen, die völlig veränderte militärische Organisation der Heere und der Nationen. Auch wäre es ungerecht, Mac-Mahon und Bazaine trotz all ihrer Fehler und Schwächen mit einem so ganz unfähigen General wie Mack auf Eine Bank zu setzen.

Und dennoch findet sich gerade hier wieder eine gemeinsame psychologische Quelle der gröbsten begangenen Fehler, die aller Welt offenkundig vorliegt. Jene neuen französischen Feldherren wie der alte Oesterreicher erfaßten den Gegner und seine Plane mehr mit dem Auge der Phantasie, welche sieht, was sie sich einbildet, als mit dem Auge des Verstandes, welcher die Dinge erkennt, wie sie wirklich sind. Sie stellten sich die feindliche Heeresmacht vor, wie sie wünschten, daß dieselbe hätte sein mögen, nicht wie sie wirklich war, sie bauten auf Verlegenheiten, die dem Feinde hätten bereitet werden können, die aber factisch nicht eintraten; kamen dann die Ereignisse anders als man vorgedacht, so fehlte jener sichere neue Entschluß und Plan, der nur aus der scharfen Erkenntniß der Thatsachen quellen kann.

Dies sind gemeinsame Züge; allein ihre Begründung ist wiederum verschieden. Mack galt seinerzeit für einen schulgerechten Theoretiker, bis er sich als eigensinnig beschränkter Doctrinär entpuppte, der in seiner eingebildeten Weisheit blind wurde für die einfachste Beobachtung des realen Lebens. Allein er stellt in seiner Person doch nur sich selbst dar, höchstens eine Schule. Bei dem Kriege von

1870 dagegen zeigte sich die ganze französische Nation be=
fangen in Einbildungen, die keine gesunde Kritik, vor allem
keine Selbstkritik aufkommen ließen, keinen echten Realismus
von Plan und That. Und dieser phantastisch doctrinäre
Geist der Nation verwirrte dann auch die Generale, die
gefangenen so gut wie jene, welche sich nicht fangen ließen.
Das ist ein großer Unterschied zwischen 1805 und 1870,
und doch — wie nahe berührten sich die Folgen!

Wir übergeben auf den nachstehenden Bogen die Selbst=
vertheidigung des doctrinären österreichischen Generals, ein
bisher noch ungedrucktes Actenstück, dem Publikum. Mack
verfaßte dieselbe während der Festungshaft, zu welcher ihn
der Spruch des Kriegsgerichts verurtheilt hatte, als eine
Denkschrift an den Kaiser. Das uns vorliegende Manu=
script führt den Titel: „Anmerkungen über die in
meinem kriegsrechtlichen Urtheil mir angeschul=
digten Vergehungen und Verbrechen." Es ist von
Mack's eigener Hand mit Bleistift geschrieben und also wol
als der Urtext einer Reinschrift zu betrachten, die in den
wiener Archiven zu suchen sein dürfte. Die Schriftzüge
sind auffallend correct; der Stil dagegen entbehrt um so
mehr des festen Zuges und jeglicher Schlagfertigkeit in Wort
und Gedanken. Vergleicht man ihn mit der schneidigen
Rede, wie sie Mack's übermächtiger Gegner, Napoleon, da=
mals zu handhaben wußte, so ist schon hiermit der ganze
unermeßliche Abstand dieser beiden Männer plastisch genug
gezeichnet.

Wir geben das Document unverkürzt, obgleich es manches
überflüssige Wort enthält; allein auch dieser Ueberfluß ist
charakteristisch. Nur die veraltete Orthographie ward im
Interesse der Lesbarkeit verändert. Das Manuscript wurde
vor langen Jahren von einer österreichischen Militärbehörde
einem Privatmanne bei Tilgung einer Schuldforderung an

Zahlungsstatt gegeben und gelangte durch weitere Hände zuletzt in den Besitz der Verlagshandlung dieses „Taschenbuch".

Im hellen Zorn über die schmachvolle Capitulation von Ulm beschuldigten die Zeitgenossen den General Mack nicht blos der Unfähigkeit, sondern auch der Verrätherei. Die Selbstvertheidigung Mack's beweist, daß seine Unfähigkeit schon vollkommen genügte, um all das Unheil anzustiften, was die Capitulation über Oesterreich und dessen Verbündete gebracht hat. Dennoch lastet die Schuld nicht blos auf dem Obergeneral, der sich nirgends zu rathen und zu helfen weiß: der ganze Organismus der Armee war zerfahren, die Heerführung in ihren Fundamenten haltlos. Vielleicht ist diese bekannte Thatsache nirgends mit stärkerm Lichte beleuchtet worden als gerade in dieser Vertheidigungsschrift. Die wunderlich unklare Stellung, in welcher Erzherzog Ferdinand und Mack als Befehlshaber zueinander standen und deren Erörterung zu den interessantesten Partien unsers Manuscripts gehört, verträgt sich mit keiner gesunden Heerverfassung, und das eigenmächtige Auftreten der Untergenerale, wie es Mack so ausführlich schildert, konnte nur das Product eines längst vorbereiteten innern Verfalls der Armee sein.

Wir geben nun den Abdruck des Actenstückes, wobei die Anklagepunkte des Kriegsgerichts durch größere Schrift, die Entgegnungen Mack's durch kleinere unterschieden sind.

———

1.

General Mack hat am 5. October den Bericht von der schleunigen Vorrückung des Feindes von Stuttgart gegen die Donau erhalten, und dennoch keine Abänderung getroffen, sondern noch den Marsch unserer Armee beschleunigt, ungeachtet die balbige Vereinigung der ganzen feindlichen Uebermacht mittels Verletzung der preußischen Neutralität zu besorgen war.

Zu 1.

Die Verletzung der preußischen Neutralität besorgte ich nicht, sondern rechnete fest auf ihre Nichtverletzung, und war darauf zu rechnen berechtigt, weil Se. Majestät selbst und ihr Staatsreferendar, als sie sich in Landsberg befanden, solche keineswegs besorgt hatten, und ich sie nach der Hand noch weniger besorgen konnte, da nach ihrer Abreise auch noch die bekannte, so bestimmt drohende preußische Proclamation an die drei Mächte erfolgte. Hatte man einen Zweifel über meine obige Angabe, so war es des Auditors Pflicht, eine allerunterthänigste Anfrage bei Sr. Majestät darüber zu veranlassen. Ob er dies gethan, weiß ich zwar nicht; daß aber Allerhöchstseine Majestät es nicht für eine Unwahrheit erklärt haben können, ist wol unzweifelhaft, weil der Auditor gewiß nicht ermangelt haben würde, mich in seiner Sentenz auch als Lügner zu brandmarken. Wie kann er also mit so schamloser Effronterie behaupten, daß die Verletzung der Neutralität zu besorgen gewesen wäre? Warum vermied er die jedem gemeinen, auch unmilitärischen Menschenverstand sich aufdrängende Betrachtung: Wie mich wol Se. Majestät beurtheilt, wie gerichtet haben würden, wenn ich die Armee zurückgezogen, die von Aller-

höchstdenenselben zu befestigen genehmigten Plätze Ulm und Mem=
mingen verlassen, mithin alsbald alles verloren gegeben hätte,
und die preußische Neutralität wäre nicht verletzt
worden, mithin die Vereinigung der ganzen feindlichen Macht
erst um sechs oder. acht Tage später erfolgt? — Die Franzosen
rückten mit einer Armee vor und wir hatten eine Armee, ihnen
entgegenzugehen. Welche Absicht auch der Feind haben mochte,
sei es z. B., daß er nur unsere weit vorwärts poussirten leichten
Truppen zurückdrücken wollte, um ruhig seine Vereinigung mit
der Bernadotte=bairischen Armee zu bewirken, oder daß er, ohne
mit dieser vereinigt zu sein, sich schon stark genug fühlte, uns in
unserer aus politischer Sicherheit bezogenen Cantonnirung zu über=
fallen und von der Iller, mithin auch von Ulm und Memmingen,
deren Befestigung ihm keineswegs gleichgültig sein konnte, zu ver=
drängen: — so erheischten diese beide und jede andere unsere schleu=
nigste Zusammenziehung und Vorrückung, um dem Feinde wo=
möglich noch vor seiner Vereinigung eine Schlacht zu liefern, die,
wenn auch unsere Zahl etwas geringer gewesen wäre, ebenso
gut hätte gewonnen werden können, als in ältern und neuern
Zeiten so viele mit minderer gegen höhere Zahl, besonders von
dem angreifenden Theil, gewonnen wurden.

2.

Dadurch geschah es, daß später, weil die Armee in
vielen kleinen Colonnen vorrückte, in erster Zeit keine Aen=
derung mehr getroffen werden konnte, unsere Armee von
den Erblanden gänzlich abgeschnitten wurde und weder Ver=
stärkungen, noch das für Ulm und Memmingen bestimmte
Geschütz, noch andere Bedürfnisse mehr zu der Armee ge=
langen konnten.

Zu 2.

Daß dadurch die Armee von den Erblanden gänzlich ab=
geschnitten wurde, ist notorisch unrichtig, denn wir hatten noch
mehrere Tage frei, uns nach Vorarlberg und Tirol zurückzuziehen.
Die wahre, so oft und so deutlich von mir erörterte Beschaffen=
heit der Umstände verhält sich folgendermaßen: Am 7., als wir

den Marsch der Bernadotte=bairischen Armee durch das Ansbachi=
sche erfuhren, wäre es nicht mehr möglich gewesen, die aus ihrer
Cantonnirung in vielen kleinen Colonnen an die Donau vor=
rückende Armee über den Lech zu bringen. Ich konnte und mußte
mich nur bestreben, den Anfang ihrer ersten Aufstellung jenseit
der Donau vor Ulm alsobald abzuändern, weil ich sie dort
nunmehr allen Gefahren einer gar äußerst überlegenen feindlichen
Zahl ausgesetzt haben würde. Dies bewog mich zu der Zusam=
menziehung zu Günzburg, in der Absicht, die Communication mit
dem bei Rain jenseit des Lech aufgestellten Kienmayer'schen Corps
zu decken, gemeinschaftlich mit demselben den Feind den Uebergang
der Donau zu erschweren und vielleicht, sei es ober= oder unter=
halb des Einflusses des Lech, auf einen übergesetzten Theil der
feindlichen Uebermacht einen glücklichen Streich auszuführen.

Wenn ich aber, weil man mich fragte, warum ich die Armee
nicht noch am 7. und 8. über den Lech zurückgezogen? mit der
Unmöglichkeit, der in vielen kleinen Colonnen gegen die Donau
vorrückenden Armee noch eine andere Direction zu geben, geant=
wortet habe, so sagte ich keineswegs, daß ich sie zurückgezogen
haben würde, wenn es auch möglich gewesen wäre; vielmehr be=
hauptete ich stets das Gegentheil und würde, wenn ich auch die
Verletzung der preußischen Neutralität hätte vorhersehen können,
ja sogar, wie ich es weiter unten erläutern werde, alsdann am
allerwenigsten, nach meinen theuersten Ueberzeugungen und Pflicht=
gefühlen die Armee nicht zurückziehen zu dürfen geglaubt haben,
und zwar aus folgenden Gründen, die mir von der Commission
niemals widersprochen wurden und wol schwerlich einem gegrün=
deten Widerspruch unterworfen werden können:

Am Lech uns aufzustellen, um uns an demselben zu behaup=
ten, wäre wol das precärste Hülfsmittel von allen gewesen, denn
da war es dem Feinde, wenn wir ihm Ulm und die Donau preis=
gaben, ein leichtes Spiel, uns mit seiner Uebermacht alsbald
einzuschließen, von München, dem einzigen Uebergang der Isar,
und sogar von Tirol abzuschneiden, und uns, besonders unsere
Cavalerie, in den Sümpfen und Seen zwischen dem Lech und der
Isar gänzlich aufzureiben.

An der Isar aber eine Stellung zu nehmen, läßt sich be=
kanntermaßen gar nicht denken, sodaß also unser Rückzug unauf=
gehalten bis hinter den Inn hätte fortdauern müssen und die Be=

setzung des Vorarlbergischen und aller aus Baiern nach Tirol führenden drei Pässe unvermeidlich gewesen wäre, wenn wir nicht diese Provinz alsbald und mit derselben die italienische Armee, noch bevor dort der Krieg erklärt war, gänzlich hätten aufopfern wollen.

Die Hälfte unserer aus höchstens 60000 Mann bestehenden Infanterie hätte hierzu allerwenigstens verwendet werden müssen, welchen der Feind höchstens gleiche Zahl entgegenzusetzen nöthig hatte. Mit 30000 Mann Infanterie also hätten wir uns hinter den Inn gezogen, verfolgt auf der Ferse durch eine wenigstens doppelte, wo nicht dreifache Zahl des Feindes, der uns, wenn wir hinter dem Inn verweilen wollten, an demselben eingeschlossen oder doch gewiß alsbald auf die in fünf unausgerüsteten Colonnen heranziehenden Russen und mit diesen unaufhaltsam bis Wien zurückgeworfen haben würde, wo, wie es wol zu erörtern überflüssig wäre, die Bestürzung noch weit plötzlicher, mithin auch weit schrecklicher, und das Unglück, welches die Monarchie bedrohte, wegen mehrerer Entfernung der zweiten Russen, wegen kaum noch entworfener Dispositionen für die Formirung der Reservearmee, der ungarischen Insurrection, des tiroler Landsturms u. s. w. noch weit unabwendbarer gewesen sein würde, indem die Bataille von Austerlitz erst vielleicht bei Krakau hätte geliefert werden können, sowie überdies die italienische Armee dennoch ebenfalls mit den größten Gefahren bedroht gewesen wäre, weil, wenn man auch wirklich mit der andern Hälfte der vom Inn zurückweichenden k. k. Armee die salzburger und oberösterreichischen Pässe besetzt und sie also ganz in einen Cordon aufgelöst hätte, der Feind dennoch (selbst mit einer im ganzen geringern Zahl) einen oder ein paar der Pässe, worauf er sich mit Uebermacht warf, während er die übrigen durch Demonstrationen beschäftigte, sehr leicht überwältigt und sodann die übrigen, mit ihnen aber auch die italienische Armee im Rücken genommen haben würde, wozu sich ihm besonders aus Baiern die Möglichkeit darbot, weil dort die Donau von den tiroler Pässen auf eine ungeheure Weite entfernt und das zwischenliegende Land sehr offen ist, in welches sich die Truppen der Pässe, ohne Gefahr abgeschnitten zu werden, keineswegs auf beträchtliche Distanz vorwärts wagen können, sowie überhaupt nie auf eine Zusammenwirkung solcher vereinzelten, durch Gebirge getrennten Corps die geringste Rechnung zu machen und ebendaher die Vertheidigung eines jeden einzelnen Passes um so schwerer ist, da heutzutage die Seitengebirge, durch welche man sie turniren kann, weit minder unwegsam, wegen der Subsisten; schwerer zu besetzen sind, und es daher zu einer längst bestätigten Wahrheit geworden ist, daß Gebirgspässe, die keine Festung sperrt, oder nur eine ihrer Lage und Beschaffenheit nach so elende wie Kufstein weit leichter zu beobachten oder zu erobern, als zu vertheidigen sind.

Die Armee aber ganz hinter den Inn zu ziehen, mithin Vorarlberg, Tirol und die italienische Armee preiszugeben, wäre ein Entschluß gewesen, welchen nur die Allgewalt Sr. Majestät sich hätte erlauben können, weil der Feind uns dennoch mit einer ungeheuern Uebermacht erreicht und uns auf die russischen Colonnen geworfen haben würde, was ihm um so leichter war, weil das Augereau'sche Armeecorps schon im nahen schleunigsten Anzuge war und er also nur höchstens 20000 Mann für die Eroberung der Pässe zurückzulassen nöthig gehabt hätte, folglich noch mit wenigstens 100000 gegen 70000 Mann an dem so unhaltbaren Inn operiren konnte. Noch verzweifelter würde der Entschluß gewesen sein, auch den Inn nicht zu behaupten, die salzburger und oberösterreichischen Pässe unbesetzt zu lassen, mithin den schönsten und besten Theil der Monarchie nebst der italienischen Armee aufzuopfern, um nur die Hauptstadt mit allen ungeschwächten Kräften zu decken. Die Bataille von Austerlitz wäre sodann wahrscheinlich dießeit Wien geliefert worden. Wer vermag zu bestimmen, ob Se. Majestät diesen Entschluß genommen hätten und welche Folgen daraus entstanden sein würden?

Da wir selbst am Inn auf die Vereinigung mit der ersten russischen Armee, bevor der Feind uns erreichen konnte, niemals hatten hoffen dürfen, sondern je nachdem der französische Kaiser das Geheimniß unsers Abschlusses mit Rußland früher oder minder früh durchdrang, einen mehr oder minder beträchtlichen Zeitraum annehmen mußten, während welches wir unsern eigenen Kräften überlassen sein würden, so waren es eben jene oben angeführten Beweggründe, die mich von jeher, schon längst vor meiner Abreise von Wien, für die Aufstellung an der Iller entschieden, weil ich sie für jeden Fall der mehrern oder minder feindlichen Ueberlegenheit als die zweckmäßigste betrachtete, um die für Deutschland bestimmten Truppen in eine selbständige Armee versammeln, das Kriegstheater weiter von der Hauptstadt entfernen, überdies aber noch, um den Vortheil des Zuvorkommens über den Feind benutzen zu können, für dessen Herbeiführung ich mich bei Allerhöchstseiner Majestät selbst und ihren Ministern stets so eifrig verwendet und worüber ich vor meiner Abreise von Wien die bestimmtesten Verheißungen erhalten hatte.

Selbst die Desertion der Baiern machte sie nur um so nothwendiger, denn es war weit wahrscheinlicher, daß Bernadotte, um sich nicht von der großen französischen Armee zu trennen, die Baiern an sich ziehen, als daß er sich von ihnen in das Würzburgische hinlocken lassen würde, und hätte er dies gethan, so war er, wenn unsere Armee getheilt, nämlich die eine Hälfte für die Pässe vorwärts aufgestellt oder gleich in die Pässe gesteckt, die andere aber hinter dem Inn zurückgehalten wurde, mehr als stark genug, auch unvereinigt mit seiner Hauptarmee, nur durch die Gewißheit ihrer baldigen Erscheinung für seinen Rücken gesichert, Vorarlberg und das nördliche Tirol zu erobern, wovon immer auch das Schicksal der italienischen Armee so wesentlich abhing.

Diesem vorzubeugen war die Versammlung der ganzen Armee an der Iller nothwendig, und wurde wegen der von Sr. Majestät genehmigten Haltbarmachung von Ulm und Memmingen, welche sich der Ingenieuroberst Dedowich innerhalb 14 Tagen herzustellen anheischig gemacht hatte, um so unentbehrlicher. Sie war sogar auch nothwendig, um jene supponirte Herbeiziehung der Baiern gegen den Neckar zu verhindern, deren Entfernung auf so weite Distanz und für so lange als möglich seit ihrer Desertion mein eifrigstes Bestreben sein mußte. Wie sehr mir dies durch bloße Demonstrationen mit einigen wenigen Truppen und durch ausgestreute Gerüchte, daß nicht nur wir selbst mit einer starken Colonne sie auf der Ferse verfolgten, sondern daß auch eine mächtige russische Colonne durch Böhmen gegen sie im Anzug wäre, gelungen war, und daß ebendadurch das Bernadotte-Marmont'sche Armeecorps in das Würzburgische, um die Baiern zu retten, hingezogen wurde, ist bekannt, und ich glaube darüber Beifall zu verdienen, denn ich hatte den allergünstigsten Augenblick zum Angriff der nunmehr den Rhein passirenden, aber noch nicht ganz versammelten und noch weniger in Verfassung stehenden, von Bernadotte und den Baiern getrennten großen französischen Armee vorbereitet. Der Zeitpunkt, wo ich die Erlaubniß zum

Angriff von Wien erwartete, war vorhanden, und bei der Nach=
richt von der allerhöchsten Ankunft Sr. Majestät glaubte ich wirk=
lich, daß sie diesen Endzweck hätte. Der günstige Augenblick aber
blieb unbenutzt, weil man glaubte, daß die politische Lage der
Umstände die Kriegserklärung noch nicht gestatte und noch weniger
erheische, sondern so geeignet wäre, daß uns der unermeßliche
Vortheil des Zuvorkommens nicht würde entgehen und dem
Armeecommando immer noch in rechter Zeit die Erlaubniß zum
Angriff zugefertigt werden können, die leider! sodann erst sechs
oder acht Tage später, als wir schon angegriffen waren, erfolgte.
Fast alles, was ich bisher angeführt, findet sich, obschon nicht so
zusammenhängend, in den Commissionsacten, und nun darf ich
wol fragen, ob, wenn der Auditor treu gesammelt und ausein=
andergesetzt hätte, der Präsident und die Beisitzer die oben ange=
führten ersten und zweiten Beschuldigungen gedulbet, ob sie nicht
vielmehr jene ersten Dispositionen als zweckmäßig anerkannt, die
politische Lage der Umstände, das Unerwartete der feindlichen
Kriegserklärung und der preußischen Neutralitätsverletzung in Be=
trachtung gezogen, und wenn sie über dergleichen Gegenstände
Zweifel hatten, eine Anfrage bei Allerhöchstseiner Majestät gefor=
dert haben würden, die sich die Commission um so mehr erlauben
durfte, da sie sehr wohl wußte, daß Se. Majestät mich zum Gene=
ral=Quartiermeister bei ihrer allerhöchsteigenen Person ernannt und
sowol vor meiner Abreise von Wien als nach der Hand in Lands=
berg mir unmittelbar mündlich ihre allerhöchsten Gesinnungen und
Befehle mitgetheilt hatten. Wie konnte endlich der Auditor, ohne
mit dem höchsten Grade von Gewissenlosigkeit begabt zu sein, sich
eine solche Basis erlauben, da meine Beweggründe niemals wider=
legt, nicht einmal widersprochen und noch weniger durch Gegen=
gründe auch nur die Wahrscheinlichkeit, daß es auf einem andern
und auf welchem Wege besser oder minder übel hergegangen sein
würde, erwiesen worden ist. Was er übrigens von dem für Ulm
und Memmingen bestimmten Geschütz anführt, hat gar keinen
militärischen Sinn, denn wenn wir auf die Iller Verzicht thaten,
so mußten wir auch jene beiden Plätze verlassen und würden sie
wol nicht selbst für den Feind dotirt haben. Nicht nur nonsen=
sikalisch aber ist diese seine Behauptung, sondern auch äußerst bös=
artig, weil er verschweigt, was ich zu Protokoll gegeben, daß der
Generaladjutant Bianchi durch eine unzweckmäßige und laue

Antwort, die er an das Festungscommando zu Braunau auf eine über den Transport des Geschützes gemachte Anfrage, in meiner Abwesenheit gelangen ließ, dessen Verspätung verursacht hat, ohne welche derselbe leicht noch in rechter Zeit hätte eintreffen können. Bin ich widerlegt, bin ich der Unwahrheit überwiesen worden?

Ueber Verstärkungen und andere Bedürfnisse, die die Armee nicht mehr an sich ziehen konnte, werde ich weiter unten antworten.

3.

Sein Plan, die Armee auf die am 7. erhaltene sichere Nachricht von der Neutralitätsverletzung und feindlichen Vereinigung nach Günzburg zu ziehen und die Communication mit Kienmayer sicherzustellen, war durch das Zuvorkommen des Feindes vereitelt; seinen Entwurf, bei Günzburg überzusetzen, vereitelte die damalige Affaire am 9., und die Armee mußte in der Nacht nach Ulm zurückgezogen werden.

Zu 3.

Durch die plötzliche Erscheinung der doppelten Zahl eines ungestümen thätigen Feindes war die Lage der Armee fast beispiellos schrecklich geworden, aber ich betrachtete sie nicht als hoffnungslos. In dem Augenblick also, wo ich überzeugt wurde, daß der Feind durch die Brücke bei Rain Meister von beiden Ufern des Lech geworden war, das Kienmayer'sche Corps zurückzuweichen zwang, Augsburg früher erreichen konnte als wir, und seine Absicht, uns von den Russen abzuschneiden, erklärt, faßte ich den Entschluß, den Feind, der uns im Rücken nahm, wieder im Rücken zu nehmen, uns auf seine Communicationslinie zu werfen, seine Uebermacht zu brechen und von den Russen abzuziehen. Zwar wäre es uns noch frei gestanden, uns nach Tirol zu werfen, aber ich wollte und durfte es nicht, weil die Russen geopfert gewesen wären, die der Feind auf seiner weit kürzern Linie viel früher erreicht haben würde, als wir uns hinter den tiroler und salzburger Pässen mit ihnen hätten vereinigen können. Auch über jenen augenblicklich gefaßten Entschluß glaube ich Beifall zu verdienen, denn unser Rücken wurde dadurch wieder frei, und wir hatten nicht nur Böhmen, sondern ganz Franken und allenfalls sogar Sachsen offen für unsern Rückzug und für unsere Subsistenz, die wir uns wol ebenso leicht als der Feind durch Requisitionen hätten verschaffen können, besonders da wir von Preußen im Ansbach- und Baireuthischen, mithin auch von Sachsen gute Aufnahme und Unterstützung zu hoffen hatten und wahrscheinlicherweise die damals für uns so günstigen Gesinnungen Preußens über die Schmach seiner Neutralitätsinsultirung, nicht die nachherige unvortheilhafte Richtung genommen haben würden.

Diese Beweggründe sind es, warum ich, wie ich weiter oben angeführt, auch bei vorherzusehender Verletzung der Neutralität am allerwenigsten den Rückzug nach dem Inn angetreten haben würde, denn was hätte wol für Preußens Erklärung in militärischer Hinsicht aufmunternder sein können, als eine österreichische Armee, die seine und besonders Sachsens Grenzen und ihre Mobilmachung deckte und mit welcher sie alsbald ihre nächst vorwärts liegenden Truppen hätten vereinigen können? Ich gestehe, daß ich, solange nicht mein Entwurf des Uebergangs bei Günzburg vereitelt und nach der Hand unsere Existenz auf dem linken Donauufer und in Ulm vernichtet war, die Neutralitätsverletzung (so unaussprechlich die erste Verlegenheit war, in die sie uns stürzte) als ein Glück betrachtete, und besitze zwei nach der Hand von den Grafen Cobenzl und Lamberti erhaltene Schreiben, die klar beweisen, daß sie und Se. Majestät selbst so darüber dachten. Diese beide Schreiben überreichte ich einstens dem Präsidenten und seinem Auditor als Beweise der Rechtmäßigkeit meiner Hoffnungen, erhielt sie aber, nachdem sie gelesen waren, mit der Aeußerung, daß kein Gebrauch davon gemacht werden könne, zurück.

Mit Artillerie und Munition waren wir lange Zeit und allenfalls für drei Schlachten versehen, denn wir hatten unsere ganze leichte und schwere Artilleriereserve, und daß wir, mochten wir auch noch so weit zurückweichen, immer aus Böhmen etwas hätten an uns ziehen können, wird ein Blick auf die Karte wol hinlänglich beweisen. Unsere noch im Anmarsch befindlichen Verstärkungen waren zwar für uns, keineswegs aber für die allgemeine Vertheidigung verloren, denn jene aus Oesterreich vereinigten sich mit der combinirten Armee am Inn, und jene aus Italien besetzten die tiroler Pässe, und waren hier und dort noch

nützlicher, weil für unsere Bestimmung die Zahl von 35—40000
Mann gerade die beste war, die wir nach Abschlag des für Vorarlberg bestimmten Jellachich'schen und des den unausgerüsteten
Russen nebst einem Artillerietrain entgegengeschickten Kienmayer'-
schen Corps wirklich hatten. Der Feind war nunmehr zwischen
zwei Armeen gesetzt und mußte sich in zwei Armeen theilen, denn
ihm war an seiner Hauptcommunicationslinie unendlich mehr gelegen als uns, weil er an Artillerie und Munition nur das allerunentbehrlichste augenblickliche Bedürfniß mit sich führte. Ebenso
hätte er auch unserm Jellachich'schen ein wenigstens ebenso starkes
Corps jenseit der Iller entgegensetzen müssen, weil sonst auch
seine Communication mit Hüningen und Breisach abgeschnitten
war und selbst seine Hauptcommunication auch von dort aus
durch Detachements jenseit der obern Donau gestört werden
konnte.

Alle unsere Kräfte blieben in Thätigkeit, und gerade unsere
oben angeführte Direction würde dem Feinde bei der Ungewißheit,
in welcher er mit Preußen schwebte, nicht geringe Besorgnisse erweckt und ihn in seinen Fortschritten gegen den Inn und gegen
Wien, sowie gegen Tirol, behutsam gemacht haben. Setzte er
dieser unserer Armee nur gleiche oder eine nicht sehr überlegene
Zahl entgegen, so konnte sie geschlagen werden, und weil sie die
Donau im Rücken hatte, in eine sehr unangenehme Lage gerathen,
die wir, wenn wir auch geschlagen wurden, nicht zu besorgen
hatten, weil unsern Rückzug kein Strom gefährdete, sondern nur
unbedeutende Flüsse und Bäche.

Verwendete er aber gegen uns eine beträchtlich höhere Zahl,
so wichen wir stets zurück, weil wir, den Rhein ausgenommen,
allenthalben hin zurückweichen konnten, und unsere Absicht, des
Feindes Uebermacht von der combinirten Armee abzuziehen, wäre
um so vollständiger erreicht gewesen, mithin auch der so unaussprechlich wichtige Zeitgewinn für die zweiten Russen, für unsere
Reservearmee und für die ungarische Insurrection.

Es ist doch wol nicht zu zweifeln, daß ganz andere und wo
nicht glückliche, doch gewiß weit minder unglückliche Resultate sich
gezeigt haben würden, wenn jener Entwurf nicht wäre vereitelt
worden. Stets nannte ich das Ereigniß bei Günzburg wahrhaft schrecklich, entscheidend unglücklich, und wunderte
mich oft, warum die Commission nicht den Fehlern, die es ver-

urſacht hatten, nachforſchen wollte, weil ich in der Ueberzeugung
ſtand, daß ſie von Sr. Majeſtät den Auftrag habe, alle Grund-
urſachen des Untergangs ihrer deutſchen Armee aufzuſuchen und
zu ihrer allerhöchſten Kenntniß zu bringen. Ich meinestheils
hatte mir von allem Anfang zum Geſetz gemacht, fremde Fehler,
Vergehungen oder Verbrechen ſo gelinde zu berühren, als es meine
eigene Rechtfertigung zuließ, und zu wirklichen Anklagen nur alsdann zu ſchreiten, wenn man jene mir aufbürden, mich dafür
verantwortlich machen wollte. So konnte ich handeln, weil Se.
Majeſtät nur ein gelind rechtliches Verfahren angeordnet hatte,
und ſo glaubte ich handeln zu müſſen, um nicht Sr. Majeſtät
den Weg der Gnade und Nachſicht zu erſchweren, wie es der Fall
geweſen wäre, wenn ich alsbald mit förmlich geſetzlichen
Anklagen aufgetreten wäre, wozu mich auch noch die Betrachtung
bewog, daß durch eine große Zahl Schuldiger (meiſtens Generale)
die Ehre der Armee compromittirt werden würde, und die Ueberzeugung, daß bei weitem die meiſten derſelben keineswegs nach
der Treue ihrer Abſicht, ſondern nur vor dem ſtrengen Geſetz
ſchuldig waren.

Nach dieſem Grundſatz äußerte ich mich auch über die Ereigniſſe bei Günzburg ſowie über alle folgenden, beſonders über
die letzten in Ulm, bis ich endlich durch des Auditors allzu auf-
fallende hartnäckige Neigung, jedermann unſchuldig zu finden,
aber jedermanns Schuld auf mich zu wälzen, zu der
Sprache des Geſetzes gezwungen wurde.

Mit jenem unglücklichen Ereigniſſe bei Günzburg wurde ich
jedoch in dieſe Nothwendigkeit nicht verſetzt, weil hier der Auditor
mit aller ſeiner Verdrehungskunſt gar keinen möglich ſcheinbaren
Vorwand einer Beſchuldigung gegen mich finden konnte, mithin
blieb es auch bei dem Wenigen, was ich darüber geſagt hatte,
„daß das ganze Ereigniß auch um ſo unerwarteter geweſen ſei,
weil von dem jenſeit der Donau unter dem General d'Aſpre
aufgeſtellten Beobachtungscorps nicht der geringſte Rapport von
der Annäherung des Feindes vorhergegangen wäre". Da aber
die Commiſſion durch meine Ausſagen wußte, daß die Armee
vormittags mit ihrem linken Flügel an der Donau, faſt unmittelbar vor der Hauptbrücke gelagert, und daß dieſe erſt nachmittags,
ſieben oder acht Stunden ſpäter, angegriffen wurde, ſo wäre wol
die Frage: „Ob denn die Armee ſich nicht alsbald mit jenem

Beobachtungscorps in genaue Verbindung und dadurch in die Möglichkeit, solches alsbald zu unterstützen, gesetzt hatte?" sehr natürlich gewesen, und es ist beinahe unmöglich, daß sie sich, selbst dem Auditor nicht, sollte aufgedrungen haben, der aber wohl wußte, daß ich während jenes oben angeführten Zeitraums mit der Disposition des nächtlichen Uebergangs der Donau und aller von demselben abhängenden Gegenstände beschäftigt war; daß diese Disposition acht Seiten, in welchen schwerlich eine über= flüssige Zeile zu finden sein würde, enthält, daß sie nicht nur meine ganze Zeit, sondern auch meine ganze Aufmerksamkeit und mein ganzes Nachdenken erforderte, und daß überhaupt dergleichen gemeinste Vorsichtsmaßregeln nicht in meinen, sondern in den Wirkungskreis derjenigen drei Generale gehörten, deren Corps in ebenso vielen Treffen da gelagert waren, noch weit mehr aber in jenen des ersten Generaladjutanten, der die Pflicht hat, nicht Dispositionen zu entwerfen, aber den vom General=Quartiermeister entworfenen und vom commandirenden General genehmigten Dis= positionen mit seinen Gehülfen durch Nachdenken, Fleiß und Thä= tigkeit Gedeihen zu verschaffen. Da diese, am besten aber er selbst, von jenem Beobachtungscorps unterrichtet waren, so hätte er wol darauf denken und Se. k. Hoheit daran erinnern sollen, wo sodann, wenn auch nur häufige Patrouillen jenseit der Donau und dem längs derselben in beträchtlicher Breite hinliegenden Moor bis zu dem d'Aspre'schen Beobachtungscorps ausgeschickt worden wären, das Unglück sich unmöglich hätte ereignen können, weil die ganze Armee nahe bei der Hand war, jenes zu verstärken, zu unterstützen und den Feind so weit, als es für die Absicht un= sers nächtlichen Marsches nöthig sein konnte, zu entfernen. Aber es wäre, wie gesagt, nicht nur nichts dabei auf meine Schuld zu setzen gewesen, sondern man hätte wol nicht vermeiden können, sich der Betrachtung zu überlassen, wie es möglich wäre, daß die Entwürfe des dirigirenden General=Quartiermeisters auf irgend= eine Weise gedeihen können, wenn solche einfache Vorsicht ver= nachlässigt wird und diejenigen, welchen sie obliegt, statt darauf zu denken, nur über die Güte oder Ungüte desjenigen, was jener entworfen hat oder entwerfen will, nachgrübeln und vernünfteln, wie es leider hier und in der Folge der Fall gewesen.

4.

Die feindliche Affaire bei Ulm am 11. und die Ermü=
dung der Truppen hinderte den Abmarsch bis zum 13.

Zu 4.

Warum geht der Auditor mit einem einzigen raschen Schritt
vom 9. bis zum 13. über? Warum schweigt er mit einer Todes=
stille über eine Thatsache, die, um mich in allem, was weiterhin
vorfiel, zu beurtheilen und zu richten, so äußerst wesentlich ist,
über die Erklärung nämlich, die Se. k. Hoheit der commandirende
Erzherzog mir am 10. nach Empfang eines allerhöchsten Hand=
schreibens gemacht: „daß, weil sie von Sr. Majestät angewiesen
worden wären, nach meinem Rathe zu handeln, Höchstdieselbe
auch von keiner Verantwortlichkeit nichts wissen wollten, sondern
diese mir einzig und allein überließen.“

Wie kann er behaupten, daß die Ermüdung der Truppen
den Abmarsch bis zum 13. behindert habe, da es notorisch ist
und er es so gut wußte, daß alle Truppen, mithin auch das
Werneck'sche Corps, welches ich noch am 12. nachmittags von Ulm
abrücken lassen wollte, nach der Affaire vom 11. die Nacht hin=
durch ruhig geschlafen, am folgenden Vormittag sich gesättigt und
noch bis Nachmittag gerastet hatten? Warum erweckte er nicht
die Aufmerksamkeit der Commission über des Feldmarschalllieute=
nants Werneck unanständig ungestüme Widersetzlichkeit gegen den
Abmarsch seines Corps und gegen dessen Bestimmung, die Se.
k. Hoheit duldeten, ob sie schon so weit ging, daß ich endlich dem
commandirenden Erzherzog erklärte: „Se. k. Hoheit möchten mich
mit jenem Corps abziehen lassen, damit ich den General Werneck
überführen könnte, daß ich keine Unmöglichkeiten für ihn und
seine Truppen entworfen hätte.“ Warum erweckte er sie nicht
über den bedeutenden Umstand, daß der commandirende Erzherzog
nicht geruhte, für mich zu entscheiden, ungeachtet Höchstderselbe
nur zwei Tage zuvor mich allein verantwortlich gemacht und
den allerhöchsten Befehl in Händen hatte, „nach meinem Rathe
zu entscheiden, wenn ich dabei beharrte“; daß ich von Sr. k. Hoheit
die Versammlung der ersten Generale blos erbeten hatte, um
ihnen die ausgearbeiteten Dispositionen mündlich noch näher
zu erklären, keineswegs aber, um erst darüber deliberiren zu lassen,

und daß, weil der Abmarsch erst am folgenden Tage angetreten
wurde, dies die Ursache war, daß nicht alle drei Corps schon am
13. aus Ulm abgezogen waren? Hätte er diese Umstände in
seinem Voto informativo aufgeführt, so ist es ja nicht möglich,
daß nicht der Präsident und die Beisitzer bewogen worden sein
sollten, sie mit einem leichten Hauche in der Sentenz berühren zu
lassen, meinem Gefühl der Nothwendigkeit des unverweilten Abmarsches, damit wir endlich in Thätigkeit kommen und die stets
gegen den Inn supponirte feindliche Hauptmacht brechen möchten,
Gerechtigkeit zu leisten oder wenigstens sich der Vorwürfe zu enthalten, die mir in der Fortsetzung der Sentenz über meine nachher unter veränderten Umständen getroffene Disposition wegen
Verspätung gemacht werden, sowie es auch nicht möglich ist,
daß sie nicht meine für mich selbst und den Dienst gleich schreckliche Lage beherzigt haben sollten, „für alles allein verantwortlich
gemacht zu sein, ohne die höchste Gewalt in Händen zu haben“,
und weit entfernt, von dieser mit dem festen und wohlwollenden
Eifer, welchen die Umstände so dringend erheischten, unterstützt,
vielmehr von ihr selbst öffentlich herabgesetzt zu werden. Die ehr-
erbietige Schonung der hohen Person Sr. k. Hoheit des Erzherzogs hätte hierbei sehr leicht beobachtet werden können, denn ohnehin konnte jene Erklärung, weil sie ungroßmüthig und so ganz
geeignet war, mich niederzuschlagen, nicht aus dem Herzen eines
Erzherzogs von Oesterreich kommen, sondern war, wie manches
andere, die Einhauchung des Obersten Bianchi, der sich stets so
auffallend anmaßte, Sr. k. Hoheit Mentor und mein Censor sein
zu wollen, wie ich dies einstens, ungeachtet mir die Person Sr.
k. Hoheit in Erinnerung gebracht wurde, zu Protokoll dictirte,
weil ich überzeugt bin, daß es der Ehrerbietung, von welcher für
alle durchlauchtigsten Erzherzoge gewiß niemand tiefer als ich
durchdrungen sein kann, keineswegs entgegenläuft, vor dem Richter-
stuhl der Gerechtigkeit auszusagen, daß ein unbefugter Rathgeber
unter der Maske persönlicher Anhänglichkeit das Vertrauen Sr.
k. Hoheit mißbrauchte, um es mir zu entziehen, ob er schon sehr
wohl wußte, daß es mir nicht nur durch meine Charge, sondern
überdies vermöge eines besondern allerhöchsten Befehls vor allen
andern gebühre, und daß ohne den Stempel dieses höchsten Vertrauens keiner meiner Entwürfe gedeihen konnte.

Durch eine leise Anspielung auf diese bedeutenden Umstände

wäre wenigstens die Ehrerbietung nicht im geringsten mehr ver=
letzt worden, als durch die in der bei offenen Thüren und Fen=
stern abgelesenen Sentenz enthaltene Geschichtserzählung, die nicht
nur das Geheimniß der Verhältnisse, in welche der commandi=
rende Erzherzog von Sr. Majestät gegen mich gesetzt war, auf=
deckt, sondern auch der Welt den Glauben einflößen muß, daß
Allerhöchstdieselbe dem Erzherzog sogar alle Autorität über meine
Person und auch das Recht, über meine Entwürfe, wenn sie
offenbar unzweckmäßig, mithin dem Dienste nachtheilig wären, in
einem Kriegsrath zu entscheiden, benommen hatten, ein Glaube,
welcher für die allerhöchste Weisheit Sr. Majestät selbst nicht
gleichgültig, und doch gewiß, obschon ungegründet, nicht zu unter=
drücken ist, da sich jedem denkenden Offizier die Betrachtung auf=
drängt, daß der commandirende Erzherzog mit der großen Zahl
von Generalen, die er (nicht ich) zu seinem Gebote hatte, sonst
so leicht eine Partie gegen mich hätte nehmen können, und daß
diese Generale an Ort und Stelle wol mit weit mehr Sachkenntniß,
mithin auch mit weit mehr Verlaßlichkeit darüber zu urtheilen
und zu entscheiden vermögend gewesen wären, als es nach der Hand
eine Commission sein konnte, welche dann nichts gesehen und ge=
fühlt hatte, sondern blos nach Suppositionen, die in Kriegsereig=
nissen so trüglich sind, ihr Urtheil fällte und nach dem Gesetz der
unbefangenen militärischen Praxis wol keineswegs berechtigt sein
konnte, alle meine Entwürfe, am allerwenigsten aber jene bis
10., als vernunft= und heillos zu verdammen, da die höhere Ge=
walt, unter welcher ich stand, damals nichts verworfen hatte, und
die Commission, niemand aber besser als der Auditor, ganz un=
zweifelhaft wußte, daß Se. k. Hoheit bis zum 8. im vollen Besitz
dieser ganz uneingeschränkten Gewalt gewesen war, und Höchst=
dieselbe, wie ich es in meinem Bericht an Se. k. Hoheit vom 8.
erwiesen habe, meine Operationen und Zusammenziehung an der
Donau kurz zuvor genehmigt hatte, und daß als ich Höchstdenen=
selben eben in jenem Berichte die ausgezeichneten Dispositionen
zuschickte, er wol am 5. und bis zum 6. keine andere Verfügungen
hätte treffen können, weil, was am 7. morgens nunmehr möglich
war (nämlich die Direction der Colonne über den Fluß), wol
bis zum 8. abends und vielleicht noch bis Mitternacht hätte möglich
sein können. Ich kann mich nicht bereden, daß Se. k. Hoheit
selbst mich darüber angeklagt haben sollten, da sie sich sicher zu

gut erinnern, daß sie ihre höchste Gewalt wirklich oft über mich ausübten und z. B. nach der Abreise Sr. Majestät meine bereits getroffene Eintheilung der Truppen und Generale in eine ganz neue abänderten, am 8. die Verstärkung, welche dem Feldmar=schallieutenant Auffenberg nachrücken sollte, zurückhielten, und am 9. eben diesen Feldmarschallieutenant, ohne meine Meinung darüber zu fordern und ohne ihn selbst gehört zu haben, auf die Angabe eines von seinem Corps ohne Truppen nach Günzburg geflüchteten Generals suspendirten. Haben mich untergeordnete Generale oder der Generaladjutant Bianchi angeklagt, so bin ich zu behaupten befugt, daß sie erstlich durch sich selbst nicht das geringste Recht hatten, mich und meine Entwürfe zu censuriren, weil der General=Quartiermeister ganz ausschließlich und ganz unmittelbar nur seinem commandirenden General unterworfen ist; waren sie aber von diesem einstens dazu aufgefordert und hatten die gewissenhafte Ueberzeugung, daß es nach meinen Ent=würfen übel und nach den ihrigen besser oder minder übel geben müßte, so war es ihre Pflicht, Se. k. Hoheit zu einem entschei=denden Entschluß zu vermögen, nicht aber nach der Hand mit An=klagen über Gegenstände, „die damals zweifelhaft waren, mit=hin ewig zweifelhaft bleiben werden", gegen mich aufzutreten. Sollte endlich die Commission über solche zweifelhafte Gegenstände ohne Anklage entscheidend zu sprechen sich berechtigt geglaubt haben, so muß ich wol mein Verhängniß anklagen, daß sie sich mit mir erlaubte, was sich vor ihr vielleicht, seit die neuern ge=läuterten Kriegsgrundsätze in Europa angenommen sind, noch kein ähnliches militärisches Tribunal mit einem General, welcher das Commando oder die Leitung einer Armee gehabt, zugetraut hatte, nämlich meinen Verstand, meine Einsicht, meine Erkenntniß nicht nur in dem Machttone der willkürlichsten Unfehlbarkeit grausam zu tadeln und herabzuwürdigen, sondern auch meinen Mangel an diesen Eigenschaften als Verbrechen aufzustellen und als solche zu richten, da es doch weltbekannt ist, daß (die Großsultane aus=genommen) von allen großen europäischen, vor allen aber von unserm allerdurchlauchtigsten Monarchen, besonders seit dem Re=gierungsantritt der verklärten großen Maria Theresia, über gei=stige Unfähigkeit stets die auf Staatsklugheit ebenso sehr als auf Menschlichkeit gegründete Maxime Friedrich's II., groß=müthiger noch als von ihm selbst, erfüllt wurde. „Da ich Ihn

wählte, so ist es meine Schuld; Er muß entfernt, aber Er verdient nicht, gestraft zu werden." Und von welchem unserer Monarchen wurde sie seit 15 Jahren stets unverletzlicher als von Sr.
allerhöchstregierenden k. k. Majestät beobachtet? Daß Se. Majestät
die Commission berechtigt haben sollte, dieses erste schreckliche Beispiel gerade mit mir aufzustellen, daß sie, als Allerhöchstdieselbe
der Commission die Beurtheilung meiner Vertheidigung auftrugen,
eine andere Absicht gehabt hätten, als die Frage untersuchen und
entscheiden zu lassen: „Ob ich nicht gegen positive Gesetze oder
durch Kriegsgebrauch und allgemein anerkannte militärische Ver-
unnftschlüsse als gesetzlich geheiligte Regeln gefehlt hätte?" ist
nicht möglich, weil Se. Majestät viel zu gerecht und zu groß-
müthig sind, um sich nicht allergnädigst erinnert zu haben, daß
ich so oft von den ersten Feldherren und einigemal von Sr. Majestät selbst unmittelbar (sowie dieses letzte mal wieder ganz ohne
mein allergeringstes Zuthun) für die Leitung der Armeeoperationen
gewählt und gesucht worden war, und mir hohes Vertrauen zu
erwerben und hohe Zufriedenheit zu verdienen das Glück gehabt
hatte. Wenigstens war es gewiß ihr allerhöchster Wille nicht, daß
die Commission mich als einen unwissenden Neuling oder als
einen elenden alten Praktiker behandeln sollte, wie sie mich wirklich behandelt hat, da sie nicht einmal die Rücksicht nahm, meine
über alle meine Entwürfe und Handlungen angeführten Beweggründe im geringsten zu widerlegen, oder mir motivirte Grundsätze, nach welchen ich, um es besser zu machen, hätte handeln
sollen, zu eröffnen und zu erläutern, wie ich es so oft und so
dringend gebeten und gefordert hatte, was aber der Anbiter durch
seine Procedurregeln stets zu vereiteln wußte, um sich den
Weg seiner willkürlichen Auseinandersetzung des so äußerst weit-
läufigen und mannichfaltigen Processes zu bahnen, deren Treulosigkeit und Parteilichkeit ich in meinen folgenden Anmerkungen
evident zu erweisen hoffe, welchen ich aber dieses allgemeine Raisonnement und zugleich noch die Erklärung vorangehen zu lassen
nöthig fand, daß alles, was ich darüber, um nicht allzu weit-
läufig zu werden, im Auszug anführen werde, sich weit ausführ-
licher in meinen schriftlich überreichten Aufsätzen oder zu Protokoll
dictirten Aussagen findet, und daß ich Ehre und Leben verbürge,
alles aus denselben beweisen zu können.

5.

Statt am 13. October die ganze Armee von Ulm abmarschiren zu machen, wurde nur das Werneck'sche Corps
nach Heidenheim, das Riesch'sche zur Deckung der rechten
Flanke nach Elchingen und zum Theil bis Gundelfingen
bestimmt, das Schwarzenberg'sche aber beordert, den Feind
auf dem rechten Ufer bei Weißenhorn zu recognosciren, sodann den 14. October vormittags um 10 Uhr von Ulm ab
und bis Albeck zu marschiren.

Zu 5.

Wer dies vernimmt, wird zuverlässig glauben, daß am 13.
noch alles stand wie am 12., und doch hatten sich höchst wichtige
Veränderungen zugetragen, denn das feindliche Armeecorps, welches seit der Affaire am 11. sich anfänglich längs der Donau gehalten, sodann 1½ Stunden seitwärts eine Position bei Langenau bezogen hatte „und auf der Straße von Ulm nach Heidenheim das Städtchen Albeck besetzt hielt, hatte sich am 12. gegen
Abend über die Donau zurückgezogen und nur Elchingen
leicht besetzt gelassen, überdies aber war plötzlich eine feindliche Colonne bei Weißenhorn erschienen, die sich gegen
die Iller dirigirte".

Der am 12. vormittags niedergeschriebene erste Entwurf
war gewesen, das Werneck'sche Corps gegen Geislingen noch am
12. abrücken, dort am 13. Posto fassen und starke Streifcorps
nach Stuttgart und vielleicht bis gegen den Rhein verpoussiren
zu lassen, während am 13. morgens die zwei Corps Riesch und
Schwarzenberg das Ney'sche Armeecorps angreifen und über die
Donau oder längs derselben abwärts drängen würden. Der
zweite Entwurf war, dieses Ney'sche Armeecorps, weil es sich
in der Position bei Langenau wieder festgesetzt und, wie es hieß,
Verstärkung erhalten hatte, dort am 13. morgens anzugreifen;
und bei diesen beiden Entwürfen war der Antrag, nach Entfernung des auf dem linken Ufer stehenden Feindes die Reserveartillerie und Bagage von Ulm nach Heidenheim und wenn es
nöthig noch weiter rückwärts zu schaffen, das Jellachich'sche Corps
aber sollte Ulm besetzt halten und zugleich auf dem rechten Ufer

gegen den vielleicht von Günzburg herkommenden Feind thätig sein, dessen Hauptabsichten man fortwährend gegen die Russen gerichtet supponirte, während 'er uns durch seine Stellung am Lech nur von jenen getrennt zu halten und durch eines seiner Armeecorps bei Ulm beschäftigen zu wollen schien. Jetzt trat die Nothwendigkeit einer dritten, ganz veränderten Disposition ein, denn es mußte wegen der merkwürdigen Erscheinung einer gegen die Iller sich dirigirenden starken Colonne das Jellachich'sche Corps schleunigst auf das linke Ufer der Iller, um sich, wenn es nöthig würde, gegen Vorarlberg hinzuziehen, abgeschickt werden; der Rückzug des Ney'schen Armeecorps über die Donau aber gestattete den alsbaldigen Abzug der Reserveartillerie und Bagage, sowie ihn jene oben angeführte Erscheinung erheischte, weil der Feind oberhalb Ulm und dem Einfluß der Iller die Donau zu übersetzen die Absicht haben konnte, mithin den spätern Abzug unsers Fuhrwesens und Trosses hätte gefährden können, für deren Sicherheit bis Heidenheim die Beobachtung und Sperrung des linken Donauufers durch das Riesch'sche Corps, und zugleich für jene und deren weitere Fortschaffung die vorhergehende Aufstellung des Werneck'schen Corps in der Position bei Heidenheim veranlaßt wurde.

Von den vier Corps der Armee blieb also nur das Schwarzenberg'sche in Ulm oder vielmehr jenseit Ulm auf dem rechten Ufer zurück und sollte am 13. die feindliche Colonne bei Weißenhorn recognosciren, am folgenden Tage aber (mit Zurücklassung einer Garnison unter dem General Richter) auf der Heidenheimer Straße bei Albeck nachrücken. Noch war man in Zweifel über die Absicht und Bestimmung der feindlichen Colonne bei Weißenhorn und selbst über ihre Stärke, die man nur aus Vorposten- und Kundschafter-Rapporten erfahren hatte. Es war wichtig, mit Verlaßlichkeit darüber aufgeklärt zu werden, um beurtheilen zu können, ob diese Colonne nur die Absicht habe, uns vielleicht gemeinschaftlich mit dem jetzt noch auf dem rechten Donauufer stehenden Ney'schen Armeecorps die Communication mit Tirol abzuschneiden, ob nicht durch Zurückrufung der abgezogenen Truppen ein Angriff möglich und räthlich wäre? Ob die bisherige Supposition der feindlichen Hauptmacht gegen die Russen noch wahrscheinlich bliebe oder ob nach dem Verhältniß dieser Colonne und ihrer vielleicht fortdauernden Verstärkung veränderte feindliche

Absichten daraus abzunehmen wären? Diese Beweggründe waren es, welche bei Verfassung der in der Nacht vom 12. zum 13. niedergeschriebenen Disposition den Antrag jener Recognoscirung durch das Schwarzenberg'sche Corps veranlaßten, welches ohnehin wegen des langen Zuges des Artillerie- und Bagagetrains an diesem Tage (13.) auf der einzigen Heidenheimer Straße nicht mehr hätte abziehen können, die noch überdies durch unaufhör-liches Regenwetter äußerst beschwerlich geworden war. Was übrigens hätte mich drängen sollen, die ganze Armee am 13. von Ulm abmarschiren zu machen, da das linke Donauufer (mit Aus-nahme des noch schwach besetzten Postens Elchingen) vom Feinde verlassen war. Es wurde mir einstens von der Commission vor-gehalten, „warum ich nicht die Bagage aufgeopfert hätte, um statt derselben das Schwarzenberg'sche Corps noch am 13. nach-mittags abrücken zu lassen"? und ich antwortete, daß man sich, weil das linke Ufer frei und ein Corps von 12000 Mann zu dessen Beobachtung bestimmt war, die Wegschaffung der Bagage erlauben konnte, daß ich aber überdies den Abmarsch des Schwar-zenberg'schen Corps von dem Augenblick an nur mehr als pro-visorisch betrachtete, wo ich am 13. morgens die Erscheinung mehrerer gegen die Iller dirigirten feindlichen Colonnen erfuhr und nun die Ueberzeugung erlangte, daß die feindliche Hauptmacht gegen uns sich lenke und vor allem in den Besitz von Ulm zu kommen trachten würde, zu dessen Behauptung gegen eine Ar-mee mindestens 12—15000 Mann erforderlich waren, mithin das Bleiben des Schwarzenberg'schen Corps. Hat jemand in meiner Seele gelesen, um mich des Gegentheils zu überführen, oder läuft dieser Entschluß gegen die gesunde militärische Vernunft? Hat man mich eines andern überwiesen? Wenn nicht, warum also dieser Tadel und die mit demselben auf mich gewälzte Schuld?

6.

Durch diese Vertheilung der Armee und durch den zu spät hinausgedehnten Abmarsch des Schwarzenberg'schen Corps konnte dem Riesch'schen in der Affaire bei Elchingen am 14. October keine Unterstützung geleistet werden.

Zu 6.

Das Riesch'sche Corps bestand aus wenigstens 10-, wo nicht 12000 Mann, und war mit allem, was zu einem selbständigen Corps gehört, vollkommen versehen. Es hatte den Auftrag, den noch zu Elchingen stehenden schwachen feindlichen Posten über die Donau zu jagen und von Elchingen angefangen bis Gundelfingen abwärts die Brücken abbrechen und zerstören zu lassen. Welche Kriegsregeln erfordern denn, daß ein solches beträchtliches Corps zu einer solchen Bestimmung noch ein anderes oder wol gar eine Armee zu seiner Unterstützung in der Nähe haben müsse, da es in sich selbst vermögend ist, wenigstens in der kleinen Strecke von Elchingen bis Leipheim die zwei einzigen Brücken, die sich hier und dort befinden, zu vertheidigen und selbst einer Armee den Uebergang streitig zu machen, besonders wenn es wie bei Elchingen den Vortheil des hohen Ufers hat, und bei Leipheim den eines dieseit der Brücke in beträchtlicher Breite hinliegenden sumpfigen und bei der damaligen lang anhaltenden nassen Witterung nicht praktikabeln Mooses, durch welches der Feind auch nach zurück- gelegter Brücke erst vielleicht mehr als eine halbe Stunde lang defiliren mußte? Ich werde weiter unten Gelegenheit haben, mich näher über die Geschichte dieses Riesch'schen Corps zu erklären und dabei zu erörtern, wie unmöglich es gewesen wäre, demselben Hülfe zu leisten, wenn sich auch wirklich das Schwarzenberg'sche Corps schon bei Albeck aufgestellt gehabt hätte.

7.

Aber auch dieser so spät bestimmt gewesene Abmarsch wurde noch eingestellt, weil Feldmarschallieutenant Mack auf eine erhaltene unverbürgte Nachricht von einer Landung der Engländer bei Boulogne und von einer in Frankreich aus- gebrochenen Revolte, dann auf andere Gerüchte, den seines Wissens blos auf dem rechten Donauufer gegen die Iller dirigirten sonderbaren Marsch der feindlichen Hauptmacht als eine retograde Bewegung ansah und auf die irrige Idee verfiel, daß der Feind im Rückzug begriffen sein könnte obgleich ihm am 13. einer seiner besten Spione Kundschaft brachte, daß der Feind die Absicht habe, die Armee von Tirol abzuschneiden und sodann bei Ulm einzuschließen, seine Nachricht auch mit seiner Person zu verbürgen sich erbot.

Zu 7.

Ich frage hier nochmals, wer denn in meiner Seele gelesen hat, um behaupten zu können, daß ich das Schwarzenberg'sche Corps wegen meiner Vermuthung des „feindlichen Rückzugs" in Ulm zurückgehalten habe? Ich frage ferner, ob es nicht nach allen militärischen Regeln zweckmäßig und nothwendig war, Ulm von dem Augenblick an, wo die Hauptmacht des Feindes gegen die Iller sich dirigirte, mit einer weit beträchtlichern Garnison besetzt zu lassen, als ich bei den verschiedenen vorhergehenden Entwürfen, wo des Feindes Absichten noch gegen die Russen und durch die Besetzung des Lech nur auf unsere Trennung von denselben gerichtet schienen, angetragen gehabt hatte? Ich frage, ob ich (die einzige Disposition bei Günzburg ausgenommen) Ulm jemals mehr zu verlassen die Absicht geäußert hatte? Ob der Beweggrund, welcher mich in Günzburg leitete, die Besorgniß nämlich, „daß der Feind vielleicht einen Belagerungstrain im Anzug haben dürfte", oder die Sinnesänderung, die ich mir nach der Hand, als ich vom Gegentheil überzeugt wurde, auferlegte, gegen militärische Wahrscheinlichkeit streiten? Oder ob, wenn ich bei Günzburg auch nicht jenen Beweggrund, sondern die Vermuthung, „Ulm wäre auch gegen einen nicht belagernden Feind keiner Vertheidigung fähig", gehabt hätte, es mir nicht vergönnt gewesen wäre, nach der Hand bei reiferm Nachdenken und besonders als ich Ulm wiedersah, ja sogar erst bei Entdeckung der veränderten Absicht des Feindes andere Gesinnungen anzunehmen, mithin auch einen andern Entschluß zu fassen? Auch hier hat zuverlässig der Auditor die meiste Schuld, daß es zu einem so raschen Abspruch kam und ohne weitere Untersuchung dabei blieb, denn auch noch in dem vollen schmerzlichen Gefühle meines grausamen Schicksals höre ich nicht auf, mich zu bereden, daß die Absicht meiner Richter war, „wenn auch schon möglichst strenge, doch nicht eigentlich ungerecht an mir handeln zu wollen", und daß sie, wenn ihnen der Auditor bei dem entscheidenden Schlusse des langwierigen Processes meine verschiedentlich darüber ange=

führten Beweggründe zurückgerufen hätte, würden behutsamer und
mit weisem Mistrauen zu Werke gegangen sein, wozu auch über=
dies ihr eigener Ruhm selbst sie aufforderte, für welchen es
keineswegs vortheilhaft sein kann, eine Behauptung aufzustellen,
die so offenbar gegen alle militärische Logik streitet, deren Gesetze
wol den ganz entgegengesetzten Ausspruch geben würden, „daß
je fester und unumschränkter mein Glaube an den Rückzug ge=
wesen wäre, um so gleichgültiger mir auch der Ausmarsch des
Schwarzenberg'schen Corps hätte sein müssen", weil es zu Albeck,
wohin es angetragen gewesen, oder auf einem andern Punkte
außerhalb Ulm, zu jeder andern, nicht auf Vertheidigung
dieses Platzes abzielenden Bestimmung wenigstens ebenso gut
als in Ulm aufgestellt gewesen sein würde. Und so darf ich auch
vor jedem logischen Richterstuhle Glauben zu finden hoffen, wenn
ich hier betheuere, daß ich schon bei Verfassung der letzten Dis=
position in der Nacht vom 12. zum 13. wegen Erscheinung der
feindlichen Colonne bei Weißenhorn das Schwarzenberg'sche Corps
für den 14. nur bis Albeck, nur 1½ kleine Meilen weit, abzu=
rücken bestimmte, um es bei der Hand zu behalten und, wenn es
nöthig würde, alsobald wieder nach Ulm zu werfen.

Es ist mir noch übrig, die Beschuldigung zu widerlegen, die
in der Aussage eines Spions gegen mich aufgestellt wird, so
schwer es mir fällt, weil sie ebenso ungereimt ist als herabwür=
digend für den Generalscharakter. Ich frage und antworte darüber
Folgendes:

1) Wer stempelte denn diesen Spion zu einem meiner
besten? — Ich keineswegs, vielmehr sagte ich der Commission,
daß er sich eines Tages bei Gelegenheit, als er einen Ausweis
über unsere Truppen verlangte, mir verdächtig gemacht hatte, und
forderte, daß man den Feldmarschallieutenant Klenau wegen des
Mistrauens, das ich ihm damals über denselben zu erkennen gab,
vernehmen möchte.

2) Wer war er, dieser Spion? — Ein Mensch, der blos
um Geld diente, nicht einmal ein Unterthan Sr. Majestät.

3) Konnte die vorgebliche Bürgschaft mit seiner Person von
irgendeiner wesentlichen Bedeutenheit sein? — Nein, denn es blieb
ihm ja immer die Entschuldigung, daß der Feind seine Dispo=
sitionen oder Absichten geändert hätte, und er wußte wohl, daß
man ihn sodann nicht hängen lassen könnte. Zu dieser häßlichen

Sache aber liegt ein noch häßlicheres Geheimniß verborgen, das ich zu enthüllen eile. Der commandirende Erzherzog hatte gleich nach seiner Ankunft zu der Armee einen gewissen Wendt als eine Art von Director des Spionwesens mit Hauptmannstitel und Gehalt angestellt, welcher ihm, wie ich mich erinnere von Höchstdemselben gehört zu haben, durch Se. k. Hoheit den damaligen Erzherzog-Kriegsminister selbst oder durch jemand aus ihrem Gefolge empfohlen worden war. Von seiner vorhergehenden Existenz ist mir nichts bekannt. Dieser sogenannte Hauptmann also bewarb sich um Kundschafter, erhielt dazu das nöthige Geld und erstattete seine Rapporte an den commandirenden Erzherzog und an mich. Von ihm kommt eigentlich jene Anklage. Wer sein militärisches Zartgefühl bis auf den Grab verleugnen konnte, ihn dazu aufzufordern, oder ob er durch eine Nichtmilitärperson aufgefordert wurde, ist mir unbewußt. Der beste Spion also war der vermeintliche beste jenes Wendt; der Auditor aber unterstand sich ohne weiteres, ihn meinen besten zu nennen, indem er vermuthlich in seiner Weisheit und Gerechtigkeit befand, daß, was Wendt für das Beste hielt, auch die Pflicht des Feldmarschallieutenants Mack gewesen wäre, dafür zu halten, und daß, was jener annahm, auch dieser als unzweifelhaft hätte annehmen sollen. Nun habe ich aber durch einen Originalrapport eben dieses Wendt vom 15. morgens (dem Tage, wo Ulm eingeschlossen wurde) bewiesen, daß er selbst in diesem seinem letzten vor der Einschließung erstatteten Rapport nicht nur mit keiner Sübe von der bevorstehenden Einschließung Erwähnung machte, sondern sogar am Ende desselben wörtlich niederschrieb: „Die Brücke bei Göcklingen ist heute in der Nacht auch wiederum hergestellt worden; der Feind soll die Absicht haben, über diese Brücke gegen Blaubeuern zu ziehen." Er selbst also bestärkte mich noch in meinem Wahne bis zum letzten Augenblick, denn Blaubeuern liegt drei Meilen links vor- und seitwärts von Ulm auf der Landstraße, die von dort über Urach nach Stuttgart führt. Vor andern beweist wol diese empörende Geschichte, mit welcher wüthenden Begierde der Auditor alles, was er nur auf irgendeine Weise zu seinen meuchelmörderischen Absichten gegen mich dienlich hielt, nicht nur ergriff, sondern mit welcher frechen Gewissenlosigkeit er sich auch die schändlichsten Verdrehungen und Verhehlungen erlaubte.

8.

Obgleich ihm ferner mehrere Vorstellungen gemacht wur=
den, auf diese mit den feindlichen Bewegungen übereinstim=
mende Kundschaft Rücksicht zu nehmen und seine Idee fahren
zu lassen, beschloß er dennoch, vorderhand in Ulm zu bleiben,
und erließ schon am 13. abends an die Feldmarschallieute=
nants Jellachich, Werneck und Riesch Befehle auf den Fall
des Rückzugs der Feinde.

Zu 8.

Ich kann mich nicht erinnern, daß die Commission mich jemals
wegen Vorstellungen, die mir schon am 13. gemacht worden,
zur Rede gestellt hätte, und vermuthe nur, daß hierunter die
Controversen gemeint sein dürften, in welche ich abends mit dem
Feldmarschallieutenant Fürst Schwarzenberg und später nach ihm
mit dem Feldmarschallieutenant Giulay gerieth, die beide, vor=
züglich der erstere, von mir verlangten, daß ich es bei dem für
den folgenden Tag angetragenen Abmarsch des Schwarzenberg'schen
Corps bewenden lassen sollte, über welchen ich schon seit vormit=
tags, als das Dasein der feindlichen, gegen die Iller dirigirten
Hauptmacht sich immer mehr bestätigte, sehr zweifelhaft geworden
war, weil, wie ich es bereits oben erörterte, dessen Bleiben in
Ulm zur Vertheidigung des Platzes nothwendig wurde. Hierbei
kam es alsobald zum Wortwechsel über meine Vermuthung des
feindlichen Rückzugs, die sie mir nicht widerlegten, sondern blos
widersprachen, während ich sie als möglich durch Gründe be=
hauptete, die ich aus meinem Bewußtsein zog, daß von unserm
Cabinet seit langer Zeit bei dem englischen wegen einer möglichst
bedeutenden Landung für den Fall des Abzugs der französischen
Armee von Boulogne die dringendsten Sollicitationen gemacht
worden waren, wodurch die eben am 13. nachmittags vom Ober=
landescommissar Baron Steinheer mir mitgetheilte Nachricht um
so minder unglaubwürdig werden mußte, „daß er aus dem Munde
eines verläßlichen und gutgesinnten württembergischen Beamten,
welcher ganz neuerlich in Stuttgart war, soeben die wichtige
Nachricht vernommen, es wären vor wenigen Tagen neun Kuriere
an Einem Tage durch Stuttgart an den französischen Kaiser passirt,

und man erzähle sich dort im stillen, daß die Engländer zu Boulogne gelandet, sich dieses Hafens bemächtigt hätten, und daß
irgendwo zugleich eine Revolution ausgebrochen wäre". Eine
andere sichere Nachricht schien mit dieser übereinzustimmen, diese
nämlich, daß einige tausend würtembergische Truppen, die schon
in der Vorrückung von Eßlingen gegen Geislingen gewesen waren,
plötzlich Befehl zurückzukehren erhalten hatten. Hierzu kamen
meine zuversichtlichen Hoffnungen auf Preußens alsobaldige Kriegserklärung, die doch wol allerdings den Feind zum Nachdenken zu
bringen geeignet gewesen wäre, besonders da auch die Sachsen
und Hessen, mithin 250000 Mann neue Feinde gegen ihn aufgetreten wären, und er übrigens auch die am Inn angelangte
erste russische Armee stärker als sie war, die zweite aber schon
weiter vorgerückt vermuthen konnte, wie sie es beide nach den
Tractaten wirklich hätten sein sollen, sowie er auch ferner die Zahl
unserer eigenen, von rückwärts jetzt noch am Inn anlangenden
Truppen nicht so genau wissen und vielleicht höher anschlagen
konnte. Solche Betrachtungen und die Sonderbarkeit, die ich in
des Feindes Bewegungen selbst, vorzüglich aber in dessen plötzlicher Räumung des linken Donauufers zu finden glaubte, stellten
mir anfangs den Rückzug als möglich dar, und gerade die unmo-
tivirten, blos verneinenden Widersprüche, die mir darüber gemacht
wurden, brachten mich dahin, ihn immer für wahrscheinlicher zu
halten, wie es das gewöhnliche Schicksal der Menschen ist, die in
tiefen pflichtmäßigen Ueberlegungen und Combinationen durch un-
befugte, unberufene und ungebetene Vorstellungen gestört werden,
besonders wenn diese noch überdies einen Charakter von Dictatur
annehmen, wie es der Fall mit jenen des Feldmarschallieutenants
Fürst Schwarzenberg in so hohem Grade war, daß ich endlich
vom freundschaftlichen zum Dienstton übergehen mußte.

Von dieser Geschichte, so äußerst schmerzlich mir ihre Erinnerung ist, muß ich hier Erwähnung machen, weil, da im Eingang
der Sentenz von eiblichen Zeugenaussagen Erwähnung
geschieht, ich vermuthen muß, daß auch vom Feldmarschallieutenant Fürst Schwarzenberg eine solche abgenommen worden sein
dürfte. Hat Fürst Schwarzenberg blos beschworen, daß ich ungeachtet seiner und anderer Vorstellungen fester und immer fester
in meinem Glauben an den feindlichen Rückzug beharrte, dann
beschwor er nichts als reine Wahrheit; sollte aber unter seiner

eidlichen Aussage auch die Behauptung, „daß ich sein Corps, und sonach auch die Ueberbleibsel des Riesch'schen, wegen jenes Glaubens in Ulm zurückgehalten hätte", begriffen sein, so hinterging wahrlich eine vorgefaßte Meinung, ein irriger Wahn unwillkürlich sein Gedächtniß, seine Biederkeit, seine Religion, denn bei Gott! schon am 13. vormittags entstand aus oben angeführtem Beweggrunde meine Abneigung gegen allen fernern Abzug von Ulm, meine Vermuthung des Rückzugs aber viele Stunden später erst nachmittags bei der Nachricht vom Baron Steinheer. Wie diese meine Vermuthung dem Fürsten Schwarzenberg bekannt geworden, wüßte ich nicht zu sagen, wohl aber erinnere ich mich, daß wir wegen derselben, als er gegen Abend zu mir kam, obbesagtermaßen fast alsogleich in einen Streit geriethen, der sehr bald heftig und heftiger wurde, sodaß gerade die tief eingeprägte Erinnerung dieser unserer über den Rückzug entstandenen beiderseitigen, bis zur Herbigkeit ausgearteten Ereiferung ihn verleitet haben mag, mir meinen Glauben an denselben als Ursache des einzustellen angetragenen Abmarsches seines Corps auszulegen. So verhält es sich mit Feldmarschallieutenant Giulay, welcher, wie gesagt, später abends, nachdem Fürst Schwarzenberg mich verlassen hatte, zu mir kam und wol vielleicht von ihm abgesendet worden sein mag. Auch mit ihm begann alsobald der Wortwechsel über den Rückzug, und da nur stets über diesen gestritten wurde, so kann auch er in gleichen Wahn mit Fürst Schwarzenberg verfallen sein und einen Irrthum ebenso unwillkürlich beschworen haben.

Wie aber der Auditor über eine Behauptung, die vermöge meiner ad 7 angeführten Gründe gar keine logische Verläßlichkeit für sich hat und überdies aus bloßen unofficiellen Vorstellungen, mithin aus einer Handlung gezogen wurde, die blos willkürlich, vielleicht launenhaft war und durch anmaßenden Ton sehr leicht tadelhaft werden konnte, Eidschwüre aufzurufen sich erfrechen durfte, kann nur aus der Bösartigkeit seiner stets und einzig auf mein Verderben gerichteten Absichten erklärbar werden, besonders weil wol meine Betheuerungen, meine Schwüre in dem vorliegenden Fall weit zulässiger als jene vor dem Gesetz sein müssen, da ich nicht nur die gesunde Vernunft für mich habe, sondern auch mein unstreitiges Recht, blos nach meiner Einsicht zu urtheilen, blos nach meiner Ueberzeugung zu schließen und

zu beschließen, und meine Pflicht, fest und unabweichlich bei
meiner gewissenhaften Ueberzeugung zu beharren, nicht
nur gegen alle Bedenklichkeiten, Zweifel, Einwürfe, Wider=
sprüche u. s. w. aller andern Generale von höherm und minderm
Grad und Range, sondern sogar meines commandirenden Gene=
rals selbst, wer er auch immer sein mochte, „solange es nämlich
beim Opponiren blieb und er nicht mit seiner Autorität entschied
und befahl“. Wie oft war ich nicht einstens mit dem Feldmar=
schall Loudon und Prinzen Koburg in diesem Fall gewesen? Noch
lebt der letztere; man befrage ihn, ob er am 1. März 1793 mit
seiner kleinen, kaum mobilen Armee die wenigstens zweimal stär=
kere und unüberwindlich geglaubte feindliche in ihren Cantonni=
rungen überfallen hätte? Ob er sonach von dem am 3. befreiten
Mastricht weiter vorwärts dem bei Löwen sich ralliirenden Feinde
entgegengerückt, ob er nach der am 16. sich zwischen beiden Geete=
bächen unvermuthet ereigneten, für uns in Absicht des Bodens
unvortheilhaften Zusammentreffung beiderseitiger Armeen an dem
diesseitigen Geetebach stehen geblieben und nicht vielmehr alsbald
wieder nach Mastricht zurückgeeilt wäre? Ob er endlich nicht
sogar seinen in bester Form am 18. bei Neerwinden erfochtenen
entscheidend wichtigen Sieg nach eingegangener Nacht verloren
gegeben, und so, als wäre er geschlagen worden, sich zurückge=
zogen haben würde, wenn ich nicht stets mit eiserner, hartnäckig=
ster Festigkeit gegen die Behauptungen seiner ersten Generale
(unter welchen sich auch mein Commissionspräsident befand) ange=
kämpft hätte und ohne alle Rücksicht meiner Beurtheilung und
meinen Ueberzeugungen getreu geblieben wäre? Von allen meinen
dermaligen herben Gefühlen ist in der That das bitterste, daß
man mir eine Tugend, durch die ich einst das Glück hatte, sehr
glückliche Ereignisse hervorzubringen, jetzt als ein hohes Verbrechen
aufgebürdet hat, aus welchem eigentlich alle jene, die man über
mein Betragen vor der Einschließung von Ulm in der Sentenz
aufhäufte, gezogen wurden, denn alles läuft ja fast stets darauf
hinaus, „daß ich Vorstellungen hätte Gehör geben sollen“,
gleich als ob in dieser unglücklichen Armee das Reich der Zweifel=
haftigkeit, der Umfragen, des Vernünftelns, der Recensionen und
Widersprüche, und nicht jenes der selbstherrschenden Einheit im
Befehlen und der blinden Unterwürfigkeit im Gehorchen als con=
stitutionsmäßig angeordnet gewesen wäre. Ich wiederhole, daß

3*

ich nicht wissen, nur vermuthen kann, daß beide obgedachte Feld=
marschallieutenants jene ofterwähnte Behauptung eidlich bestätigt
haben dürften; vermuthen aber muß ich es, denn es ist doch,
weil es gar zu ungeheuer wunderbar wäre, kaum zu glauben,
daß die eidlichen Zeugenaussagen blos von den Lippen des
Spionshauptmanns Wendt oder wol gar des besten Spions
geflossen sein sollten.

Die auf den Fall des Rückzugs an die Feldmarschallieute=
nants Jellachich, Werneck und Riesch am 13. abends erlassenen
Befehle oder, wie es eigentlich heißen sollte, Instructionen
waren provisorisch, und ich änderte deswegen nicht das Geringste
an ihrer vorherigen Bestimmung. Es ist nicht nur erlaubt, son=
dern pflichtgemäß, in solchen Fällen im voraus auf Maßregeln
zu denken. Ich würde, weil es blos Pflicht war, keine Lobes=
erhebungen verdient haben, wenn meine Voraussetzung sich reali=
sirt und glücklichen Erfolg gebracht hätte; aber ungerecht und
grausam ist es wol auch, mich darüber so unbarmherzig zu tadeln,
denn es war nun einmal weder physisch noch moralisch unmöglich,
vielmehr war es sehr wahrscheinlich, daß der König von Preußen,
gestützt auf seine vorhergegangene, so äußerst solenne und dro=
hende Erklärung, den General Duroc, wie es verlautete, wirklich
alsobald von Berlin weggejagt, mithin Frankreich den Krieg an=
gekündigt, und daß das englische Ministerium mit der sehr bedeu=
tenden Landmacht und den unermeßlichen Navigationsmitteln, die
es zu seinem Gebote gehabt, bedeutende Landungsdiversionen be=
wirkt und irgendwo, besonders in den Niederlanden, durch seine
ebenso unermeßlichen Geldmittel Unruhen angezettelt haben dürfte,
weil es unwidersprechlich ist, daß für beides der Zeitpunkt, wo
Kaiser Napoleon plötzlich alle seine Truppen von den Küsten weg=
zog und noch keine Nationalgarden organisirt hatte, sehr günstig
war, und daß das englische Ministerium seit langer Zeit darauf
sich hatte vorbereiten können. Mir aber war es um so mehr er=
laubt, diesen Hoffnungen Raum zu geben, weil ich schon im Jahre
1804, als Se. Majestät mich durch ihre Staatskanzlei über die
provisorischen Maßnahmen, welche für den Fall einer Verbindung
mit Rußland gegen Frankreich zu verwenden wären, vernehmen
ließen, dringend auf jene Diversionen anrieth, wie meine da=
maligen Berichte beweisen würden, und weil ich über die Fragen,
die deswegen an das englische Ministerium gemacht, und über die

Verheißungen, die von diesem gegeben worden, stets die bestimm=
testen Zusicherungen erhalten hatte. Nehme man an, daß die
Suppositionen wahr gewesen wären, wie sie es hätten sein können
und wirklich sein sollen, und daß der Kaiser Napoleon von seinen mit
Einschluß der Baiern höchstens 140000 Mann zählenden Streit=
kräften nur Ein Drittheil zurückzusenden bemüßigt gewesen wäre,
so war doch wol der Glaube nicht widersinnig, daß er sich hätte be=
wogen finden dürfen, für den Augenblick den Rhein zu repassiren,
nur wegen seiner Brückenköpfe diesseits festen Fuß zu behalten,
die Ruhe in seinem Lande herzustellen und seine Reservebatail=
lone auf den Kriegsfuß zu setzen. Aber wenn er auf seinem Rück=
zuge Ulm offen gefunden hätte, so würde er sich vielleicht noch stark
genug gefühlt haben, an der Iller und Donau Position zu nehmen,
wo hingegen er, wenn dieser Ort als haltbarer Platz in unsern
Händen und hinlänglich besetzt war, unter den vorausgesetz=
ten Umständen wol schwerlich herwärts dem Rhein sich behaupten
zu wollen entschlossen haben würde.*)

Dadurch, daß Preußen und England unbegreifliche Beispiele,
jenes von eigener Entehrung, dieses von Sorglosigkeit über seine
Bundesgenossen, aufstellten, wurden freilich alle meine Vermu=
thungen zu einem totalen Irrthum; Irrthum aber ist nicht immer
Unsinn, und noch weniger, wenn er treu und redlich gemeint ist,
ein Verbrechen.

9.

Avisirte aber den letztern (Feldmarschallieutenant Riesch)
nicht von dem unterlassenen Abmarsch des Schwarzenberg'=
schen Corps, noch von dem Zurückbleiben des nach Hausen
bestimmt gewesenen Hauptquartiers.

Zu 9.

Ich erinnere mich, von der Commission zur Rede gestellt
worden zu sein: „Warum ich nicht dem Feldmarschallieutenant
Riesch auch die Disposition über den spätern Abmarsch des
Schwarzenberg'schen Corps mitgetheilt hätte, damit er nicht in

---

*) Die Handschrift ist an dieser Stelle fast unlesbar. Die Re=
daction glaubt den Sinn der zwei letzten Perioden richtig aufgefaßt
und wiedergegeben zu haben, kann aber für den Wortlaut nicht bürgen.

ben Irrthum hätte gerathen können, daß auch dieses Corps schon am 13. von Ulm abgezogen wäre, wodurch er am 14. morgens in den Fehler gerieth, sich bei der Erscheinung des Feindes anfänglich auf die Heidenheimer Straße zu ziehen?" Worauf ich zu Protokoll gegeben, „daß die Expedition der vom Generalquartiermeister verfaßten Dispositionen das Geschäft des ersten Generaladjutanten und seiner Operationskanzlei wäre, welcher genug Beurtheilung haben müßte, um zu bestimmen, wem nur blos das Seinige, oder wem auch noch etwas von dem, was andere angeht, mitzutheilen wäre. Ob von letztern dem Feldmarschallieutenant Riesch etwas mitgetheilt worden, wüßte ich nicht; seiner Bestimmung nach aber hätte er nur den ihm ohnehin bekannten Abmarsch des Werneck'schen Corps nach Heidenheim zu wissen nöthig gehabt. Was Feldmarschallieutenant Riesch damit sagen wolle, daß er anfänglich verleitet worden wäre, sich auf die Heidenheimer Straße zu ziehen, wäre schwer zu begreifen, weil es gerade diese Straße war, auf welcher er sich, wenn er sich nicht an der Donau halten konnte, gegen das Werneck'sche Corps hätte zurückziehen sollen, weil er wußte, daß der allgemeine Abzug von Ulm angeordnet war. Das Wahre aber wäre, daß der größte Theil seiner zerstreuten und aufgelösten Truppen keinen Rückzug gemacht hätte, sondern in der wildesten Unordnung dahin, von wo sie Tages zuvor ausmarschirt waren, zurückgelaufen wären". Jene obige Beschuldigung der Sentenz stimmt wol mit dem Vorgesagten keineswegs überein, und der Auditor erlaubte sich auch hier wieder eine Verdrehung, die ebenso ungereimt als unredlich ist. Das Schwarzenberg'sche Corps war in der allgemeinen Disposition erst am 14. vormittags 10 Uhr von Ulm nach Albeck abzurücken bestimmt gewesen. So stark bei den eingetretenen Umständen schon meine Ueberzeugung geworden war, Ulm mit dem Schwarzenberg'schen Corps besetzt zu halten, so konnte ich doch wol wahrlich noch nicht als unabweichlich annehmen, daß ich morgen wirklich thun würde, was ich heute für morgen nöthig hielt. Wußte Riesch die wahre Disposition, so konnte er am 14. morgens, wo er angegriffen wurde, nicht in Irrthum gerathen, wohl aber zuverlässig wissen, daß das Schwarzenberg'sche Corps sich um jene Zeit noch in Ulm befinden müsse. Wußte er sie nicht und vermuthete nur, daß auch dieses Corps schon am 13. ausmarschirt wäre, so hätte er seinen

Rückzug nur um so mehr auf der Heidenheimer Straße und gegen Heidenheim nehmen sollen.

Mit dem Hauptquartier dachte ich am 13. wol gar nicht daran, daß es in Ulm würde bleiben müssen, und ebenso wenig hatte ich die Absicht, solches freiwillig da zu lassen. Wäre nicht das so ganz unerwartete leidige Ereigniß mit dem Riesch'schen Corps am folgenden Morgen eingetreten, so würde diesen Tag (am 14.) das Hauptquartier nicht nur bis Hausen, sondern vielleicht, weil das Schwarzenberg'sche Corps in Ulm blieb, bis Heidenheim zu dem Werneck'schen abgegangen, und es würde sodann mit dem immer noch nicht so unbedeutenden Armeecorps der vereinigten Werneck'= und Riesch'schen Truppen vorgekehrt worden sein, was die Umstände an die Hand gaben, sei es, um auf den Feind zu fallen, welchen die Avantgarde des Riesch'schen Corps vielleicht tiefer abwärts auf dem linken Donauufer entdeckte, oder die Communication mit Ulm offen zu halten, oder die Armee, die den Platz einschleß, nur zu beobachten und zu beunruhigen, oder uns vor feindlicher Uebermacht nach Böhmen, Sachsen oder Preußen zu retten und Ulm der Vertheidigung seiner Garnison zu überlassen.

Auch in Absicht des Hauptquartiers aber konnte Feldmarschallieutenant Riesch in keinen Irrthum gerathen, denn am Ende seiner eigenen Disposition war ihm gesagt: „Feldmarschallieutenant Riesch nimmt morgen am 14. sein Quartier zu Gundelfingen, Feldmarschallieutenant Loudon aber zu Hochstätt; das Hauptquartier wird eben morgen zu Hausen sein." Nun ist dieser Ort fünf starke Stunden von Ulm entlegen; wie hätte er also das Hauptquartier am 14. morgens alldort und nicht vielmehr noch in Ulm, oder kaum erst von dort ausgeritten vermuthen sollen? Uebrigens weiß ich mich gar nicht im geringsten zu erinnern, über diese hier abgehandelte neunte Beschuldigung jemals constituirt worden zu sein, wohl aber über jene, die ich gleich anfangs aufgeführt habe.

10.

Schickte auch demselben (Feldmarschallieutenant Riesch) auf dessen Rapport aus Elchingen vom 13. abends keinen Befehl, da doch Riesch einen wegen Abtragung der Brücke

ausdrüklich verlangte, und einen andern wegen des nach der
Disposition vom 13. bestimmten fernern Marsches seines
Corps am 14. gewärtigte.

Zu 10.

Ueber den Vorwurf, dem Feldmarschallieutenant Riesch auf
seinen Rapport nicht geantwortet zu haben, gab ich einstens zu
Protokoll: „Daß ich keineswegs zu sagen wüßte, ob ich geantwortet hätte oder nicht? Wenn es nicht geschehen, so wäre es
sicher blos aus der Ursache unterblieben, weil ich den Rapport so
spät erhalten hätte, daß es nicht mehr möglich gewesen wäre, die
Antwort zu Papier und, wie es Riesch begehrt hatte, bis 6 Uhr
morgens nach Elchingen zu bringen." Hierbei blieb es und ich
hörte weiter nichts mehr über den Gegenstand. Hat der Auditor
sich Beweise verschafft, daß ich hätte antworten können? Hat
er den Offizier ausfindig gemacht, welcher den Rapport zu über-
bringen hatte, und die Stunde, wann er ihn überbrachte? Sind
die in meiner Kanzlei angestellt gewesenen Offiziere darüber vernommen worden? Wenn, wie es wirklich ist, von diesen oder
andern Nachforschungen nichts geschehen, mithin nicht der geringste
Beweis gegen mich aufgebracht worden, wie konnte er sich unter-
stehen, mich ohne weiteres mit so vermessener Willkür schuldig zu
erklären? Wie konnte er die Betrachtung vermeiden, „daß der
Rapport, welcher abends um 8½ Uhr, mithin zwei Stunden
nach eingegangener Nacht (denn es war Mitte Octobers) geendigt
worden war, wol erst noch später von Elchingen expedirt, daß
der mit demselben abgefertigte Offizier auf einem Wege von starken
zwei Stunden durch die Finsterniß der Nacht und das damalige
unaufhörliche Regenwetter vielleicht bis zu Anbruch des Tages
in der Irre herumgetrieben, und daß sogar von seiten meiner
eigenen Offiziere mit der Uebergabe des Rapports ein Fehler begangen worden sein dürfte?" Ueber die Befehle, die Riesch den
einen ausdrücklich verlangte, den andern gewärtigte, werde ich
mich in der Folge äußern, und wiederhole hier nur noch, daß
er sie bis 6 Uhr morgens verlangt und gewärtigt hatte.

11.

Aus eben diesem Rapporte ist zu ersehen, daß, wenn der Abmarsch des Riesch'schen Corps gemäß der Disposition vom 13. am 14. morgens erfolgte, der Uebergang geschehen und die Communication des Werneck'schen und Riesch'schen Corps mit Ulm unterbrochen würde, welches zwar in Ansehung des Riesch'schen Corps nicht geschah, aber doch den Nachtheil hatte, daß das Armeecommando von der Affaire bei Elchingen keine zeitliche Wissenschaft erhielt, weil Feldmarschallieutenant Riesch, mit den fernern Anordnungen unbekannt, seine Meldung auf der geraden Straße nach Hausen schickte.

Zu 11.

Feldmarschallieutenant Riesch oder vielmehr der ihm untergeordnete Feldmarschallieutenant Loudon hatte den Auftrag, die Brücken der Donau von Elchingen abwärts zerstören zu lassen. Die wichtigste derselben, nicht nur für die von Ulm auf der Heidenheimer Straße abgezogenen und noch abziehenden Truppen, Artillerie und Bagage, sondern weit mehr und weit unmittelbarer für die Sicherheit der Riesch'- und Loudon'schen längs der Donau hinabziehenden Truppen selbst war doch gewiß die erste, jene von Elchingen. Wie ließ sich als möglich denken, daß der älteste Feldmarschallieutenant der deutschen Armee einen selbst bei dem neuesten und unerfahrensten Stabsoffizier außer dem Kreise aller Besorgniß liegenden Fehler begehen würde, von Elchingen nämlich seinen Marsch anzutreten, ohne die Brücke, die am 13. nicht abgetragen und zerstört werden konnte, hinlänglich besetzt zu lassen, ja sogar von allen seinen in und bei Elchingen stehenden Truppen nicht einen Mann von der Stelle weichen, vielmehr die entfernten wieder zurückrufen zu lassen, wenn es die Gefahren erheischten, womit ihn der am jenseitigen Ufer stehende Feind bedrohte. Er selbst sagte in seinem Rapport: „Da der Feind die Brücke von Elchingen auf seiner Seite stark besetzt hat und nur einige Breter auf dem rechten Ufer der Donau in diesem Augenblick abträgt, folglich alle Augenblick mit Macht herüberbrängen kann, so habe ich alle Vorsichtsanstalten treffen laſſen, um, wenn es möglich iſt, dieſen Uebergang abzuſchlagen. Nun handelt es ſich darum, die Brücke von unſerer Seite abzu= tragen; da dieſes aber ohne ein Hauptengagement nicht geſchehen kann, ſo erwarte ich deswegen die weitern höchſten Befehle." Vermöge dieſes Rapports war wol unzweifelhaft zu glauben, daß, wenn Rieſch keinen Befehl zu dem Hauptengagement erhielte, er ſeine getroffenen Vorſichtsanſtalten, den Uebergang abzuſchlagen, um ſo nachdrücklicher fortdauern laſſen würde, die er doch wahr= lich nicht blos für die ſchon eingegangene Nacht getroffen haben konnte, während welcher er von einem Feind, der auf ſeiner eigenen Seite die Brückenhölzer abtrug, wol ſchwerlich etwas zu beſorgen, ſowie er ſelbſt wol auch das Hauptengagement gewiß nicht mehr für dieſe Nacht, ſondern erſt für den folgenden Morgen gemeint gehabt hatte.

So ſehr ich übrigens überzeugt bin, nicht geantwortet zu haben, blos weil der Rapport zu ſpät kam, ſo geſtehe ich doch, daß ich fühle, wie ſehr ich in Verlegenheit geweſen ſein würde, auf eine Anfrage mich zu äußern, die ſo äußerſt unmilitäriſch war; denn hielt Rieſch für möglich, durch ein Hauptengagement ſeinen Auftrag der Brückenzerſtörung ausführen zu können, ſo bedurfte es keiner Anfrage; war er darüber in Zweifel, ſo hätte er die Umſtände näher anführen, die Stärke des Feindes nicht ſo obenhin angeben und beſonders die Möglichkeiten und Unmöglich= keiten in Abſicht des Terrains, der Anwendbarkeit und zu hoffenden Wirkung des Geſchützes u. ſ. w. wenigſtens einigermaßen erklären ſollen. Daß er aber, im Fall ihm kein Befehl zukäme, ſeine ge= troffenen Vorſichtsanſtalten aufheben würde, war, ich wiederhole es, nicht denkbar, und wäre, wenn er auch davon nicht ſelbſt Erwähnung gemacht und nicht jede gemeinſte Kriegsregel ihn daran erinnert hätte, dennoch deswegen nicht denkbar geweſen, weil ihm in ſeiner Diſpoſition keineswegs vorgeſchrieben war, die Brücke von Elchingen am 14. zu verlaſſen, wenn ſie auch am 13. zerſtört worden wäre. Das Abbrechen und Zerſtören dieſer erſten Brücke und der folgenden war eigentlich dem Feldmarſchallieute= nant Loudon und ſeiner vorangehenden Abtheilung des Rieſch'ſchen Corps aufgetragen geweſen; für Feldmarſchallieutenant Rieſch ſelbſt aber enthielt die Diſpoſition: „Er ſolle zu Elchingen mit ſeinen übrigen Truppen übernachten und morgen (am 14.) früh= zeitig ſeine Infanterie längs der Donau bis Gundelfingen aus=

dehnen, und mit der größten Sorgfalt nachsehen lassen, ob alle
Brücken abgebrochen und zerstört sind, auch die Zerstörung solchergestalt vollenden lassen, daß es sobald nicht möglich sei, solche
wiederherzustellen." Wie war da, ich muß mir die Frage nochmals erlauben, als möglich zu denken, daß Feldmarschallieutenant
Riesch die nicht abgebrochene und noch weniger zerstörte Brücke
von Elchingen, deren Zerstörung, wenn sie wirklich vom Feldmarschallieutenant London geschehen wäre, Riesch sonach erst
vollenden und auch alsdann vermöge des deutlichen Wortes aus-
dehnen noch nicht unbesetzt lassen sollte, ohne weiteres am 14.
morgens verlassen und sie und den Rücken seiner von Elchingen
abziehenden Truppen dem gegenüberstehenden Feinde preisgeben
würde? Dennoch geschah es, und mag Feldmarschallieutenant
Riesch selbst, oder die Commission für ihn, um seinen so ganz
unverantwortlichen Fehler zu bedecken, jene in Frage stehende
Beschuldigung gegen mich ausgedacht haben, so kann wahrlich die
Aufklärung, wozu sie mich zwingt, nur die Unverzeihlichkeit
desselben und seines Benehmens überhaupt beweisen, besonders
wenn ich noch hinzufüge, wie sehr es gegen alle Wahrscheinlichkeit
ist, daß er, dessen Truppen nachmittags die feindlichen von Elchingen weg und über die Brücke gejagt hatten, dieselbe nicht
gleich anfänglich nach der Verfolgung, oder daß er sie auch noch
in der Nacht, ohne eben ein Hauptengagement zu verursachen,
auf seiner Seite hätte abtragen lassen können, denn bei Aufhebung
der Ueberleghölzer hat man eben nicht viel Geräusch zu machen
nöthig, und selbst das Absägen der Brückenbalken würde, wenn
man vorsichtig dabei zu Werke ging, kein großes Geräusch verursacht
haben. Wenn aber auch, so fragt sich erst, ob der Feind, der
seinerseits selbst die Brückenhölzer abgetragen hatte, solches zu
verhindern gesucht und das gefürchtete Hauptengagement veranlaßt
haben würde, dessen Besorgniß übrigens sehr unzeitig und absicht-
widrig war, weil, wenn diese nicht anders erreicht werden konnte,
jenes keineswegs vermieden werden sollte, denn Riesch hatte ja
wol keinen Auftrag, nicht wegen Zerstörung der Brücken zu
raufen, wenn er sie nicht ruhig bewirken konnte.

Das Armeecommando erlangte die Nachricht von der Niederlage des Riesch'schen Corps nur allzu bald durch die ersten
Flüchtlinge. Wie es möglich war, den förmlichsten Ueberfall,
eine förmliche Zerrüttung und Zerstäubung in der Sentenz eine

Affaire zu nennen, ist unbegreiflich. Nur einige wenige Bataillone, die mehr entfernt von dem feindlichen Anfall waren,
kamen noch in ziemlicher Ordnung nach Ulm zurück, vielleicht
kaum ein kleines Sechstel des Ganzen. Die öffentliche Stimme
war, daß Riesch von hinten und Loudon von vorn und von der
rechten Seite sich hätten überfallen lassen, und nur zu sehr bewies
dies die unbeschreiblich totale Auflösung ihrer meisten Truppen;
auch wird diese laute, allgemeine damalige Anklage, wenn sie
auch unterdrückt ist, stets auf ihnen haften, solange sie nicht erwiesen haben, der eine, daß er die von ihm selbst gemeldeten
Vorsichtsanstalten gegen des Feindes Uebergang wirklich getroffen
gehabt und diesen auf Tod und Leben abzuwenden gesucht hatte,
der andere (Loudon) aber, daß er, der am 13. alle Brücken bis
Gundelfingen, mithin auch jene von Leipheim und Günzburg
hatte abtragen lassen sollen, wenn er es (wie es eben nicht zu
vermuthen) an diesem Tage nicht mehr konnte, wenigstens eine
kleine Avantgarde von Cavalerie bis Gundelfingen vorpoussirt
und andere kleine Cavaleriedetachements längs der Donau abwärts, besonders aber zu den Brücken von Leipheim und Günzburg abgeschickt hatte, um wenigstens das Dasein des Feindes
und seine Bewegungen entdecken und in rechter Zeit davon aver-
tirt werden zu können, wie es die allgemeinsten Vorsichtsmaßregeln erheischten.

Durch alles Obenangeführte habe ich also in Betreff des §. 10
berührten Befehls, welchen Riesch wegen Abtragung der Brücke
ausdrücklich verlangte, hinlänglich geantwortet, und was denjenigen betrifft, welchen er wegen des fernern Marsches seines
Corps am 14. gewärtigte, so war sein Vorschlag, „wegen
Grundlosigkeit des Bodens nicht unmittelbar längs der Donau,
sondern in einiger Entfernung von derselben auf einem mehr
praktikabeln Wege zu marschiren und längs dem linken Ufer
Streifcommandos gehen zu lassen“, den durch die Localität dictirten Umständen angemessen, mithin nichts darauf zu antworten
nöthig, besonders da er selbst sagte: „Sollte kein anderer Befehl
bis morgen 6 Uhr früh anlangen, so werde ich meinen Marsch
auf vorstehende Art fortsetzen.“

Ob Feldmarschallieutenant Riesch eine Meldung an das Armeecommando auf der geraden Straße nach Hausen schickte, will ich
dahingestellt sein lassen. Ich beziehe mich auf das, was ich bereits

ad 9 in Absicht des Hauptquartiers anführte, daß nämlich Riesch schon am 14. morgens solches unmöglich in Hausen vermuthen konnte, und füge hier nur hinzu, daß er wol wenigstens auch noch eine andere Meldung nach Ulm hätte abschicken können und sollen, obschon nichts gewisser ist, als daß in einem Fall, wie derjenige war, wenn man nämlich ebenso bald zerstäubt als angegriffen wird, gewöhnlich alle Meldungen zu spät kommen. Hätte Loudon, wie er es konnte und sollte, den von Elchingen weiter abwärts stehenden Feind noch am 13. entdeckt und Riesch es nach Ulm gemeldet, so würde ihm vom Schwarzenberg'schen Corps haben Hülfe geboten werden können; alsdann aber hätten sie keine benöthigt, denn sie würden in Verfassung gewesen sein, ihrem Feinde zu begegnen, wenn anders Riesch nicht auch alsdann die elchinger Brücke verlassen und den hier jenseit stehenden Feind in seinen Rücken gelockt hätte.

Nach vollendeter Widerlegung der zu vermeintlicher Entschuldigung des Feldmarschallieutenants Riesch gegen mich aufgehäuften unerwiesenen, mithin unstatthaften, auch zum größten Theil ungereimten Beschuldigungen 9, 10 und 11 muß ich hier noch bemerken, daß sie vorzüglich auffallend meine oft und dringend an die Commission gemachte Forderung rechtfertigen, daß man mir doch auf jede meiner Antworten, wenn sie nicht befriedigend wäre, neue Fragen setzen und mich noch darüber hören möchte. Nie konnte ich dies erwirken, vielmehr blieb es stets mit jedem Gegenstand bei der einzigen, immer schon Tags zuvor vom Präsidenten und Auditor aufgesetzten Frage und bei meiner einzigen Antwort, ohne daß mir über diese jemals eine Ausstellung oder Einwendung gemacht worden wäre. Man vermied mit der äußersten Hartnäckigkeit jede geringste Frage aus dem Stegreif, ob ich schon bestimmt gefordert hatte, daß jedem Beisitzer erlaubt werden möchte, seine Zweifel über meine Antwort alsbald zu eröffnen und daraus, wenn es der Präsident wichtig genug fände, eine neue Frage zu entwerfen. Bequemer ist es allerdings für die Willkür der nachherigen Beurtheilung, alle fernere Aufklärung zu vermeiden, und sodann Verbrechen, deren Möglichkeit der Beklagte bei seiner Antwort nicht gedacht, mithin auch nicht widerlegt hatte, gegen ihn aufzufinden. Kann aber ein solches Verfahren gerecht und menschlich sein und verdient es nicht vielmehr ein schreckliches, grausames Gericht genannt zu werden? Hätte

ich nicht eine übermenschliche Divinationsgabe besitzen müssen, um
aus dem Stegreif allen möglichen nachherigen Zweifeln über
meine Antwort vorzubeugen? Wenn z. B. in Absicht der zehnten
Beschuldigung über die damalige Beschaffenheit der Witterung,
des Weges u. s. w. eine neue Frage an mich gestellt worden wäre,
so würde mir beigefallen sein, daß der Major Koubelka, welchen
ich an Feldmarschallieutenant Riesch abgeschickt gehabt hatte, ob
er schon noch bei Tage von Elchingen ausgeritten war, mehr als
vier Stunden auf dem schrecklichen Wege zubrachte und die beste
Auskunft darüber würde geben können. Und wäre in Absicht der
elften Beschuldigung des Feldmarschallieutenants Riesch eigene
Disposition von mir gefordert worden, so hätte wol die Behaup=
tung, daß, gemäß der Disposition vom 13., der Uebergang
des Feindes bei Elchingen am 14. morgens erfolgen würde, keines=
wegs platzgreifen können.

Bei der allerletzten Sitzung nach geendigter Vorlesung des
Protokolls dictirte ich dem Auditor darüber noch Folgendes in die
Feder: „Ich erneuere auf das angelegentlichste meine bei der letzten
Sitzung am 12. wiederholte Bitte, daß, wenn die löbliche Unter=
suchungscommission meine Rechtfertigung noch nicht vollständig
anerkennen sollte, sie mich desjenigen, was mir noch zur Last ge=
legt wird, nach den Regeln der inquisitorischen Criminalprocedur
überführen wolle, denn auch dermalen bei Eröffnung der von der
ersten nicht peinlichen Commission gemachten Ausstellungen blieb
es wieder stets bei meiner einzigen ersten Antwort; ich wurde
nur vernommen, aber keineswegs inquirirt, und bin also wie
einst wieder zu dem vollen Glauben berechtigt, auf alles befrie=
digend geantwortet zu haben.“ Man wollte es nicht, denn man
wünschte mich schuldig finden zu können. Der Auditor kannte,
theilte, begünstigte und realisirte also diesen Wunsch, welchem er
so leicht hätte Einhalt thun können, wenn er nicht die eine seiner
beiden Naturen, jene meines Vertheidigers, gänzlich verleugnet
und dafür die meines Meuchelmörders angenommen hätte.

12.

Feldmarschallieutenant Mack hatte sich seit dem 10.,
als Se. k. Hoheit die erhaltene Weisung, seine Rathschläge
zu befolgen, ihm eröffneten, gegen Höchstdieselben, den Herrn

Commandirenden, pflichtwidrig betragen, indem er seine Dispositionen nicht mehr zur Genehmigung, sondern nur zur Einsicht überschickte, dessen Generaladjutanten Oberst Bianchi für jede Abweichung schärfstens verantwortlich erklärte, und von nun an blos nach seinem Gutdünken und Erachten handelte.

Zu 12.

Se. k. Hoheit hatten mir am 10., als sie mir den allerhöchsten Befehl, meine Rathschläge zu befolgen, eröffneten, ohne mir solchen lesen zu lassen, bestimmt erklärt: „daß Höchstdieselbe, weil sie Befehl dazu hätten, mich, wie ich wollte, machen lassen würden, aber auch von keiner Verantworlichkeit nichts wissen wollten, sondern diese mir einzig und allein überließen." Wie wäre es denn also ein pflichtwidriges Betragen gewesen, meine Dispositionen Sr. k. Hoheit nicht mehr zur Genehmigung, sondern nur zur Einsicht zu unterlegen, da Höchstdieselbe, wenn sie mich allein verantwortlich erklärten, aller Genehmigung entsagt, oder sie vielmehr, weil durch deren Ausübung meine Verantwortlichkeit aufgehoben oder wenigstens gemindert worden wäre, gänzlich von sich abgelehnt hatten? Da aber Höchstdieselbe die Dispositionen zur Einsicht erhielten, konnten sie nicht ihre höhere Autorität jeden Augenblick zurücknehmen, meine Dispositionen ändern, verwerfen, zerreißen und andere verfassen und expediren lassen, mir aber nur erklären, daß sie selbst und andere dafür verantwortlich sind? Was übrigens muß die denkende Welt von dem Verfahren einer Commission urtheilen, die mich bisher in der Sentenz stets als unumschränkten Gewalthaber aufführt und nun plötzlich einer Pflichtwidrigkeit gegen den Commandirenden zeiht? Wenn es eine war, warum wurde sie damals gebildet? Da sie es nur als Eingriff in Sr. k. Hoheit höchste Autorität hätte sein können, warum gaben Höchstdieselben den Personen, die sie mit ihrem Vertrauen beehrten, nicht den Rath, diese zu behaupten, jenen zu rügen?

Es wäre doch wol ziemlich gewesen, die Commission, als sie zu dem feierlichen Actus der Verurtheilung eines nahe an 40 Jahre dienenden Generals, der seit langer Zeit nach seiner Verwendung unter die bedeutendsten der Armee gehörte, bevor sie ihr grau-

james Strafurtheil über ihn fällte, alles Blendwerk, alle Täu=
schung entfernt und nur der reinen Wahrheit gehuldigt hätte, bei
welcher sie gewiß gefunden haben würde, daß jene Ausbrücke Sr.
k. Hoheit des commandirenden Erzherzogs im Grunde wol nur
allzu deutlich die schreckliche Erklärung enthielten: „daß Höchst=
dieselbe alles misbilligen, was Mack bisher gethan, und alles
misbilligen würden, was er noch fernerhin thun wollte“, und daß
ich also nicht nur für meine Person, sondern für alle meine Ent=
würfe in die verzweiflungsvollste Lage gesetzt war, weil diese nur
gedeihen konnten, wenn ihnen der commandirende Erzherzog das
Siegel seiner vollen Genehmigung und seines festen hohen Willens
aufdrückte, und zu dem elendesten Machwerk herabsinken mußten,
wenn nur ein Schein auf sie fiel, daß sie von Höchstdenenselben
bezweifelt oder wol gar gemisbilligt würden. Und so würde die
Commission alsdann auch leicht sich überzeugt haben, in welche
schreckliche Verhältnisse der unglückliche General geworfen war,
der, weil er allein verantworten sollte, auch um verantworten zu
können, die ganze uneingeschränkte, unmittelbare oberste Gewalt
nebst dem derselben gebührenden Ansehen und Vertrauen hätte
besitzen sollen, aber nicht besaß noch sich geben konnte, indem Se.
k. Hoheit der Armee als Commandirender vorgestellt gewesen
waren, und es nur hingeworfene Worte, nur Winke, nicht Sr.
k. Hoheit selbst, sondern ihrer Umgebungen und Vertrauten be=
durfte, um Mistrauen und Geringschätzung über ihn und alle
seine Handlungen zu verbreiten, mithin auch allen Trieb und
Eifer für das Befohlene aufzuheben. Diese Ueberzeugung würde
zugleich ein Beweis für sie gewesen sein, wie sehr der allerhöchste
Dienst selbst mich aufforderte, dem Generaladjutanten, von wel=
chem die Expedition abhing, jene Verantwortlichkeit aufzulegen,
und daß ich sogar, wenn ich meine Forderung noch weiter aus=
gedehnt und z. B. auf die unmittelbare alsbaldige Uebergabe aller
anlangenden Rapporte an mich, ja selbst wenn ich die Vereini=
gung der Operationskanzlei mit meiner Person verlangt hätte,
wol keineswegs zu tadeln gewesen sein würde, weil der Dienst,
für welchen ich allein nicht nur sorgen, sondern auch verant=
worten sollte, durch jeden geringsten Verzug gefährdet werden
konnte, sowie er vorher schon oft durch die Umfragen, die über
alles, was einlief, und über alles, was von mir in die
Expedition gegeben wurde, stattfanden, benachtheiligt worden war.

Ich müßte allem Glauben an die Unparteilichkeit der Commission entsagen, wenn ich mich bereden könnte, daß sie auch alsdann eine Handlung, die mir meine Pflicht gebot, noch pflichtwidrig genannt haben würde, vielmehr darf ich mich überzeugt halten, daß sie alsdann sogar die Ungereimtheit würde gefühlt haben, Genehmigung da suchen oder erwarten zu wollen, wo alle Verantwortlichkeit allein auf mich gewälzt worden war, und endlich, daß sie sich alsdann auch nicht zu dem Vorwurf würde haben verleiten lassen, „blos nach meinem Gutdünken und Erachten gehandelt zu haben", da ich nur nach diesem handeln konnte, handeln sollte und mußte.

Pflichtwidrig kann nur sein, was dem allerhöchsten Dienste Nachtheil droht, welchem alle andern Rücksichten weichen müssen. Hier ist es einleuchtend, daß der Dienst selbst die mir als Verbrechen angerechnete Handlung erheischte, um in dem obwaltenden äußersten Drang der Umstände, wo Einheit, Thätigkeit und Schnelligkeit so nothwendig waren, den Nachtheil wenigstens zu vermindern, der aus den gleich gefährlichen und sonderbaren Verhältnissen entstehen mußte, worin ich durch jene allzu merkwürdige Erklärung Sr. k. Hoheit gestürzt worden war, die, wie ich es hier zu wiederholen mich verpflichtet fühle, keineswegs aus ihrem höchsteigenen Geiste und Herzen kam, sondern das unselige Resultat eines anmaßenden, einseitig censurirenden, doch aber alles Licht und alle Verantwortlichkeit scheuenden fremden Rathes war. Dieser auf Se. k. Hoheit so äußerst nachtheilig gegen mich wirkende fremde Einfluß war allzu auffallend, als daß mir der geringste Zweifel darüber hätte bleiben können, und mußte zugleich um so schmerzlicher und empörender für mich sein, weil er sich so geheim verhielt und auf eine unter biedern Kriegsmännern nicht sittliche Weise mich um Sr. k. Hoheit Vertrauen zu bringen strebte, von dessen gänzlichem Verlust ich hier nur zwei notorische Beweise anführen will. Am 11., als die Rapporte von der Vorrückung und dem Angriff des Feindes einliefen, eilten Se. k. Hoheit mit einigen Generalen und ihren Adjutanten aus Ulm, ohne mir, der ich natürlicherweise die Rapporte erst erhielt, nachdem sie bei Sr. k. Hoheit passirt gehabt hatten, die Zeit zu lassen, mich an ihre höchste Person anzuschließen, und sogar ohne daß ihr Generaladjutant mir nur mit einem Worte hinterließ, wohin sich Höchstdieselbe begeben würden? Ich meinestheils jagte sodann dem Punkte zu, wohin ich die Hauptabsichten des Feindes gerichtet glaubte, nämlich der Gegend des Michelsberges, dem Schlüssel unserer Position, in der Vermuthung, dort Se. k. Hoheit zu finden. Ich fand aber Höchstdieselbe nicht, und erfuhr nur etwas später, daß Se. k. Hoheit sich in einer Verschanzung unsers rechten Flügels befänden. Die Umstände erheischten da, wo ich mich hinbegeben hatte, meine Gegenwart, mithin blieb ich während der fünf Stunden, die das Gefecht dauerte, stets von Höchstdenenselben auf die Distanz von mehr als einer halben Meile getrennt, woraus der Nachtheil entstand, daß das feindliche Corps nur auf seinem rechten durch unsern linken Flügel geschlagen und zurückgedrängt wurde, während es vernichtet und größtentheils gefangen worden sein würde, wenn Se. k. Hoheit sich auf dem linken Flügel mit mir befunden, und wie ich nicht ermangelt haben würde, Höchstdieselbe zu bitten, Befehle auf unsern rechten Flügel zu schicken, den dort nur figurirenden Feind zurückzujagen und sein Hauptcorps in Flanke und Rücken zu nehmen, mithin demselben den Rückzug abzuschneiden. So aber geschah davon nichts; unser rechter Flügel blieb in gänzlicher Unthätigkeit, weil es mir nicht geziemte, dahin Befehle zu schicken, wo Se. k. Hoheit selbst sich mit dem Feldzeugmeister Kolowrat befanden und ich ohnehin hoffen konnte, daß dieser und andere Generale und ihr Generaladjutant Sr. k. Hoheit den Rath, auch dort den Feind anzugreifen, geben würden, was aber zuverlässig nicht geschah, weil ihn Höchstdieselbe sonst mit ihrem rühmlichst bekannten Unternehmungsgeiste gewiß gern benutzt haben würden, welcher vielleicht, statt dazu aufgemuntert zu werden, noch zurückgehalten wurde. Es ist wol leicht zu begreifen, wie tief ich dieses Ereigniß fühlen mußte, nicht blos als einen neuen Beweis Sr. k. Hoheit schmerzlichen Geringschätzung, sondern mehr noch wegen des wichtigen Nachtheils, der für den Dienst daraus entstanden war.

Gleich den Tag darauf aber erfolgte durch die bereits ad 4 erörterte Geschichte mit dem Feldmarschallieutenant Werneck ein zweiter, noch mehr auffallender Beweis, da mich gegen dessen dienstwidrige Einwürfe und Ausfälle Se. k. Hoheit nicht nur nicht zu schützen, sondern auch ungeachtet aller meiner Vorstellungen und Reclamationen nicht für meinen Entwurf zu entscheiden geruhten, sodaß mir nichts übrigblieb, als denselben anzugeben

und mich, nachdem ich in einer Versammlung mehrerer Generale
herabgewürdigt und beinahe verhöhnt worden war, in der ver=
zweiflungsvollen Stimmung, die eine solche Handlung hervor=
bringen muß, zurückzuziehen. Erst nach dieser allzu unerträglichen
Scene machte ich dem Generaladjutanten Bianchi die unverhohlene
positive Erklärung: „daß, weil ich allein verantwortlich sein
müßte, er es mir dafür sein würde, daß alles, was ich in die
Expedition der Operationskanzlei schickte, nach Sr. k. Hoheit ge=
nommener Einsicht alsbald und wörtlich so, wie ich es niederge=
schrieben, expedirt, und daß jeder einlaufende Rapport, sobald
ihn nur Se. k. Hoheit gelesen hätte, ohne erst andern mitgetheilt
zu werden, auf der Stelle mir zugeschickt werden sollte." Vorher
hatte ich an eben diesen Bianchi stets die freundschaftlichsten, ver=
traulichsten und beinahe kriechenden Bitten verschwendet, daß er
doch seinen Einfluß bei Sr. k. Hoheit dahin verwenden möchte,
mir, weil ich ausschließlich verantworten sollte, auch ausschließlich
ihr aufrichtig gnädiges Vertrauen zu schenken, und nicht immer
fremden Rath einzuholen oder Kritiken meiner Entwürfe anzu=
hören. Der Erfolg bewies aber, daß er gerade das Gegentheil
gethan haben müsse, sowie er es, ich wiederhole es, unzweifelhaft
gewesen war, welcher Se. k. Hoheit zu jener oft berührten Erklä=
rung meiner alleinigen Verantwortlichkeit vermocht hatte und ver=
muthlich auch dazu, daß Se. k. Hoheit mir den eigentlichen Inhalt
des von Sr. Majestät erhaltenen allerhöchsten Befehls verent=
hielten, nämlich die so höchst wichtige und bedeutende Weisung,
„daß Se. k. Hoheit auch bei andern Rath einholen, jedoch,
wenn ich dabei beharrte, dem meinigen folgen sollten". Wäre mir
auch von jenem ersten Theile dieses allerhöchsten Befehls die Er=
öffnung gemacht worden, so würde ich Sr. k. Hoheit die Vor=
stellung gemacht haben: „daß Se. Majestät ihn in eben dem aller=
höchsten Handschreiben gaben, wo sie die Erlaubniß ertheilten,
den Krieg zu eröffnen, wobei sie supponirten, daß wir dem
Feinde zuvorkommen, mithin alle Unternehmungen von uns
abhangen und Zeit zu Umfragen und Deliberationen lassen würden;
daß aber bei so veränderten Umständen und in der daraus ent=
standenen äußerst dringenden Lage aus dessen Befolgung nur Unheil
entstehen könnte, sodaß ich Se. k. Hoheit bitten müßte, nur mit
mir zu überlegen und zu beschließen, weil nur Einheit, Festig=
keit und Behendigkeit uns retten könne. Und wäre ich nicht so

4*

glücklich gewesen, Gehör für diese Vorstellungen und Bitten zu
finden, so würde ich Sr. k. Hoheit meine Generalquartiermeisters-
Dienste in Ehrfurcht zu Füßen gelegt haben"; mindestens dies
einst zu Protokoll erklären. Nicht nur Se. k. Hoheit selbst und
ihr Generaladjutant verbargen mir stets jenen Theil des allerhöchsten Befehls, wie auch die Generale, deren Rath Höchstdieselbe
einholten, selbst die beiden Feldmarschallieutenants Fürst Schwarzenberg und Giulay bei ihren am 13. October mit mir ange-
sponnenen Streitigkeiten. So äußerst geheim wurde er vor mir
gehalten, daß ich gar nicht die allerminbeste Muthmaßung davon
hätte fassen können, mithin auch die Umfragen über meine Be-
fähigung und die Zweifelhaftigkeit, womit sie behandelt wurden,
nur um so unbefugter und unrechtmäßiger finden, zugleich aber
das Mistrauen und die Herabwürdigung, welche man mir dadurch
bewies, nur um so schmerzlicher fühlen mußte. So gewiß ich
überzeugt bin, daß auch diese Vorenthaltung, wie schon gesagt,
eine Wirkung fremden Raths und vermutlich des Generaladjutanten Bianchi war, so zuverlässig scheint mir, daß er
vielleicht deswegen bei Sr. k. Hoheit um so leichter Eingang gefunden haben dürfte, weil es nicht unwahrscheinlich ist,
daß Höchstdieselbe mich in dem vielleicht nach den vorhergegangenen Umständen nicht unnatürlichen Verdacht hatten, als ob ich
jenen allerhöchsten Befehl zu Landsberg von Sr. Majestät solli-
citirt und erwirkt hätte, dessen Inhalt vielleicht mit Recht für
ihre Selbstgefühle empfindlich war, indem er Höchstdenenselben
für sich selbst gar keinen unmittelbaren Antheil des allerhöchsten
Vertrauens übrig zu lassen schien. Nun darf ich mich aber mit
voller ehrerbietigster Zuversicht auf das allerhöchste Bewußtsein
Sr. Majestät selbst berufen, daß ich Allerhöchstdenenselben am
Vorabend Ihrer Abreise von Landsberg blos die Bitte zu stellen
mich unterfing: „Allerhöchstdieselbe möchten Sr. k. Hoheit noch
etwas Gnädiges von mir sagen und mich dadurch wieder in ihr
Vertrauen zu setzen geruhen, welches mir, wie es Allerhöchstseiner
Majestät selbst wol wüßten, seit ich durch meine frühere Abreise
von Wien von Sr. k. Hoheit getrennt wurde, entzogen worden
wäre"; worauf Se. Majestät mir die eigenen allerhöchsten Worte zu
erwidern die Gnade hatten: „Sein Sie ruhig, das habe ich schon
gethan; ich werde es ihm aber von Wien aus auch noch schreiben."
Vermöge dieser Bitte und Sr. Majestät allerhöchster Aeußerung

konnte ich wol keineswegs muthmaßen, daß Se. k. Hoheit einen allerhöchsten Befehl von solchem oben berührten Inhalt empfangen haben dürften, und eben weil ich demselben in Absicht meiner Person keine so große Bedeutung beilegen, die darin enthaltene Weisung wegen fremder Ratheinholung aber am aller=wenigsten vermuthen konnte, mußte meine Trostlosigkeit über Se. k. Hoheit Verantwortlichkeitserklärung über den gänzlichen Verlust ihres hohen Vertrauens und den Vorzug, welchen sie andern über mich einräumten, nur einen so höhern Grad erreichen.

Ich glaubte, nicht zu ausführlich über die Verhältnisse sein zu können, in welche ich mit Se. k. Hoheit versetzt war, weil es nur allzu wahr ist, daß daraus ein großer Theil unsers Unglücks entstand, daß die nachtheiligen Wirkungen des Mistrauens, womit ich belastet war, und der Lauigkeit und Unthätigkeit, womit alles betrieben wurde, von der Geschichte von Günzburg anzufangen, stets fortdauerten, und daß sie es hauptsächlich waren, die zuletzt in Ulm unser Unglück vollendeten.

Da ich mir mit der Hoffnung schmeicheln darf, daß, was ich hier niederschreibe, zu der allerhöchsten Kenntniß Sr. Majestät gelangen werde, so darf ich mich auch noch auf Allerhöchstdero eigenes Bewußtsein ehrerbietigst berufen, ob es im geringsten wahrscheinlich sein könnte, daß ich mit den hohen Begriffen, die ich mir stets von den Eigenschaften Sr. k. Hoheit gemacht und die ich Allerhöchstdenenselben zu der Zeit, als sie darüber delibe=rirten, dem Erzherzog das Commando zu geben, oft geschildert und vertheidigt hatte, den geringsten vorsätzlichen Anlaß zu dem Abscheu, in welchem ich bei Sr. k. Hoheit zu verfallen das Un=glück hatte, gegeben haben könne? besonders da Se. Majestät sich auch zurückzurufen geruhen werden, wer und wie man meine frühere Abreise von Wien benutzte, um Sr. k. Hoheit gegen mich und meine Entwürfe Argwohn und Verachtung einzuflößen, sodaß Höchstdieselbe schon äußerst gegen mich eingenommen bei der Ar=mee anlangten, und die so ganz unerwartet und plötzlich einge=tretene höchst gefährliche Lage der Umstände nebst dem hinzuge=kommenen allerhöchsten Befehl, für dessen Urheber mich Se. k. Hoheit sehr wahrscheinlich hielten, mich ganz in ihrem Vertrauen verderben mußten, besonders da die eine der beiden Hauptper=sonen, die in Wien nach meiner Abreise so nachtheilig gegen mich wirkten, nur von Sr. k. Hoheit Person, nicht aber von der

Armee, welcher er mich gleich bei seiner Erscheinung als einen
Unmenschen, der sie durch unerträgliche Märsche zu Grunde richte,
ausgerufen hatte, entfernt worden war, und die andere, der
Generaladjutant Bianchi, sich fortwährend unzertrennlich bei Höchstdenenselben befand.

Merkwürdig ist es vielleicht für die Geschichte der menschlichen Schicksale, daß ich es selbst war, welcher diese beiden Personen für ihre Plätze Sr. Majestät vorgeschlagen hat. Ich kannte
ihre Fähigkeiten, auch war ich es, der sie einst zum General-
quartiermeister-Stab übersetzen machte. Beide dienten, als ich
schon längst Armeen mit Glück dirigirte, als Hauptleute unter
mir; die Auszeichnung, womit ich sie damals behandelt hatte,
ließ mich auch auf einige persönliche Anhänglichkeit hoffen, denn
ich traute ihnen ebenso gute Herzen als Köpfe zu. Se. Majestät
zogen mich zu Landsberg über den einen aus meinem Irrthum,
indem Sie mir zu sagen geruhten: „Allerhöchstdieselbe hätten mich
wegen seiner warnen können, indem sein Charakter Ihnen von Ihres
Herrn Bruders Erzherzog Karl k. Hoheit als sehr zweideutig geschildert worden wäre, welcher übrigens auch seinen Talenten
Gerechtigkeit leiste.“

Es ist mir über die in diesem Artikel der Sentenz enthaltene
Beschuldigung nur noch anzufügen übrig, daß ich einst auf die
deswegen in der letzten Zeit der Untersuchung an mich gestellte
Frage ungefähr Folgendes zu Protokoll gegeben: „Die Brouillons
der Befehle und Dispositionen schickte ich dem ersten Generaladjutanten Oberst Bianchi, um sie Sr. k. Hoheit vorzulegen.
Se. k. Hoheit konnten also nach Ihrem hohen Ermessen ändern
oder ganz verwerfen, und es kam in jedem Fall nur darauf an,
mich von der ausschließlichen Verantwortlichkeit loszusprechen,
womit Sie mich am 10. nach Empfang eines Allerhöchsten Hand-
schreibens belegt hatten.“ Die Commission wurde also durch diese
meine Antwort neuerdings an die derselben schon längst vorher
bekannt gewesene, auf mich gewälzte ausschließliche Verantwortlichkeit erinnert, und übrigens war ihr auch die gegen
mich beobachtete Verheimlichung des oft angeführten allerhöchsten
Befehls sehr wohl bekannt gewesen; sie wußte genug, um nicht in
ihre unrechtliche Schlußfolge von Pflichtwidrigkeit zu verfallen, und hätte wenigstens, wenn sie jene Antwort nicht befriedigend fand, weitere Aufklärung fordern sollen. Es ist vielleicht

überflüssig zu berühren, daß auch hier sowie in allen vorher=
gehenden und folgenden Gegenständen der Auditor durch seine
treulose Auseinandersetzung und Darstellung den Anlaß gegeben.
Ich spreche zum letzten mal davon, und behalte mir vor, nur am
Ende meiner Anmerkungen noch nähere Erklärung darüber zu geben.

13.

Anstatt durch die geschehenen gegründeten Vorstellungen
mehrerer Generale und selbst Sr. k. Hoheit des Comman=
direnden von seinen irrigen Ansichten abzugehen, bestärkte
er sich immer mehr darin, ließ sich weder durch die Nieder=
lage des Riesch'schen Corps davon abbringen, sondern be=
hauptete gegen Se. k. Hoheit noch am 14. nachmittags, daß
der Feind am 15. die Donau und Iller verlassen haben
und die Straße nach Augsburg frei sein würde.

Zu 13.

In der ganzen Sentenz hat der Auditor nichts nieberge=
schrieben, was rein wahr wäre, als hier die Ausdrücke: „daß
ich mich durch die geschehenen Vorstellungen immer mehr in meinen
irrigen Ideen bestärkte." Dies ist eigentlich das, was ich einst
der Commission selbst in den Worten sagte: „Wahr ist es, daß
ich bei dieser Gelegenheit das Schicksal hatte, welches gewöhnlich
jeden denkenden und raisonnirenden Menschen trifft, wenn man
ihm blos Widersprüche, aber keine Gründe und Beweise ent=
gegensetzt, nämlich immer noch mehr in meiner Vermuthung be=
stärkt zu werden." Was mich bewog, an den Rückzug zu glauben,
habe ich bereits ad 8 umständlich erörtert. Die dort angeführten
Gründe behauptete ich auch gegen Se. k. Hoheit und ihre Beglei=
tung am 14. nachmittags, und nichts ist natürlicher, als daß ich,
weil ich an den Rückzug glaubte, auch des Feindes Abzug von
der Iller und Donau, mithin auch die Befreiung der Straße nach
Augsburg behauptet haben möge. Wenn die Vorstellungen, welche
mir gemacht wurden, hier oben gegründet genannt werden, so
ist mir zu fragen erlaubt: Welche Gründe enthielten sie denn?
Warum wurde mir nie ein Wort davon eröffnet, warum suchte
man mich nicht zu überzeugen, daß sie geeignet gewesen wären,

ihnen meinen Glauben aufzuopfern? Uebrigens ist ja längstens erwiesen, daß mein Glaube nicht uneingeschränkt war, sondern daß
ich die Möglichkeit der Einschließung in Ulm zuließ; daß ich, als
der Generaladjutant Bianchi davon Erwähnung machte, ihm die
Antwort gab: „Wir würden uns zu vertheidigen wissen", und
daß dieser, als ich auch die Möglichkeit einräumte, daß Se. k.
Hoheit dadurch in Gefangenschaft gerathen könnte, mir versetzte:
„Dies könne er nicht zulassen, weil er der hohen Familie Sr.
k. Hoheit für dero Person verantwortlich wäre." Nicht nur von
diesem Gegenstande schweigt die Sentenz, sondern mit einer noch
mehr auffallenden Parteilichkeit auch von einem andern aller-
wesentlichsten, der bei jenen Discussionen in Frage stand, nämlich
„von den augenscheinlichen Gefahren, womit der Abzug aus Ulm
bedroht war", weil der Feind durch die Niederlage des Riesch'-
schen Corps wieder Meister von dem Posten Elchingen, der von
der Heidenheimer Straße nur eine halbe Stunde abliegt, geworden
war, ihn Riesch und Loudon sehr stark, besonders an Cavalerie
angaben, und man allerdings annehmen mußte, daß er auf der
wiedererlangten Brücke von Elchingen sich fortwährend verstärkt
haben würde, sodaß, wenn man den Abzug noch bei Tage angetreten hätte, ein Gefecht unvermeidlich und nichts gewisser zu besorgen gewesen wäre, als daß wir mit Truppen, wovon die
Trümmer des Riesch'schen Corps in der größten Muthlosigkeit
waren und sie auch auf die andern verbreiteten, geschlagen werden
würden. Bei Nacht aber, wenn wir die, wie gesagt, von Elchingen
nur eine halbe Stunde entfernte gerade Straße über Albeck ein-
schlugen, mußte der Feind uns entdecken und der geringste Lärm,
selbst ein falscher, unsere Zerrüttung nach sich ziehen, in einem
und dem andern Fall aber würde der Feind uns nach Ulm zurück-
gejagt, auf der Ferse verfolgt und unserer Existenz, mit uns dort
anlangend, alsbald ein Ende gemacht haben. Diesem Schicksal zu
entgehen wäre kein Mittel gewesen, als auf der stuttgarter
Straße abzuziehen, den Marsch auf derselben bis Geislingen
fortzusetzen und erst in dortiger Gegend uns rechts auf eine
Straße zu wenden, welche von da nach Heidenheim führt. Diese
aber wird bei dem geringsten Regenwetter sehr beschwerlich und
mußte bei demjenigen, welches schon seit sechs Tagen fast unauf-
hörlich anhielt, ganz unpraktikabel geworden sein. Wir hatten
einen Weg von doppelter Länge zu machen und bedurften wegen

der elenden Beschaffenheit der zweiten Hälfte wenigstens dreifache
Zeit, solchen zurückzulegen, sodaß man gar nicht als möglich an=
nehmen konnte, daß der Feind auf seiner weit kürzern und bessern
Chausseestraße nicht früher als wir hätte Heidenheim und das
Werneck'sche Corps erreichen, unsere Vereinigung verhindern und
wenn auch nicht dieses, wenigstens uns an den Neckar und Rhein
hinjagen sollen.

Diese Umstände habe ich der Commission ausführlich bekannt
gemacht und niemals wurde mir darüber ein Zweifel geäußert,
auch wurde ich nie befragt, ob ich solche bei Gelegenheit der Vor=
stellungen, die mir am 14. nachmittags gemacht wurden, vorge=
tragen hätte? Ich erörterte sie aber damals allerdings, und wenn
die Commission sich darüber die Aeußerung Sr. k. Hoheit erbat
und ihre Begleiter darüber vernehmen ließ, so kann diese meine
damalige Darstellung jener Umstände nicht widersprochen worden
sein. Ebenso deutlich habe ich auch der Commission erklärt, daß
man sich diesen augenscheinlichen Gefahren nur hätte aussetzen
können, „wenn das fernere Bleiben in Ulm zwecklos und nicht
eine höchstwichtige Absicht damit verbunden gewesen wäre", und
auch über diesen wichtigen, eben an jenem Nachmittag von mir
vorgestellten Gegenstand hat sie stets geschwiegen und mich zu
glauben berechtigt, daß sie denselben als wahr angenommen habe.

Warum übrigens die Niederlage des Riesch'schen Corps mich
von meinem Glauben an des Feindes Rückzug hätte abbringen
sollen, ist wol schwer zu errathen, auch hat mir die Commission
niemals einen Beweggrund darüber angeführt. Ich erlangte da=
durch nur den Beweis, daß der Feind weiter abwärts von El=
chingen auf dem linken Donauufer eine am 13. vom Feldmar=
schalllieutenant Loudon nicht entdeckte Colonne habe aufwärts ziehen
lassen, mit welcher sich nunmehr mittels der Brücke von Elchingen,
weil sie nicht vertheidigt wurde, diejenige vereinigt hatte, welche
am 12. über die Donau gegangen war. Gerade diese Begebenheit
mußte mir sonderbar scheinen, denn, wenn die allgemeine Vor=
rückung des Feindes die Folge von überlegten offensiven
Entwürfen war, so konnte man annehmen, daß er die letztbe=
rührte Colonne nicht würde haben die Donau übersetzen, sondern
nur auf jene erstere längs dem linken Ufer abwärts sich haben
repliiren lassen. Es schien also ein unvorhergesehenes plötz=
liches Ereigniß zum Grunde zu liegen, und mit mehr Wahr=

scheinlichkeit als die Commission darf ich wol behaupten, daß mich
die Niederlage des Riesch'schen Corps in meiner Vermutbung des
Rückzugs bestärken mußte, weil nichts natürlicher war, als daß
der Feind in diesem Falle nicht ermangeln würde, einen beträcht=
lichen Theil seiner Macht in die Gegend von Ulm und auf die
stuttgarter Hauptstraße zu dirigiren, um uns dort zu beschäftigen
und den Marsch seiner oberhalb Ulm die Donau übersetzenden
Colonnen zu decken, sowie überdies auch überhaupt eine Armee
von so sehr bedeutender Stärke auf mehrern Straßen ihren
Rückzug zu nehmen bemüßigt ist und zurückwirft, was ihr im
Wege steht, wie es der Fall mit dem Riesch'schen Corps gewesen
zu sein schien.

Was nun die in diesem Paragraph mir ferner zum Vorwurf
gemachten Vorstellungen betrifft, so berufe ich mich über ihre
Wesenheit auf meine Erklärung ad 8. Meine Ueberzeugung
war: „daß Ulm nicht verlassen, nicht dem Feind eingeräumt
werden dürfe, sondern, wenn es nöthig würde, vertheidigt werden
müsse und könne, mithin wir dort um so unabweichlicher zu bleiben
hätten, weil wir Gefahr liefen, während des Abzugs zu Grunde
zu gehen oder wieder nach Ulm zurückgeworfen zu werden."
Dieser Ueberzeugung blieb ich treu, bekannte und behauptete sie,
hörte nur bloße Widersprüche, aber keine Beweise, und niemand
bewog und vermochte Se. k. Hoheit, mir andere Befehle zu geben.
Hätten mich Höchstdieselbe auch nicht mit einer ausschließlichen
Verantwortlichkeit belegt gehabt, so wäre es meine Pflicht nicht
minder gewesen, so zu handeln. Die Personen, welche Se. k.
Hoheit begleiteten, waren keineswegs geeignet, ihnen mein Ge=
wissen aufzuopfern, welches ich hätte aufopfern müssen, wenn ich
mich durch ihre Vorstellungen von meiner gegentheiligen Ueber=
zeugung hätte abwenden lassen. Uebrigens war ich aus keiner
Ursache verpflichtet, ihrer Einsicht mehr als der meinigen zu trauen,
besonders da die Meinung der Mehrzahl im Kriegswesen meisten=
theils die unsicherste ist, und blos aus Gefälligkeit nachzugeben
fand ich mich, ich gestehe es, um so weniger bewogen, weil ich
in ihrer Erscheinung und Handlung nur neue schmerzliche Beweise
sah, daß sie es dahin gebracht hatten, daß Se. k. Hoheit mit mir
allein, wie es doch zwischen dem Commandirenden und seinem
Generalquartiermeister stets Sitte war, gar nichts mehr zu thun
haben wollten, und daß sie es wären, welche mir Sr. k. Hoheit

vor allen andern mir gebührendes Vertrauen entzogen hatten,
Beweise, die um so grausamer auf mich wirken mußten, weil mir,
ich glaube es nicht oft genug wiederholen zu können, gänzlich un=
bekannt war, daß Se. k. Hoheit durch einen allerhöchsten Be=
fehl zu Ratheinholung bei andern sich verbunden glauben könn=
ten; denn auch bei dieser letzten Gelegenheit wurde mir von jenem
allzu merkwürdigen allerhöchsten Befehle nicht die allermindeste
Anspielung, geschweige irgendeine wirkliche Eröffnung gemacht.

Wäre ich wegen meines Glaubens an Rückzug in Ulm ge=
blieben, „ungeachtet die Vertheidigung dieses Platzes auffallend
unmöglich oder zwecklos und der Abzug nicht mit den einleuch=
tendsten Gefahren bedroht gewesen wäre", so war mein Verstand
offenbar zerrüttet und es hätten Maßregeln dagegen genommen
werden sollen. Der Generaladjutant Bianchi, als er einst von
Sr. k. Hoheit nach ihrer Abreise von Ulm an Se. Majestät ab=
geschickt wurde, beschrieb mich Allerhöchstdenenselben wirklich als
verrückt, und Se. Majestät geruhten darauf zu äußern: „Wenn
er ein Narr war, warum habt ihr ihn nicht als solchen behan=
delt?" Gewiß der weiseste Ausspruch sowie der kürzeste, welcher
darüber gegeben werden konnte.

14.

Er erließ am 14. abends an den Feldmarschalllieutenant
Werneck noch den positiven Befehl zur Verfolgung des
Feindes gemeinschaftlich mit dem Schwarzenberg'schen Corps,
welches am 15. nach Geislingen marschiren würde. Er
begründete blos auf den vermutheten feindlichen Rückzug
sein Verbleiben in Ulm —

Zu 14.

Ich erinnere mich nicht, über diesen an den Feldmarschalllieu=
tenant Werneck am 14. abends erlassenen Befehl von der Com=
mission vernommen worden zu sein, noch auf den Befehl selbst,
von welchem ich auch keine Zeile in meinen Schriften finde. In=
dessen ist es möglich, daß ich solchen erließ, aber vermuthlich auch
nur provisorisch. Und sollte er wirklich positiv gewesen sein,
so war es ja kein Verbrechen, sondern ein Irrthum, welcher

vielleicht, wie es zuweilen geschieht, noch hätte nützlich werden
können, wenn dadurch das Werneck'sche Corps nach einer andern
Seite in Bewegung gesetzt worden wäre; denn es ist eben nicht
so ganz unwahrscheinlich, daß es dadurch dem äußersten Unglück
hätte entgehen können, worin es gerieth, weil es zu Heidenheim
stehen blieb; auch würde ich demselben am folgenden Tage (15.),
als Ulm eingeschlossen wurde, schon noch die nöthigen Instructionen zukommen zu machen die Möglichkeit gefunden haben, wenn
nicht Se. k. Hoheit mit dem Feldzeugmeister Kolowrat, Feldmarschallieutenant Fürst Schwarzenberg und allen ihren Abjutanten
am 14. abends Ulm verlassen hätten, um sich zu diesem Corps
zu begeben, bei welchem Höchstdieselbe am 15. morgens oder vormittags eintreffen konnten, sodaß ich mich aller weitern Anordnung
bei demselben zu enthalten verpflichtet worden war.

Ueber die Beschuldigung, „mein Verbleiben in Ulm blos auf
den feindlichen Rückzug begründet zu haben", beziehe ich mich auf
meine ad 8 und 13 gegebene Erläuterung, und füge hier nur
hinzu, daß, wenn es möglich wäre, daß ich, sei es mit gesundem
oder krankem Verstand, blos wegen meines Glaubens an
Rückzug in Ulm geblieben wäre, es doch gewiß vielmehr ein
Glück als ein Unglück gewesen sein würde, vorausgesetzt, daß wir
uns dort so lange, als die Möglichkeit bestand, gehalten, des
Feindes Uebermacht von der combinirten Armee abgezogen, der
zweiten russischen Armee zu ihrer Annäherung, unserer Reservearmee aber und der ungarischen Insurrection zu ihrer Mobilmachung die Zeit verschafft hätten; denn unwidersprechlich ist und
bleibt es nun einmal, daß der Abzug von Ulm, zu welchem man
mich bereden wollte, unsern Untergang bringen konnte, und ebenso
unwidersprechlich, daß wir in Ulm eine weit höhere Zahl des
Feindes als im freien Felde zu beschäftigen und die Freiheit seiner
Bewegungen weit mehr einzuschränken vermögend gewesen wären.
Würde man, darf ich fragen, mich getadelt haben, wenn ich Ulm
drei Wochen vertheidigt und dadurch, wie es höchst wahrscheinlich
ist, alles unheilbare Unglück, selbst vielleicht jenes der Hauptstadt abgewendet hätte? Für so lange aber bestand die volle
Möglichkeit, und wären wir auch nicht entsetzt worden, so
würde unser Verlust in Vergleichung mit der wenigstens fünf-
fachen Zahl neuer Streitkräfte, die wir herbeibrachten, gewiß nicht
im geringsten angefochten worden sein; hätten wir uns aber noch

·ein paar Wochen länger gehalten, wie es, wenn wir mehr als gemeine Standhaftigkeit übten, möglich war, so ist es sogar beinahe als zuverläßig anzunehmen, daß wir entsetzt worden wären. Die Garnison von Ulm würde bewundert und ich mit Beifall beehrt worden sein; selbst diejenigen, welche den Abzug von Ulm so hartnäckig (nie aber auf ihre Verantwortung) von mir gefordert hatten, würden sich Stillschweigen aufzulegen oder wenigstens, wenn sie auch alsdann noch bei ihrer Behauptung beharrten, zu dem Geständniß gezwungen gewesen sein, „daß ich aus Irrthum Vortheil zu ziehen verstand"; eine Eigenschaft, die doch auch in allen Zeiten als verdienstlich betrachtet wurde.

15.

— ohne sich auf den entgegengesetzten Fall die Versicherung verschafft zu haben, ob Ulms Befestigung eine Vertheidigung gestatte? wie es mit den vorhandenen Vorräthen an Lebensmitteln und Munition aussehe? da die Artilleriereserve schon am 13. abgeschickt, das Riesch'sche Corps am 14. in Feuer und folglich ein Abgang an Munition vorauszusehen war, auch ein großer Vorrath von Lebensmitteln für eine so zahlreiche Truppe nicht gehofft werden konnte.

Zu 15.

Hatte ich Ulm vielleicht nicht besehen, bevor ich die Herstellung seiner Festungswerke veranlaßte? Besah ich es nicht, nachdem diese Herstellung vollzogen war? Hatte ich nicht die vollste Kenntniß und Ueberzeugung, daß beinahe der ganze Halbkreis, welchen die Stadt auf dem linken Donauufer formirt, mit Bastionen und Courtinen, einem undurchdringlichen Walle und nassen Gräben, alles im Festungsprofil gedeckt war, und daß die paar schmalen Stellen, wo ein Theil des Walles in den Graben hinabgeworfen und diesem Nachtheil nur durch eine Feldverschanzung im ausgefüllten Graben abgeholfen war, durch zureichende Reserven leicht vertheidigt werden konnten? Wußte ich nicht, daß der Feind für Belagerungsgeschütz und Geräthschaften nicht die geringste Anstalt getroffen habe, daß er unter etlichen Wochen diese Bedürfnisse nicht herbeizuschaffen vermögend wäre, und daß

er sogar an Feldgeschütz und Munition nur das allerunentbehr=
lichste Bedürfniß mit sich führe, wie es bei der äußersten Eil=
fertigkeit seiner Mobilmachung und seines Marsches wol auch nicht
anders hatte sein können? Schon in meiner Relation hatte ich
über diesen Gegenstand wörtlich Folgendes gesagt: „Was die
Vertheidigungsmöglichkeit des Platzes betrifft, so verdiente
er freilich im eigentlichen fortificatorischen Sinne keineswegs den
Namen einer Festung, da er gar keine Außenwerke hat, mit
Festungsartillerie nicht versehen war und von nahe liegenden An=
höhen, besonders vom Michelsberg, gänzlich eingesehen, mithin
einem Bombardement sehr ausgesetzt ist. Aber auch der Feind
hatte nicht das geringste Belagerungsgeschütz und wäre unter
drei bis vier Wochen keins herbeizuschaffen vermögend gewesen.
Mit seinen Feldhaubitzen konnte er gegen eine Stadt, welcher es
keineswegs an guten Feuerlöschanstalten mangelt und die mit Zie=
geln gedeckt ist, wol wenig ausrichten, besonders da er mit jenen
von kleinerm Kaliber auch von den nächsten Anhöhen die Stadt
entweder nicht erreichte oder bei ihrer nähern Vorrückung sie der
Gefahr aussetzte, von unsern sechspfündigen Kanonen demontirt
zu werden. Ueberdies aber konnte gar nicht zu besorgen sein,
daß er seine Feldmunition fruchtlos verschwenden würde, da er
allerdings die Möglichkeit annehmen mußte, daß er mit der com=
binirten österreichisch=russischen Armee sehr bald zu thun bekommen
könnte. Was aber konnte er sonst gegen eine zahlreiche Garnison
unternehmen, die durch einen dichten, undurchdringlichen Erdwall
gegen seine Artillerie und durch einen Wassergraben von unge=
heurer Breite und Tiefe gegen alle Stürme, die diese Benennung
verdienen, geschützt war? Der Wall bestand allenthalben, und
der ungeheure Wassergraben mangelte nur an ein paar Orten
von sehr unbeträchtlicher Breite, war aber durch einen vor dem
Hauptwall angebrachten kleinern Wall und Graben soviel möglich
ersetzt. Der Platz war also ganz geschlossen, der Wall nirgends
zugänglich. Um in einer beträchtlich breiten Front zu stür=
men, hätte der Feind erst eine ungeheure Menge Faschinen und
Leitern nöthig gehabt; wie dies alles der Oberst Dedowich und
seine Offiziere am besten bestätigen können.“ Die Commission
hat mich niemals einer Unwahrheit oder Unstatthaftigkeit dieser
Angabe überwiesen, auch kann der Oberst Dedowich das, was
ihn betrifft, keineswegs widersprochen haben; denn schon am

21. September hatte er den Befehl erhalten, „daß Ulm auf das allerschleunigste wieder gegen allen Anlauf geschlossen werden solle". Er hatte dazu alle nur immer erforderlichen Mittel, und statt 14 Tagen, die ihm eingeräumt waren und für die er sich anheischig gemacht hatte, 18 ruhige Tage zu der Arbeit gehabt, und auch wirklich geleistet, was er versprochen hatte.

Ich gehe zu den Lebensmitteln über und frage, ob ich da nicht alle moralische Gewißheit hatte, daß, nachdem ich dem Ober-Landescommissariat und der Verpflegsdirection gleich am Anfang eine so starke Ausschreibung und so schleunige Einlieferungstermine aufgetragen hatte, damit für die ganze, mittlerweile aus ihren Cantonirungsquartieren verpflegte Armee alsbald ergiebige Vorräthe nach Ulm verschafft würden; da ich über die Lieferungen stets die beruhigendsten Zusicherungen erhielt; da ferner die Armee bis 8. oder 9. stets aus ihren Cantonirungsquartieren oder Marschstationen und nicht aus dem ulmer Magazin gelebt, und die Einlieferung aus beinahe ganz Schwaben, wo sie ausgeschrieben worden war, ununterbrochen bis 11. und zum Theil noch am 12. fortgedauert hatte; ob ich, sage ich, da nicht alle moralische Gewißheit hatte, daß für etwa zwei Siebentheile der Armee doch allerwenigstens ein achttägiger Vorrath in unserm eigenen Magazin vorhanden sein müsse? Und hatte ich sie nicht auf Vorräthe für eine noch längere Zeit in Ulm, einer Stadt von 15000 Einwohnern, die doch wahrlich nicht von einem Tage zum andern leben, sondern mit den nothwendigsten Artikeln stets auf mehrere Wochen, und wol mit manchen, besonders im Herbst, auf etliche Monate versehen sind? Konnte ich also, wenn man diese Vorräthe in Beschlag nahm und die Portionen der Einwohner, wie es in solchen Fällen gewöhnlich, auf das allerunentbehrlichste einschränkte, nicht auf ein Auslangen von wenigstens drei Wochen rechnen, besonders wenn wir uns, unserer Pflicht gemäß, zu der reichlichen Nahrung, die uns unsere etliche tausend Pferde darboten, bequemen wollten? Hatte ich mit einer solchen Stadt nicht sogar auch für Getränke an Bier, Branntwein und selbst mit Wein die unzweifelhaftesten besten Hoffnungen, da es bekannt, daß sie sehr starken Handel mit Wein treibt und sich stets große Vorräthe davon in ihren Kellern niedergelegt finden? Verhielt es sich nicht ebenso mit allen andern Artikeln, z. B. Salz, Medicamenten u. s. w.?

Commissariatische Ausweise hatte ich freilich nicht; im Kriege aber mangeln sie gar oft, und wenn man heutzutage in vielen Ländern Europas, besonders in Deutschland, die Subsistenz der zahlreichsten vorrückenden Armeen blos auf die Ressourcen des Landes berechnet, so war es mir wol auch mit einer deutschen Stadt von solcher Bedeutung wie Ulm auf die Zahl und für die Zeit, worum es sich handelte, erlaubt, wie ich mir es freilich in vielen schlecht polizirten Städten Polens oder der Türkei nicht hätte erlauben können. Ich habe der Commission darüber gleich anfänglich in meiner Relation gesagt: „Diese Möglichkeit (uns drei bis vier Wochen in Ulm zu behaupten) wird kein unbefangener General widersprechen, welcher mit der Geschichte solcher plötzlichen und unerwarteten Einschließungen ganzer Armeeabtheilungen in großen Städten bekannt ist, wo sich gewöhnlich an Lebensmitteln weit mehr findet, als man im ersten Augenblick vermuthet hatte, wie es selbst in neuern Zeiten bei jener unter dem Prinzen Karl von Lothringen zu Prag und unter dem Feldmarschall Wurmser zu Mantua sich erwiesen hatte. Kaum kann man nur zweifeln, daß nicht mit Ulm ebenderselbe Fall gewesen sein würde, besonders da im Herbst solche Städte sich mit vielen Artikeln von Lebensmitteln, z. B. Mehl, Kraut, Rüben, Erdäpfeln u. s. w. für den Winter zu versehen pflegen, überdies aber viele Hausbesitzer in Ulm einigen Feldbau und Wiesen haben, sich dort viele Melkkühe finden, und endlich als sicherstes Nothnahrungsmittel etliche tausend Pferde vorhanden waren. Ulm war übrigens keineswegs ausgezehrt, sondern die Erfordernisse für die Armee (die ohnehin nur erst fünf bis sechs Tage dort stand) stets von auswärts herbeigeschafft worden, auch hatte die Stadt bis 12. vollkommen freie Zufuhr gehabt."

Nach der Hand bei dem Schluß der ersten Untersuchung übergab ich der Commission in Absicht unserer eigenen Vorräthe noch folgende Aeußerung: „Der Platz erforderte in dem Zustande wie er war eine Garnison von 15—20000 Mann. Auf letztere Zahl nahm ich sie nunmehr beiläufig an, und für diese konnte ich hoffen, auf einige Zeit, selbst aus eigenem Magazin, die Subsistenz zu finden, weil ich der Verpflegsdirection und dem Landescommissariat die Beischaffung ergiebiger Vorräthe nach Ulm und die Anwendung der äußersten Zwangsmittel, um solche zu

erlangen, gleich bei Versammlung der Armee auf das nachdrück=
lichste empfohlen und oft wieder erinnert hatte."

Wenn diese kurzen allgemeinen Aeußerungen der Commission
nicht genügten, warum wurde nicht nähere Erläuterung gesucht?
Warum wurde mir darüber kein Zweifel, keine Einwendung er=
öffnet? Warum nicht die Verpflegsdirection und das Landes=
commissariat über die Aufträge befragt, die sie in Absicht des in
Ulm anzulegenden Magazins gehabt hatten und die ich nicht dar=
bringen konnte, weil mir, wie es der Commission wohl bekannt
gewesen, bei Gelegenheit meiner Bagageplünderung fast alle meine
Schriften bis zum 12. October verloren gegangen waren? Und
was soll endlich die Einwendung sagen: „daß ein großer Vorrath
von Lebensmitteln für eine so zahlreiche Truppe nicht gehofft
werden konnte", wenn nicht auch angeführt wird, auf wie lange
die Lebensmittel nöthig waren, ob auf einige Monate oder, wie
der Fall war, nur auf einige Wochen?

Was die Munition betrifft, so hatte ich ja die vollste
Ueberzeugung, daß das Schwarzenberg'sche Corps, da es noch
beinahe keinen Schuß gethan hatte, mit seinem ganzen Aus=
maß versehen und daß es allein zureichend sei, uns zu verthei=
digen, da der Feind nur stürmen konnte, mithin zu unserer
Vertheidigung eigentlich nur Bajonnete nöthig waren, während
wir doch wahrhaftig mit beiläufig dritthalbtausend Ka=
nonenkugeln, die das Schwarzenberg'sche Corps allein bei
seinen etlichen 30 Kanonen haben mußte, seine Annäherung
hätten erschweren, und mit 800 Kartätschenbüchsen und 600000
Flintenpatronen, die auch allein dieses Corps in seinen Cartouchen
haben mußte, wenn er uns unbedeckt nahe kam, schreckliche
Verwüstung unter ihm hätten anrichten können. Wollte er aber
sich erst decken, so verlor er Zeit, denn schon blos die Beischaffung
von Schanzzeug würde ihm mehrere Tage gekostet haben. Auf
das Riesch'sche Corps hatte ich für die Vertheidigung, folglich
auch mit Vertheidigungsmitteln gar nicht gerechnet. Seine Trüm=
mer kamen gegen meine Absicht und zu meiner größten Bestür=
zung nach Ulm. Indessen wußte ich wohl, daß nicht alles von
demselben verloren und daß dasjenige, was an Kanonen und
Munitionskarren zurückkam, beinahe unversehrt war, denn das
Corps war ja am 14. nicht im Feuer gewesen, es hatte ja

keine Affaire gehabt, sondern war, weil es sich in keiner Ver=
fassung befand, in die traurige Nothwendigkeit des Sauve qui
peut versetzt gewesen.

16.

Die Armee war von dem Augenblick, als sie in Ulm
eingeschlossen wurde, schon gefangen, weil in kurzer Zeit
kein Entsatz zu hoffen, in langer Ulm nicht vertheidigt werden
konnte, indem es nicht nur schlecht befestigt war, sondern an
sich von allen umliegenden Anhöhen beherrscht ist, sodaß die
Stadt leicht in Brand gesteckt und somit der geringe, nicht
gesicherte Vorrath an Lebensmitteln vernichtet werden konnte,
auch das größte Kaliber des Geschützes in Sechspfündern be=
stand, welche gegen die feindlichen Zwölf= und Sechzehn=
pfünder kein wirksames Feuer bewirken konnten, auch die
Munition in so unbeträchtlicher Menge vorhanden war, daß
sie bei einem ernstlichen feindlichen Angriff ausgehen mußte.

Zu 16.

Gewiß nicht unabsichtlich wurde hier der Ausdruck Armee
gebraucht, ob sich schon nur ein einziges Fünftheil derselben
und die Trümmer eines geschlagenen in Ulm befanden, drei
ganze Fünftel der Armee aber gerettet oder wenigstens in die
Möglichkeit, sich zu retten, gesetzt gewesen waren. Eingeschlossen
wurden jenes Fünftel und diese Trümmer leider! schon durch die
schmähliche Niederlage des Riesch'schen Corps, denn wenn man
seinem Feinde ohne augenscheinliche Gefahr des Untergangs nicht
mehr entgehen kann, so ist wol das Gefühl der Einschließung
unausweichlich. Wäre ich von diesem traurigen Gefühle nicht er=
griffen gewesen, so würde ich vielleicht ungeachtet meiner Ueber=
zeugung der Nothwendigkeit, Ulm zu behaupten, den Forderungen
des Abzugs dennoch nachgegeben haben; mit dieser Ueberzeugung
und jenem Gefühle aber war es mir unmöglich.

Was das übrige sehr oberflächliche und ebendeswegen einer
so wichtigen Criminalsentenz sehr unwürdige Raisonnement dieses
Paragraphen betrifft, so habe ich es durch meine Aeußerung über

§§. 14 und 15 bereits großentheils widerlegt und finde darüber nur noch Folgendes zu bemerken: Wenn der Feind statt seiner Feldhaubitzen ein halbes Hundert Mörser mit Schwerbomben, die alle ordinären Gewölbe durchschlagen, bei Händen gehabt hätte, da würde es freilich um Rettung der Stadt vor allgemeinem Brand und um die Aufbewahrung unserer Vorräthe bedenklich, doch vielleicht auch alsdann bei der mächtigen Rettungshülfe eines Theils der zahlreichen Garnison nicht ganz hoffnungslos ausgesehen haben. Da er jene aber keineswegs hatte, so war von unabwendbaren Feuersgefahren nichts zu besorgen, und die sehr große Hauptkirche, der Münster, wäre fast allein zureichend gewesen, alle unsere Vorräthe feuerfrei aufzubewahren, wenn sich auch nicht eine ungeheure Menge anderer gewölbter Unterbringungsorte fänden, von deren Dasein ich mir schon acht Jahre zuvor die Ueberzeugung verschafft hatte, als ich Ulm untersuchte und wieder als Festung herzustellen den Vorschlag machte. Gesichert waren die Vorräthe freilich nicht, sehr leicht und bald aber hätten sie gesichert werden können und würden gesichert worden sein, wenn man, wie es in der Folge vorkommen wird, statt mir pflichtmäßig Hülfe zu bieten, sich nicht meinen Absichten und Befehlen widersetzt hätte. Die angebliche Fürchterlichkeit des schwerern feindlichen Geschützkalibers müßte wol jedem Offizier, der im Angriffs= und Vertheidigungskriege der Gräben und Wälle nur einigermaßen praktisch bewandert ist, Mitleid einflößen, und beweist, daß es von allen meinen Richtern keiner war. Schon befanden sich von dem angeführten Kaliber vielleicht nicht 20 Kanonen bei der ganzen feindlichen Armee, und wären derselben auch weit mehrere gewesen, welchen Nachtheil hätten sie uns wol bringen können? Vielleicht unser Geschütz zu demontiren? Da dieses von leichtem Feldkaliber war, so gewährte es uns den gar nicht unwichtigen Vortheil, daß wir es jeden Augenblick von der Brustwehr zurückziehen und ebenso augenblicklich wieder an dieselbe bringen konnten. Alle Schüsse des feindlichen schwerern Geschützes aus der Ferne hätten wir geradezu verlachen können; kam er unbedeckt damit näher, z. B. bis auf 600 Schritte, so würden wir ihn mit den Kernschüssen unsers leichten Geschützes wol leicht sich zu decken bemüßigt und vielleicht nicht den achten Theil unserer Kanonenkugeln dazu benöthigt haben. Fing er an sich zu decken, so mußte er auch damit fortfahren;

5*

unsere Absicht des Zeitgewinns war erreicht; durch Ausfälle und mit unsern übrigen paar tausend Kanonenkugeln konnten wir ihm seine Arbeiten von Zeit zu Zeit doch wol sehr erschweren, mithin auch verzögern, und alle unsere viele Hunderttausende von Musketenkugeln nebst unsern Kartätschen blieben uns für seine spätern Unternehmungen gegen unsern breiten und tiefen Wassergraben oder vielmehr, weil er diesen wol auch alsdann schwerlich angetastet haben würde, gegen die paar schwachen schmalen Stellen, wo jener nicht bestand, und da hätte doch wol, weil wir überdies auch alle Möglichkeit und Mittel hatten, auch ihrer Schwäche fortwährend auf allerlei Weise mehr und mehr abzuhelfen, eine gewaltige Niederlage blos mit einem vierten Theil unserer Munition unter den Feinden angerichtet werden können, wenn auch von 20 Schüssen nur einer traf, wie es in naher Distanz so leicht möglich ist, wenn der Soldat sein Gewehr auflegen kann, nur seinen Kopf ein paar Secunden zu zeigen nöthig hat und sodann gleich wieder zurückziehen und in volle Sicherheit bringen, mithin auch in voller Sicherheit laden kann. Oder hätte ich von jenem fürchterlichen schwerern feindlichen Feldgeschütz besorgen sollen, daß es unsern Wall herabstürzen und den Graben ausfüllen würde? Vielleicht, wenn ich nicht zu gut gewußt hätte, wie hart diese Operation sogar den mächtigsten Batterien des allerschwersten Belagerungsgeschützes zu werden pflegt, selbst wenn sie am bedeckten Wege angelegt sind, und wie unmöglich es in jeder weitern Entfernung ist.

Wenn die Commission von ihren abstracten theoretischen Festungsideen jemals hätte ablassen und sich Ulm vielmehr als ein verschanztes Lager vorstellen wollen, so würde sie leicht gefunden haben, daß es das Fürchterlichste war, welches sich denken läßt, denn was könnte wol abschreckender sein für allen Angriff mit offener Gewalt als ein Halbkreis, der im Feldangriffssinne beinahe in seinem ganzen Umfang durch die Eigenschaft seines Grabens und Walles unangreiflich war, dessen zahlreicher Besatzung hinter diesem Walle kein Haar gekrümmt werden konnte, und die wegen der Unangreiflichkeit des größten Theils sich beinahe ganz der Vertheidigung jener paar angreiflichen schmalen Stellen widmen konnte, welche es übrigens immer weit minder waren als eine gewöhnliche Feldverschanzung, wozu noch der Vortheil kam, daß diese Besatzung für ihren durch die

Donau gedeckten Rücken nicht das Geringste zu besorgen hatte und abtheilungsweise von Zeit zu Zeit unter guten Dächern der Ruhe genießen und sich erholen konnte, während der Feind weit und breit in seinem ausgedehntern Halbkreise auf die Entfernung einer halben Meile von Ulm nicht eine Hütte zur Unterkunft, kein Holz oder Stroh zu Baracken und zu Feuer, auch kein anderes Wasser als auf seinem linken Flügel die Donau und auf seinem rechten die Blau gehabt, und alles aus weiter Entfernung herbeischaffen mußte, weil die wenigen minder entfernten Dörfer bereits gänzlich aus = und aufgezehrt gewesen waren, Umstände, die doch gewiß in einer schon sehr rauhen Jahreszeit keineswegs angenehm sind.

Ich habe nur noch hinzuzusetzen, daß also der Feind für die Zeit von wenigstens drei Wochen keine andere Möglichkeit für einen ernstlichen Angriff gehabt, als einen Sturm mit schmaler, vielleicht kaum einer österreichischen Compagnie breiter Front auf zwei Punkten, und wenn wir da seine stürmenden Colonnen auch nicht schon durch unser Flinten = und Kartätschenfeuer größtentheils vernichtet, wenn sie wirklich die hier nur bestehende Feldverschanzung, ungeachtet sie auch durch das Feuer des zwar eingeworfenen, aber nicht weggeräumten, sondern eine sanft ansteigende Anhöhe formirenden Walles vertheidigt war, überwältigt hätten, so blieben uns ja unsere Bajonnete gegen ihre aufsteigenden Colonnen, die, wenn wir sie, wie wir es konnten, in beiden Flanken anfielen, wol nicht unüberwindlich gewesen sein würden.

17.

Feldmarschallieutenant Mack blieb noch am 15. morgens, obschon der Feind Ulm schon von allen Seiten umzingelt hatte, in seinem Irrthum; und selbst auf den Abend, als der Feind Ulm zur Uebergabe aufforderte und der größte Theil seiner Generale ihm die Vorstellung machte, daß ihrer Meinung nach die Erhaltung der eingeschlossenen Truppen durch Uebergabe gegen freien Abzug dem Dienste erprießlicher und Sr. Majestät angenehmer sein würde als die Zeitzersplitterung durch unnütze Vertheidigung, gründete Feldmarschallieutenant Mack seinen Entschluß der Vertheidi-

gung theils auf den feindlichen Rückzug, theils auf einen
Entsatz in acht Tagen.

Zu 17.

Ich finde nöthig, hier vor allem wörtlich anzuführen, was
ich über die Geschichte von Ulm in meiner Relation gesagt habe,
weil es die Grundlage der darüber nachher erfolgten Untersuchung
war. Es besteht in Folgendem:

„Die Nachrichten von des Feindes Uebergang über die Iller
dauerten noch diesen (14.) Abend und in der Nacht ununterbrochen
fort. Auch am 15. morgens und vormittags war von einem bedeutenden feindlichen Infanteriecorps auf der Landseite von
Ulm noch nichts zu vernehmen; seine Cavalerie aber dehnte sich
immer weiter rechts gegen die stuttgarter Straße und den Michelsberg aus und schien den Platz umzingeln zu wollen. Selbst
dieser Umstand, ich gestehe es, brachte mich noch nicht aus
meinem Glauben an die Möglichkeit des feindlichen Rückzugs,
denn jede Armee, die nach passirter Iller die Donau oberhalb Ulm übersetzen und sich an den Rhein gegen Straßburg
oder weiter abwärts zurückziehen wollte, würde, um ihren Rückzug
zu decken, ein Corps d'Arrièregarde vor Ulm aufstellen, dieses
aber eine Kette von Cavalerieposten um den Platz formiren. Ich
ließ es also bei der am vorhergehenden Abend getroffenen Disposition bewenden, daß nur die Verschanzungen unweit der Donau
unterhalb Ulm, jene des Michelsberges und die kleine Brücken-
schanze der Donau nebst den Thoren zulänglich mit Besatzung und
Reserven von Infanterie und Cavalerie versehen, die andern
Truppen aber in der Stadt untergebracht, jedoch bereitfertig gehalten, und übrigens die Bewegungen des Feindes, ohne ihn zu
necken, nur beobachtet werden sollen. In der That war diese
Disposition die einzige, die man in dem gegenwärtigen Augenblick für jede mögliche Absicht des Feindes treffen konnte. Um
Mittagszeit wurde die Verschanzung des Michelsberges angegriffen
und beinahe ebenso bald verlassen. Feldmarschallieutenant Loudon
hatte sie mit zwei Bataillonen und zwei Kanonen zu besetzen und
zwei Bataillone mit der Hälfte seiner Cavalerie dort in Reserve
zu halten den Befehl gehabt. So unangenehm der Verlust des
Michelsberges wegen der Art war, womit er geschah, so unbe-

deutend betrachtete ich ihn für die Vertheidigung von Ulm, denn
für diese konnte man — da der Feind kein schweres Wurfgeschütz
hatte und mit leichtem die Stadt vom Michelsberg kaum erreichen
kann — nichts Besseres thun, als sich auf den Hauptwall und
den mächtigen nassen Graben, der ihn deckte, einzuschränken.
Spät am Nachmittag machte der Feind, durch seinen Vortheil er-
muntert, einen sogenannten Sturm, welcher darin bestand,
daß ein paar hundert berauschte Waghälse, welchen einige Bataillone als Unterstützung folgten, wie wüthend gegen ein Thor
anliefen. Das Resultat war, daß sie durch den braven Hauptmann Graf Leiningen von Froon (welchen ich dafür zum Major
ernannte) mit Beihülfe einiger andern Truppen zurückgeschlagen,
theils abgeschnitten und, nebst einem Oberst und mehrern Offizieren,
einige hundert Gefangene gemacht wurden. Ungeachtet dieses
gänzlich fehlgeschlagenen Versuchs war der Feind anmaßend oder
vielmehr intriguant genug, uns abends unmittelbar nachher auf-
fordern zu lassen. Bestimmt erklärte ich den bei mir versammelten
Generalen meinen festen Entschluß, Ulm zu behaupten und auf
keine Weise zu capituliren, war aber unglücklich genug, eine einstimmige Widersetzlichkeit zu finden. Da ich mich weder durch
Befehle noch Vorstellungen gehorchen machen konnte, so blieb mir
nichts übrig, als meinen Willen dem ihrigen zu unterwerfen,
mithin Ulm dem Feinde gegen freien Abzug antragen zu lassen."

So schrieb ich damals, weil Se. Majestät nicht, wie ich es
nachgesucht hatte, ein Kriegsgericht, sondern nur eine halbbesetzte,
nicht peinliche Commission anzuordnen geruht hatten. Der
Wahrheit in der Hauptsache getreu, vermied ich alle Erwähnung
von gravirenden Umständen, um nicht, wie ich es bereits ad 3
erörtert habe, den Weg der allerhöchsten Gnade zu erschweren,
da ich vermuthen konnte und mußte, daß Se. Majestät das gelind rechtliche Verfahren nicht für mich allein, sondern auch
für andere aus milder und weiser Erwägung der schrecklichen
Lage, worin die Armee so unvermuthet als plötzlich gestürzt
worden war, angeordnet hätten, einer Lage, deren nachtheilige
Wirkungen in gewissem Maße durch ihre Natur unvermeidlich
waren und um so mehr Entschuldigung und Nachsicht verdienten,
weil die Ungewißheit der Truppenrepartition des Feindes einen
Irrthum in der unserigen erzeugt und das politische Dunkel so
nachtheiligen Einfluß gebracht hatte.

Der Commission hatte ich indessen durch jene Aeußerung in
meiner Relation genug gesagt, um mich bereden zu dürfen, daß
sie sich dadurch zu einer Anfrage bei Sr. Majestät wenigstens
alsdann bewogen finden würde, wenn ich über die Widersetzlichkeit
meiner Generale unzweifelhaft mittels ihrer eigenen Unterschrift
den Beweis darlegte, da sie keineswegs befugt sein konnte, a u s
e i g e n e r Autorität die strenge Procedur gegen eine offenbare
Uebertretung des allerersten und unverletzlichsten Kriegsgesetzes zu
unterlassen und seinen Uebertretern den Weg der Entschuldigungen
eines Verbrechens zu öffnen, wo, wenn es erwiesen ist, ohne alle
Bande der Subordination zu lösen, keine Entschuldigung stattfinden kann.   Als die Commission bei ihrer ersten auf meine Relation gegründeten Untersuchung auf den Gegenstand kam und
mich um Beweise fragte, übergab ich ohne allen Zusatz die weiter
unten vorkommende, von meinen Generalen unterzeichnete Schrift,
nach deren Durchlesung der Präsident mit dem Gefühl, welches
jeden an Kriegszucht gewöhnten Soldaten dabei ergreifen muß,
sogar in die exaltirten Worte ausbrach: „Warum haben Sie
nicht Maßregeln gegen sie ergriffen?   Auch für Generale ist das
D e c i m i r e n nicht ausgenommen"; ein Ausbruch, der mich in
meiner obigen Vermuthung einer Anfrage der Commission bei
Sr. Majestät nur bestärken konnte und daher auch bewog, blos
bei diesem Beweise stehen zu bleiben, am allerwenigsten aber von
der Natur ihres ersten Auftritts Erwähnung zu machen, für
welchen ich, wie oben ersichtlich, mit Vorbedacht den Ausdruck:
„b e i m i r v e r s a m m e l t e G e n e r a l e" gebraucht hatte, ohne
zu erklären, „wie sie, ob durch mich oder durch sich selbst, bei
mir versammelt worden wären"? Nachdem jene auf meine Relation gegründete Untersuchung geendigt war, kam von dieser Widersetzlichkeitsgeschichte einige Zeit nichts weiter vor, während welcher
ich immer in jener Vermuthung einer allerhöchsten Orts gemachten
Anfrage blieb. Bald aber wurde ich überzeugt, daß ein g a n z
e i g e n e r u n d n e u e r Weg gewählt worden sei, jene Generale
vor der Strenge der Gesetze zu retten; daß die Commission sich
von aller Anfrage bei Sr. Majestät dispensirt, mithin weder den
Weg der Gnade nachgesucht, noch auch den gesetzlichen, sie einer
förmlichen Untersuchung zu unterwerfen, veranlaßt habe, sondern
sie nur mit der auffallendsten Gelindigkeit und Gleichgültigkeit
auf den verschiedenen Punkten, wo sie sich befanden, vernehmen,

übrigens aber in dem vollsten Genuß ihrer Freiheit lasse, und
dafür den Entschluß gefaßt habe, erst Untersuchung anzustellen:
„ob ich wol befugt gewesen wäre, die Befehle zu geben, die ich
gab, und den Gehorsam zu fordern, den ich forderte? und ob
nicht vielmehr sie das Recht gehabt hätten, darüber zu vernünfteln, und wenn sie es in ihrer bessern Einsicht so ermessen sollten,
sich meinem Entschluß zu widersetzen und dafür den ihrigen geltend zu machen"; ein Verfahren, wovon man doch gewiß in der
Geschichte aller europäischen disciplinirten Armeen nicht einen
einzigen Fall, wo es sich um Vertheidigungsbefehle
handelte, als Beispiel aufzufinden vermögend sein würde.
Jenem Entschlusse getreu, fingen sobann die Inquisitionen gegen
mich über alle Entschuldigungsbehelfe an, welche es jedem dieser
Generale anzugeben beliebt hatte, und mit einer ängstlichen Genauigkeit wurde nachgeforscht, ob wir zu der Vertheidigung einige
Kanonen und für jede derselben einige Schüsse mehr oder weniger,
ob nicht die Feinde ein schwereres Kaliber als wir gehabt hätten?
Ob es auch möglich gewesen sein würde, unsere Lebensmittel
feuerfrei aufzubewahren u. s. w. und dergleichen Gegenstände mehr,
die aus den Angaben jener Generale gezogen wurden, gleich als
ob es ihnen, wenn sie die Vertheidigungsmöglichkeit als zweifelhaft darstellten, sich zu widersetzen erlaubt, und nicht vielmehr
auch alsdann blinder Gehorsam ihre Pflicht gewesen wäre, da so
manches, was unmöglich scheint, durch Eifer und Thätigkeit,
durch Muth, Standhaftigkeit und Aufopferung möglich gemacht
werden kann, ein Grundsatz, welchen die Commission bei allen
ihren Untersuchungen und Beurtheilungen stets vermied, so groß,
so höchst wichtig und so allgemein bekannt und anerkannt er besonders im Kriegswesen ist. Durch eben diese von den der Widersetzlichkeit überwiesenen Generalen eingeholte Aussagen aber kamen
auch noch die von mir nicht berührten, für sie höchst erschwerenden
Umstände, 1) meiner bereits vor ihrem Auftritt gegebenen Proclamation der Vertheidigung; 2) ihrer Ausstreichung einiger sehr
bedeutenden Worte in meinem ersten Aufsatz an den Feind; 3) der
von Fürst Liechtenstein auf nichtfreien Abzug abgeschlossenen
Capitulation; 4) ihrer Abänderung meiner zweiten Erklärung an
den Feind — zu der Kenntniß der Commission. Dessenungeachtet
und obschon diese Thatsachen um so unzweifelhafter waren, weil
sie nicht von mir, sondern von jenen Generalen selbst oder von

unparteiischen andern Personen waren ausgesagt worden, blieb die Commission, wie ich nach der Hand überzeugt wurde, bei ihrem für ihre Rettung und meinen Untergang schon damals gefaßten Vorsatz, schwieg bei ihrer am Schluß der ersten Untersuchung gefällten Beurtheilung von dieser Generale Uebertretung der heiligsten Kriegsgesetze, und klagte mich als Verbrecher an, weil ich in Ulm blieb und den Platz vertheidigen wollte, dann aber auch wieder, weil ich ihn nicht vertheidigt hätte; ließ alles, was zu ihrem Nachtheil gereichte, mich aber rechtfertigen mußte, sowie alle meine andern Rechtfertigungsbeweise über die vorhergegangenen Ereignisse tief in den voluminösen Acten begraben, und erwirkte auf solche Weise, daß ihr Ansinnen, ein Kriegsrecht über mich abzuhalten, von Sr. Majestät genehmigt wurde, ein Verfahren, dessen Möglichkeit ich mir nicht hatte vorausdenken können, weil es beispiellos ist, daß in Sr. Majestät Armeen jemals ein peinliches Gericht über eine nicht peinliche Untersuchung, nach welcher stets nur durch ein Gutachten gesprochen wurde, angeordnet worden wäre, und die Commission, wenn sie während dieser Untersuchung ein peinliches Verbrechen fand, alsbald die Anzeige an Se. Majestät hätte gelangen machen und auf ein peinliches Verhör antragen sollen, da sie wohl wußte, daß Allerhöchstdieselbe das gelind rechtliche Verfahren blos in der Vermuthung, es handle sich um kein Verbrechen, angeordnet haben konnten. So wurde ich im Monat October 1806 durch die Nachricht eines angeordneten Kriegsrechts und die Ankündigung eines äußerst schmählichen Arrestes grausam schrecklich aus dem ruhigen Schlummer geweckt, welchen mein Bewußtsein vollkommenster Reinheit von allem Verbrechen und mein noch nicht aufgegebenes Vertrauen in die Rechtlichkeit der Commission mir bisher gewährt hatten. Und da auch jetzt von keinem Verfahren gegen die überwiesen schuldigen neun Generale Erwähnung war und ich den offenbarsten Beweis vor mir sah, daß ich für sie hingeopfert werden sollte, so machte ich nunmehr meine förmliche Anklage gegen sie, wie ich sie gleich am Anfang der Untersuchung gemacht haben würde, wenn sie peinlich angeordnet worden wäre, und entdeckte der Commission nun auch durch die Anzeige ihres Complots die absichtliche Bösartigkeit ihrer Erscheinung, weil es zu meiner Vertheidigung unausweichlich geworden war, damit kein Zweifel übrig bleiben

könne, ob ich erlaubten Vorstellungen oder einer beschlos=
senen Widersetzlichkeit nachgegeben hätte?

Ich glaubte, um in meinen folgenden Bemerkungen verständ=
licher zu werden, diese Erläuterungen vorangehen lassen zu müssen,
und kehre nunmehr zu dem oben angeführten 17. Paragraph der
Sentenz zurück.

Ulm wurde nicht am 15. morgens von allen Seiten um=
zingelt, sondern erst gegen Mittag, wo sodann auch bald der
Michelsberg verloren ging. Ganz ungegründet und unerwiesen
ist es, daß ich auch alsdann noch in meinem Irrthum des feind=
lichen Rückzugs blieb. Indessen ist dieser Umstand wol sehr un=
bedeutend, höchst wichtig aber ist die Frage: Was ich that?
und meine Antwort darauf: „Ich proclamirte unter Todesstrafe,
das Wort Uebergabe nicht hören zu lassen.“ Und diesen Ent=
schluß nahm ich ohne alle Umfrage, und darf ihn mit Recht
als einen Beweis anführen, daß ich auf den Fall vorbereitet ge=
wesen war, denn wenn mein Glaube an Rückzug so blind gewesen
wäre, würde ich doch wol vielleicht einige Betroffenheit geäußert
und die Meinung anderer, was denn jetzt zu thun sein dürfte?
eingeholt haben. In dem Augenblick, als ich den feindlichen Par=
lamentär mit verneinender Antwort abfertigen wollte, traten meine
Generale, neun an der Zahl, worunter alle sieben Feldmar=
schallieutenants und zwei Generalmajors, unberufen und un=
angemeldet bei mir ein und verlangten zu wissen: „Welche
Antwort ich dem Parlamentär zu geben gesonnen wäre?“ Und
als ich ihnen die eigenen Worte erwiderte: „Zum T... will ich
ihn schicken mit seiner impertinenten Aufforderung“, fielen sie nun
mit den ungestümsten Protestationen über mich her, widersprachen
allen meinen Gründen, die ich über die Möglichkeit der Verthei=
digung und Subsistenz anführte, behaupteten z. B., als ich die
letztere mit Beihülfe der Stadt Ulm und des Pferdefleisches auf
drei Wochen angab und dabei von der achttägigen Verpflegung
sprach, die sich in unserm eigenen Magazin befände, daß deren
nicht auf zwei Tage vorhanden wäre, welches letztere der das
ökonomische Generalcommando führende Feldmarschallieutenant
Stipschitz bestätigte, während die beiden Feldmarschallieutenants
Riesch und Loudon, wenn ich von der Bravheit unserer Truppen
sprach und den Beweis anführte, welchen sie soeben diesen Abend
davon gegeben hätten, sie mit den schimpflichsten Namen bezeich=

neten, und um eigene Schuld zu decken, ihre bei Elchingen er=
probte Feigheit anführten; beschrieben Ulm so, als ob es mehr
offen als geschlossen wäre; traten mit vorgeblichen Beweisen auf,
daß man auf mehrern Punkten nicht nur zu Fuß, sondern auch
zu Pferde frei hereinpassiren könne, und blieben bei dieser Be=
hauptung selbst noch alsdann, da der herbeigerufene Ingenieur=
oberst Dedovich ihnen das Gegentheil bewies; widersprachen mir
die Zahl der Truppen, die ich auf 20000 Mann angab, und
bestimmten sie nur auf 15000; setzten allen meinen Befehlen,
meinen Vorstellungen, meinen Bitten und Drohungen nur das
ungestümste Geschrei entgegen; vertraten mir den Weg; als ich
Bewegung gegen die Thür machte, riefen mehrere aus vollem
Halse nur stets: „daß die Vertheidigung unmöglich und unsere
Subsistenz nur höchstens auf acht Tage zu finden wäre, und also
Ulm dem Feinde gegen freien Abzug angetragen werden müßte.“
So dauerte diese unter Generalen beispiellos skandalöse Scene,
bei welcher ich stets überschrien wurde, beinahe eine Stunde mit
der empörendsten Heftigkeit fort, und als mir endlich nichts mehr
übrig blieb als die Frage: „Sie beharren also fest dabei, sich
meinem Entschluß zu widersetzen?“ und mir darauf ein wieder=
holtes laut ausgerufenes „Ja! Ja! Wir können uns hier nicht
vertheidigen!“ mit der anmaßendsten Entschlossenheit geantwortet
wurde, so ergriff ich das einzige Mittel, welches mir noch Hoff=
nung ließ, ihr Nachdenken zu erwecken und sie vielleicht zu ihrer
Pflicht zurückzuführen, warf mich an den Schreibtisch und brachte
einen Aufsatz zu Papier, „in welchem ich nur auf so lange als
sie selbst die Möglichkeit der Vertheidigung und Subsistenz nicht
hatten ableugnen können, auf acht Tage nämlich, die Behauptung
des Platzes forderte, die Wichtigkeit desselben darstellte und zu=
gleich die Wahrscheinlichkeit, daß der Feind auch in diesem kurzen
Zeitraum von demselben abzuziehen bemüßigt sein würde, am
Ende aber ihr Betragen auch schriftlich mit dem wahren Namen
bezeichnete und sie dafür verantwortlich machte“. Diesen Aufsatz
übergab ich ihnen mit dem Bedeuten, daß sie jetzt in das
Nebenzimmer abtreten, ruhig und reiflich darüber nachdenken
und mir ihre Erklärung schriftlich zustellen möchten. Sie traten
ab, und nun überließ ich mich mit einiger Zuversicht der Hoff=
nung, „daß sie wenigstens einige Worte von Unterwerfung,
im Fall ich durchaus bei meinem Entschluß beharrte“, äußern

würden, mithin auch dem beruhigenden Gedanken, daß sodann
noch alles wieder gut werden könnte, indem sie bald die wider=
sprochene Möglichkeit finden und erkennen, immer mehr und mehr
Muth fassen und auch immer eifriger und aufrichtiger zu meinen
Absichten mitwirken würden.

Sie deliberirten nicht lange, traten wieder bei mir ein und
stellten mir meinen Aufsatz nebst ihrer angehängten Erklärung
zurück. Beide lauten folgendermaßen:

„Der Feind fordert Ulm auf, nachdem er schon letzthin
einen Sturm darauf machen wollte und heute wirklich einen
gemacht hat, welcher abgeschlagen wurde, wie wir durch die
Aussage eines gefangenen Obersten wissen, welcher den Sturm
führte. Es ist deutlich, daß er Ulm haben will, um von
der Iller Meister zu bleiben, mithin von einem großen Theil
Deutschlands, wo wir keine ruhigen Winterquartiere und für
Tirol sehr vieles zu besorgen haben werden. Behaupten wir
aber Ulm und die Iller, so muß der Feind über den Rhein
zurückgehen und unser Glück ist auf immer gemacht. Er
kann uns nicht über höchstens acht Tage eingeschlossen halten,
weil sich sonst die Russen nähern und ihm ein schreckliches
Schicksal zubereiten würden. Auf so lange haben wir zu
leben, weil wir 2—3000 Pferde haben. Wir haben nur
einige schmale Strecken, wo der Feind anlaufen kann, zu ver=
theidigen, und haben zu deren Vertheidigung 15000 Mann.
Wenn es auch an Munition fehlen sollte, so haben wir Ba=
jonnete, die gegen Stürmende die beste Waffe sind. Da die
Strecken, welche wir zu vertheidigen haben, sehr schmal sind,
so können wir viele Reserven haben, und wenn nur ein
Drittheil der Truppen brav ist, so kann es nicht fehlen. Der
Feind muß in dieser schrecklichen Witterung zu Grunde gehen,
kann mit vielen Truppen auch deswegen nicht bleiben, weil
die ganze Gegend ausgezehrt ist. Ich bin also der vollen
Ueberzeugung, daß unsere Pflicht ist, uns zu halten und Ulm
nicht zu übergeben. Nur eine einstimmige Widersetzlichkeit
aller meiner Kameraden, für welche sie Sr. Majestät ver=
antwortlich sein mögen, würde meinen Entschluß ändern.
Ulm, am 15. October 1805.
Mack, Feldmarschallieutenant.“

„Wir Unterfertigte sind der entgegengesetzten Meinung und glauben, daß wir durch einen Abzug, wodurch wir eine so namhafte Truppe retten, Sr. Majestät unserm allergnä= digsten Kaiser einen größern Dienst leisten, als wenn wir das bei weitem nicht geschlossene Ulm, welches keiner wahren Vertheidigung fähig ist, hartnäckig erhalten wollten, und werden dies durch Gründe darzuthun wissen.

Richter, Generalmajor.
Giulay, Feldmarschallieutenant.
Stipschitz, Feldmarschallieutenant.
Graf Riesch, Feldmarschallieutenant.
Moritz Fürst Liechtenstein, Generalmajor.
Klenau, Feldmarschallieutenant.
Prinz Hessen=Homburg, Feldmarschallieutenant.
Louden, Feldmarschallieutenant.
Gottesheim, Feldmarschallieutenant."

Durch diese Erklärung fand ich mich nicht nur in meiner Hoffnung auf Ausdrücke von Unterwürfigkeit schmerzlich ge= täuscht, sondern wurde durch ihr gänzliches Stillschweigen über Vertheidigung im Fall der Verweigerung freien Ab= zugs in eine noch tiefere Bestürzung geworfen. Sie für diese Vertheidigung unauflöslich zu binden, ergriff ich das Mittel, die dem Feinde zuzuschickenden Punkte, von welchen der freie Abzug der wichtigste war, selbst aufzusetzen und am Ende derselben die Erklärung, daß Ulm nur unter diesen Bedingungen geräumt werden würde, auf Ehrenwort anzuhängen, indem ich sie mit den Ausdrücken: „Nous soussignés declarons sur notre parole d'honneur" anfing und ihnen nunmehr diesen Aufsatz mit dem Bedeuten zustellte, daß er abgeschrieben und durch zwei aus ihnen unterfertigt werden solle. Mit fortsetzender Eigenmächtigkeit und Willkür aber durchstrichen sie oder machten mich, was ich mich nicht mehr erinnere, die Ausdrücke sur notre parole d'hon= neur ohne weiteres durchstreichen, und ohne mir eine andere Ursache, als daß es nicht gewöhnlich wäre, darüber anzuführen.

So war ihr Auftritt und ihre erste Handlung, und dieses unverkennbare Complot, diese erwiesene von ihnen selbst unter= fertigte Widersetzlichkeit werden in der Sentenz als Vorstellung aufgeführt, während schon die Zahl, in welcher sie sich zu mir drängten, allen Begriff von Vorstellung aufhebt und ein Verbrechen ist, weil, wenn ganze Corps von Offizieren Vorstellungen machen wollen, nur Einer aus jeder Charge erscheinen darf, mithin auch nur Ein Feldmarschalllieutenant und Ein Generalmajor bei mir hätten erscheinen sollen, um mir für sich und im Namen ihrer Kameraden bescheiden und ehrerbietig vorzutragen, was sie vorzutragen hatten, und willig sich dem Entschluß zu unterwerfen, welchen ich ihnen über ihre Vorstellung eröffnen würde. Es wäre überflüssig, über einen Gegenstand, welchen die allbekanntesten Kriegsgesetze so genau und deutlich bestimmen, weiter etwas er= läutern oder den Charakter dieser Sprache der Sentenz bezeichnen zu wollen, da sie sich jedem wahrheitliebenden Gemüth von selbst so auffallend darstellt. Ebenso unverhohlen ist auch jener der Angabe, „daß ich selbst auf den Abend gegen meine Generale meinen Entschluß der Vertheidigung noch auf den feindlichen Rückzug gegründet hätte", da mein Aufsatz gerade das Gegentheil beweist, denn wie würde ich wol gesagt haben, „daß der Feind Ulm haben will, um von der Iller, mithin von einem großen Theil Deutschlands, Meister zu bleiben", wenn ich noch an seinen freiwilligen Rückzug geglaubt hätte? Es ist deutlich, daß ich diesen Rückzug nunmehr auf die heranrückenden Hülfsvölker grün= dete, und wenn schon eine combinirte Armee von wenigstens 50000 Mann am Inn und nahe hinter diesem Fluß eine Reserve= armee von 30000 sich versammelt und noch 100000 Russen im Anzug sind, so ist wol die Hoffnung, daß der Feind, wenn er Ulm nicht erlangt, bald zum Rückzug gezwungen werden dürfte, ebenso wenig ungegründet als die Besorgniß, die ich über des Feindes Festsetzung an der Iller und über die damit verbundenen Gefahren für Tirol berührt habe, im Fall er sich des haltbaren Platzes bemeistern könnte, welchen er als solchen gewiß zu be= haupten gewußt haben würde, da die späte Jahreszeit auch uns die Belagerung desselben sehr erschweren, wo nicht verhindern mußte, sowie es auch einleuchtend ist, daß dadurch die Möglich= keit, uns jenseit des Inn zu behaupten, äußerst precär geworden sein würde. Daß ich auf einen Entsatz in acht Tagen Hoffnung gab, geschah, weil mir nur für so lange die Möglichkeit, uns in Ulm zu halten, nicht ganz abgesprochen worden war und es eine Thorheit gewesen sein würde, mit ihnen von einer spätern Zeit zu sprechen, wenn ich sie noch zu der Vertheidigung bewegen und mich jener oben angeführten Hoffnung, daß sie sodann bald

auch die Möglichkeit auf weit längere Zeit erkennen würden, über=
laſſen wollte.

Ebenſo thöricht würde es geweſen ſein, gegen Empörte, die
allen meinen Vernunftgründen ihr Gehör verſagten, von der
Wichtigkeit der Vortheile Erwähnung zu machen, die mit jedem
Tage unſers längern Ausharrens in Ulm für die Abwendung
unheilbaren Unglücks erwachſen würden, ſelbſt wenn wir uns am
Ende zu ergeben gezwungen wären.*) Es iſt ja wol einleuch=
tend, daß ich in meinem Aufſatz, wenn ich auf ſie wirken wollte,
ſozuſagen ihre eigene Sprache, d. i. jene ihrer Zulaſſungen, reden
und ſie durch Verheißungen unterſtützen mußte, deren m ö g l i c h e
Wirklichwerdung ſie nicht in Abrede ſtellen konnten, wie es der
Fall mit dem Entſatze war, denn alle wußten, daß die erſte ruſ=
ſiſche Armee ſchon am Inn ſich verſammle, und viele derſelben,
daß ſie von Sr. k. Hoheit dem commandirenden Erzherzog Befehl
habe, alsbald vorzurücken, als ſie ausgerüſtet ſein würde. Wirklich
war dieſer Entſatz auch nicht u n m ö g l i c h, obſchon die combinirte
Armee (weil ſtatt wenigſtens 50000 Mann ruſſiſcher Infanterie,
welche die erſte Armee hätte enthalten ſollen, nur 35000 anlangten)
nicht ſtärker war als etwa 55000 Mann; denn um die zahlreiche
Garniſon von Ulm in Zaum zu halten, mußte der Feind eine
weit höhere Zahl zurücklaſſen. Er hatte das Werneck'ſche Corps
von 15000 Mann und das Jellachich'ſche zu beobachten, welches
ich, wenn es den Reſt der aus Italien zu Memmingen ange=
langten übrigen Verſtärkungstruppen, wie ich es vermuthen durfte,
an ſich gezogen hatte, auf 20000 Mann annehmen konnte, ſodaß
die Ueberlegenheit, mit welcher die combinirte Armee zu ſtreiten
gehabt hätte, nicht ſo gar äußerſt beträchtlich geweſen ſein würde.
Wäre aber auch dieſe Verheißung des Entſatzes ganz ungegründet
geweſen, ſo war ſie mir wol nicht nur erlaubt, ſondern es war,
ſie zu benutzen, eine Art von Pflicht, wenn ich dadurch eine große
Abſicht zu erreichen hoffen konnte, die Abſicht, alle großen, ent=
ſcheidenden Unternehmungen des Feindes gegen Tirol und den
Inn ſo lange zu behindern, bis die zahlreichen Hülfsvölker theils
näher herangerückt, theils mobil gemacht ſein würden.

---

*) Beweiſt nicht der Umſtand, daß ich in meinem Aufſatz ſogar
nur Ein Drittheil b r a v e r Truppen annehme, über alle Evidenz,
daß ich in ihrem, nicht in meinem Geiſte ſprach?

18.

Indessen willigte Feldmarschallieutenant Mack in die Capitulation gegen freien Abzug, versäumte aber die nothwendigsten Anstalten wegen Versicherung der Lebensmittelvorräthe auf den entgegengesetzten Fall —

Zu 18.

Hier darf ich mir wol in dem schrecklich schmerzlichen Gefühle meiner beispiellos grausamen Hinopferung selbst vor dem Throne Sr. Majestät den wehmüthigen Ausruf erlauben: „Gott! wo sind deine Gerichte, und die Gerichte deines Gesalbten über die Hand, die die Worte schrieb: Mack willigte in die Capitulation“, während sie so lange Zeit den Aufsatz dieses Mack besaß, welcher den Ausdruck enthält: „Nur eine einstimmige Widersetzlichkeit würde meinen Entschluß ändern.“ Doch auch der unbewehrte Reisende willigt ja in die Hingabe seiner Börse, wenn ihn der Straßenräuber das Pistol auf die Brust oder das Messer an die Kehle setzt.

Was die Versicherung der Lebensmittel betrifft, so weiß ich nicht, ob unsere eigenen oder jene der Stadt gemeint seien? Wären es die erstern, so antworte ich, daß mir kein Vorrath, oder beinahe keiner, zugestanden worden war, indem selbst der Feldmarschallieutenant Stipschitz, welcher es durch seine Anstellung am besten wissen sollte, behauptet hatte, daß nicht auf zwei Tage vorhanden wären; sind es aber die andern, die erst durch Hausvisitationen hätten ausfindig gemacht und in Beschlag genommen werden müssen, so behalte ich mir vor, bald weiter unten die Beweggründe, die mich davon abhalten mußten, zu erörtern.

19.

— und hatte selbst ungeachtet seiner Behauptung, daß Ulm durch drei Wochen zu vertheidigen wäre, am 17. schon, am zweiten Tage seiner gänzlichen Einschließung, ohne daß Ulm durch das Bombardement vom 16. viel gelitten hatte, ohne erweislicher wahrer Noth, mit dem Feinde eine Capitulation abgeschlossen, daß die in Ulm befindlichen Truppen, im Fall

binnen acht Tagen kein Entsatz käme, als Kriegsgefangene
sich ergäben und dem Feinde ein Thor nebst einem Quartier in der Stadt für eine Brigade und der Durchzug durch
dieselbe nebst der Communication über die Donau eingeräumt werden soll, auch gestattet worden ist, wodurch sowol
Ulm in die Gewalt des Feindes kam, als auch derselbe von
diesem Augenblick an sich nur bekümmern durfte, allen Entsatz von Heidenheim oder von Tirol zu vereiteln, und nachdem er dieses bewirkt hatte, mit seiner ganzen Macht über
die vom Inn anrückende combinirte russisch-österreichische
Armee sich werfen konnte, —

Zu 19.

Bevor ich hierauf antworte, muß ich die oben ad 17 abgebrochene Geschichte des fernern Betragens meiner Generale fortsetzen. Mit dem Aufsatz unserer Forderungen, aus dessen Erklärung die bedeutendsten vier Worte durchgestrichen worden waren,
wurde der Generalmajor Fürst Moritz Liechtenstein an den Feind
abgeschickt und nahm von mir den bestimmtesten und nachdrück-
lichsten Auftrag mit sich, sich auf keine andere Bedingniß einzu-
lassen, sondern alsbald zurückzukehren, im Fall nicht alles bewilligt würde. Er war gegen Mitternacht abgegangen und kam erst
am Morgen zurück „mit einer förmlichen, zu alsbaldiger Unterschrift geeigneten Capitulation, vermöge welcher die Garnison
kriegsgefangen sein sollte". Als ich ihm darüber meine Unzu-
friedenheit zu erkennen gab und ihm Vorwürfe machte, gegen
meinen ausdrücklichen Befehl gehandelt zu haben, behauptete er,
daß keine andern Bedingnisse zu erlangen möglich wären, und fing,
diese Behauptung zu unterstützen, eine Erzählung an, deren
Wahrheit ihm der Marschall Ney versichert hätte, vermöge welcher
das Werneck'sche Corps bereits das Schicksal gehabt hätte, worin
es einige Tage später wirklich verfiel. Alle andern traten ihm
bei und bezeugten dadurch unverhohlen genug, daß er durch sie
gegen meine Befehle zu handeln autorisirt worden war. Nur mit
der größten Mühe konnte ich sie dahin bringen, mich diese Capitulation verwerfen zu lassen, forderte sie bei den heiligsten Pflichten
auf, nunmehr alle Unterhandlungen mit dem Feinde abzubrechen,

um nur an Vertheidigung zu denken, und entwarf in diesem
Sinne die Antwort an den Feind, worin ich das demselben gemachte Anerbieten zurücknahm, annullirte und cassirte (repris,
annullé, cassé). Aber auch diese positiven Ausdrücke wurden
wieder verworfen, der ganze entschlossene Sinn meines Aufsatzes verändert und durch die unbedeutendsten, nichts weniger als
Festigkeit bezeichnenden Phrasen ersetzt, die damit anfingen, daß
man dem Marschall Ney, welcher sich nunmehr bereits ein Geständniß verschafft hatte, daß man sich nicht vertheidigen könne
oder wolle, sein Bedauern zu erkennen gab, daß er die gestrige
Erklärung nicht angenommen hätte. „Nous voyons", hieß es,
„avec regrèt, que Mr. le Maréchal Ney" u. s. w., wie es die
den Acten beiliegenden Aufsätze, der meinige und der ihrige, nur
zu deutlich beweisen.

Wenn ich durch ihre erste Empörung, durch den Inhalt ihrer
ganz im Tone derselben niedergeschriebenen Erklärung und das
charakteristische Durchstreichen der Worte, wodurch ich sie an Vertheidigung zu binden gehofft hatte, in den unbeschreiblichsten
Kummer versetzt wurde, so stürzte mich nunmehr die Erscheinung
der oben angeführten Capitulation, die Unterstützung, die sie fand,
am allermeisten aber die Abänderung meines zweiten Aufsatzes,
dieser neue unverkennbare Beweis der Hartnäckigkeit ihrer
Insubordination und ihrer Abneigung gegen Vertheidigung in eine
gänzliche Hoffnungslosigkeit, in Trostlosigkeit, in Verzweiflung.

Meine ersten, wichtigsten und wesentlichsten Gehülfen hatten
alle Bande ihrer gegen mich aufhabenden Pflichten zerrissen. Ich
konnte mit ihnen auf nichts mehr rechnen, durfte nichts mehr von
ihnen hoffen und erwarten. Und mit solchen Gehülfen hätte ich
wagen sollen, Hausvisitationen in Ulm vornehmen und die Ver-
räthe ergreifen und versichern zu lassen? Oder zweifelte die Commission vielleicht an der Verbreitung der Gerüchte des Vorgefal-
lenen unter die Garnison und die Einwohner? Machte sie nicht
die Betrachtung der großen Zahl Menschen, die darum wußten?
Fühlte sie nicht den unausbleiblichen Eindruck, welchen sie in
allen Gemüthern hervorbringen mußten? Nicht die Wirkungen,
die dieser Eindruck drohte? Nicht die Erbärmlichkeit des Erfolgs,
welche ich von jener Verfügung hätte erwarten dürfen, selbst wenn
meine Generale zum Schein dieselbe vollzogen hätten? Auch nicht
jene einer Vertheidigung, die durch die neun ersten Anführer der

Truppen, die sie leisten sollten, als unmöglich erklärt worden
war? Hoffnungslosigkeit, Trostlosigkeit und Verzweiflung, ich
wiederhole es, waren nunmehr mein schreckliches Los, und ich
schäme mich dieser Empfindungen nicht. Wer mit willigen und
folgsamen Gehülfen, solange er nicht verloren ist, an Rettungs=
mitteln verzweifelt, ist ein Feiger; wer aber mit Gehülfen von
der damaligen Stimmung der meinigen noch irgendein sicheres
zu finden weiß, mehr als Mensch.

Ich verzweifelte nicht, solange ich noch irgendeine Hoffnung
hatte, meine Generale zu ihrer Pflicht zurückzuführen. Das letzte
Ereigniß aber machte alle Funken derselben verlöschen, und nun
trug ich nur die peinigende Ungewißheit mit mir herum, daß dem
Feinde der erste beste Versuch, welchen es ihm zu machen beliebte,
gelingen und die schmählichste Uebergabe nach sich ziehen würde.
Und wie hätte ich dieser Besorgniß widerstehen können und sollen?
Niemand bezweifelt ja wohl die große Wahrheit, „daß wer sich
nicht vertheidigen zu können glaubt, schon halb verloren ist“;
niemand auch wird mit irgendeiniger Zuversicht auf Vertheidigung
rechnen, wo nicht nur kein Glaube an Möglichkeit, kein Wille,
kein Eifer besteht, sondern noch überdies „nur durch schlechte Ver=
theidigung ein schweres Verbrechen beschönigt und der Beweg=
grund desselben gerechtfertigt werden kann“. Hätte ich auch noch
einigermaßen gegen offenen Angriff darauf rechnen können, wie
konnte ich es gegen Ueberfall und gegen die Spiele der List eines
so sinnreichen als kühnen Feindes, die nur durch Unverdrossenheit,
durch Wachsamkeit, durch geistige und körperliche Thätigkeit abge=
wendet werden konnten?

So stand ich zwischen der berechneten Ueberzeugung, daß in
Ulm eine Vertheidigung von wenigstens drei Wochen möglich sei,
und zwischen der schmerzlichen, nur allzu bestimmt erlangten Ge=
wißheit, daß alle Rechnung auf meine ersten Gehülfen eine Chi=
märe sein würde und daß ich im Gegentheil von ihrer complo=
tirten Widersetzlichkeit und von der sträflichen Art, womit sie sich
gebildet, erklärt und behauptet, alles Aeußerste zu besorgen hatte.

Vor mir sah ich einen mächtigen und schlauen Feind, im
Innern meiner Garnison aber einen noch weit fürchterlichern zu
bekämpfen — den Geist des Aufruhrs unter den Anführern!
Blieb mir unter so unvermeidlichen Uebeln eine andere Wahl als
jene des kleinern, nämlich meinen niedergedrückten Willen ihrem

ſtolz aufrecht ſtehenden unterwerfend, gegen Uebergabe des Platzes die Truppen durch freien Abzug von der Vernichtung zu retten? und als jener nicht zu erhalten und bei der fortdauernden ſchreck=lichen Stimmung der Anführer mit jedem Augenblick der ſchmäh=lichſte Untergang zu beſorgen war, durch eine Uebereinkunft mit dem Feinde wieder einige Hoffnung zu ſuchen, die, weil nur ge=ringe Hülfe von außen nöthig geweſen wäre, die Wiedererlangung unſers Waffengebrauchs als möglich zuließ, und wo ich ſodann auch wieder auf die Anführer hätte rechnen dürfen, weil dieſer Gebrauch der Waffen nicht mit ihren Behauptungen im Wider=ſpruch geſtanden wäre?

Mein Geiſt wußte ſich alſo in dieſer beiſpiellos ſchrecklichen Lage zu faſſen; deſto grenzenloſer war die Troſtloſigkeit meines Herzens. Nur meine Generale hätten ihm Hoffnung, Vertrauen und Ruhe wiedergeben und dem Nothmittel, das ich ſuchen mußte, vorbeugen können. Jedes Merkmal von Rückkehr aus ihrer un=verantwortlichen Verirrung würde mich neuerdings belebt haben. Sie gaben mir keins.

Es verfloſſen von der zweiten Erklärung an den Feind bis zu der Capitulationsunterhandlung am 17. noch wenigſtens 24 Stunden*), und ſie hatten mir nicht das Allergeringſte gegeben, auch nicht, nachdem ſie die Ueberzeugung, daß die Kugeln und Haubitzgranaten, welche der Feind in die Stadt geſchickt hatte, beinahe ohne alle Wirkung geweſen waren, erlangt hatten, mithin den Beweis, wie wenig davon fernerhin zu beſorgen ſein würde, welcher auch die §. 16 in der Sentenz geäußerten Beſorgniſſe leichten Brandes widerlegt. So ganz unbedeutend aber im militäriſchen Sinne die Wirkung dieſer Begrüßung des Feindes geweſen war, ſo hatte die Durchlöcherung der Dächer etlicher Häuſer und die leichte Beſchädigung einiger wenigen Einwohner dennoch ſehr nachtheilig auf dieſe gewirkt. Man ſagte ſich laut, daß nur ich ſie unglücklich machen wollte, obſchon meine Generale

_____

*) In der Sentenz iſt, wie oben erſichtlich, geſagt, daß ſchon am zweiten Tage der Einſchließung eine Capitulation geſchloſſen wurde, da es doch am dritten war, ein Umſtand, der ſehr wichtig iſt, weil die Zeit zu der Rückkehr der Generale nur 24 ſtatt 48 Stunden betragen würde. So verrätheriſch war die Hand, die die Sentenz entwarf.

einsähen, daß der Platz nicht zu vertheidigen wäre. Deputirte der Stadt sagten mir es selbst, ich müßte zu froh sein, nur von ihrem guten Willen für die Zeit unserer vielleicht noch übrigen Existenz den Unterhalt zu erlangen, und dies um so mehr, „da man mich noch immer in dem aufgedrungenen Glauben ließ, daß an eigenen Vorräthen nichts vorhanden wäre, denn erst nach Auswechselung der Capitulation vom 17. meldete mir der Feld= marschallieutenant Stipschitz, daß sich an eigener Verpflegung noch bis zum 25. das Auslangen gefunden hätte, ein Beweis, daß noch um zwei Tage mehr vorhanden war, als ich am 15. behauptet hatte, und zugleich eine Thatsache, die wohl zum Nachdenken über die Art und Weise, wie man mit mir zu Werke ging, geeignet ist.

In solcher hoffnungslosen Lage ergriff ich also das Mittel eines Aufschubs, welchen der Feind anbot, weil er noch einige Möglichkeit von Rettung zeigte und zugleich jeder Tag desselben das drohende Unglück, besonders jenes der Hauptstadt, mindern mußte, welches selbst durch die alsbaldige Bewilligung freien Ab= zugs, weil es um so plötzlicher kam, nur hätte vergrößert werden können, da sich gar nicht denken ließ, daß der Feind die Garnison von Ulm früher wieder in Thätigkeit hätte kommen lassen, bevor er einen Hauptstreich auf die combinirte Armee ausgeführt oder sie zum freiwilligen Rückzug bemüßigt haben würde.

Der Feind hatte fünf Tage angetragen; ich forderte deren acht. Es kam zur Unterhandlung mit dem Reichsmarschall Ber= thier, welcher sich in Ulm einfand. „Die drei Feldmarschallieute= nants Riesch, Ginlay und Klenau waren von Anfang bis zu Ende dabei gegenwärtig." Es hatte sich zwischen Berthier und mir ein hartnäckiger Streit wegen zwei Tagen erhoben, indem er nur sechs zugestehen wollte und ich an acht Tagen festhielt. Jene Generale hatten während wenigstens anderthalb Stunden, die er dauerte, die erwünschteste Gelegenheit, die Unterhandlung ab= brechen zu machen. Nur Winke durften sie mir geben, aber sie gaben mir keinen. Noch mehr, die Capitulation wurde nicht unterfertigt, nicht ausgewechselt, denn Berthier begab sich weg, ohne jene zwei Tage zu bewilligen, um erst bei seinem Souverän darüber anzufragen. „Erst einige Stunden darauf erfolgte die Bewilligung des Kaisers und die Auswechselung. Mehr als die

nöthige Zeit hatten also die neun Generale gehabt, sich noch
darüber zu berathschlagen und alles rückgängig zu machen." Wer
wußte besser als sie, daß sie mich dem Leben wiedergeben würden,
wenn sie mir die Aufhebung aller Unterhandlung vorschlügen und
sich endlich meinem ersten Entschluß der Vertheidigung fügten? —
Sie schwiegen wie Todte!

Und diese durch Hoffnungslosigkeit und gegründete Besorgniß
vor einem noch frühern und schmählichern Untergang, die unvermeidlichen Folgen der erklärtesten Widersetzlichkeit, abgedrungene,
von drei ihrer Urheber öffentlich und von den sechs übrigen stillschweigend angenommene Capitulation wird mir zum Verbrechen
angerechnet! Kann es einen unzweifelhaftern, einen unleugbarern
Beweis von ihrem fortwährenden Widerwillen gegen Vertheidigung
geben, als ihr Stillschweigen zu einer Handlung, welcher sie sich,
wenn sie Vertheidigung dafür forderten, zu widersetzen nicht nur
berechtigt, sondern durch einen positiven Kriegsartikel streng verpflichtet waren? Läßt sich nur denken, daß sie, die sich erfrecht
hatten, sich auf die allerunerlaubteste Weise zu meinen Vormün-
dern aufzuwerfen, jetzt, wo es ihnen erlaubt war, ihre Vormund-
schaft aufgegeben hätten, wenn sie nur von dem geringsten Gefühl
für Vertheidigung durchbrungen gewesen wären, und ist nicht ihr
Stillschweigen selbst der stärkste Beweis für die Rechtmäßigkeit
meiner Besorgnisse bei dem ersten Anfall des Feindes? Freilich
war es, wie ich es einst zu Protokoll gegeben, das Hülfsmittel
des Schiffbrüchigen, welcher nach dem Schatten eines Bretes
hascht, wenn er das Bret selbst nicht erreichen kann; aber es gewährte doch noch Hoffnung, es war bei weitem nicht so elend,
als es in der Sentenz geschildert ist.

Das dem Feinde eingeräumte Thor war von gar keiner Bedeutung, denn es war nur ein Thor der Stadtmauer; der
Wall hatte gar keine Thore, sondern nur Eingänge wie Feldver-
schanzungen, und war in seiner ganzen Ausdehnung von uns
besetzt, sodaß dieser äußere Eingang deswegen nicht minder von
unserm kleinen Gewehrfeuer gänzlich beherrscht wurde und alles,
was passirte, von zwei Seiten angefallen werden konnte. Die in
der Stadt aufgenommene Brigade, etwa 3000 Mann stark, war
von uns überwacht und wäre, weil die Capitulation nicht die
geringste Ausnahme für sie enthielt, unsere Beute geworden, wenn
wir wieder zum Gebrauch der Waffen gekommen wären, denn

hinter unserm keineswegs sehr ausgedehnten Wall hätten wir
mehr als etwa 12000 Mann gar nicht verwenden können, mithin
für jene Brigade immer noch wenigstens doppelte Zahl an Infanterie gehabt und überdies, wenn sich etwas von derselben auf
der Gasse blicken ließ, die Säbel zahlreicher Cavalerie, deren sie
keinen einzigen hatte. Nie würde der Feind die Aufnahme dieser
Brigade verlangt haben, wenn er uns nicht weit minder zahlreich
als wir waren geglaubt hätte.

Die Communication der Donau war von uns besetzt und
lag unter unserm Kartätschen- und Flintenfeuer. Es ist aber
ganz ungegründet, daß Ulm in die Gewalt des Feindes kam, und
unwidersprechlich, daß seine Brigade in die unserige geliefert
wurde. Ungegründet ist es auch, daß der Feind sich nur bekům-
mern durfte, allen Entsatz von Heidenheim oder von Tirol zu
vereiteln, sondern er mußte sich auch bekümmern, ob nicht einige
Escadrons Cavalerie auf ungebahnten Wegen seine Kette vor Ulm
erreichen und zum Theil à la débandade durchbrechen könnten,
was schon genug gewesen wäre, um alsbald ausrücken und gemeine Sache mit ihnen machen zu dürfen, weil ich statt dem vom
Marschall Berthier im Capitulationsentwurf für einen herbeikom-
menden Entsatz gebrauchten Ausdruck Corps d'Armée den unbe-
stimmten und aller Auslegung fähigen Troupes Autrichiennes
ou Russes gefordert und erhalten hatte. Wer da weiß, was
determinirte und findige Cavalerie in offener und nicht durchschnit-
tener Gegend vermag, wird dabei nichts Unmögliches finden, und
die Gegend zwischen Ulm und Heidenheim ist es in sehr beträchtlicher Breite, wo sich nicht ein einziger Bach findet, welcher nicht
leicht zu passiren wäre, noch irgendein anderes Hinderniß. Der
Feind hätte also immer ein sehr bedeutendes Corps bei Ulm
zurücklassen müssen, wenn er nicht Gefahr laufen wollte, daß wir
uns durchschlagen würden.

So wahr dies alles ist und so einleuchtend ungegründet der
darüber in der Sentenz enthaltene Tadel, so unwidersprechlich ist
es leider! auch, daß die Hoffnungen, die diese Capitulation gewährte, mit jenen, die wir von einer standhaften Vertheidigung
uns hätten machen dürfen, auf keine Weise in Vergleichung zu
setzen sind. Zehn Tage unserer eigenen Verpflegung, die Vorräthe einer Stadt wie Ulm, und etliche tausend Pferde; welche
Möglichkeiten für unsere Subsistenz! — Der Wall und Wasser-

graben im stärksten Festungsprofil; mehr als 20000 Mann tapferer, dem Feinde wenn auch an Flinkigkeit nachstehender, doch an Ausdauer und Standhaftigkeit vielleicht überlegener Truppen mit 1,200000 Flintenpatronen, mit guten Bajonneten und nervigen Armen, sie zu gebrauchen; 50 Kanonen mit 4000 Kugel-, 1200 Kartätschenschüssen und den vortrefflichsten Artilleristen, sie zu bedienen; welche Möglichkeiten für die Vertheidigung und welche unzweifelhafte Wahrscheinlichkeit, daß bei den unermeßlichen Hülfsmitteln, welche dadurch herbeigeführt worden wären, alles unheilbare Unglück abgewendet, vielleicht sogar Preußen zu einem andern Entschluß bewogen worden sein würde.

Längst wäre ich ein Raub von Gewissensbissen geworden, wenn ich diese Möglichkeiten nicht erkannt, die Vertheidigung nicht mit so strengem Ernst gewollt, ja feierlich befohlen und alles, was noch in meinen durch Widersetzlichkeit gelähmten Kräften lag, dafür versucht hätte. Mit dieser vollen und reinen Ueberzeugung aber konnte mir ein ungerechtes Urtheil nur mein militärisches Glück, meine Freiheit und Gesundheit rauben, und in den Augen der Welt vorderhand bis zu näherer Aufklärung meinen guten Namen, keineswegs aber die Ruhe und Heiterkeit meiner vorwurfsfreien Seele, auch nicht die lindernden Gefühle eines auf wichtige Verdienste früherer Zeiten und Unschuld in der letzten gegründeten Stolzes, womit ich auf Richter hinblicken darf, die durch Unkunde in der höhern Kriegskunst, durch Begierde, sich dennoch als kundig zu zeigen, zum Theil auch durch Abneigung gegen mich und Neigung für andere, am allermeisten aber durch die Ränke ihres gewissenlosen Prozeßführers verleitet wurden.

20.

— aus welcher Besorgniß auch der Feldmarschallieutenant Mack durch einen spätern, besondern Vertrag Ulm am 20., folglich um fünf Tage früher, gegen die Bedingniß übergab, daß die Blokade bis 25. October mitternachts um Ulm verbleiben müsse.

Zu 20.

Der russische General-en-Chef Kutusow hatte von Sr. k. Hoheit dem commandirenden Erzherzog Befehl, mit der combinirten

Armee alsbald den Inn zu paſſiren und vorzurücken, wenn ſeine
Infanterie ausgerüſtet ſein würde. Dieſe Vorrückung konnte ſchon
um den 20. ſtattfinden. Am 19. morgens erfuhr ich mit glaub=
würdiger Umſtändlichkeit das Gerücht von dem wirklichen Unter=
gange des Werneck'ſchen Corps, welches drei Tage zuvor der
Marſchall Ney dem Generalmajor Fürſt Liechtenſtein fälſchlich auf=
gebürdet hatte. Von dieſem Augenblick war faſt alle meine Hoff=
nung auf Hülfe dahin, denn gerade von dieſem Corps hätte ſie
uns oben angeführtermaßen am leichteſten kommen können; alle
andern hatten zwiſchen ſich und uns entweder die Donau oder die
Iſar und den Lech. Jetzt konnte der Feind mit gar äußerſt über=
legenen Kräften gegen den Inn hinziehen, denn ein Corps von
15000 Mann, welches er fortwährend hätte beobachten müſſen,
war vernichtet und bei Ulm der größte Theil ſeiner Beſorgniſſe
gehoben. Jetzt mußte ich zittern für das Schickſal der combinirten
Armee, wenn ſie, wie es faſt unzweifelhaft war, dem zweimal
ſtärkern Feinde entgegenrückte und den Inn im Rücken hätte.
Gegen Mittag erhielt ich eine Berufung zum franzöſiſchen Kaiſer
nach Elchingen, die mir ſehr willkommen war, weil ich über jenes
Gerücht außer Zweifel geſetzt zu werden hoffen konnte. Bald
erfuhr ich, daß es nur zu ſehr gegründet wäre. Der Kaiſer las
und zeigte mir die umſtändlichſten Originalrapporte; ich forderte
und erhielt eine ſchriftliche Verſicherung über die mir eröffneten
Umſtände unter dem Ehrenwort ſeines Majorgeneral, des Reichs=
marſchalls Berthier, mit dem Beiſatz, daß er es auf Befehl des
Kaiſers gäbe; auch forderte und erhielt ich die Zuſicherung, daß
bis 25. noch ein Blokadecorps aufgeſtellt bleiben würde, und
willigte nun in die alsbaldige Räumung des Platzes um ſo be=
reitwilliger, weil ich, wenn der Kaiſer ſie nicht gefordert hätte,
ſolche anzutragen wegen des Heils der combinirten Armee mich
verpflichtet geglaubt haben würde. Der Kaiſer ſelbſt trug mir an,
nach der Uebergabe alsbald nach Wien abzureiſen, was mir höchſt
erwünſcht war, um noch in rechter Zeit den ruſſiſchen comman=
birenden General von den Ereigniſſen perſönlich zu unterrichten,
mithin die Vorrückung abwenden zu können und nicht erſt unver=
laßliche geheime Mittel dafür ſuchen zu müſſen. Ich eröffnete
dieſe Uebereinkunft meinen Generalen und unterrichtete ſie von
den eingetretenen Umſtänden, von der feierlich ſchriftlichen Verſiche=
rung des Marſchalls Berthier, von dem zurückbleibenden Blokade=

Corps und der Fruchtlosigkeit unsers längern Aufenthalts in Ulm, ohne jedoch das wichtige Geheimniß der die combinirte Armee bedrohenden Gefahren zu berühren, welches ich um so sorgfältiger verwahren mußte, weil, wenn es der Feind entdeckt hätte, allerdings zu besorgen gewesen wäre, daß er uns gar nicht würde abziehen lassen oder daß wenigstens mir und jedem andern die gerade Straße über Braunau und der Gebrauch der Post untersagt und jene durch Tirol oder Böhmen mit militärischen Tagereisen dafür angewiesen werden würde, denn in der That hätte es wol dem Feinde erwünscht sein müssen, die combinirte Armee dießseit des Inn zu schlagen oder wenigstens zu einem eilfertigen Rückzug zu bemüßigen. Keiner der Generale machte die geringste Einwendung als der einzige Feldmarschallieutenant Loudon, welcher in die vermessenen Worte ausbrach: „Es wäre schlecht, daß ich dem Feinde fünf Tage geschenkt hätte." Ich gerieth in die Hitze, die bei einer solchen Begegnung unvermeidlich ist, wurde aber von den andern zurückgehalten. Die Geschichte kam zu der Kenntniß der Commission, sei es durch des Feldmarschallieutenants Loudon eigene Aussage oder durch eine andere. Sie constituirte mich darüber, ungeachtet ihr die Umstände und Beweggründe der Bewilligung des frühern Abzugs sehr wohl bekannt gewesen waren. Weil die Sache zu gerichtlicher Berührung kam, so forderte ich auch gerichtliche Genugthuung, und war um so mehr dazu berechtigt, da dem Untergebenen, besonders im Dienst, keine unehrerbietige, geschweige beleidigende Ausdrücke gegen den Vorgesetzten erlaubt sind, am allerwenigsten aber einem Untergebenen, auf welchem der Verdacht großer Schuld an der Niederlage des Riesch'schen Corps und der schimpflichen Verlassung des Michelsberges so klebend haftete und welcher bei dem ersten Auftritt meiner Generale durch seine greulichen Schmähungen über die Truppen, gemeinschaftlich mit Riesch, die Widersetzlichkeit aller andern stets mehr anzufachen und alle meine Vorstellungen zu vereiteln suchte, weswegen ich sie auch beide (und nur sie) schon am Schluß der ersten nichtpeinlichen Untersuchung als Hauptbeförderer der Widersetzlichkeit angeklagt habe. Daß dieser strafbare Ausbruch eines Untergebenen, welcher jetzt erst für den längern Besitz von Ulm, weil er ruhig und gemächlich war, seine freche Stimme erhob, nachdem er sie zwei Tage zuvor so heftig gebraucht hatte, um die Vertheidigung desselben zu vereiteln —

gegen mich zu benutzen gesucht wurde, war einer der auffallendsten
Beweise der Heißbegierde, mich schuldig zu finden. Diese Leiden=
schaft zeigte sich in eben der Angelegenheit des frühern Abzugs
noch weit unverhohlener. Während eine von Sr. k. Hoheit dem
commandirenden Erzherzog erbetene Aeußerung, „ob Höchstdieselbe
dem russischen General=en=Chef die von mir angeführten Befehle
ertheilt hatten?" einzig entscheidend für oder wider mich sein konnte
und mußte; während, wenn Se. k. Hoheit sie bejahend gaben, der
unverkennbarste Beweis erlangt war, daß die Betrachtung der
unermeßlich wichtigen Gefahren der combinirten Armee jede an=
dere, die sich in den eingetretenen hoffnungslosen Umständen (deren
Wahrheit ich so vorsichtig mir hatte verbürgen lassen) noch hätte
darstellen können, unendlich überwog, und daß ich also zu han=
deln, wie ich handelte, nicht nur berechtigt, sondern verpflichtet
gewesen war, inquirirte man ängstlich, ob nicht der Feind wich=
tige Vortheile durch den frühern Abzug erlangt hätte? da sich
doch, außer dem unbedeutenden der Unterkunft in Ulm, gar keiner
denken ließ, und dieser durch die Fortdauer der Aufstellung eines
Blokadecorps, dessen sich der Feind nunmehr fast gänzlich hätte
entheben können, reichlich aufgewogen wurde, überdies aber er=
wiesen war oder leicht erwiesen werden konnte, daß bei meiner
Ankunft in Braunau die Passirung des Inn, um weiter vorzu=
rücken, schon wirklich angefangen hatte. Als man mit diesem
Versuch nicht fortkommen konnte, ergriff man einen noch bösarti=
gern. Man nahm meinen unter aller Welt Augen am hellen
Tage unter Begleitung zweier Stabsoffiziere gemachten Ritt zum
französischen Kaiser hartnäckig in Anspruch; ja, man erlaubte sich
dabei eine offenbar fälschliche Gesetzanwendung, indem mir eines
Tages in dem zuversichtlichsten, mithin verfänglichsten Tone be=
deutet wurde, „daß das Generalreglement dem Festungscomman=
danten alle Entfernung aus derselben untersage", und deutete
dahin aus dem Kapitel „Von der Vertheidigung der Festung"
folgende Vorschrift: „Sobald die geringste Gefahr einer feindlichen
Unternehmung gegen die Festung vorhanden ist, darf sich der
Commandant keinen Augenblick mehr aus der Festung begeben
noch jemand von der Garnison dazu die Erlaubniß ertheilen",
deren Sinn unwidersprechlich kein anderer ist, als der Gefahr,
abgeschnitten zu werden, vorzubeugen, wie es besonders die
letzten, auf die ganze Garnison erstreckten Ausdrücke so einleuchtend

beweisen, und da es überdies, wenn die Gefahren der combinirten Armee außer Zweifel gesetzt waren, sich jedem Menschenverstand aufdrängt, daß ich, selbst wenn ein positives Verbot bestände, aus dieser höchst wichtigen Ursache und in der Lage, worin die Garnison bereits gesetzt war, sehr thöricht gehandelt haben würde, solches zu beobachten.

Diese Inquisitionen waren ganz von der Art, als ob man mich des schändlichsten aller Verbrechen beschuldigen zu können suchte. Achtunddreißig Jahre der erprobtesten und in den wichtigsten Angelegenheiten geprüften Treue und Uneigennützigkeit waren nicht zureichend, mich vor einem so schändlichen Anfall zu sichern, obschon die Umstände selbst so laut für mich sprachen, als alle rechtlichen Vermuthungen, die man aber niemals in Erwägung zog, vielmehr hier und in allen andern Gegenständen mich völlig so behandelte, als ob ich sie im höchsten Grade gegen mich hätte.

21.

Feldmarschallieutenant Mack hat sich daher nebst andern militärischen Fehlern vorzüglich zur Last kommen lassen die unterlassene Aenderung der Disposition der Zusammenziehung der Armee bei Ulm am 5. October; —

Zu 21.

Die Aufstellung an der Iller, um den Feind da zu erwarten oder ihm entgegenzugehen, geschah unter den Augen Sr. Majestät; die Befestigung von Ulm und Memmingen war von Allerhöchstdenenselben genehmigt und schon weit genug gediehen, um sie vertheidigen zu können; das Batteriegeschütz für dieselben war im Anzug; die Uebermacht des Feindes war getheilt, der beispiellose Gewaltstreich der Neutralitätsverletzung unmöglich vorzusehen und von Sr. Majestät selbst keineswegs besorgt worden. Hätte ich die Iller und Ulm und Memmingen verlassen und Kaiser Napoleon hätte sich solchen nicht erlaubt, so würde ich verdient haben, vor ein Kriegsgericht gestellt zu werden, und eben die Commission, die mir als Verbrechen anrechnet, an der Iller geblieben zu sein, würde mich zum Füsiliren verurtheilt haben.

Als wir die Neutralitätsverletzung erfuhren, war die Abänderung nicht mehr möglich, und wäre sie es gewesen, durch den
Rückzug wahrscheinlicherweise das Unglück nur vergrößert worden.
Ich beziehe mich darüber auf meine Bemerkungen ad 1 und 2, und
erlaube mir nur, über die ersten Worte dieses §. 21 noch zu äußern,
daß es ein unaussprechlich schmerzliches Gefühl ist, sich Fehler
dieser Art von solchen Richtern vorwerfen lassen zu müssen, deren
vom Höchsten bis zum Niedrigsten kein einziger in den metaphy-
sischen Gegenständen, die sie ihrer Beurtheilung unterzogen, jemals
gefehlt und noch weniger getroffen hatte.

22.

— ebenso den in der Disposition vom 13. nicht angetragenen Abmarsch der ganzen Armee von Ulm, dann derselben
Vertheilung und sohin die erneuerte Verzögerung des am
14. morgens bestimmt gewesenen Abmarsches des Schwarzenberg'schen Corps; —

Zu 22.

Auf dem linken Donauufer war kein Feind in der Nähe; die
Vorpostencommandanten hatten keinen, der unterhalb Elchingen
auf diesem Ufer stände, entdeckt, auch der Spionshauptmann
Wendt und seine Untergeordneten keinen gemeldet. Der Feldmarschallieutenant Loudon brach am 13. morgens auf und hatte Befehl, diesen Tag noch bis gegen Gundelfingen abwärts zu rücken.
Wenn er den Befehl nur durch ein Detachement von 40 Pferden
unter einem geschickten Offizier befolgt und diesem die allbekannte
Vorsicht aufgetragen hätte, von Distanz zu Distanz Ordonnanzen
auszustellen, um seine Meldungen schleunigst zu befördern, so
würde er von dem Feinde, welcher bei Leipheim, oder Günzburg,
oder anderwärts auf dem linken Ufer stand, Kenntniß erlangt
haben, und es würde Zeit genug gewesen sein, Maßregeln gegen
denselben zu treffen und das Schwarzenberg'sche, vielleicht sogar
das Werneck'sche Corps dazu mitwirken zu lassen.

Der Abzug mit der ganzen Armee am 13. war nicht nöthig
aus oben angeführter Ursache und wegen der ungeheuern Länge
des Zuges auf der vorhandenen einzigen Straße war er nicht
möglich. Die Bagage aufzuopfern war für mich Halbgeächteten

eine schwere Sache und wäre ein Gegenstand gewesen, welchen wol diejenigen, die mich censurirten, weit leichter hätten verschlagen können. Die ganze Disposition vom 13. wurde damals von niemand im allergeringsten angefochten. Das leichteste Mittel aber, wenn auch nicht das rühmlichste, mich schuldig erklären zu können, ist allerdings, „zu tadeln, was durch andere angefochten und nicht angefochten worden war". Den spätern Abzug des Schwarzenberg'schen Corps erheischten und erlaubten die Umstände, wie ich es ad 5 ausführlich erörtert habe. Uebrigens sollte der Abmarsch dieses Corps nicht am 14. morgens, sondern um 10 Uhr vormittags erfolgen. Beide Worte sind keineswegs synonym und die Hand, die sie verwechselte, that es gewiß nicht unvorsätzlich. Der Umstand ist von sehr hoher Wichtigkeit, denn morgens war die Niederlage des Riesch'schen Corps noch nicht bekannt, vormittags um 10 Uhr war sie es, und wäre ich in meiner Ueberzeugung der Nothwendigkeit, das Schwarzenberg'sche Corps in Ulm zu lassen, noch wankend gewesen, so hätte ich jetzt darin befestigt werden müssen, weil es nicht mehr abziehen konnte, einer der wichtigsten Beweggründe, der mich nachmittags meine Ueberzeugung selbst gegen Se. k. Hoheit so unabweichlich zu behaupten aufforderte, wie ich es vielleicht ohne jenen Beweggrund nicht gethan haben würde, und noch weniger, wenn Höchstsie selbst mir am 13. abends oder noch am 14. früh morgens, bevor die greuliche Niederlage des Riesch'schen Corps bekannt wurde, Ihre eigene Ueberzeugung zu erkennen zu geben geruht hätten, statt daß nur solche Personen bei mir auftraten, deren Zweifel und Widersprüche ich blos für eigene, willkürliche Geschäftigkeit halten konnte, weil, wie ich es schon oft erwähnte, der allerhöchste Befehl und die Verhältnisse, in welche sich Se. k. Hoheit dadurch versetzt glauben konnten, mir gänzlich unbekannt waren.

23.

— endlich auch das hartnäckige Verharren im Entschlusse, zu Ulm zu bleiben, gegründet auf die irrige Voraussetzung des feindlichen Rückzugs und eines Entsatzes in acht Tagen, wovon er durch keine Vorstellungen abzubringen war, diese nicht achtete und dagegen seine alleinige Verantwortlichkeit setzte: —

Zu 23.

Ich verharrte auf meinem Entschluß, in Ulm zu bleiben, weil es mir mein Gewissen gebot und ich dazu berechtigt und verpflichtet war. Es ist ungegründet und unerwiesen, daß ich diesen Entschluß auf die Voraussetzung des feindlichen Rückzugs gründete, vielmehr unleugbar, daß ich seit dem Rückzug von Günzburg bei jeder Disposition Garnison für Ulm antrug, und zwar bei der letzten am 13. früh morgens, wo ich noch mit keinem Gedanken an des Feindes Rückzug dachte, fünf bis sechs Bataillone unter dem General Richter, die zureichend waren, solange die feindliche Hauptabsicht gegen die Russen gerichtet schien, aber fünfmal höher angetragen werden mußte, als sie sich gegen uns erklärte. Wenn ich diesen Beweis nicht für mich hätte und die Haltbarmachung des Platzes nicht vorhergegangen gewesen wäre, alsdann würde die obige Behauptung Kraft haben können und auf mir würde die Schuld der Verrückung (wenn dieses Unglück eine bringen kann), auf andern aber die weit größere haften, ihren Wirkungen nicht vorgebeugt zu haben.

Von dem Entsatz in acht Tagen war bei den Streitigkeiten über das Bleiben in Ulm gar keine Frage, und es ist eine sehr unverhohlene Verdrehung, hier zu erwähnen, was ich blos in meinem Aufsatz an die Generale anführte, weil ich von einer spätern Zeit mit ihnen nicht sprechen durfte, ohne die Absicht desselben zu gefährden. In §. 19 führt die Sentenz selbst meine Behauptung an, „daß Ulm durch drei Wochen zu vertheidigen wäre", und hier wird mir vorgeworfen, das Bleiben in Ulm auf einen achttägigen Entsatz gegründet zu haben. Welche naive Uebereinstimmung!

Vorstellungen zu achten, die gegen meine Ueberzeugung waren, war nicht meine Pflicht, war gegen dieselbe. Diese höchst unmilitärische Forderung ist ganz unerhört, ganz neu; Se. Majestät werden sie in ihrer Armee gewiß nicht privilegiren. Um mich über mein Bleiben in Ulm strafbar erklären zu können, hätte man mich überweisen müssen, „daß die Vertheidigung unmöglich und daß sie zwecklos war". Da man es aber mit allen dafür versuchten Hülfsmitteln keineswegs vermochte, vielmehr alle Berechnungen, worauf ich die Vertheidigung gegründet hatte, sich unleugbar bestätigten, so forderten die Commission alle Pflichten der

Wahrheit und Gerechtigkeit auf, nur ihr Bedauern auszudrücken, daß meine Absicht vereitelt wurde, und diejenigen, die sie vereitelt hatten, der allerhöchsten Gnade und Nachsicht zu empfehlen.

Was am Schlusse dieses Paragraphen von der alleinigen Verantwortlichkeit, die ich daran setzte, gesagt wird, ist ein Gegenstand, worüber ich mich gar nicht erinnere, constituirt worden zu sein, noch auch, ob ich bei den Streitigkeiten über das Bleiben in Ulm davon gesprochen habe oder nicht? Wenn es geschah, so war es vermuthlich mit den Worten: „Ich muß verantwortlich sein"; denn der Ausdruck „Ich will" wäre wol sehr sonderbar, weil ich mußte. Aber auch diesen gebe ich gern zu; ich hatte in vorhergegangenen Zeiten wol manchmal meine Verantwortlichkeit daran gesetzt, versteht sich unter der Bedingniß, „daß man mich machen lassen und daß alles nach meinem Sinn gemacht werden würde". Aus dem Munde der Begleiter Sr. k. Hoheit hörte ich am 14. kein einziges verbürgendes Wort, so schön die Gelegenheit war, besonders als ich die Gefahren des Abzugs beschrieb, mit edler Entschlossenheit und einer Selbstverleugnung, die alle Betrachtung: „Was könnte für mich daraus entstehen? verachtet, auszurufen: „Wir verantworten für die Folgen; geruhen Ew. k. Hoheit zu befehlen!" Auch kann ich mich nicht bereden, daß in den vielen Stunden, wo fünf oder sechs der ersten Generale noch mit Sr. k. Hoheit auf dem Michelsberge verweilten, eine solche Motion gemacht worden wäre, die Se. k. Hoheit gewiß mit Freuden würden genehmigt haben und die ohne Rücksicht auf den allerhöchsten Befehl oder auf meine ohnmächtigen Behauptungen so natürlich als pflichtmäßig gewesen sein würde, wenn mein Entschluß als offenbar schädlich erkannt wurde, sowie es, wenn man ihn nur als schädlich bezweifelte, wenigstens ebenso natürlich und pflichtmäßig gewesen wäre, den Schluß zu fassen und den nach Ulm zurückkehrenden Generalen einzubinden, „daß man mich auf meine Verantwortung unumschränkt machen lassen, treu, folgsam und eifrig nach meinen Befehlen handeln und sich keine willkürlichen Mittel, am allerwenigsten aber die geringste Widersetzlichkeit erlauben solle". Mit solchen Aufträgen kamen diese Generale nicht zurück. Ob mit andern, will ich nicht entscheiden. Hätte man meinen Willen und meine Kräfte nicht gelähmt, so würde der Erfolg für oder wider mich gesprochen haben. Weil man sie aber mit so rauher und derber

Vermessenheit lähmte, so heißt es alle natürlichen, göttlichen und menschlichen Gesetze höhnen, mir den Erfolg zur Last zu legen, um diejenigen zu entledigen, die ihn hervorgebracht haben.

24.

— wodurch die so entsetzlich erschütternden Folgen für die Waffen Sr. Majestät einzig und vorzüglich entstanden.

Zu 24.

Die erschütternden Folgen wurden gegründet durch die Uebermacht, welche der französische Kaiser nach Deutschland zog; durch die Vernichtung unserer Hoffnung auf die Baiern; durch die politische Lage der Umstände, die uns um den Vortheil brachte, den günstigen Augenblick der Theilung der feindlichen Kräfte zu benutzen; endlich durch den gegen eine blühende mit ihrer zahlreichen Armee Ehrfurcht gebietende Macht der ersten Größe und ihre drohend feierliche Erklärung unerhörten Gewaltstreich der Neutralitätsverletzung. Sie wurden mächtig befördert durch das so wunderbar als entscheidend unglückliche Ereigniß bei Günzburg, durch die schmähliche schuldvolle Niederlage des Riesch'schen Corps und den keineswegs unvermeidlichen Untergang des Werneck'schen. Sie wurden schrecklich vollendet durch die beispiellose Insubordinationsgeschichte in Ulm. An allen diesen leidigen Ereignissen habe ich keine Schuld, bin keiner im geringsten überwiesen. Bloß nach den treulosesten juristischen Eingebungen oder nach einseitigen unreifen Suppositionen, „daß andere Entwürfe bessere Resultate geliefert haben würden", wurde ich mit der grausamsten Willkür gerichtet und verurtheilt, mit gänzlicher Verleugnung der Gefahren, die mit diesen andern Entwürfen verbunden gewesen wären, und ohne alle Rücksicht auf die Maxime: „daß auch die besten Entwürfe scheitern, wenn sie elend ausgeführt oder wol gar vorsätzlich vereitelt werden", wie es nur zu sehr der Fall mit den meinigen im Jahre 1805 war.

25.

Es war die Auflehnung unter dem Schilde der allerhöchsten Vollmacht gegen die Verfügungen Sr. k. Hoheit des

Commandirenden, wodurch er sich des Verbrechens der beleidigten weltlichen Majestät zweiter Klasse durch schädlichen Misbrauch des allerhöchsten Zutrauens schuldig gemacht hat; —

Zu 25.

Während der herben Scene der Publication der Sentenz glaubte ich in den Worten: „Mack willigte in die Capitulation", den größten der vielen Greuel desselben gehört zu haben; es waren mir aber noch schrecklichere vorbehalten.

Das Wort Verfügung drückt unter allen Völkern, welche die deutsche Sprache reden, eine gebietende Handlung aus; wer das Recht hat, Verfügungen zu treffen, muß das Recht haben, zu gebieten, zu befehlen. Nun frage ich, wann, wo, wie? Se. k. Hoheit Verfügungen trafen, mithin Gebote oder Befehle gaben, gegen welche ich mich aufgelehnt hätte? Ich frage ferner, wie nur der Begriff von Auflehnung gegen Verfügungen des commandirenden Generals mit einem Wesen bestehen könne, welches kein unmittelbar vollziehendes und noch weniger ein zum Vollzug unentbehrliches Werkzeug war und unmittelbar nicht ein einziges Bataillon zu seinem Gebot, überhaupt nicht die allergeringste Gewalt hatte, als die ihm jener einzuräumen für gut erachtete und diese Gewalt nur durch ihn und in seinem Namen ausüben konnte? welchem die zwei Worte „Ich will" alle seine wirkenden Kräfte nahmen und nichts übrig ließen als vielleicht die Forderung, ihm schriftlich das, was man gewollt hatte, zu bestätigen und die Verantwortlichkeit von ihm zu nehmen, die auf ihm ruhte, weil Se. Majestät ihn beauftragt und bevollmächtigt hatten, die Angelegenheiten und weitern Actionen der Armee nach seinem besten Wissen und Gewissen zu leiten. Unter dem Schilde der allerhöchsten Vollmacht also hätte ich mich aufgelehnt. Als ich constituirt wurde, jenes Wort am 14. nachmittags gebraucht zu haben, antwortete ich, vielleicht nicht genau in diesen Worten, aber dem Sinne getreu ganz kurz: „daß, wenn es geschehen, dies wol nicht unnatürlich wäre, indem Se. Majestät uneingeschränkte Vollmacht gegeben hatten, die nunmehr ganz in meinen Händen liegen mußte, da ich allein verantwortlich gemacht worden war." Hatte ich mehr zu antworten nöthig, um die Beschuldigung zu widerlegen? Wahr ist es doch, daß Se. Majestät, wie gesagt, ihre allerhöchste Vollmacht ohne die allerminbeste Einschränkung oder Ausnahme gegeben hatten; mir, um blos nach meiner Einsicht, nach meiner Erkenntniß, nach meiner Ueberzeugung zu rathen, vorzuschlagen, zu entwerfen; Sr. k. Hoheit, um was ich rieth, vorschlug und entwarf, zu genehmigen und ausführen zu lassen oder zu verwerfen, wenn Höchstbieselben in irgendeinem Falle die Ueberzeugung erlangten, daß es schädlich, mithin verwerflich wäre. Nun hatte man aber Se. k. Hoheit bewogen, mich allein mit aller Verantwortlichkeit zu belegen, mithin auch auf alle Genehmigung Verzicht zu thun, denn Genehmigung ohne Verantwortlichkeit läßt sich mit Dienern nicht denken. Die Beweggründe jener Erklärung Sr. k. Hoheit waren mir unbekannt; Unterwerfung war meine Pflicht, aber das Begehren, mich sodann unbehindert und uneingeschränkt machen zu lassen, war es auch. Wie ist es also nur als möglich zu denken, daß ich die allerhöchste Vollmacht gemisbraucht haben könnte? Oder verstand man, wie es kaum zu glauben, unter der Vollmacht, worauf ich mich berufen haben soll, eine besondere schriftliche, die sich in meinen Händen befände? Warum fragte man mich nicht darum? und wenn ich, wie es war, keine aufzuweisen hatte, warum that man nicht, was man zum Besten des Dienstes thun zu sollen glaubte? ja, wie hätte man sich, auch wenn ich die allerfeierlichste aufzuweisen gehabt hätte, ohne Pflichtverletzung abhalten lassen können, gegen mich zu handeln, wenn meine Entwürfe mit dem Stempel offenbarer Unvernunft oder wol gar eines Wahnsinns bezeichnet waren? Ich werde nicht irren, wenn ich vermuthe, daß diese meine Berufung auf Vollmacht von denjenigen Personen, welche Se. k. Hoheit vermöge des mir seither bekannt gewordenen allerhöchsten Befehls zu Rathe zogen, als Entschuldigung auf die Frage benutzt wurde: „Warum sie nicht Maßregeln gegen mich ergriffen hätten, wenn meine Hartnäckigkeit, in Ulm zu bleiben, ein so offenbarer Unsinn war, als sie selbe geschildert hatten? Kann aber diese Entschuldigung gültig sein, wenn ihre Schilderung gegründet war? Unmöglich; aber auch diese war es nicht. Indessen hatte man es nun einmal gesagt und vermuthlich auch hinzugefügt, daß die Garnison von Ulm das Schicksal unvermeiblich hätte treffen müssen, das sie traf. Daher mußte wegen Unterlassung der Maßregeln eine Entschuldigung gefunden werden, und man wählte jenen unstatthaften Vorwand,

indem man nicht gestehen wollte, „daß es eine schwere Sache ge=
wesen wäre, sich mit der Verantwortlichkeit, Sr. k. Hoheit einen
entscheidenden Entschluß anzurathen, belasten zu sollen, während
die Umstände eigentlich doch nur zweifelhaft und die Gefahren des
Abzugs sehr bedeutend gewesen wären, und Mack, wenn dieser
nicht gelungen wäre, Sr. Majestät vielleicht seine Vorstellungen
gegen den Abzug und seine Gründe, warum es räthlicher gewesen
wäre, in Ulm zu bleiben und sich recht standhaft zu vertheidigen,
nebst der Vertheidigungsmöglichkeit gemeldet haben würde".

So wenig ich mich übrigens noch jetzt erinnere, das Wort
Vollmacht — auf dessen Wirkung ich eigentlich, weil jeder, der
es vernahm, ohnehin wußte, daß sie mir gegeben war, nur wenig
rechnen konnte — gebraucht zu haben, so zuverlässig weiß ich, daß
ich ein kräftigeres Beförderungsmittel meiner Absicht, besonders
als ich über die Wichtigkeit von Ulm sprach, benutzte, die Berufung
nämlich auf meine bessere Kenntniß der allerhöchsten Gesinnungen
und Absichten Sr. Majestät und des ganzen Zusammenhangs der=
selben, wie ich es konnte, weil niemand so wie ich durch eine
vorhergegangene lange Zeit sie so oft und ausführlich von Aller=
höchstdenenselben vernommen hatte, niemand auch so oft und
ausführlich wie ich von Sr. Majestät darum vernommen worden
war; und wie ich es mußte, um meinen Satz zu unterstützen, daß
die Behauptung von Ulm, der Feind möge im Rückzug sein oder
nicht, höchst wesentlich mit jenen allerhöchsten Absichten verbunden,
der Abzug aber ein höchst gewagtes Spiel wäre, welches unsern
alsbaldigen Untergang nach sich ziehen und sogar, auch gewonnen,
kaum den Nutzen der Vertheidigung von Ulm bringen könnte.
Ich sage, daß ich es mußte, denn mit meiner Pflicht wäre es
ganz unvereinbarlich gewesen, aus irgendeiner Rücksicht meine
Ueberzeugung einer andern aufzuopfern oder wie Rohr vom Winde
mich hin= und herwehen zu lassen.

Auch wenn ich nicht ausschließlich wäre verantwortlich ge=
macht gewesen, hatte ich nicht minder das volle Recht und die
Pflicht, so zu handeln, mich auf meine allerhöchste Vollmacht zu
berufen und mir die bestimmtesten, die hartnäckigsten Protestationen
zu erlauben, solange es sich um Frage von Beschlüssen han=
delte, die nach meiner Ueberzeugung schädlich waren. Nur Auf=
lehnung gegen wirklichen Beschluß war mir nicht erlaubt, und
dieser habe ich mich auf keine Weise schuldig gemacht, konnte ich

mich, weil Se. k. Hoheit nichts beschlossen, nichts befohlen haben, und sogar, wenn Höchstdieselbe beschlossen oder befohlen hätten, nach der Natur meiner Anstellung gar nicht schuldig machen, als etwa in einem Anfall von Wahnsinn durch ohnmächtige, für den Dienst in ihren Folgen gänzlich unbedeutende Ausfälle gegen Sr. k. Hoheit Beschluß, die aber doch wahrlich kein Majestätsverbrechen gewesen wären, sondern ein Subordinationsvergehen, worüber sich Se. k. Hoheit auf der Stelle durch einen Profosenarrest Genugthuung genommen haben würden.

Wenn es nun ohne die allergröbste Parteilichkeit und offenbarste Verleugnung der gesunden Vernunft nicht kann widersprochen, nicht bezweifelt werden, daß wer eine Vollmacht hat, sich auch darauf berufen dürfe und müsse, wenn es nöthig ist, um seine Bestimmung zu erfüllen; daß ich sie in dem oben angeführten Sinne uneingeschränkt und untheilbar hatte und mich nur darauf berief, um die Absicht, die ich für die beste hielt, zu erreichen, so ist es mir wol erlaubt, die schrecklichen Beschuldigungen von „Auflehnung gegen Verfügungen und von Misbrauch der allerhöchsten Vollmacht, sowie die darauf gegründeten Folgerungen eines Majestätsverbrechens" als . . . . . . zu erklären. Aus Ehrfurcht enthalte ich mich, die Epitheta, die sich dafür aufbringen, niederzuschreiben. Se. Majestät werden in Allerhöchstihrer Weisheit nunmehr ohnehin die Gestalt und Natur des Ungeheuers und dessen Erzeuger leicht erkennen. Es ist das häßlichste und reißendste von allen, die er ausbrütete und gegen mich wüthen ließ.

26.

— endlich die frühzeitige Uebergabe von Ulm, ohne durch irgendeine Art von äußerster Noth dazu gezwungen zu sein, wodurch die Ehre und der Ruhm der österreichischen Waffen so empfindlich beeinträchtigt wurde.

Zu 26.

Wol waren wir durch keine eigene äußerste Noth gezwungen und hätten uns wahrscheinlich noch vier Wochen in Ulm halten können, ohne durch Hunger oder das Schwert des Feindes dazu gezwungen zu werden. Es wäre ganz überflüssig, nach allem, was ich bereits gesagt, ferner noch von den unseligen Ursachen zu sprechen, die unsern Untergang brachten, oder von den Beweisen meiner Unschuld an demselben und an der Beeinträchtigung der Ehre und des Ruhms unserer Waffen, die, wenn meine Absichten nicht durch die eiserne Hand der Empörung meiner unentbehr=lichsten Gehülfen vereitelt worden wären, durch die Vertheidigung von Ulm gewiß neuen Glanz erlangt haben würden.

Dieser Schluß der langen Reihe meiner Verbrechen krönt das Werk und bestätigt zugleich den ad 20 von mir angeführten bösen Vorsatz, mich wegen der frühern Uebergabe wenigstens ver=dächtig zu machen. Und er wurde ausgeführt, denn in der That was muß wol die ununterrichtete Welt von einem General denken, welcher ohne Noth dem Feind einen Platz um fünf Tage früher übergibt? — Um ihn ausführen zu können, wurde der äußersten Noth, der Rettung des Heils der combinirten Armee nicht mit einer Silbe erwähnt. Mein Lohn für eine gute Handlung ist schrecklich, aber auch wenn ich ihn hätte vorhersehen können, würde ich meiner Pflicht getreu geblieben sein. Die Wohlfahrt der Russen war mir von Sr. Majestät auf die Seele gelegt. Ich bewahrte sie diesmal und hatte sie schon zuvor vor den augenscheinlichsten Gefahren bewahrt, als ich ihnen noch zu rechter Zeit den Befehl zukommen ließ, hinter dem Inn zu bleiben, bis sie versammelt und ausgerüstet sein würden, statt, wie es von unserm hohen Kriegsrath disponirt gewesen war, Colonne hinter Colonne un=ausgerüstet auf Wagen bis Dachau vorzurücken. Der k. russische General=en=Chef Kutusow erkannte diese treue Fürsorge vollständig und dankbar, als ich ihn zu Braunau sah, und fühlte doppelt den Werth der letztern, weil sie ihm zugleich den wichtigen Vor=theil verschaffte, die Dispositionen zu seinem nunmehr unvermeid=lich gewordenen Rückzug mit Ruhe und Ordnung zu treffen. Möchten doch er und der mit ihm damals vereinigte Obergeneral der Truppen Sr. Majestät, Graf Meerveldt, vernehmen können, daß in meiner Sentenz, um eine böse Absicht auszuführen, still=schweigend, aber unverkennbar der Grundsatz aufgestellt wurde, „daß es besser gewesen wäre, die Ihnen anvertraute combinirte Armee dem Untergang auszusetzen, als die fünf hoffnungslos gewordenen Tage, die uns in schmählicher Unthätigkeit noch in Ulm zu bleiben erlaubt gewesen wäre, dafür hinzugeben", und dies blos, um die Ehre der Waffen zu retten, als ob diese nicht

schon von dem Augenblick an verloren gewesen wäre, wo mein
so streng als feierlich erklärter Entschluß der Vertheidigung vereitelt wurde. Ich bin überzeugt, daß beide mit Entsetzen ausrufen würden: „Welche Schlüsse, welche Sprache, welche Gerechtigkeit!" Aber so mußte es sein, weil sonst jener heimtückisch
boshafte Vorsatz nicht hätte realisirt, auch der Ausdruck äußerste
Noth oder vielmehr der XX. Kriegsartikel, in welchem er vor-
kommt, nicht hätte angewendet werden können, um mich noch mit
einem Verbrechen mehr zu belasten.

27.

Daher stimmt die Commission nach dem 61. Artikel der
Theresianisch-Peinlichen Halsgerichts-Ordnung §. 3 und 8,
dann nach dem Straf-Norma von 1790, §. 1, 6, 7, endlich
laut dem XV. und XX. Kriegsartikel u. s. w. (Nun folgt
das schreckliche Strafgericht.)

Zu 27.

Was aus dem 61. Artikel der Theresianischen Halsgerichts-
Ordnung möglicherweise auf meinen Proceß hingezogen werden
konnte, ist Folgendes:

Aus dem §. 3.

„. . . oder da unsere eigene Beamte ihre ertheilte Amtsin-
struction, besonders in wichtigen, das gemeine Wesen oder unsere
landesfürstliche Angelegenheiten betreffenden Sachen gefährlich
überschritten, oder die ihnen anvertraute Gewalt und Botmäßigkeit freventlich und schädlich misbrauchten." Der §. 8 enthält blos
die Anwendung der Strafe auf das vorangeführte Majestätsverbrechen zweiter Klasse.

Ich will über jenen §. 3 nur bemerken, daß ich keine Amts-
instruction hatte, sondern uneingeschränkte Vollmacht von Sr. Majestät. Gewalt und Botmäßigkeit aber hatte ich nicht die geringste,
als welche mir eine höhere Autorität gestattete. Ich konnte sie
also auch nicht freventlich und schädlich misbrauchen, denn ich
gebrauchte sie, selbst als ich allein verantwortlich gemacht war
und sie mir also auch allein gebührte, offen unter den Augen

jener höhern Gewalt, die es verhindern konnte und verhindert haben würde.

Uebrigens habe ich ad 25 bewiesen, daß meine Berufung auf Vollmacht, um die Absicht zu erreichen, die ich für die beste hielt, keineswegs ein Misbrauch, sondern daß sie pflichtmäßig war, denn mich, und nur mich, hatten Se. Majestät zur Leitung der Angelegenheiten ihrer Armee bestellt, ohne mir den allergeringsten Auftrag zu machen, daß ich meine Ueberzeugung einer andern unterwerfen müßte. Alle Zudringlichkeiten anderer Personen, um mich von meiner Meinung abzubringen, hatte ich das Recht, als ganz unbefugt zu betrachten, denn ich kannte nicht den Inhalt des allerhöchsten Befehls, und sogar auch nach diesem waren sie es, indem Se. Majestät nur vorgeschrieben hatten, daß Se. k. Hoheit außer mir noch andere vernehmen sollten, keineswegs aber, daß ich sie hören und noch weniger, daß ich ihrer Meinung weichen müßte. Allen diesen unbefugt gegen mich auftretenden Rathgebern hatte ich das Recht zu sagen: „Ich bin von Sr. Majestät bevollmächtigt; lassen Sie mich in Ruhe." Nur Se. k. Hoheit hatten die Macht, über meine Entwürfe Rechenschaft zu begehren, sie zu genehmigen oder zu verwerfen, solange Höchstdieselbe nicht darauf selbst Verzicht thaten oder sobald sie solche wieder zurückzunehmen geruhten. Es gibt nur Vorgesetzte und Untergebene im Soldatenstande; jede andere Einwirkung ist constitutionswidrig und alles Constitutionswidrige schädlich.

Von der Straf=Norma von 1790 handelt der §. 1 Litt. a bis i von Diebstählen, Desertion u. s. w., aber aus Litt. k, wo von Verletzung der Subordination nach drei Graden gehandelt wird, muß der zweite Grad gegen mich gemeint sein, weil der erste die gewaltthätige Widersetzung gegen den Vorgesetzten mit oder ohne Verwundung begreift, der dritte aber die Subordinationsverletzung in Gegenständen, welche den Dienst nicht unmittelbar, sondern z. B. die Mannszucht betreffen. Für jenen zweiten Grad ist Folgendes gesagt:

„Zweitens, wenn ein Ober=, Unteroffizier oder Gemeiner die Befehle des Vorgesetzten, welche auf den Dienst einen Bezug haben, mit Vorsatz oder aus bösartiger Absicht nicht vollzieht, oder sich mit Worten oder dem Befehl entgegenlaufenden Handlungen widersetzt. Auch bei diesem zweiten Grade kann in Kriegs=

zeiten nach Maß des für den Dienst erwachsenen Nachtheils die ordentliche Strafe des Arquebusirens verhängt werden."

Ist es Wirklichkeit oder ein Traum, daß dieses Gesetz gegen mich angewendet wurde? Wo, wann, wie widersetzte ich mich einem Befehl? frage ich wieder, wie oben bei dem Ausbruck Verfügungen. Unter der Regierung eines weisen, gerechten und strenge Gerechtigkeit fordernden Monarchen solche Greuel aus der Feder eines Regimentsauditors, um einen General zu morden! Und gegen mich nur wendet er es an, da sich doch keins denken ließe, welches über die Handlung meiner Generale zu Ulm deutlicher und bestimmter das Urtheil spräche. Oder widersetzten sie sich nicht meinen Befehlen mit Vorsatz, und war der für den Dienst daraus erwachsene Nachtheil nicht unermeßlich? Möge sie Gott und die Gnade Sr. Majestät vor der darauf gesetzten Strafe bewahren! Die größere Zahl sind Männer, für die ich, so theuer sie mich schon kosten, mich lieber selbst noch arquebusiren lassen wollte; dieses Gesetz aber hat sie gerichtet!

Die §§. 6 und 7 der Straf=Norma handeln blos von allen Gattungen Leibesstrafen, welche über Offiziere, Unteroffiziere und Gemeine verhängt werden können.

Die Kriegsartikel sind folgenden Inhalts:

Der XV.

„Welcher Commandant einen Platz ohne äußerst gethaner Gegenwehr übergibt, der soll am Leben gestraft werden, und unter den gemeinen Soldaten, wenn sie daran schuld sind, der zehnte sterben, die übrigen aber zu einer andern Zeit an die gefährlichsten Orte commandirt werden.

„Es kann zwar eigentlich nicht bestimmt werden, worin die äußerste Gegenwehr besteht, weil es auf mannichfaltige, sehr verschiedene Umstände, als nämlich auf die Beschaffenheit der Festung, Stärke der Besatzung und den Vorrath an Kriegs= und Lebensbedürfnissen, wie auch sonstige Zufälle ankommt; jedoch ist das diesfällige Angeben des Commandanten keineswegs hinlänglich, sondern er muß sich mit dem Zeugniß seiner Garnison legitimiren können.

„Inzwischen wird hier nicht allein der Commandant, sondern ebenmäßig die übrigen Offiziere verstanden, und findet bei diesen letztern die Entschuldigung, daß sie dem Commandanten gehorchen

müſſen, keine Statt, wenn dieſelben bei Wahrnehmung einer ohne
Noth beſchloſſenen Uebergabe ihm nicht abgerathen, widerſprochen,
ja ſolchen ſogar in Verhaft genommen und den Platz auf das
äußerſte vertheidigt haben."

Der XX.

„Die Fahnen und Truppen, welche Feldſchanzen, Redouten,
oder einen andern Poſten ohne geleiſteten möglichen Widerſtand
verlaſſen, ſollen gleichergeſtalt*) geſtraft werden. Die Umſtände
müſſen die äußerſte Noth beſtimmen und ſind daher gründlich zu
beweiſen."

Man beweiſe mir, daß der Commandant den Platz vertheidigen könne, wenn die neun erſten Anführer der Garniſon ſich
mit complotirter Widerſetzlichkeit gegen ſeinen Vertheidigungsent-
ſchluß erklären; wenn ſie bei ihrer Widerſetzlichkeit mit der ver-
meſſenſten Hartnäckigkeit beharren und alle ſeine Verſuche, ſie für
Vertheidigung zu beſtimmen und zu binden, mit zunehmender
Frechheit vereiteln. Man beweiſe mir die Mittel, ein ſolches
Uebel zu heben, ohne ein größeres beſorgen zu müſſen; man
widerlege mich, daß mit Anführern, die keinen Glauben, keinen
Willen, mithin noch weniger einen Eifer für Vertheidigung hatten
und nur durch ſchlechte Vertheidigung die Wahrheit ihrer mit der
ſtrafbarſten Anmaßung aufgeſtellten Behauptung beſtätigen konnten — daß mit ſolchen Anführern nicht jeden Augenblick der ſchmäh-
lichſte Untergang zu beſorgen, mithin jedes andere Mittel, das
noch einen Schein von Hoffnung auf Rettung ließ, vorzuziehen
geweſen wäre; man widerlege mich endlich, daß ihr todtes Still-
ſchweigen zu der Anwendung dieſes Mittels nicht ſelbſt der ſpre-
chendſte Beweis ihres Abſcheus gegen Vertheidigung war — und
ich will die Ruthe der Gerechtigkeit küſſen, die mich ſtrafte. Bis
dahin aber bleibt es eine Ruthe der gewiſſenloſeſten Rechtsver-
drehung, deren tyranniſche Anwendung nach Rache ſchreit.

Auf den XV. Kriegsartikel habe ich, als ich ſo grau-
ſamerweiſe zu förmlicher Anklage gezwungen wurde, mich be-

---

*) Das Wort gleichergeſtalt bezieht ſich auf den XVIII.
Kriegsartikel, und zwar auf folgende Ausdrücke deſſelben: „Der-
ſelbe Offizier, der ſchuld daran iſt, ſoll Ehre und Leben verwirkt
haben."

rufen, zum Beweise, daß meine Untergebenen vereitelten, was sie
hätten befördern, und erwirkten, was sie hätten verhindern sollen,
und außerdem berief ich mich noch auf folgendes Grundgesetz des
Kapitels von der Subordination aus dem Reglement: „Die
geringste Widerrede, Verzögerung oder Untersuchung, warum der
Befehl ertheilt worden? oder aber einiges Nachgrübeln ist höchst
sträflich." Diese meine Berufung war doch gewiß rechtmäßig;
oder sind die Befehle der Vertheidigung eines Platzes davon ausgenommen? Ist da Widerrede, Untersuchung, Nachgrübeln, ist
sogar Widersetzlichkeit erlaubt? Vielleicht um „eine namhafte
Truppe zu retten", wie meine Generale sich ausbrückten? Wo
findet sich in unsern Kriegsgesetzen nur eine Silbe, daß aus dieser
Ursache dem Feinde ohne weiteres ein Platz hingegeben werden
dürfe, dessen Behauptung der Commandant als wichtig erklärt,
und dessen Haltbarmachung, mithin Vertheidigung sogar von
Sr. Majestät selbst ausdrücklich genehmigt worden war.

Der XX. Kriegsartikel kann nur zu meiner Rechtfertigung dienen, denn er beweist unwidersprechlich, daß, wenn
auch Ulm noch weit hinfälliger ausgesehen hätte, ich dessen
Vertheidigung zu beschließen und zu fordern berechtigt war,
weil der Platz immer noch unendlich vertheidigungsfähiger als
eine Feldschanze oder Redoute, mithin auch die Widersetzlichkeit
meiner Generale nicht minder gesetzwibrig gewesen sein würde.
Zwar verließen sie unmittelbar in dem Sinne des Kriegsartikels
ihn nicht; ich aber gewiß noch weniger. Es fragt sich also nur,
wer bewirkte, daß er verlassen werden mußte?

Man überführe mich, daß Untergebene in irgendeinem Fall
befugt sein können, gegen einen Vertheidigungsentschluß
ihres Vorgesetzten ein Complot zu formiren, erst die Möglichkeiten
der Vertheidigung, die Wichtigkeit oder Unwichtigkeit derselben zu
untersuchen und sich die frechste Widersetzlichkeit zu erlauben, um
ihr Vernünfteln über die Einsichten ihres Vorgesetzten zu erheben;
daß sie befugt sein können, ihren Commandanten durch rebellische
Auflehnung zu zwingen, einen Platz, welchen er behaupten will,
dem Feinde antragen lassen zu müssen; man überführe mich, daß
sie, wenn ihr Commandant in der Vertheidigung wankte, ihn
aufzurichten verpflichtet sind, nicht doppelt pflichtwidrig handeln,
ihn niederzudrücken, wenn er sie beschlossen und befohlen hat;
man überführe mich dessen, ohne die Grundgesetze der Kriegszucht

zu den elendesten Spielwerken herabzuwürdigen — und ich bin auszurufen bereit: „Sie sind unschuldig; ich habe gesündigt!" Solange man aber dies nicht kann, werde ich nicht aufhören, mittelbar wenigstens, wenn ich es nicht unmittelbar darf, vor dem Throne Sr. Majestät meine Stimme zu erheben, „daß es das verderblichste Beispiel für die Kriegszucht Ihrer Armee sein würde, wenn die Widersetzlichkeitsgeschichte in Ulm nicht streng und öffentlich an allen gemisbilligt und an zweien (den Verleumbern Ihrer tapfern Truppen) wirklich geahndet werden sollte." Als ihr damaliger Vorgesetzter habe ich dazu den Beruf und die Pflicht, die ein ungerechtes Urtheil nicht aufheben konnte.

————

Hiermit lege ich meine Bemerkungen über dieses Gewebe von Verdrehungen, Verheimlichungen und Verfälschungen an dem Throne Sr. Majestät mit der flehentlichen, gerechten, allerunterthänigsten Bitte nieder, meine geschändete und gemordete Unschuld in das Leben zurückzurufen. Ob ich mich schon keineswegs der Unparteilichkeit und Unleidenschaftlichkeit meiner Richter, besonders jener der höhern Klasse, zu erfreuen hatte, so kann ich doch nur den gewissenlosen Auditor anklagen, der mit gänzlicher Verleugnung seiner Pflichten ihrer Neigung fröhnte. Es ist bekannt, wie groß und wichtig der Einfluß desjenigen ist, von welchem die Leitung eines Processes, seine endliche Auseinandersetzung und Darstellung abhängt, und die Auswahl der Gesetze, ihre Auslegung und Anwendung; wie unermeßlich besonders, wenn er unredlich, geschweige verrätherisch zu handeln sich erlaubt. Beinahe jeder der Paragraphen, in welche ich die Sentenz abtheilte, zeugt von seinem Verrath, und so verleitete er meine Richter zu Ungerechtigkeiten, die, ich höre nicht auf, mich es zu bereden, nicht in ihrer Absicht lagen. Der Proceß ist ungeheuer voluminös und mannichfaltig an Gegenständen, deren Abhandlung oft unterbrochen und nach der Hand wieder vorgenommen wurde. Er

nur konnte jeden Gegenstand in seinem ganzen Zusammen=
hang am richtigsten umfassen, weil alle Schriften stets in
seinen Händen waren. Selbst die Beurtheilung der rein
militärischen, blos vom Raisonnement abhängenden Gegen=
stände würde minder anmaßend und einseitig ausgefallen
sein, wenn er meine Gründe dabei in Erinnerung gebracht
und meine oft erneuerte gerechte Forderung, daß man mich
über die Zweifel, die nach meiner ersten Aussage noch
darüber bestehen könnten, neuerdings vernehmen möchte, statt
sie selbst zu vereiteln, unterstützt hätte, wie es seine Pflicht
war, wenn anders möglichste Aufklärung und Verification
wesentliche Erfordernisse eines rechtlichen Verfahrens sind.
Indessen würde diese Vernachlässigung seiner Pflicht eben
nicht so nachtheiligen Einfluß auf mein Schicksal gebracht
haben, weil es sich nur um Suppositionen von Fehlern
handelte, nicht um Uebertretung positiver Gesetze. Hier hat
seine Treulosigkeit einzig und allein gewirkt, und durch diese
hinterging er meine Richter, hinterging die Revisionsgerichte,
hinterging die Weisheit Sr. Majestät. Nur durch Treu=
losigkeit konnte diese hintergangen werden, denn in unum=
schränktestem Vertrauen auf Sr. Majestät Gewissenhaftigkeit,
Gerechtigkeit und Großmuth darf ich wagen, mich Aller=
höchstdenenselben mit der ehrfurchtsvollen Frage zu Füßen
zu werfen, wie es mit diesen Allerhöchstihren Attributen
vereinbarlich gewesen wäre, die mir aufgedichteten Verbrechen
als solche zu erkennen, wenn die Umstände, die Thatsachen,
die Beweise, die ich in meiner Schrift aufführe, nicht Ihrer
allerhöchsten Kenntniß vorenthalten worden wären, für deren
Wahrheit ich hier zu den Füßen Sr. Majestät nochmals
mit Ehre und Leben verbürge, und von welchen die wich=
tigsten und wesentlichsten in Zeit von einigen wenigen Tagen
aus den Proceßacten eruirt werden könnten.

Der Uebergangsproceß zweier Weltalter und François Rabelais.

Von

Georg Weber

in Heidelberg.

I. Zur Signatur der Zeit.

Seit den Tagen, da der macedonische Heldenkönig Alexander in die morgenländische Welt eindrang und sie im raschen Siegesfluge überwältigte und dem staunenden Auge der Hellenen erschloß, ist keine Periode des geschichtlichen Lebens so reich an wunderbaren Ereignissen, an überraschen= den Schicksalswechseln, an aufregenden und anregenden Er= scheinungen gewesen, als die Jahrzehnte, die das 15. Jahrhundert schlossen und das 16. einleiteten. Eine so großartige Persönlichkeit wie Alexander hatte freilich die Zeit der Entdeckungen und der Renaissance nicht aufzuweisen; die Zeugungskraft des Menschengeschlechts vermochte keine königliche Natur auf den Thron des geschichtlichen Lebens zu heben, welche wie der macedonische Heldenjüngling die Idealität des Geistes mit der Realität des Vollbringens vereinigte, welcher, während er erobernd über den Euphrat und Tigris drang und die Schatzkammern von Susa und Persepolis aufthat, während er den Indus überschritt und die geheimnißvolle Welt der Brahmanenreiche dem forschenden Blicke der Griechen öffnete, zugleich die Heldengedichte Ho= mer's mit sich führte und dem hellenischen Culturleben Wohnsitze und Pflanzstätten schuf. Aber was dort in einer einzigen reichbegabten Natur concentrirt war, hat der Genius der Geschichte bei dem jüngern Geschlecht über viele ver=

theilt, 'und wenn er dort eine Heroengestalt geschaffen hat,
welche dem ganzen Zeitalter Namen und Richtung gab, so
hat er hier dem Zeitraum einen gemeinsamen Charakter auf=
gedrückt, der allen Thaten und Bestrebungen ein bestimmtes
Gepräge verlieh, so hat er hier einen Zeitgeist in Thätigkeit
gesetzt, der wie eine unsichtbare höhere Macht über den
Erdbewohnern einherging, die vielgestaltige Menschenwelt
mit seinem göttlichen Odem erfüllte und das pulsirende
Leben nach bestimmten gleichartigen Richtungen in Bewegung
hielt. Wie gefährlich auch im allgemeinen die philosophische
Geschichtsbetrachtung sein mag, welche die tausend Fäden,
die das historische Gebilde hervorbringen, unter Einen Ge=
sammtbegriff fassen, die Wirkungen der einzelnen Willens=
thätigkeiten zu Einem gemeinsamen Ausdruck und Resultat
vereinigen will; wie häufig auch der Spruch des Dichters
sich bewähren wird: „Was man den Geist der Zeiten nennt,
das ist der Herren eigener Geist"; so läßt sich doch mehr
als zu irgendeiner andern Periode in dieser großen Zeiten=
wende eine einheitliche Idee aufstellen, welche allem Leben
und Streben die Impulse gab, welche wie eine individuelle
Geistesmacht über der Erscheinungswelt waltete. Es ist der
göttliche Auferstehungs= und Verjüngungstrieb, der aus einem
der Verwesung und dem Untergange zuschreitenden Orga=
nismus sich zu neuen Lebensformen emporzuringen strebt,
der unsterbliche Genius der Geschichte, der in den hinschwin=
denden Geschlechtern der Menschheit den „Kampf um das
Dasein" vollzieht. Dieser Zeitgeist ist nicht in körperliche
Schranken gebannt, ist in keiner Persönlichkeit in so vor=
waltender Stärke vorhanden, daß man, wie bei einem
Alexander, einem Karl dem Großen, den Namen zum charak=
teristischen Gattungsbegriff verwenden könnte; die fortge=
schrittenere Menschheit bedurfte einer höhern Personification
zum Fahnenträger, einer göttlichen Incarnation ihres welt=

geschichtlichen Ganges zur Führung; sie war entwachsen dem
Dienste der Götter in Menschengestalt, sie konnte ihre
Willensfreiheit, ihr individuelles Leben nicht mehr an einen
menschlichen Repräsentanten abgeben; wie die Christenheit
für ihr religiöses Sein und Thun sich um das Panier des
unsichtbaren Heilandes sammelte, so bedurfte auch die europäische Menschheit in ihrem weltgeschichtlichen Lebensgange
eines geistigen, ideellen Führers.

1.

Wir haben in einem frühern Jahrgange dieses historischen
Frucht- und Blumenfeldes die Zustände der höhern Gesellschaft darzustellen versucht, wie sie gegen Ende des Mittelalters in der Literatur und in den äußern Lebenserscheinungen zu Tage traten, und dazu die Umrisse und die
einzelnen Züge in erster Linie aus Froissart und Chaucer
entnommen. Jene ritterliche Romantik, wie wir sie dort
kennen gelernt, hat auch die Scheide des Jahrhunderts noch
in einzelnen Erscheinungen überdauert; aber wenn sie schon
einige Generationen zuvor zu einer leeren Form, zu prahlerischen Ostentationen, zu Spiel und Schein entartet war,
die dem wirklichen Leben entfremdet nur in dem conserva-
tiven Sinne einiger Fürsten und Edelleute, nur in den
flüchtigen Neigungen für vergangene Sitten und Einrichtungen wurzelte, so gestaltete sie sich jetzt zu einem fremd-
artigen Schmuckwerk an dem neuen Staats- und Gesell-
schaftsbau, zu einer Reminiscenz aus vergangenen Tagen,
die in die Lebensgestaltung der Gegenwart nicht mehr paßte
und bald der Satire und dem Spotte verfallen sollte. Wenn
man den Kaiser Maximilian als „letzten Ritter" bezeichnete,
wenn man den Seigneur de Bayard den „Ritter ohne
Furcht und Tadel" nannte, so möchte man darin schon

8*

einen Anflug von Ironie erkennen, wie sie immer solche,
wenn auch ehrenwerthe Leute trifft, welche bei überlieferten
Sitten und Gewohnheiten auch dann noch festhalten, wenn
die Welt um sie herum ganz anders geworden ist.   Jener
französische König Karl VIII., der seinem Erstgeborenen den
Namen „Roland" beilegte und sich aus Ritterromanen eine
phantastische Welt aufbaute, der seinem Eroberungszuge nach
Neapel den Charakter eines Kreuzzugs geben wollte und an
der Seite des gefangenen osmanischen Fürsten Dschem seinen
Einzug in die schöne Hauptstadt Unteritaliens hielt, machte
in seiner häßlichen Erscheinung, mit seinem kränklichen kleinen
Körper das Ritterthum zum Zerrbilde.   In leerem Gepränge,
in Spielen, Festlichkeiten und Turnieren verzettelte er die glän=
zenden Resultate seines Feldzugs, die ihm das Glück in den
Schos warf, und als er im Schloßhofe von Amboise durch
einen Schlaganfall zu Boden gestreckt, auf einem elenden
Strohlager seinen letzten Odem aushauchte', war das fran=
zösische Heer in Neapel vernichtet, waren die Früchte großer
militärischer Anstrengungen spurlos verschwunden, ein echtes
Bild des verkommenen Ritterthums, das im Jagen nach
wesenlosem Scheine die Realitäten des Lebens übersah, über
phantastischen Anschauungen den Boden unter den Füßen
verlor.   In diesen italienischen Kriegen, in denen der größte
Theil der Regierungszeit Karl's VIII. und Ludwig's XII.
nutzlos verschwendet wurde, tobte sich der ritterliche Geist
des französischen Adels aus.   Die Kämpfe mit den spanisch=
italienischen Heerhaufen am Garigliano, die Schlachten von
Fornuovo und bei Ravenna erinnern noch an Crecy, Poi=
ters und Azincourt; mit diesen Feldzügen nach Unteritalien
ging die ritterliche Kriegsweise zu Ende; die Schlacht von
Marignano, womit König Franz I. seine Regierung ein=
weihte, trug bereits einen andern Charakter; die Scharen
der Reisläufer aus den Alpen, die schon das burgundische

Ritterheer des kühnen Karl bei Granson, Murten und Nancy mit ihren Hellebarten und Morgensternen zermalmt hatten, und die deutschen Landsknechte und Hakenschützen gaben den Ritterkämpfen den Todesstreich; fortan wurde das Schicksal der Schlachten durch Kanonen und Kugelbüchsen entschieden.

Nur in Einem Lande dauerte der Rittergeist noch einige Zeit fort — in der Pyrenäischen Halbinsel. Die turbulente Feudalmacht freilich, der natürliche Boden des Ritterthums, wurde unter der Doppelherrschaft Ferdinand's und Isabella's ebenso kräftig niedergeworfen wie in Frankreich durch Lud=wig XI., wie in England durch Heinrich VII., wie in Portugal durch Johann II. Die Burgherren wurden ge=zwungen, dem Fehderecht zu entsagen und ihre Streithändel vor den königlichen Gerichtshöfen auszutragen; ihre Privi=legien und Ausnahmsstellungen wurden in den wichtigsten Punkten eingeschränkt oder aufgehoben, der ganze Apparat der ritterlichen Anarchie, die noch kurz zuvor das Königthum in Castilien zu einer leeren Form, zum Gegenstande des Spottes herabgewürdigt hatte, wurde beseitigt und die Au=torität des Gesetzes und die monarchische Hoheit mit starker Hand aufgerichtet. Aber das Waffenleben, die alten Ueber=lieferungen der „heiligen Kriege" gegen die Mauren wur=zelten zu tief in dem Adel, als daß er mit einem male zu einem ruhigen geordneten Staats= und Gesellschaftsleben hätte hinübergeführt werden können. Diesen unruhigen, jeder Arbeitsamkeit und friedlichen Thätigkeit widerstrebenden Granden mußte ein anderer Tummelplatz, ein neues Kampf=feld geschaffen werden; man mußte die waffenfrohen Hidalgos in Bahnen lenken, auf denen sie der angeborenen Lust zu Kampf und Abenteuern, dem lebhaften Gefühl für Ruhm und Ehre zum Vortheil des Staats und der spanischen Nationalität Rechnung tragen konnten. Solche Gelegenheiten boten die Maurenkriege der Castilianer gegen Granada, die

aragonesisch=französischen Kämpfe in Neapel und vor allem
die Entdeckungsfahrten in der Neuen Welt. In den roman=
tischen Kriegen wider das Königreich Granada, den letzten
Ueberrest des „stolzen und mächtigen Khalifenreiches von
Cordova und Sevilla", durchlebte die spanische Ritterschaft
noch einmal die Tage des Ruhmes, wie sie in Lied und
Sage aus der Heldenzeit der Väter nachklangen. In den
Maurenkriegen traten die großen Factoren des mittelalter=
lichen Gesellschaftslebens, Ritterthum, Religion, Loyalität,
Galanterie zum letzten male zum Ringkampf auf, daher hat
auch zu allen Zeiten die romantische Kunst und Poesie aus
ihnen ihre anziehendsten Stoffe geschöpft. Der Kampf trug
noch ganz den Charakter der alten heiligen Kriege, wo das
trübe Einerlei gräßlicher Landverwüstung, grausamer Er=
mordungen und Verstümmelungen, wilder Scenen eines rohen
Fanatismus durch Züge von Edelmuth und Ritterlichkeit,
durch Wetteifer in Großmuth und Anerkennung gegenseitiger
Tapferkeit unterbrochen und das menschliche Gefühl ver=
söhnt wird. Es war das letzte Auflodern der alten
Kreuzzugsbegeisterung, daher auch die Blicke der ganzen
abendländischen Christenheit nach der südlichen Halbinsel
gerichtet waren, wo die reichen Zeltlager der castiliani=
schen Ritterschaft jahrelang im Felde aufgeschlagen standen.
Hochwürdige Geistliche, wie der Cardinal Mendoza, schnall=
ten den Panzer über Chorhemd und Kapuze und führten
ihre Reiterscharen ins Feld oder spendeten den Segen
der Kirche zu dem heiligen Werke; der Papst erließ Kreuz=
bullen. Isabella, die schöne, fromme und züchtige Königin,
war die Seele dieses letzten „heiligen Krieges". Wie oft
sah man sie im Lager, bald in Panzerkleidung auf ritter=
lichem Schlachtroß sich umhertummelnd und zum Kampfe
anfeuernd, bald für Verpflegung der Verwundeten und
Kranken sorgend, bald Geschenke vertheilend. Ihre An=

wesenheit belebte die edlern Seiten des Ritterthums und hielt alle Roheiten und Ausschweifungen fern. War doch ihre Keuschheit und Sittsamkeit so reizbar, daß sie selbst bei der Letzten Oelung ihre Füße nicht wollte entblößen lassen. Noch jetzt erinnert die Stadt „des heiligen Glaubens", Santa-Fé, die aus der Lagerstätte emporwuchs, an jenen denkwür=digen Krieg, der mit der Einnahme von Granada und Malaga, mit dem Erlöschen der maurischen Herrschaft, mit dem Siege der Kreuzesfahne endigte.

Man verfuhr anfangs mit Milde und Menschlichkeit gegen die unterworfenen Moslemen; sie sollten in der Ausübung ihres Glaubens nicht gehindert werden. Aber harte Schicksalsschläge in ihrer Familie bewirkten, daß die Königin in ihren spätern Jahren sich der streng kirch=lichen Richtung hingab und den Rathschlägen fanatischer Kleriker allzu sehr ihr Ohr lieh. In dieser Stimmung ließ sie es geschehen, daß übereifrige Missionare sich an das Werk der Bekehrung machten und auch unlautere Wege, auch List und Gewalt nicht verschmähten, um die Ungläu=bigen zur Seligkeit zu führen. Ximenes, in der Folge Car=dinal und Großkanzler, ordnete Taufen mit dem Weih=wedel, sogenannte Ysoptaufen, an, damit die symbolische Ceremonie beschleunigt würde, ein Verfahren, das an die Gewalttaufen der Sachsen unter Karl dem Großen erinnert. Da griffen die in ihrem Gewissen bedrängten Mohammedaner nochmals zum Schwerte, es war im ersten Jahre des neuen Jahrhunderts; und nochmals loderte in Granada ein Glau=bens= und Rassenkrieg auf, der an vergangene Zeiten er=innerte. In den wilden Sierren, die sich südöstlich von der Hauptstadt erheben, wurden blutige Kämpfe geführt, die in Dichtung und Sage fortlebten. Noch lange besang das castilische Volk in elegischen Romanzen den Tod des tapfern Alonso de Aguilar, eines Bruders des „großen Feldherrn"

Gonsalvo de Cordova, am grünen Fluß in der Sierra
Vermeja. Durch den Aufstand wurden die alten Verträge
vernichtet; nun wurde nur die Wahl gelassen zwischen Aus=
wanderung und Taufe. Die Wenigsten konnten die Kosten
zur Ueberfahrt nach Afrika aufbringen; die Mehrzahl fügte
sich in das unvermeidliche Schicksal. Sie beugten sich unter
das Kreuz, dessen Last schwer auf sie drückte, und die In=
quisition sorgte dafür, daß die „Moriscos" allmählich aus
Scheinchristen wirkliche Anbeter des Gekreuzigten wurden.
Damit begann ein Kampf, der keine Spur von Ritterlichkeit
mehr an sich trug, ein Kampf der Heimtücke, der Späherei,
der Treulosigkeit und der Verfolgungswuth.

Aber nicht blos in Granada und am Garigliano sollte
sich der spanische Rittermuth zum letzten male austoben;
ein weiteres, großartigeres Feld winkte jenseit des Oceans.
Im Lager von Santa=Fé hatte Isabella mit Columbus den
Vertrag geschlossen, der zur Entdeckung der Neuen Welt
führte. Mit seiner Rückkehr von Hispaniola begann für die
europäische Menschheit eine neue Aera weltgeschichtlicher Ent=
wickelung. Das ganze Abendland gerieth in eine fieberhafte
Aufregung bei den Nachrichten, welche die Entdecker von
den überseeischen Inseln und Ländern, von den neuen Be=
wohnern, von den unbekannten Pflanzen= und Thiergat=
tungen, von den Reichthümern an Gold, Perlen und edelm
Gestein nach der Heimat mitbrachten, und alles, was im
Laufe der Entdeckungen von Jahr zu Jahr Neues vernommen
wurde, mehrte die Aufregung und das Erstaunen. Eine
neue „Weltmeerritterschaft" trat ins Leben, welche in küh=
nem Wagen, in frischer Abenteuerlust das hinsterbende Tur=
nierritterthum weit überholte. Die castilianischen Hidalgos
strömten massenweise nach der fremden Inselwelt. Wer
wollte da müßig sein, wo so herrliche Güter zu erwerben
waren, wo für Ruhm= und Ehrbegierde ein so weites Feld

offen stand, wo sogar das Himmelreich gewonnen werden
konnte durch die Aufrichtung des Kreuzes unter den Heiden!
Es verschlug nichts, daß die ersten Ansiedler auf Hispaniola
elendiglich zu Grunde gingen und statt einer paradiesischen
Glückseligkeit ein Leben voll Leiden und Entbehrungen, voll
Hunger und Krankheit fanden, daß sie von Giftpfeilen ver=
wundet, von Schlangen und Mosquitos gepeinigt wurden,
daß oft Zunge und Lippen vor Durst aufsprangen, sodaß
der ritterliche Theilnehmer und Erzähler des mexicanischen
Eroberungszuges, der treuherzige, redselige Bernal Diaz,
klagend ausruft: „O wenn ihr wüßtet, wie viele Qualen
den Entdeckern neuer Länder beschieden sind." Die Aus=
wanderung nahm mit jedem Jahre zu; jedes Schiff führte
neue Abenteurer und Waghälse aus der Pyrenäischen Halb=
insel nach der Neuen Welt im Westen. Die Berichte, durch
die mündliche Mittheilung und die Thätigkeit der Phantasie
ausgeschmückt und übertrieben, lauteten so wunderbar, daß
auch das Fabelhafte, daß auch die ungereimtesten Erzählungen
und Sagen Glauben fanden. Und waren denn die Vor=
gänge in Mexico und Peru, wo eine Hand voll kühner
Ritter und Kriegsmänner mächtige Reiche eroberten, ge=
waltige Könige in Fesseln schlugen und zum Tode führen
ließen, reiche Städte einnahmen und gebildete Völker unter
das Sklavenjoch beugten, nicht von so überwältigender Natur,
daß die dichterische Phantasie keine kühnern, keine fesselndern
und überraschendern Gebilde hätte schaffen können, als die
Wirklichkeit sie darbot? Was konnte nach solchen Vorgängen
noch unglaublich erscheinen? Hatte man denn nicht in Peru
goldene Berge entdeckt, warum sollten die Märchen von
einem Eldorado nicht auch zur Wahrheit werden können?
Damals gab es noch keine Zeitungen, welche durch nüch=
terne Berichte den wahren Verlauf der Dinge, den echten
Thatbestand klar legten: Vieles wurde mündlich um=

hergetragen oder in Briefen von Land zu Land gemeldet,
oft in rhetorischer Uebertreibung. Nie waren Dichtung und
Wahrheit in so innigem Bunde, nie die Wirklichkeit so sehr
von poetischen Blumen durchflochten, als in den ersten Jahr=
zehnten des 16. Jahrhunderts. Die Sage von einem „Ju=
gendbrunnen", von den wunderbaren Kräften einer Quelle,
welche den Greisen ihre Manneskraft wiederbringen sollte,
hat sich lange Zeit erhalten und Glauben gefunden, sodaß
noch Herrera versichern konnte, es habe in ganz Florida
keinen Fluß und keinen Teich gegeben, wo sich nicht Spa=
nier gebadet hätten, und noch zu seiner Zeit habe man sich
mit der Hoffnung getragen, die Jugendquelle könnte doch
noch aufgefunden werden. Als die Spanier in den Golf
von Mexico einfuhren, um das Reich der Azteken zu ent=
decken und zu erobern, fanden sie auf der Ostküste von
Yucatan zwei Europäer, die von einer vor acht Jahren in
jener Gegend schiffbrüchig gewordenen Mannschaft noch allein
übriggeblieben waren. Davon war der eine, Gonsalo
Guerrero, völlig zum Indianer geworden; er hatte sich
Nase, Lippen und Ohren durchbohrt, diente in Indianer=
tracht dem Kaziken des Landes in seinen kleinen Fehden,
hatte sich mit einer vornehmen Indianerin verheirathet und
Söhne gezeugt, und verbarg sich vor den landenden Euro=
päern. Der andere, Geronimo de Aguilar aus Ecija, dem
geistlichen Stande geweiht, diente gleichfalls einem einge-
borenen Häuptling als Krieger, dagegen ließ er sich nicht
zu einer Heirath mit einem indianischen Weibe verführen,
eingedenk seiner Gelübde lebte er im Cölibat und hielt sich
genau an die Vorschriften seiner Kirche. Seine erste Frage
an die Landsleute war, ob der Tag ein Mittwoch sei, weil
er gewissenhaft nach dem Kalender seine Fasten und reli=
giösen Uebungen fortgesetzt habe. Und selbst im Abendlande
erlebte man die merkwürdigsten Wechselfälle. Das König=

reich Neapel wurde von den Franzosen zweimal gewonnen
und zweimal verloren, und die letzten Sprößlinge des un-
echten Zweiges des aragonesischen Herrscherstammes vertrauten ihr Leben in französischer und spanischer Gefangenschaft;
Lodovico „der Mohr", ein Fürst voll Unternehmungsgeist
und Verstand, voll Intriguen und Treulosigkeit, verlor das
schöne Herzogthum Mailand und mußte zehn Jahre lang
in einem unterirdischen Kerker schmachten, und der frevel-
hafte Cesare Borgia, Herzog von Valentinois, von dem
noch später die Rede sein wird, wurde in dem Augenblicke
da er sich aus den päpstlichen Lehnstaaten ein Königreich
schaffen wollte, von seiner glänzenden Höhe herabgestürzt
und durch den treulosen Wortbruch des „großen Feldherrn"
Gonsalvo de Cordova als Gefangener nach Spanien geführt,
wo er in einer geringfügigen Fehde im offenen Kampfe einen
Soldatentod fand. Bringen wir mit solchen wunderbaren
Ereignissen und Schicksalswechseln, mit solchen Erlebnissen
und Abenteuern noch die Türkenkriege in Verbindung, in
welchen der furchtbare Mohammed mit ehernem Schritt
Hellas und Morea durchzog und Selim die alten Sitze
morgenländischer Cultur, die Heimatstätten der christlichen
Religion unter seine Zwingherrschaft beugte, als Suleiman
der Prächtige die Ritter von Rhodos bezwang und „wie
blutiger Nordlichtschein" über die zitternden Länder einher-
fuhr, so wird man begreifen, daß die damalige Menschheit
in fieberhafter Aufregung sich umhertrieb, daß die Phantasie
der aus dem mittelalterlichen Traumleben erwachenden Völker
sich mit wunderbaren Gebilden erfüllte, daß selbst das
Fremdartigste, das Fabelhafte und Märchenartige gläubige
Aufnahme fand.

Und so konnte es denn geschehen, daß in der Pyrenäischen Halbinsel eine neue Gattung von Romanen entstand
und sich weithin verbreitete, welche sich auf einem ganz

fabelhaften Boden bewegten, die Amadisromane. Zu
allen Zeiten wird die zur Unterhaltung, zur Erregung der
Gefühle bestimmte Literatur mit dem wirklichen Leben, mit
den Interessen des Tages Zusammenhang und Beziehungen
haben. Sollen dichterische Erzeugnisse, sollen Schilderungen
und Erzählungen den Geist dauernd fesseln, dem Gemüth
einen nachhaltigen Reiz bieten, so müssen sie in der Gegen=
wart, in der Zeitrichtung, in den Seelenzuständen der
lebenden Geschlechter einen Halt, eine reale Unterlage be=
sitzen, sie müssen in dem Leser oder Hörer auf eine sym=
pathische Verfassung der innern Menschennatur, auf ein
unmittelbares Verständniß treffen. Ein Alexanderlied, ein
Rolandslied konnten nur in der Periode der Kreuzzüge einen
fesselnden Eindruck machen; die Artusromane setzten Leser=
kreise voraus, die mitten in den christlich=ritterlichen Ideen und
Anschauungen sich bewegten; eine „Göttliche Commedia“, ein
„Roman von der Rose“ konnte nur einem Geschlecht zusagen,
das seine innern Güter und Lebensinteressen in das Gewand
der Allegorie, der Mystik und Symbolik hüllte; ein Reineke
Fuchs war nur denkbar in einer Zeit und unter einem
Volke, wo überlieferte Sitten und gesellschaftliche Formen
bereits auf plebejische Gegensätze, auf eine ironische Oppo=
sition trafen. Nur in einer solchen Wechselwirkung von
Dichtung und Realität können Werke ins Leben treten,
welche ganze Generationen zu fesseln vermögen, nur wo die
literarischen Producte in einen geeigneten Boden eingesenkt
werden, finden sie die zum Wachsthum erforderliche Pflege
und Sympathie, vermögen sie eine dauernde Existenz zu
gründen. Es ist für den später geborenen Beobachter nicht
leicht, diese Anknüpfungen zu entdecken, und er wird oft in
die Lage kommen, in einem poetischen Producte nur das
Resultat willkürlicher Phantasiethätigkeit zu erkennen, weil
ihm das Band entgangen ist, durch welches dasselbe mit

der geschichtlichen Welt, mit den herrschenden Gedankenkreisen zusammenhängt. Aber selbst die frei schaffende Phantasie des Dichters wird stets an reale Unterlagen anknüpfen. Und so werden wir uns denn auch bei den Amadisromanen, die man gewöhnlich nur als die phantastischen Gebilde einer verwirrten und verirrten Geistesrichtung ansieht, nach einer solchen Unterlage umsehen müssen.

Wie sehr immer bei den Stoffen, welche den epischen Dichtungen des Mittelalters den Inhalt lieferten, bei den um Alexander, um Karl den Großen, um König Artus gruppirten Sagenkreisen das Mythische vorwiegen mochte, wie sehr das geschichtlich Ueberlieferte entstellt und umrankt war durch Fabeln und Märchen, durch Wunder= und Zauber= geschichten und das Wirkliche und Mögliche hinter den Ge= bilden der schaffenden Phantasie, der forterzeugenden Tradi= tionsthätigkeit zurückblieb; so standen sie doch alle auf einem in Zeit und Raum begrenzten Boden, so lehnten sie sich doch alle an feste historische Gestalten an und bewegten sich auf einem geographisch auffindbaren Gebiete. Sie standen als Ziergärten und Laubengänge neben den Fruchtfeldern der Chroniken und Zeitgeschichten. Jene wunderlichen Ritter= bücher aber, die in dem Zeitalter Ferdinand's und Isabella's und in den nächsten Jahrzehnten in der Pyrenäischen Halb= insel verfaßt und gelesen wurden, die „Amadis von Gallia", „Esplandian", „Lisuarte von Grecia", „Amadis von Grie= chenland", „Florisel von Nikäa", „Silvel de la Selva" und wie die Titel alle heißen, schwebten ganz in der Luft, hatten keinen geschichtlichen, nur sehr selten einen geogra= phischen Unterbau. Sie bildeten ein Geschlecht, eine Nation für sich selbst. Wie bei den Artusromanen standen die meisten Helden und handelnden Personen untereinander in Blutsverwandtschaft; man konnte Stammbäume und genea= logische Tafeln von ihnen anfertigen, aber historische Anknü=

pfungen und Reminiscenzen waren nicht zu finden; keine
geschichtlich fixirte Heldengestalt, keine volksthümliche Sage
bot einen festen Anhalt; von aller Ueberlieferung losgerissen
verloren sie sich ins Launenhafte, Schrankenlose und Phan=
tastische. „Amadis mit seinen Nachkommen", heißt es in
des Verfassers „Allgemeinen Weltgeschichte", „irrt in einer
rein idealen Welt umher, einer Welt voll bunter Hirnge=
spinste der Willkür, wo wegen Mangel eines durchgreifenden
Princips für alle Personen und alle Begebenheiten es
völlig der Laune der Dichter überlassen bleibt, ob, wann
und wie Mitte und Ende dieser fahrenden Ritterschaften
eintreten werde. Wo keine innere Nothwendigkeit ist, da ist
auch kein Kreislauf und kein natürlicher Schluß."

Und dennoch waren diese Ritterbücher im 15. Jahrhun=
dert und darüber hinaus die Lieblingslektüre der vornehmen
Kreise, wurden in allen europäischen Ländern übersetzt und
nachgeahmt, und übten eine solche Macht auf die Vorstel=
lungen, auf das innere Leben des damaligen Geschlechts,
daß ein so hervorragender Geist wie Cervantes sie zum
Unterbau seines satirischen Romans wählen konnte. Wir
glauben nicht zu irren, wenn wir die Ursache dieser Bedeu=
tung in der Zerfahrenheit der gesellschaftlichen Zustände und
Anschauungen, in der gärenden Zeitlage suchen. Das
Ritterthum hatte in der Wirklichkeit keine Stätte mehr; die
monarchischen Gewalten hatten die turbulenten Barone nieder=
geworfen und verfolgten andere Ziele. Und doch gewöhnt
sich die Welt so schwer an das Neue, gibt so ungern alte
Gewohnheiten, liebgewonnene Beschäftigungen und Zer=
streuungen auf, schwelgt so gern in den Erinnerungen ver=
gangener Jahre. Dieser natürlichen Neigung der Menschen
trugen die Amadisromane Rechnung und verbanden damit
gewisse Zeitrichtungen, denen man sich nicht entschlagen
konnte. Sie entnahmen den Artusromanen das fahrende

Leben und den minneseligen Frauendienst; sie füllten die
Phantasie der Leser mit Kämpfen und Abenteuern ohne
höheres Thatenziel, mit Wunder= und Zaubergeschichten ohne
volksthümliche Grundlage; sie entlehnten von dem Roman
der Rose die pathetischen Reden und kunstreiche Didaktik
und machten die Galanterie und überschwengliche Liebeslust
mit ihrer ganzen Unnatur und Geziertheit, mit ihrer lüsternen
und lasciven Frivolität zum Hauptmotiv der Handlungen,
aber nicht mehr in der alten gebundenen Form gereimter
Verse, sondern in breiter künstlicher Prosa. Die alte eherne
Rüstung mußte dem leichten Waffenkleide weichen, im Feld=
dienst wie in der Dichtung. Auch der alte Feudalgeist, das
ritterliche, unabhängige Mannesgefühl, trat nicht mehr so
frei und selbständig hervor, die Loyalität gegen das ge=
krönte Oberhaupt wird als die erste Rittertugend gefeiert;
und um doch auch die Interessen der Gegenwart über dem
phantastischen Traumleben nicht ganz aus dem Auge zu ver=
lieren, verlegte man den Schauplatz häufig nach den Orten,
die in der Zeitgeschichte eine so hervorragende Stelle ein=
nahmen, nach Griechenland, nach Konstantinopel, nach Tra=
pezunt, und ließ die Helden auch Seefahrten unternehmen.
Je weniger die adelichen Herren jener Tage Verlangen tru=
gen, den Janitscharen in offener Feldschlacht die bepanzerte
Brust entgegenzutragen, desto mehr liebten sie es, bei Tur=
nieren und Lanzenstechen sich Mohren= und Türkenköpfe
zur Zielscheibe zu wählen. So waren denn die Amadis=
romane das getreue Abbild jener gärenden, zerfahrenen
Uebergangsperiode vom Mittelalter zur Neuzeit, jenes Tum=
melplatzes der gesellschaftlichen Gegensätze, jenes Ringens
der alten und neuen Lebensformen. Auf den Burgen und
Edelsitzen, die damals noch nicht den Schlägen des Bürger=
thums und der Bauernschaften erlegen waren, versenkte man
sich mit innigem Behagen in die Vergangenheit, wo das

eble Blut so viele Geltung hatte; und da dieses ritterliche
Leben und Treiben mit den alten Sitten und Gewohnheiten,
mit dem verschwommenen, erkünstelten Minnedienst, mit der
adelichen Kurzweil und verschrobenen Standesbildung keine
Stätte mehr in der Gegenwart hatte, nur noch hier und
da bei einzelnen Nachzüglern mit prätentiöser Zärtlichkeit
festgehalten ward, so verlegte man dieses irdische Paradies
in Zeiten und Welträume, die nur in der Phantasie bestanden.   In dem Zeitalter der Entdeckungen konnte man
sich ja so leicht im Geiste, auf den Flügeln der Einbildungskraft, in eine ideale Welt versetzen und die theuern Zustände
und Gesellschaftsformen auf einem erträumten Boden neu
beleben und anpflanzen.   Wenn sich ein Utopien schaffen ließ
für einen platonischen Idealstaat, warum sollte nicht auch
die verblühte Herrlichkeit des Ritterthums auf der weiten
Gotteserde ein Eden finden, wo ein auserlesenes Geschlecht
von reinem Blute die alten verklärten Tugenden und Sitten
fortführte? Warum sollte sich nicht ein sublimirter Menschen-
schlag aufstellen lassen, in welchem alle Factoren der Ritter-
welt, alle die bewunderten Eigenschaften und Gebilde, selbst
alle die übertünchten und gefirnißten Schäden und Gebrechen
sich forterhielten und forterbten?   Darum erfreute man sich so
an den langen Stammbäumen der Amadishelden, an den
genealogischen Verzweigungen, an den Banden der Blutsverwandtschaft, die von Generation zu Generation fortge-
sponnen wurden.   Wo das eigene Verdienst erloschen ist,
der eigene Ruhm erbleicht, die Eigenschaften und Thätigkeiten von ehedem keine Geltung und Anerkennung in den
Augen der Zeitgenossen mehr finden, da brüsten sich die
Nachgeborenen gern mit den Werken und Thaten der Ahnen,
da legt man den höchsten Werth auf die Abstammung, auf
edles Blut, auf die Vorzüge der Geburt.   Alle diese Gefühle
und Regungen einer Menschenklasse, die bisher auf der Höhe

des Lebens gestanden und nun den Boden ihrer Macht und Auszeichnung unter den Füßen verschwinden sieht, die bei dem hereinbrechenden Ruin sich noch an die Außenwerke, an die markantesten Zeichen und Symbole ihres frühern Glücks und Ruhmes anklammert und eigensinnig sich gegen den Zeitgeist, gegen das pulsirende Leben der Wirk= lichkeit verschließt, fanden in den Amadisromanen ihren Ausdruck, irgendeine verwandtschaftliche Seite, auf welche sich ihre Sympathien richteten. Diese Klasse mag in den höhern Ständen noch viele Anhänger und Gesinnungsge= nossen gezählt haben; daß sie aber am längsten in der Pyrenäischen Halbinsel andauerte, hatte in dem abgeschlossenen Geschichtsleben, in den nationalen und gesellschaftlichen Tra= ditionen, in allen den oben angedeuteten Zuständen und Verhältnissen seine Ursachen. Bei andern Völkern genügte die feine Ironie, womit die Weltkinder die „Ritter ohne Furcht und Tadel" verherrlichten, um das altmodische Wesen und Treiben zu Fall zu bringen; man ließ die Todten ihre Todten begraben; in Spanien war die ganze geschichtliche Vergangenheit mit Ritterthum und Romantik durchflochten; hier mußten stärkere Farben aufgetragen werden; hier mußte eine tragikomische Gestalt, wie die des edeln Ritters von der Mancha, mit einem Anflug von elegischer Trauer den letzten Geisterspuk des Mittelalters zu Grabe geleiten.

2.

Was für die weltliche Lehnsmonarchie das Ritterthum war, das war für die Papstkirche die Scholastik: auf beiden ruhte der Bau der mittelalterlichen Autoritäten, und beide empfingen gleichzeitig die Todeswunde. Aber wenn dem dahinsinkenden Ritterthum noch manches Herz mit stiller Sehnsucht, mit elegischer Trauer nachblickte und nachweinte, so wurde die Scholastik, wie sie in den Dominicanern Fleisch geworden, zwar mit viel Lärm und Getöse, aber ohne Sang und Klang und ohne Thränen zu Grabe gebracht. Und ihren Hütern und Trägern war dabei noch das bittere Los beschieden, daß sie von dem heiligen Stuhle Petri, in dessen Diensten sie wirkten, zu dessen Macht und Ehre sie kämpften, verleugnet und verlassen wurden. Das Ritterthum fiel wie ein gewaltiger Baumstamm, dessen Wurzeln verdorrt waren, der dem scharfen Wehen des neuen Geistes im Umschwung der Zeiten nicht mehr zu widerstehen vermochte, und sein Fall kam der monarchischen Autorität zugute, stärkte das absolute Königthum; die Scholastik und die Möncherei wurden schmachvoll vom Kampfplatze gejagt, und das Einstürzen ihrer Hallen machte auch den päpstlichen Stuhl wanken, schwächte auch die Macht der Tiara.

Wir müssen in den folgenden Blättern von manchen Päpsten viel Schlimmes berichten; um so lieber wollen wir mit einer Glanzseite beginnen: die meisten von ihnen waren Förderer des regen Geisteslebens, der neuen Bildung, die in den Decennien vor und nach dem Uebergange in das 16. Jahrhundert die Städte Italiens durchzog und bald auch ihren Weg nach andern Ländern suchte. Es erging den Nachfolgern des Apostelfürsten und dem hohen Klerus in ihrer Umgebung wie den geistreichen pariser Kreisen vor hundert Jahren: sie halfen die Waffen schmieden und schärfen, welche dann die Gegner und Feinde wider sie selber kehrten. Die Gottheit schlägt in der Erziehung des Menschengeschlechts oft ungeahnte und unbegreifliche Wege ein, und der Genius des Fortschritts und der Entwickelung hat den Leitern und Lenkern der Weltgeschicke eine heilsame und wohlthätige Binde um die Augen geschlungen, daß ihr Blick nicht in die Ferne reicht. Wie mancher Lichtstrahl ist durch die göttliche Vorsehung von solchen Händen in das Dunkel

des Lebens geführt worden, die dann dasselbe wieder auf
alle Weise zu dämpfen und zu unterdrücken bemüht waren.
Aber diesem Himmelslichte wohnt eine Kraft bei, die nie=
mals mehr ganz erstickt und ausgelöscht werden kann.

Es ist bekannt genug, daß die mittelalterlichen Bildungs=
formen hauptsächlich durch die Wiederbelebung der altclas=
sischen Literatur und Sprache zu Fall gebracht wurden.
Hat man ja doch der ganzen Periode den Namen der „Re=
naissance", der Wiedergeburt beigelegt. Vor allem war es
das Griechenthum, war es der Zauber des Hellenismus,
der dieses neue Culturleben schuf, neue Anschauungen und
Ideenkreise in die Welt einführte. War auch die Kenntniß
der griechischen Sprache niemals ganz im Abendlande er=
loschen, hat sie von jeher in Apulien noch eine Wohnstätte
und in begeisterten Seelen, wie in Petrarca und Boccaccio,
treue Hüter und Pfleger gehabt, so gab doch die Einnahme
von Konstantinopel durch die Osmanen und die Flucht
byzantinischer Edeln und Gelehrten vor den türkischen Sä=
beln dem Studium einen neuen Impuls. Da und dort wurden
Lehrstühle des Griechischen errichtet; sprachkundige Reisende
durchzogen die griechische Welt, um Manuscripte aufzukaufen,
um das heilige Feuer vor dem Todeshauch der Barbaren im
Abendlande zu bergen; man legte Büchersammlungen an,
man übersetzte die griechischen Werke in classisches Latein. An
dieser geistigen Thätigkeit nahm neben den Mediceern in
Florenz niemand regern Antheil als Papst Nikolaus V.,
der seine Jugend als armer Student in Bologna verbracht
hatte, der Gründer der Vaticanischen Bibliothek. In gleichem
Sinne verfuhren andere Nachfolger; der geistreiche Enea
Silvio Piccolomini, den die Versatilität seines Geistes durch
die verschlungenen Pfade des Baseler Concils zum kaiser=
lichen Geheimschreiber in Deutschland und endlich auf den
päpstlichen Stuhl führte, vergaß über den schweren Sorgen

9 *

seines Pontificats nicht der Wissenschaften und Künste, die er in seiner Jugend so eifrig und erfolgreich gepflegt. Er gewährte den letzten flüchtigen Gliedern des Herrscherhauses der Paläologen ein Asyl in Rom, und in der Stunde seines Todes hatte er die Freude, aus dem Hafen von Ancona die venetianische Flotte auslaufen zu sehen zum Kreuzzuge wider die Feinde des christlichen Glaubens und der christ= lichen Bildung. Unter Sixtus IV., einem gelehrten Herrn, starb in Rom der Cardinal Bessarion, der Vermittler mor= genländischer und abendländischer Bildung. Vor ihm hielt Johann Reuchlin, Rath und Reisebegleiter des Herzogs Eberhard von Würtemberg, eine elegante lateinische Rede, als er zum ersten male das gepriesene Italien besuchte, um unter Argyropulos sich im Griechischen zu üben und bei einem gelehrten Rabbiner Hebräisch zu lernen. Auf dem Grabmonument wurde Papst Sixtus IV., der im Jahre 1484 aus dem Leben schied, wegen des Eifers gerühmt, den er auf das Bereichern und Ordnen der Vaticanischen Bibliothek gewendet. Selbst Innocenz VIII., dessen Sinn fast ausschließlich auf Politik und auf die Interessen seiner Familie gerichtet war, konnte sich der Zeitrichtung nicht ganz entziehen: er ließ dem Angelo Poliziano, dem gelehrten Freunde Lorenzo's de' Medici, für die Uebersetzung des griechischen Historikers Herodian ins Lateinische ein Geschenk von 200 Dukaten reichen, „um ihn in Stand zu setzen, solchen Studien ungestört obzuliegen". Oft fanden die Gelehrten an den Päpsten Schützer und Fürsprecher, wenn die Inquisition sie wegen ketzerischer Lehrmeinungen verfolgte. Laurentius Valla, welcher die Echtheit der Konstantin'schen Schenkungsacte mit kritischen Waffen bekämpfte, flüchtete sich unter den Schutz des römischen Hofes.

Der Mittelpunkt dieses neuen geistigen und literarischen Lebens war das mediceische Florenz. Hier hatte schon unter

Cosimo der Grieche Gemisthus Plethon die Platonische Akademie gegründet, deren Haupt dann während Lorenzo's Principat Marsilio Ficino war, der begeisterte Uebersetzer des großen Philosophen. Neben ihm war der junge talentvolle Pico von Mirandola der bedeutendste Genosse. Dieser philosophische Verein bildete den Kern des geistreichen und hochgebildeten aristokratischen Gesellschaftskreises, der sich in der kunstvollen Arnostadt um den Mediceer sammelte. Hier lebte und schwelgte man in der geistigen Atmosphäre des attischen Weisen und seiner alexandrinischen Verehrer, der Neuplatoniker; hier feierte man an dem angeblichen Geburtstage des Philosophenkönigs und bei andern Gelegenheiten Symposien nach athenischem Vorbilde; hier baute man sich eine ideale Welt auf, die in Denkweise und Gefühlen, in Sitten und Anschauungen sich über das Herkommen, über die bestehenden Lebensformen hinaussetzte, die den olympischen Götterkreis und das platonische Ideenreich an die Stelle der christlichen Glaubenslehren und der religiösen Offenbarungen stellte. Es waren vornehme Cirkel, die über die ganze Republik eine wissenschaftliche und künstlerische Atmosphäre ausbreiteten, aber christliche Sitten und Dogmen weit von sich warfen. Poesie und Philosophie bildeten die Würze, ja die Speise des Lebens; diese Künste waren Gemeingut aller Glieder. Man dichtete in lateinischer und italienischer Sprache nach den Formen und Versmaßen der Alten, in Hexametern, in Sapphischen und Alcäischen Strophen. Auch Lorenzo de' Medici versuchte sich in Gedichten, die nicht zu den schwächsten gehörten; aber seine Carnevalslieder, worin er den ausgelassensten Ton antiker Saturnalien anstimmte, können auch als Beweis dienen, wie locker und lasciv die Sitten dieser Geistesaristokratie gewesen sein müssen, mit welchen Bildern und Vorstellungen sich ihre Phantasie beschäftigte! Es wird versichert, daß Lorenzo der

Erlauchte auch im Umgang mit schönen Gestalten das grie=
chische Alterthum nachahmte, daß seine Liebe sich nicht auf
platonische Seelenverbindung beschränkte, daß er ein eifriger
Priester im Dienste der Aphrodite gewesen. Und seine
Freunde und Verehrer blieben hinter dem Herrn und Meister
nicht zurück.

So vornehm wie in Florenz, wie unter den Genossen
der Aristokratie des Geistes am Arno ging es in den übrigen
mehr plebejischen Gelehrtenkreisen nicht zu, aber in den
Wurzeln und Hauptrichtungen trafen sie alle zusammen.
Schon der Name „Humanisten", den die Anhänger der neuen
Bildung sich gaben oder empfingen, deutete an, daß ihr
Wissen ein Gegensatz sein sollte zu der Scholastik, daß an
die Stelle der „Gottesgelahrtheit" fortan die Menschenweis=
heit treten sollte. Hatte die Scholastik sich abgemüht, die
Kirchenlehren an der Hand des Aristoteles mit philosophischen
Argumenten zu stützen, so sollte der Humanismus aus den
Werken des classischen Alterthums ein Menschheitsideal
schaffen, sollte die der Menschennatur innewohnenden Kräfte
unabhängig von jeder Offenbarung zur Entwickelung und
Ausbildung führen. Schon in der Benennung lag der Keim
der anmaßenden Selbstüberschätzung, die alle Adepten dieser
Genossenschaft, niedrige wie hohe, gleichmäßig theilten. Nur
ihr Wissen, nur die sklavische Wiedererneuerung und Repro=
duction des classischen Alterthums sollte ein menschliches
Sein begründen; nur die Schriften der Griechen und Römer
sollten menschlichere Mittel und Hebel (Humaniora) zur
geistigen Ausbildung darbieten. Mit Hohn und Verachtung
sahen sie auf die Gottesgelehrsamkeit der Scholastiker herab.
Gleich den Sophisten im alten Hellas zogen die Humanisten
in den Städten und an den Fürstenhöfen umher, hielten
gefeilte Reden und Vorträge in elegantem Latein, ließen sich
für ihre Arbeiten bezahlen und verherrlichten die Geber mit

überschwenglichen Lobgedichten nach Horazischen Vorbildern.
Sie führten leichtere, blankere Waffen als die scholastischen
Doctoren, welche gleich den schwergerüsteten Rittern mit
einem großen Apparat von Syllogismen und Beweisstücken
in die Arena hinabstiegen und gelehrte Disputationen gleich
Turnieren in Scene setzten. Auch die Humanisten gehörten
meistens dem geistlichen Stande an, und selbst unter dem
hohen Klerus zählten sie ihre Anhänger, ja nicht selten trug
ihnen ihr gelehrter Ruhm einträgliche Pfründen ein. Wurden
sie, was häufig genug geschah, von zelotischen Zionswäch=
tern unkirchlicher Ansichten beschuldigt, so fanden sie in der
Regel mächtige Beschützer, und die Bedrängniß oder Ver=
folgung wegen Ketzerei vermehrte ihren Ruhm und ihre Be=
deutung. Und allerdings gaben sie häufig genug Anlaß zu
solchem Verdacht, denn sie standen mit ihren Anschauungen
ganz und gar außerhalb der Kirchenlehre, wie dieselbe durch
Thomas von Aquino zu einem abgeschlossenen System ge=
bracht worden war. Statt der göttlichen Dreieinigkeit, für
deren Begriff ihre classischen Vorbilder keinen Ausdruck
hatten, riefen sie „die Götter" an; das Geheimniß der
Menschwerdung Christi und der Auferstehung behandelten
sie im Sinne einer heidnischen Metamorphose und Apotheose;
die kirchlichen Symbole erschienen ihnen im Lichte der eleu=
sinischen Mysterien. An den gottesdienstlichen Gebräuchen
nahmen sie wenig Anstoß; lag doch gerade hier der Ver=
gleich mit dem heidnischen Cultus nahe genug; sie machten
keine Opposition gegen die äußern Kirchenformen, sie ließen
den Pontifex Maximus und die Priesterschaft unangefochten,
sie gaben der gläubigen Menge, für die ja ihre humanisti=
sche Weisheit doch unverständlich war, keinerlei Aergerniß
in äußern Religionshandlungen.

Wenn die Humanisten das menschliche Wissen im Gegen=
satz zu der theologisch=philosophischen Schulgelehrsamkeit der

Scholastiker betonten, so brachten sie auch den ungöttlichen und ungeistigen Trieben der Menschennatur einen reichen Tribut. Kaum ist jemals eine Schule oder Sekte mit so viel Anmaßung und Selbstbespiegelung aufgetreten als die Meister und Scholaren des Humanismus; kaum hat man jemals in Schmähungen und Invectiven, in Zänkerei und Streitsucht so sehr die Grenzen des Anstandes und der conventionellen Gesittung überschritten als die fahrenden Jünger der italienischen Humanistenschule. Sie gaben den Dominicanern und allen ketzerwitternden Mönchen ihre Schmachreden und ihr Schelten in reichlichem Maße zurück und fanden sich bei ihrem Thun durch den Beifall und die Zustimmung der gebildetern Klassen belohnt. Man sah den Kampf gegen die Träger und Hüter der mittelalterlichen Lebensordnungen als einen gemeinsamen an und begrüßte jeden Streiter als Genossen, jede Fechtart als Mittel zum Siege. Ein ganzes Menschenalter hindurch konnte ein Filelfo seine Streithändel auf den großen Markt tragen und stets theilnehmender Leser oder Hörer versichert sein. Im Anfang des 16. Jahrhunderts bildeten die Humanisten aller Länder und Völker eine Art Verbrüderung; lateinische Briefe vertraten die Stelle von Zeitungen; die Buchdruckerkunst förderte die Verbreitung der literarischen Erzeugnisse in raschem Umschwunge von Ort zu Ort. Damals war der Humanismus eine Macht von großer Tragweite; er bildete die öffentliche Meinung. Noch von einer andern Seite stellten die Männer der humanistischen Bildung das trübe und häßliche Schattenbild der Menschennatur dar: sie waren die Priester der Liebesgöttin, und zwar nicht der Aphrodite Urania, sondern der Aphrodite Pandemos, der Venus Vulgivaga. Züchtigkeit und Keuschheit war niemals eine hervorragende Tugend der Italiener gewesen; aber so nackt und ungescheut ist der Naturalismus zu keiner Zeit hervorgetreten

wie in dieser Uebergangsperiode, so offen hat man nie die
Libertinage in der Schrift und im Leben zur Schau ge=
tragen. Hatten schon die aristokratischen Kreise in Florenz
nach dem Wahlspruche gelebt: „Erlaubt ist, was gefällt",
und Symposien und attische Nächte gefeiert, in denen man
die Lüste des Fleisches mit den geistigen Genüssen zu paaren
verstand, so ging man in den vulgären Kreisen des Litera=
tenthums über diese Grenzen hinaus. Das Hetärenleben
der Alten Welt war nicht die schlimmste Uebertragung, der
Demi=Monde war schon längst bekannt und an Courtisanen
vornehmer und geringer Art war auch schon früher in keiner
Stadt Mangel gewesen; aber nun gesellten sich zu den alten
Unsitten noch neue unnatürliche Laster; die Knabenliebe, und
alle geschlechtlichen Ausschweifungen, die in der Alten Welt
neben der Kunstverfeinerung und geistreichen Bildung in
derber Nudität hervortraten, fanden auch im Abendlande,
in der modernen Gesellschaft Eingang und zeigten sich ohne
Scham in ihrer natürlichen Häßlichkeit. Die Literatur pflegt
in dieser Nachtseite des Gesellschaftslebens nur das getreue
Spiegelbild der Wirklichkeit darzustellen und eher hinter der
Realität einen Schritt zurückzubleiben, als derselben voran=
zuschreiten: nun treten aber schon vor Pietro Aretino, der
als der Fahnenträger aller Lascivitäten und Obscönitäten
angesehen und dessen tragisches Ende im Schlemmerkreise
von den Moralisten als Strafe des Himmels gedeutet ward,
in Sonetten, in Volksballaden, in Carnevalsliedern, in latei=
nischen und italienischen Satiren die Merkmale der Frivo=
lität, des lüsternen und derben Muthwillens, der unver=
hüllten Sinnlichkeit, die Züge einer verdorbenen Phantasie
so ungenirt und offen hervor, daß man an ihrer Ueberein=
stimmung mit der Wirklichkeit nicht zweifeln kann, daß man
überall den Eindruck empfängt, hier sprechen Kundige zu
Kundigen, daß man Schreiber und Leser einander zuflüstern

zu hören glaubt, wir sind ja unter uns. Und wie sollte es auch anders sein in jener gärenden tiefbewegten Zeit, unter den Wirkungen der südlichen Sonne, als viele Jahre hindurch Kriegsscharen das Land von den Alpen bis zum Faro durchzogen, bei denen sich der Auswurf aller Völker, die verlorenen Söhne aller Nationen befanden; bei der Menge von ehelosen Personen, welche die Kirche, der Kriegs- dienst, das vagirende Leben so vieler fahrenden Leute er- zeugte! Als die französischen Truppen im Jahre 1501 Capua eroberten, wurde eine unerhörte Frauenschändung verübt, und Cesare Borgia, der Sohn des Papstes, welcher dem Heereszuge gefolgt war, wählte als seinen Antheil an der Beute zwölf der schönsten Jungfrauen aus und sandte sie nach Rom, wo er sich nach Art der Türken einen Harem errichtet hatte. Bekanntlich zeigten sich damals die ersten Spuren der Syphilis, der ansteckenden Lustseuche, die ihren Gang durch Europa machte. Man schrieb ihre Entstehung der Vermischung der Europäer und Indianer in der neuent- deckten Welt zu. Es war als ob die Natur selbst einen Damm hätte aufrichten wollen gegen das Uebermaß geschlecht- licher Ausschweifungen.

Dieser Cesare Borgia war der Lieblingssohn des Papstes Alexander VI., ein junger schöner Mann von solcher Stärke, daß er im Stiergefecht den Kopf des Thieres auf Einen Schlag herunterhieb, eine gewaltige dämonische Natur, nicht ohne Anwandlungen von Großmuth, aber furchtbar schreck- lich. Diesem Sohne aus den Lehnherrschaften des päpst- lichen Stuhles ein erbliches Königreich zu schaffen, war das Hauptanliegen Alexander's und Cesare's. Sie folgten darin nur dem Beispiele ihrer Vorgänger. Schon seit Sixtus IV. war die Ausstattung der päpstlichen „Nepoten" mit Terri- torien das wichtigste Moment der römischen Politik ge- worden. Im Interesse seines Neffen Riario hatte dieser

Papst sich sogar zum Mitwissenden und Mitschuldigen an der verbrecherischen Verschwörung der Pazzi gemacht, durch welche das mediceische Brüderpaar an heiliger Stätte im Augenblick der Monstranzerhebung ermordet werden sollte und der eine davon auch wirklich das Leben verlor. Auch bei Innocenz VIII. war der „Nepotismus" die Seele des Pontificats. Mehrere Menschenalter hindurch brachten die Oberhäupter der Kirche die Ruhe Italiens und das Wohl der Christenheit ihren politischen, ja dynastischen Interessen zum Opfer. Die Beherrscher Roms dachten und handelten ganz und gar im Geiste der übrigen weltlichen Potentaten Italiens; wo Hinterlist und Intriguen nicht ausreichten, schritten sie zu Gewalt und Blutvergießen, und sie trugen kein Bedenken, die weltlichen Waffen ihrer Condottieri durch die geistlichen zu verstärken, zum Schwert noch den Bann= strahl zu fügen. Bei keinem Nachfolger des armen Fischers Petrus trat diese dynastische Politik rücksichtsloser und offe= ner hervor als bei Alexander VI. aus dem spanischen Hause Borgia. Wenn die frühern Päpste es der öffentlichen Mei= nung schuldig zu sein glaubten, ihre häuslichen Anliegen als „Nepotismus", als Versorgung der „Neffen" euphe= mistisch darzustellen, so war man jetzt über solche philiströse Ansichten erhaben: Cardinal Borgia hatte, als er durch Simonie und Bestechung im Conclave die Stimmenmehrheit erhielt, vier Söhne und eine Tochter, die als Prinzen und als Prinzessin im päpstlichen Palaste lebten, sich in die Ge= schäfte des Staats und des Kirchenregiments mischten und die Stellung des Vaters als Staffel zu ihrer eigenen Er= höhung betrachteten; ihre Mutter Vannozza wohnte als reiche vornehme Dame in Rom oder auf ihrem Landhause, an einen andern Edelmann verheirathet. Es mag nicht alles wahr sein, was die Zeitgenossen und die Nachwelt dem Namen Borgia anhefteten: die blutschänderischen Ver=

hältniſſe in der Familie mögen von böſen Zungen erfunden,
von giftigen Federn nacherzählt worden ſein, in ihren ſpä=
tern Jahren mag die ſchöne Lucrezia, als ſie in drittem
Ehebund dem Herzog von Ferrara vermählt ward, das
Feuer der Jugend abgekühlt war und die römiſche Hofluft
keine Wirkung mehr auf ſie übte, das Lob verdient haben,
das ihr Dichter und Hofleute und der ritterliche Bayard in
reichem Maße ſpendeten, aber es bleibt noch immer ſo viel
Blut und Frevel, ſo viel Laſter und Schande auf dem Namen
haften, daß man an das Juliſche Haus in den Tagen der
erſten römiſchen Kaiſerzeit erinnert wird: Ceſare Borgia war
nicht beſſer als Nero und Caligula, und Alexander VI. ſchuld=
belaſteter als Tiberius und Claudius. Den Bericht des vene=
tianiſchen Geſandten Paolo Capello vom Jahre 1500 über den
damals ſiebzigjährigen Papſt faßt Ranke in folgenden kurzen
Sätzen zuſammen: „Alexander hatte all ſeine Lebtage nur die
Welt zu genießen, vergnügt zu leben, ſeine Gelüſte, ſeinen Ehr=
geiz zu erfüllen getrachtet. Es ſchien ihm der Gipfel der
Glückſeligkeit, daß er endlich die oberſte geiſtliche Würde
beſaß. In dieſem Gefühl ſchien er täglich jünger zu werden,
ſo alt er auch war. Kein unbequemer Gedanke dauerte ihm
über Nacht. Nur darauf ſann er, was ihm Nutzen ver=
ſchaffen, wie er ſeine Söhne zu Würden und Staaten
bringen könne: nie hat ihn etwas anderes ernſtlich beſchäf=
tigt.“ Die päpſtlichen Truppen und die Einkünfte der
Kirche gaben dem Prinzen, für den der Vater von dem
Könige von Frankreich mittels Ehedispenſation und Bundes=
hülfe das Stadtgebiet von Valence und den Herzogstitel
erkaufte, die Mittel, die Lehnsfürſten von Peſaro, Rimini,
Faenza, Urbino und andere, welche ihrer Pflichten und Abhän=
gigkeit gegen den päpſtlichen Stuhl oft vergaßen, ihrer Be=
ſitzungen zu berauben und in ſeinen ehrgeizigen Plänen
immer weiter ſchreitend, das Patrimonium Petri und die

Herrschaften des gesammten Mittelitaliens zu einem weltlichen Fürstenthume oder Königreiche zu vereinigen. Sein
Weg ging über Blut und Leichen; an Brandstätten und
Zerstörungen konnte man seine Spur verfolgen; seine wirk-
samsten Waffen waren Meuchelmord und Verrath. Als einst
mehrere Dynasten der Romagna zu einem Schutz- und
Waffenbunde sich zusammenthaten, versöhnte er sich mit ihnen
und gab und empfing Handschlag und Treueid. Darauf ent-
bot er sie zu einer Zusammenkunft nach Senigallia; als sie im
Vertrauen auf die geschworenen Verträge sich einfanden,
wurden sie sämmtlich überfallen und theils mit dem Strange
getödtet, theils in Burgverließe eingeschlossen. „Es ist die
Tragödie von Senigallia", sagt Reumont, „welche Niccolò
Macchiavelli, der florentinische Abgesandte bei Cesare Borgia,
mit jener Ruhe und Kälte geschildert hat, die den Vorfall
als ein Meisterstück politischen Scharfsinns analysirt." Wie
ein Sturmwind im wilden Aufruhr der Natur, warf der
schreckliche Mann alles nieder, was seinen Leidenschaften,
seiner Wollust, seinem Ehrgeiz in den Weg trat, auf die
Würde und Stellung des Vaters, der ihm alles gestattete
und gewährte, nahm er nicht die geringste Rücksicht. Er
erdolchte den vertrautesten Diener desselben Peroto unter dem
pontificalen Mantel, sodaß sein Blut des Papstes Gesicht
bespritzte. Seinen jugendlich schönen Schwager Alfonso
d'Aragona, den ersten Gemahl seiner Schwester Lucrezia,
ließ er auf der Treppe des Palastes anfallen. „Den Verwundeten pflegten die Frau und die Schwester desselben; die
Schwester kochte ihm seine Speisen, um ihn vor Gift sicherzustellen: der Papst ließ sein Haus bewachen, um den
Schwiegersohn vor dem Sohne zu schützen. Vorkehrungen,
deren Cesare spottete. Er sagte: «Was zu Mittag nicht
geschehen, wird sich auf den Abend thun lassen»: als der
Prinz schon wieder in der Besserung war, drang er in dessen

Zimmer ein, trieb die Frau und die Schwester hinaus, rief seinen Henker und ließ den Unglücklichen erwürgen." Der Papst wollte seinem jüngern Sohne Juan Borgia, Herzog von Gandia, einige der eroberten Lehen zuwenden. Dies war nicht nach dem Sinne Cesare's, der alles allein haben wollte. Er machte mit dem Bruder einen Spazierritt. Als man zur Nacht nicht zurückkam, ließ Alexander am andern Tage Nachforschungen anstellen; da fand man die Leiche in dem Tiber im vollem Anzuge mit dem Reitermantel und 30 Dukaten in der Tasche. Der Aufseher eines Holzlagers sagte aus, daß um Mitternacht einige Reiter den Leichnam gebracht und in den Strom geworfen hätten; weiter befragt, warum er dem Governatore keine Anzeige von dem Geschehenen gemacht, erwiderte der Mann: „er habe in seinen Tagen wol hundert Leichen in den Strom werfen sehen, ohne daß sich irgendjemand darum gekümmert habe".

So dunkle Schatten auch das Pontificat Alexander's VI. bedecken und so viele drohende Stimmen aus dem weiten Heerlager der Opposition sich wider dasselbe erhoben, die Autorität der Kirche stand unter den romanischen Völkern noch ungeschwächt da. Wurde doch während der Entdeckungsfahrten der Portugiesen und Spanier der Streit über den Besitz der neuen Erdtheile dem Schiedsgericht des kirchlichen Oberhauptes zur Entscheidung anheimgestellt, und der Borgia hatte den Triumph, die berühmte Theilungslinie zu bestimmen, die von beiden Völkern als Rechtsquelle für die Besitzergreifung der neuen Länder geltend gemacht wurde. Und noch ein zweiter Triumph war ihm beschieden: die reinste und berechtigtste Opposition gegen das verweltlichte Papstthum, der Schrei des Gewissens in den frommen und gläubigen Seelen über die Entartung der Kirche, über das Hinschwinden der Religion wurde in den Flammen erstickt, die in Florenz über Girolamo Savonarola und seine beiden

Leidensgefährten zusammenschlugen. Ueber den Frate und Prior des Dominicanerklosters San-Marco ist in älterer und jüngster Zeit viel geschrieben worden, bis vor kurzem sein Landsmann Villari die Acten noch einmal gründlich geprüft und das Urtheil über den räthselhaften Mann für das jetzige Geschlecht zum Abschluß geführt hat. Savonarola, in scholastischen Studien herangewachsen, stand zu der neuen Bildung, zu der neuen Zeitrichtung Italiens im Gegensatze. Sein religiöses Gemüth nahm Anstoß an der Entweihung des Tempels, die von Rom ausging, an dem Verfall der christlichen Sitte, der in den Kreisen der Humanisten so offen zu Tage trat, an der Erschlaffung des kirchlichen Sinnes des mit äußerlichen Cultushandlungen sich begnügenden Volkes. Gleich den alttestamentlichen Propheten verkündigte er die herannahenden Strafgerichte Gottes, den Ruin der Welt und der Kirche als Staffel und Uebergangsstufe zur Lebenserneuerung der Christenheit. Mehrere seiner Voraussagungen fanden in den Zeitereignissen ihre Erfüllung; das Volk glaubte an seine prophetische Mission, und in Momenten der Ekstase, der geistigen Erregung, zu der seine reizbaren nervöse Natur durch inneres Arbeiten, durch Studium und Contemplation, durch Bußübungen und eifriges Predigen gesteigert ward, mochte er sich selbst für einen gottbegeisterten Propheten halten, berufen, die ihm auferlegte göttliche Last der Welt kundzuthun. Er begrüßte den französischen König Karl VIII. als den Koresch, den der Herr zur Erlösung des gesunkenen Volkes, zur Reinigung der gefallenen Kirche berufen habe; die Florentiner schickten ihn als Friedensboten ins königliche Heerlager; der Eindruck, den die wundersame Erscheinung des begeisterten Mönches auf den Valois machte, erhöhte sein Ansehen in der Arnostadt. Die Mediceer wurden vertrieben und die Republik auf gemäßigt demokratischer Grundlage hergestellt, zu der Savonarola die Grund-

linien und Organe entwarf. Und nun erlebte die Welt den
merkwürdigen Anblick, daß die Stadt der verfeinerten Bil=
dung, des Kunstgenusses, der Lüste und der Leichtfertigkeit
Buße that in Sack und Asche und Alles zu den Kirchen
strömte, sodaß selbst die weiten Räume der Kathedrale die
andächtige Menge nicht zu fassen vermochten und man noch
Gerüste in der Höhe anbringen mußte. Die Stadt war
wie umgewandelt; statt der Carnevalsbelustigungen und des
Mummenschanzes von ehedem ergötzte sich das florentinische
Volk an der „Verbrennung der Eitelkeiten", an dem merk=
würdigen Auto da Fé über alle Abzeichen der Weltlust und
Ausgelassenheit, über frivole Bücher, unsittliche Kunstgegen=
stände, lascive Gedichte, und gab Beiträge zu Wohlthätig=
keitsanstalten und Almosen für Arme. An die Stelle des
mediceischen Principats trat ein Mönchsregiment: wie die
Verfassungsreform, die übrigens nach dem Urtheil der sach=
kundigsten Schriftsteller, eines Macchiavelli und Guicciardini,
den Verhältnissen des Staats durchaus entsprechend war und
von dem politischen Verstande des Dominicanerpriors ein
treffliches Zeugniß gab, hauptsächlich das Werk Savonarola's
war, so übte er auch fortwährend auf die Regierung, auf
den Gerichtsgang, auf die Verwaltung den entschiedensten
Einfluß. Es war begreiflich, daß eine Mönchsherrschaft
mit puritanischer Sittenzucht, mit herber Ascetik bald eine
starke Opposition hervorrufen mußte: die Platonische Akademie
mit ihren Symposien und attischen Nächten war in ein
Bethaus mit Kasteiung und Entsagung umgewandelt; Bitt=
gänge und Bußlitaneien verdrängten die lustigen Umzüge
und Carnevalslieder früherer Tage. Die Weltkinder schäum=
ten vor Wuth, eine zahlreiche Partei, Arrabiati genannt,
machte sich den Sturz der demokratisch=mönchischen „Heuler"=
Wirthschaft zur Lebensaufgabe. Sie sollten bald eine starke
Stütze in Rom finden. Die Mediceer hatten einflußreiche

und mächtige Freunde am päpstlichen Hofe; wenn es ge=
lang, den populären Dominicanerprediger aus der Arnostadt
zu entfernen, konnte die Rückkehr der Familie mit Sicher=
heit erwartet werden. Savonarola hatte in seinen Bußpre=
digten das neue Babel an dem Tiber und den verweltlichten
Klerus sammt seinem unwürdigen Oberhaupte nicht geschont;
das Wort war damals noch freier, die Zunge noch weniger
gefesselt als nach der Reformation. Ein Augustinermönch,
Fra Mariano von Genazzano, der lange Zeit der Lieblings=
prediger der vornehmen Welt in Florenz gewesen war, bis
die natürliche Beredsamkeit Girolamo's, der Erguß eines
von religiöser Begeisterung und sittlichem Ernst erfüllten
Herzens, über seine glatten Worte und seinen künstlichen
Periodenbau den Sieg davongetragen, hinterbrachte dem Hei=
ligen Vater, in welch scharfer Weise Savonarola gegen Kirche
und Klerus eifere und daß seine feurigen Reden um so mehr
Eindruck machten, als er im Rufe eines Propheten stehe. Der
neidische boshafte Mönch, der dem Nebenbuhler nie seine
Niederlage verzieh, wird seine Worte spitz genug zu setzen
gewußt haben. Alexander gerieth in den heftigsten Zorn:
ein Mönch durfte sich erdreisten, von dem Verfall der Kirche,
von der Entartung des Klerus, von der Nothwendigkeit
einer Reform durch ein Concilium zu sprechen! Dieser Ver=
messenheit sollte bald gesteuert werden. Aber man ging klug
und vorsichtig zu Werke. Es konnte dem florentinischen
Prediger keine Ketzerei nachgewiesen werden; er hatte sich
stets auf dem Boden der Kirchenlehre gehalten; selbst daß
er sich für einen Propheten ausgegeben, war nicht mit Be=
stimmtheit zu erweisen. Der Papst suchte daher zunächst den
einflußreichen Mann zu gewinnen oder nach Rom zu locken.
Ob er ihm unter der Hand den Cardinalshut als Lohn
des Stillschweigens angeboten, steht nicht ganz fest; dagegen
ist das feine schmeichelnde Schreiben, worin der Heilige

Vater den Prior nach Rom lud, damit er durch seinen Mund
den göttlichen Willen vernehmen möge, noch vorhanden. In
der Tiberstadt hätte man schon Mittel und Wege gefunden,
den Prediger zum Schweigen zu bringen. Savonarola
leistete aber der Ladung keine Folge, entschuldigte sich jedoch
in einem ehrerbietigen Briefe. Darauf wurde ihm das
Predigen untersagt; er erklärte aber, in so schweren Zeiten,
da die Stadt von Krieg, Hunger und Pestilenz heimgesucht
sei, könne er das nach seinen Worten verlangende Volk
nicht ohne Trost und Belehrung lassen, und fuhr in seiner
Prädicantenthätigkeit fort. Zugleich verfaßte er Briefe an
mehrere auswärtige Potentaten, um sie zur Einberufung
einer Kirchenversammlung zu bewegen. Das an den König
von Frankreich gerichtete Schreiben fiel in die Hände Lodovico
Moro's, der es dem Papste zustellte. Dies zog den Bann=
strahl auf das Haupt des vermessenen Mönches herab. Aber
selbst die Excommunication, die nach einigen Wochen auch
in Florenz bekannt wurde, vermochte den Frate Girolamo
nicht von seinem Wege abzubringen; einer Verurtheilung,
meinte er, die auf unrichtigen Voraussetzungen beruhe, brauche
man keine Folge zu leisten; die unbestimmte Fassung der
Bannbulle schien diese Einwendung zu rechtfertigen. Es
möchte dem kirchlichen Oberhaupte nicht leicht geworden sein,
den Hirten aus der Mitte seiner Heerde zu reißen, wäre es
ihm nicht gelungen, diese zu spalten und zu verwirren.
Schon längst blickten die andern Orden mit Neid auf die
überwiegende Macht der Dominicaner von San=Marco.
Die Franciscaner wurden daher leicht beredet, die Hand zu
einem Gaukelspiel zu bieten, das die Arrabiati in Scene
setzten, um Savonarola's Ansehen zu brechen. Er sollte
durch ein Gottesgericht seinen prophetischen Beruf beweisen;
ein Franciscanermönch erbot sich, gleichzeitig mit ihm durch
die Flammen zu gehen. Savonarola wies die Anmuthung

zurück: das hieße Gott versuchen; aber er gab seine Ein-
willigung, daß sein Jünger Fra Domenico, eine treue Seele,
die mit schwärmerischer Hingebung an des Meisters höhere
Sendung glaubte, die Herausforderung annahm. Nun sollte
das Schauspiel einer Feuerprobe vor sich gehen; schon waren
auf dem Marktplatze die Holzreihen aufgerichtet, durch welche
die Gottesstreiter wandeln sollten, und die schaulustige Menge,
Gläubige und Zweifelnde, stand in der gespanntesten Erwartung: diese Erwartung sollte jedoch getäuscht werden.
Auf keiner Seite herrschte ein besonderes Verlangen nach
der Märtyrerkrone. Es wurden allerlei Einwendungen erhoben und Ausflüchte geltend gemacht, bis endlich die Obrig-
keit das ganze Schauspiel untersagte. Die Arrabiati wußten
aber den Ausgang zu ihren Zwecken auszubeuten. Das in
seiner Schaulust oder Wundersucht betrogene Volk wurde
aufgereizt und mit Mistrauen gegen Savonarola erfüllt.
Je zuversichtlicher die Florentiner bisher an seine Propheten-
gabe geglaubt, je blinder sie dem Seher gefolgt waren,
desto heftiger war ihre Wuth, als sie sich für betrogen
hielten. Das Kloster wurde erstürmt und der Prior mit
zweien seiner Anhänger ins Gefängniß geworfen. Nun erfolgte eine jener schmachvollen Scenen, welche der Historiker
und der Menschenfreund so gern mit einem Schleier verhüllen
möchte. Die Arrabiati, die sich durch einen Staatsstreich des
Regiments bemächtigten, schändeten die Arnorepublik durch einen
Justizmord der schwärzesten Art. Durch anhaltende Folter-
qualen und durch Fälschung der Gerichtsacten, der Aussagen
und Verhöre brachten sie die Beweise zusammen, auf Grund
deren sie das Todesurtheil über den excommunicirten Propheten fällen konnten. Und so erlebte denn das florentinische Volk ein anderes Schauspiel. Am 23. Mai 1498
wurden Girolamo Savonarola und seine beiden Leidensgefährten zuerst erdrosselt und dann die Leichen, an einem

.10*

großen Holzkreuz aufgehängt, auf dem Volksplatze den Flam=
men übergeben. Aber die Dominicaner von San=Marco
wollten an keine Schuld glauben. Noch jetzt sieht man in
der Klosterzelle sein Bildniß mit dem Heiligenschein, das
Fra Bartolommeo in liebevoller Seele entworfen und mit
treuer Hand ausgeführt.

Alexander VI. überlebte den Propheten von Florenz noch
fünf Jahre, und es scheint nicht, daß dessen Schicksal schwer
auf seinem Gewissen gelastet habe. Cesare war im Voll=
besitz der Macht, und er traf alle Vorkehrungen, um sich
darin zu erhalten, wenn der Papst mit Tode abgehen würde.
Aber Eins hatte er nicht vorgesehen: als Alexander am
18. August 1503 rasch starb, war der Herzog von Balen=
tinois auf dem Krankenlager. Es wird erzählt, er habe
einigen Cardinälen vergifteten Wein reichen wollen, um sich
dann ihres Vermögens zu bemächtigen; der Kellermeister
habe durch Zufall die Flaschen verwechselt, und Vater und
Sohn hätten das Gift getrunken; der Papst sei gestorben,
Cesare durch seine kräftige Jugend gerettet worden. Mag
diese Erzählung immerhin erfunden sein, die Krankheit des
Herzogs bei dem Tode Alexander's VI. machte seine hoch=
fliegenden Plane zerrinnen. Giuliano della Rovere, der
ärgste Widersacher der Borgia, bestieg drei Monate nachher
unter dem Namen Julius II. den päpstlichen Thron, ein
energischer, patriotischer Mann, der den Borgia aller seiner
Besitzungen beraubte und zur Flucht zwang, dann aber die=
selben politischen Wege einschlug. Unbarmherzig warf er
die trotzigen Lehnfürsten nieder und stellte die Hoheit des
Pontificats im ganzen Kirchenstaate her. Selbst der alte
Giovanni Bentivoglio, Herr von Bologna, starb in der
Verbannung am gebrochenen Herzen, und der Papst hielt
als Gebieter seinen glänzenden Einzug in dessen Stadt.
Ein Verbündeter der Franzosen, solange er sich auf fremde

Hülfe stützen mußte, wandte er später denselben den Rücken, stiftete einen Gegenbund wider die Liga von Cambrai und bekämpfte die „Barbaren" mit zeitlichen und geistlichen Waffen.. Die Befreiung Italiens von der Herrschaft des Auslandes war das Ziel des kriegerischen Kirchenfürsten. Man sah ihn mitten im Winter im Waffenkleide in die Laufgräben von Mirandola hinabsteigen und durch eine Bresche der Mauer in die bezwungene Stadt einreiten. Ein Kriegsheld und Eroberer im Geiste der weltlichen Machthaber seiner Zeit, trat Julius II. in die politische und militärische Arena mit den übrigen Monarchen Europas, nicht bedenkend, wie wenig diese Thätigkeit zu seinem pontificalen Gewande paßte. Rom war unter seinem Regiment das Haupt Italiens, aber nicht mehr im Geiste eines Gregor VII. und Innocenz III., sondern im Sinne eines glücklichen und mächtigen Condottiere oder eines Kriegsfürsten. Die vaterländischen und nationalen Interessen gingen ihm über die kirchlichen; er lebte ganz in der italienischen Politik, neben welcher nur die Kunst der Renaissance noch einiges Interesse ihm abzugewinnen vermochte. Seine Gegner versuchten ihm durch die Einberufung einer Kirchenversammlung Verlegenheit zu bereiten; aber das „Conciliabulum" von Pisa, das dann seine Sitzungen nach Mailand und Lyon verlegte, war kein geeignetes Instrument, um den Fall des energischen Kirchenfürsten zu bewirken. Es war ebenso wenig von den großen religiösen Zeitfragen durchdrungen wie das Pontificat selbst. Auch noch eine andere Leidenschaft, die dem Soldatenstande häufig inwohnt, scheint Julius II. in sich getragen zu haben: er liebte den Becher. Wenigstens schalt ihn König Ludwig XII. einen Trunkenbold. „Die lebhafte Carnation seines berühmten Porträts könnte allerdings auf so etwas hindeuten", meint Reumont, „findet aber wol in seiner fast fortwährenden Aufregung ihre Erklärung." König Ludwig XII.

wurde von Ferdinand dem Katholischen desselben Lasters be=
schuldigt. Papst Julius II. starb am 20. Februar 1513
und hatte Leo X., den Sohn Lorenzo's von Medici, zum
Nachfolger. Mit ihm stieg die neue Bildung auf den Thron,
und die Schäden und Gebrechen in Staat und Kirche, die
Lüste und Laster im gesellschaftlichen Leben wurden mit
„Rafaelischen Teppichen" zugedeckt.

II. François Rabelais.*)

Auf diesem geschichtlichen Zeitgemälde hebt sich ein lite=
rarischer Charakter ab, von dem alle Lebensfragen, welche
damals an die Menschheit herantraten und sie in Bewegung
setzten, im heitern Bilde des Komos, in der Gestalt eines
lachenden Philosophen vorgetragen oder angedeutet werden,
der Mönch, Arzt und Priester Franz Rabelais. Wenn er
in der Vorrede, anknüpfend an den Weltweisen Sokrates in
Silenengestalt, die Bemerkung macht, daß wie in der Apo=

---

*) Oeuvres de Rabelais, collationnées pour la première
fois sur les éditions originales, accompagnées d'un commen-
taire nouveau par M. M. Burgaud des Marets et Rathery
(Paris, Firmin Didot u. Comp. 1870). — Meister Franz Rabelais
der Arzeney Doctoren Gargantua und Pantagruel aus dem Fran=
zösischen verdeutscht, mit Einleitung und Anmerkungen, den Va=
rianten des zweiten Buchs von 1533, auch einem noch unbekannten
Gargantua herausgegeben durch Gottlob Regis (3 Thle., ein Band
Text und zwei Bände Anmerkungen und Deutungen; Leipzig,
Ambrosius Barth, 1832—41). — François Rabelais und sein Traité
d'éducation. Mit besonderer Berücksichtigung der pädagogischen
Grundsätze Montaigne's, Locke's und Rousseau's. Von Dr. Fried=
rich August Arnstadt (Leipzig, Ambrosius Barth, 1872).

theke die feinen Spezereien und Heilmittel gewöhnlich in
Büchsen mit allerlei lustigen und schnakischen Bildern auf=
bewahrt würden, so auch in seinen Schriften unter der
schalkhaften Außenseite viele nützliche Lehren und Wahrheiten
enthalten seien, so gibt er damit selbst zu verstehen, daß
man nach einem tiefern verhüllten Sinn forschen müsse;
wenn er dann aber zugleich warnend hinzufügt, man solle
nicht, wie die alten Ausleger des Homer, in allen seinen
Worten und Aussprüchen Allegorien wittern und Deutungen
versuchen, an welche der Autor nie gedacht habe, so be=
zeichnet er auch den richtigen Weg und Maßstab zum Ver=
ständniß und zur Beurtheilung seines satirischen Romans.
Der nachdenkende Leser, meint er, wird unter der komischen
Hülle, unter der Schalksgestalt bald den wahren Kern, die
Nutzlehre herausfinden, aber man solle auch der Volkssage,
dem Märchenhaften seinen Platz lassen, nicht nach Allegorien
forschen, wo nur die Volksüberlieferung gegeben wird. Wenn
ein Kritiker diesen volksthümlichen Erzählungen den Vorwurf
mache, sie röchen nach Wein, so sei dieser Weingeruch, der
Naturalismus und die Ursprünglichkeit, in seinen Augen ein
größerer Ruhm, als wenn man ihnen wie den Reden des
Demosthenes nachsagen würde, sie röchen nach Oel, sie ver=
riethen die Studirlampe. Man wird also, wie in Goethe's
„Faust", in Rabelais' Volksroman mit Recht einen tiefern
allgemeinern Sinn voraussetzen müssen, doch wird man darin
sowenig wie in der Hexenküche und in der Blocksbergscene
alles unter das Secirmesser der Interpretationskunst oder
Räthsellösung legen dürfen.

1.

Die Nachrichten über den Lebensgang Rabelais' sind
ziemlich dürftig. Ist es ihm auch nicht ergangen wie dem

Fabeldichter Aesop, dessen Leben selbst zur Fabel geworden
ist, oder wie dem großen englischen Dichter, dessen Biogra-
phie fast nur in wenigverbürgten Erzählungen besteht, so
beruht doch auch bei ihm ein großer Theil der Lebensge-
schichte auf Volkssagen, Schnurren und Anekdoten, die zu
sehr im Geiste und Charakter seiner eigenen literarischen
Arbeiten gehalten sind, als daß man nicht sogleich den spätern künstlichen Ursprung, das Erzeugniß mythenbildender
Volksphantasie darin erkennen sollte. Aber es ist doch ein
verbürgter biographischer Rahmen erhalten mit einzelnen
markirten Zügen, aus denen sich auf eine reiche Lebensschule
schließen läßt. Rabelais wurde in dem Flecken Chinon in
Touraine geboren und zwar in einem und demselben Jahre
mit Luther, im Jahre 1483. Sein Vater soll Wirth oder
Apotheker gewesen sein. Wenn diese Angaben nicht auf
einem Rückschlusse aus seinen Werken beruhen, oder wenn
vielleicht das Aelternhaus zugleich Wirthshaus und Apotheke
gewesen ist, so hatte Rabelais hier von früher Jugend an
Gelegenheit genug, sich Menschenkenntniß aller Art zu erwerben. Das excentrische Gebaren, die verworrene Beredsamkeit, der lustige Humor weinseliger Bürger und Bauern,
der „Trunkenen Litanei", wie Fischart sich ausdrückt, bilden
einen so hervorragenden, so pikanten Charakterzug in Rabelais' Schriften, sind so sehr das Lieblingsfeld, auf dem sich
seine Phantasie und poetische Malerei umhertummelt, bald
dithyrambisch aufjauchzend, bald in bacchantischen Sprüngen
sich ergehend, daß man gerade in diesen grotesk-komischen
Scenen lebendige Jugendeindrücke und vielseitige Erfahrungen
voraussetzen darf. Nicht mit Unrecht hat man ihm vorgeworfen, daß seine Schriften nach Wein röchen. Man hat
bei solchen Darstellungen das Gefühl, als ob man sich in
der Kneipe, in der Mitte lärmender und taumelnder Trunk-
gesellen befände. Vielleicht hat der lebhafte Knabe an dem

Treiben der trunkenen Gäste allzu großes Gefallen gefunden; wenigstens wurde Rabelais von seinem Vater früh der Be- nedictinerabtei Seuillé, eine Stunde von dem „Gasthof zur Lamprete" in Chinon, dicht bei dem Meierhof La Devinière, zur Erziehung übergeben. In dieser Anstalt hat Rabelais tiefe Blicke in das scholastische Schulwesen und in das Treiben der Mönche gethan; die Eindrücke, die er dort in sich auf- genommen, sind nie aus seinem Gedächtniß verschwunden; wir werden sehen, mit welcher Indignation, mit welchem Spotte er im „Gargantua" die alte Klostererziehung geißelte, und die satirische Lauge, die er bei jeder Gelegenheit über den regulären Klerus und seine pedantische unfruchtbare Schulgelehrsamkeit ausgießt, gibt Zeugniß von der Verach- tung und von dem Widerwillen, die ihm die gemeine Ge- sinnung, der Mangel äußerlicher Bildung und Wohlanstän- digkeit, die Scheinheiligkeit bei innerer Leidenschaftlichkeit und Roheit schon in den Tagen der Jugend eingeflößt haben müssen. Er nennt sie täuschende Masken, und schon in der Vorrede bemerkt er, daß es Leute in der Mönchskutte gebe, die keine Mönche seien. Der originelle Jean des Entom- meures oder Bruder John von Klopfleisch, wie ihn Regis übersetzt, der aus seinem „Gargantua" in die Volkssage übergegangen ist, soll einem Urbilde aus der Benedictiner- abtei von Seuillé nachgezeichnet sein.

Einige Zeit nachher vertauschte Rabelais die Benedictiner- abtei mit dem Franciscanerkloster La Basmette in einem engen Gebirgspaß bei Angers und besuchte auch die Vor- lesungen an der Universität dieser alten Loirestadt. Hier machte er die Bekanntschaft mit den vier Brüdern Du Bellay, die für sein ganzes Leben folgenreich werden sollte. Der zweite derselben, Johann, in der Folge als Erzbischof von Paris und Cardinal öfters zu wichtigen Staatsgeschäften und diplomatischen Missionen verwendet, ist dem ehemaligen

Studiengenossen von La Basmette stets ein Freund und Gönner geblieben. Auch mit Geoffroi d'Estissac, dem spätern Bischof von Maillezais, knüpfte er damals Bande der Freundschaft. Im Umgang mit diesen Männern scheint dem jungen Rabelais erst ein Verständniß von der Bedeutung der Wissenschaften aufgegangen zu sein, und vielleicht geschah es in der Absicht, sich ungestörter den Studien hingeben zu können, daß er sich dem geistlichen Stande widmete, für den er von Natur wenig geschaffen war. Er trat in das Franciscanerkloster Fontenay=le=Comte in Poitou ein, wo er auch einige Zeit nachher die Priesterweihe empfing. Hier legte er sich mit dem größten Fleiße auf das Erlernen der alten und neuen Sprachen und anderer Wissenschaften, und machte solche Fortschritte, daß er bald zu den ersten Hellenisten Frankreichs gezählt werden konnte. Es sind uns noch zwei griechische Briefe erhalten, gerichtet an Wilhelm Budäus (Budé), den ersten Gelehrten Frankreichs, der als königlicher Bibliothekar um die Verbreitung der neuen Bildung unter seinen Landsleuten große Verdienste sich erwarb. Bald galt Fontenay=le=Comte, wo neben Rabelais auch noch Pierre Amy, André Tiraqueau, später Parlamentsrath in Paris, Jean Bouchet u. a. sich mit dem Studium des Griechischen abgaben, für eine der wichtigsten Pflanzschulen humanistischer Wissenschaft. Gesinnungsgenossen verschafften den Mitstrebenden die Schriften, die in Italien oder Deutschland verfaßt oder gedruckt wurden, unter andern die Werke von Erasmus. Die übrigen Franciscanermönche schauten mit Neid und Mistrauen auf die ihnen unheimlichen Beschäftigungen der Brüder, und diese werden nicht verfehlt haben, mit dem allen Humanisten gemeinsamen Selbstgefühl und Hochmuth auf die Klostergefährten herabzublicken, sie als stumpfsinnige, für die neue höhere Weisheit und Bildung unempfängliche Menschen zu verachten. So gesellte

sich zu dem Argwohn der Haß, und bald sahen sich die
hellenistischen Mönche mit Argusaugen beobachtet. In den
Kreisen der Altgläubigen galt damals das Griechische als
die Pflanzschule der Häresie und des Unglaubens. Wir
haben oben gesehen, daß dieser Verdacht und Vorwurf nicht
ganz ungegründet war, und die nächsten Jahrzehnte recht=
fertigten das Mistrauen. Auch in Fontenay=le=Comte waren
die Anhänger der Scholastik und der altkirchlichen Ortho=
doxie mächtig genug, das neue Licht in ihren Klostermauern
auszulöschen. Man untersuchte die Zellen der verdächtigen
Brüder, nahm ihre Schriften und Bücher weg und unter=
warf sie einem inquisitorischen Verhör. Pierre Amy entfloh
und warf die Kutte weg, François Rabelais aber, der sich
wahrscheinlich einige ketzerische Bemerkungen über den Schutz=
heiligen des Ordens hatte zu Schulden kommen lassen, sollte
für seine Lästerzunge mit lebenslänglicher Haft bei Wasser
und Brot büßen. Zum Glück waren seine Freunde mächtig
genug, seine Freilassung zu bewirken, denn damals standen
die Humanisten bei den Hohen in Gunst; die Opposition
gegen Kirche und Scholastik gehörte zum guten Ton, sie
galt als Kennzeichen eines freien aufgeklärten Geistes. Budäus
konnte nicht Worte genug finden, um seine Indignation
auszusprechen, daß dummdreiste Mönche es gewagt hätten,
sich an den Männern der Wissenschaft, an den Freunden
und Förderern das Humanismus und Hellenismus zu ver=
greifen; die verfolgten Jünger der neuen Bildung fanden
allenthalben Gönner; sie wurden als Märtyrer der guten
Sache gepriesen, und Rabelais durfte mit Erlaubniß des
mediceischen Papstes Clemens VII. das Kloster verlassen,
und als er bald nachher „die Kutte in die Nesseln warf"
und dem ganzen Ordensleben Valet sagte, erfolgte keine
Kirchenstrafe. Als Weltpriester und Schreiber des Bischofs
von Maillezais, seines alten Gönners, wurde Rabelais nun

die Seele des gelehrten Kreises, der sich um diesen feinge=
bildeten Prälaten scharte. Damals bot die Römische Curie,
boten manche Bischofssitze der freien Wissenschaft ein schützen=
des Obdach gegen den Zelotismus der Finsterlinge. Wie
ganz anders ist dies seitdem geworden. Aber wie wir schon
früher bemerkt haben, die Wege der Vorsehung bei der Er=
ziehung des Menschengeschlechts sind unerforschlich. Nicht
immer bricht der Strom durch dieselbe Oeffnung; was gestern
zum Ruin geführt hat, kann morgen zur stützenden Säule
werden. Der Hauch des Geistes weht frei im Himmels=
raum, verschließt man ihm auf einer Seite, wo er schon
einmal mit niederschmetternder Gewalt hereingestürmt ist, den
Zugang, so braust er von einer andern Richtung um so
ungestümer einher. Mit diesem gebildeten Kreise verkehrten
Persönlichkeiten, die in der Folge in Verdacht kamen, daß
sie der Reformation ergeben seien und darum manche Ver=
folgungen über sich ergehen lassen mußten: so Clément Marot,
der Vater der französischen Lyrik, so Hugues Salel, der
Uebersetzer der „Iliade", so Anton Herouet, der geistliche
Sänger der Liebe und Freundschaft, so Bonaventura des
Periers, der des Unglaubens beschuldigt sich selbst den Tod
gab; so Louis Berquin, den die Fürsprache des Wilhelm
Budé nicht vor dem Ketzergericht und Flammentode zu retten
vermochte. Wir wissen, wie diese Jünger des neuen Cultur=
lebens über Religion dachten; von ihrer philosophischen Höhe
schauten sie mit Geringschätzung, mit verächtlicher Gleich=
gültigkeit auf den Volksglauben, auf das Kirchendogma
herab, aber sie hüteten sich doch vor der Inquisition, sie
trugen kein Verlangen nach der Märtyrerkrone; aus den
Kreisen der Humanisten ging kein Savonarola hervor.
„Jusqu'au feu exclusivement", sagt der Verfasser des „Pan=
tagruel" im Prolog. Zu Reformatoren und Glaubenszeugen
gehören ernsthaftere Naturen, als die meisten humanistischen

Schöngeister waren, und auch das lebensfrohe Weltkind
Rabelais hielt sich lieber an die Weisheit des lachenden als
des weinenden Philosophen. Uebrigens wird das Haus zu
Maillezais, wo die literarischen Gäste ihre Zusammenkünfte
und Symposien hielten, von einem Zeitgenossen als der
Inbegriff einer gastfreien, behaglichen Wohnstätte, und der
gesellige Kreis als das Muster geistreicher und fröhlicher
Unterhaltung geschildert. Und man wird nicht irren, wenn
man in ihm das Urbild der Abtei Theleme im „Gargantua"
erblickt, jenes platonischen Phalanstère mit kirchlichem An=
strich, von dem später die Rede sein wird. Auch im Schlosse
Wilhelm's du Bellay in Langey bestand ein solcher philo=
sophisch=belletristischer Literatenkreis, in dem Rabelais, der
witzige lucianische Spötter und Spaßmacher, ein beliebter
Gast war.

Im Anfang der dreißiger Jahre finden wir Rabelais in
Montpellier mit der Arzneikunde sich beschäftigend, dann in
Lyon bei Etienne Dolet, einem gefeierten Humanisten, Buch=
drucker und Dichter, der in der Folge als Atheist verbrannt
wurde. Dolet muß auch Gourmand gewesen sein, wenig=
stens übersandte ihm Rabelais eine von ihm erfundene pi=
kante Fischsauce, Garum genannt, mit einem Epigramm.
Die Biographien wissen allerlei Schnurren und Anekdoten
aus dieser Zeit zu berichten; auch verfaßte er mehrere me=
dicinische Schriften, die aber nur geringen Absatz hatten,
sodaß Rabelais, um den sich beschwerenden Buchhändler zu
entschädigen, ihm eine Schrift versprochen haben soll, die
bald in der ganzen Welt verbreitet sein würde. Für uns
ist nur die Thatsache selbst, daß er sich auch mit Medicin
abgegeben habe, von Bedeutung. Es fällt dadurch manches
Licht auf seinen schriftstellerischen Charakter. Alle, die auf
Universitäten jemals mit Medicinern verkehrt haben, wissen,
daß man in diesen Kreisen viel vom Handwerk zu hören

bekommt, daß sich die Conversation häufig um körperliche Gebrechen bewegt, daß man ohne Rückhalt von Dingen spricht, die man in andern Gesellschaften als Geheimnisse berührt, daß namentlich die geschlechtlichen Verhältnisse mit einer hier und da cynischen Offenheit behandelt werden. Rechnet man dazu noch das Hauptübel der Zeit, die ansteckenden Krankheiten, so darf man sich nicht wundern, daß der Arzt Rabelais auch in seinem satirischen Zeitenspiegel einen so groben Naturalismus, ein so sichtliches Wohlgefallen an Obscönitäten und Unschicklichkeiten, eine so derbe Sinnlichkeit zu Tage treten läßt, wie sie sich nur in einigen Schriften der römischen Kaiserzeit wiederfinden. Und die Alten waren ja den Humanisten in allen Dingen Muster und Vorbild.

In demselben Jahre 1533, in welchem Rabelais unter dem versteckten Namen Alcofribas Nasier einen Theil seines komisch-satirischen Romans veröffentlichte, unternahm Du Bellay eine Gesandtschaftsreise nach Rom. Er traf den alten Freund und Studiengenossen in Lyon, und es fiel ihm nicht schwer, denselben zur Theilnahme zu bereden. Rabelais begleitete den diplomatischen Prälaten in der Eigenschaft eines Arztes oder, nach andern Versionen, eines „Bratenschneiders" nach der Tiberstadt. Vielleicht gab die Bezeichnung „Pantagruel's Erbtruchseß" (Architriclin), die eine andere Schrift „Pantagruelinische Prognasticatio" auf dem Titel führte, Veranlassung zu dieser neuen Amtsbenennung. Du Bellay wird den witzigen Mann als lustigen Gesellschafter und Spaßmacher gern in seiner Begleitung und an seiner Tafel gesehen haben. Sechs Monate blieb Rabelais in der päpstlichen Stadt, und die Eindrücke, die er in dem neuen „Antiochien" empfing, waren sicherlich von der höchsten Bedeutung für seine schriftstellerischen Arbeiten. Denn wenn auch damals schon die Glanzperiode des humanistischen Literatenthums vorüber war, die Spuren und Nachwirkungen waren noch überall bemerklich, der übermüthige, leichtfertige Geist beherrschte noch die Gesellschaft, die Künstler= und Gelehrtenwelt. Nach seiner Rückkehr im Jahre 1534 nahm Rabelais wieder seinen Aufenthalt in Lyon, mit ärztlicher Praxis, mehr aber noch mit den bereits so erfolgreich be= gonnenen literarischen Arbeiten sich beschäftigend. Denn schon im nächsten Jahre 1535 erschienen Fortsetzungen und Ergän= zungen seines Hauptwerks „Gargantua und Pantagruel", denen dann im Laufe der Zeit sich noch weitere Anbauten anschlossen. Der ungemeine Beifall, den die ersten Stücke seiner humoristi= schen Schriften bei allen Ständen gefunden, sodaß Auflage auf Auflage erfolgte, hat sichtlich auf die Arbeitskraft und auf den Geist des Verfassers erregend und ermunternd ein= gewirkt. Wir werden uns im Verlaufe unserer Darstellung nur an dieses Hauptwerk halten, und weder das mehrere Jahre nach dem Tode des Verfassers erschienene fünfte Buch, dessen Echtheit angefochten wird, noch die „Chronique Gar= gantuine", eine mit dem Sagenkreis Merlin's verflochtene und höchst wahrscheinlich von späterer Hand herrührende kurzgefaßte Geschichte Gargantua's, in den Kreis dieser Be= urtheilung ziehen. Wer sich über die Genesis der Rabelais'= schen Schriften und über das literarische Detail näher unter= richten will, findet das gesammte Material in den Com= mentarien und Beigaben zu dem Uebersetzungswerk von Regis zusammengestellt mit einer Sorgfalt und Belesenheit, die das rühmlichste Zeugniß von deutschem Fleiß und deutschem Studium ablegen.

Damit könnten wir das Leben Rabelais' für unsere Zwecke als geschlossen ansehen und uns unmittelbar an das Werk selbst begeben; doch wollen wir auch die letzten Jahre noch kurz berühren, da einzelne Angaben und Erlebnisse noch einiges Licht über den ganzen Charakter des Mannes und seine Stellung zu den Zeiterscheinungen zu verbreiten geeignet sind. Die geistige Bewegung, die allmählich zur Kirchenreformation führte, hatte ihren bedeutendsten Anstoß durch die Humanisten erhalten; sie waren es, die den Kampf gegen die mittelalterlichen Ueberlieferungen zuerst in Scene gesetzt hatten. Die Reformatoren durften somit erwarten, in ihnen Verbündete und Helfer zu finden. Da zeigte es sich aber bald, aus wie verschiedenartigen Elementen diese Kreise zusammengesetzt waren: nur wenige folgten der Strömung, die einen viel gewaltigern Charakter annahm, als sie jemals geahnt oder gewünscht hatten. Namentlich hatte in Frankreich die kirchliche Opposition ihre gefährlichen Seiten. Wenn in den Zeiten Ludwig's XII. in den Hallen von Paris „mit königlichem Privileg" Mysterien und Moralspiele aufgeführt werden durften, worin Papst Julius II., der Stifter der antifranzösischen Liga, als „Narrenfürst" und die römische Kirche als „Narrenmutter" auftraten, und der Ruf nach einer „Reform der Kirche" zu den Schlag- wörtern des Tages gehörte, so nahm die Sache unter Franz I. und noch mehr unter Heinrich II. eine andere Wendung. Das Auftreten Luther's hatte die Unbefangenheit zerstört; die Satire und der Momus mußten vorsichtiger auftreten. So kam es auch bei den französischen Humanisten zu Schei- dungen. Mehrere von Rabelais' Freunden wurden wegen ihrer reformatorischen Gesinnung, die sie offen kundgaben, an Freiheit und Leben bestraft. Doch nur wenige nahmen die Sache so ernst; die meisten hielten sich auf ihrer philo- sophischen Höhe und ließen den Strom in den Niederungen dahinbrausen. Auch Calvin zählte in seinen jungen Jahren zu dem französischen Humanistenkreise, und es ist nicht un- wahrscheinlich, daß Rabelais ihn persönlich gekannt hat. Wie von Erasmus soll der genfer Reformator auch von Rabelais gesagt haben: „er habe ein wenig vom Brote der Wahrheit

gekostet." Aber bald gingen ihre Wege auseinander. Wie
hätten sich auch der strenge ernste Kirchenmann, der in seinem
Leben nicht lachte, und der scurrile spottsüchtige Roman=
schreiber lange vertragen können? Wenn Rabelais im Prolog
zum zweiten Buch rühmt, daß der Buchdrucker von seiner
Gargantua=Chronik in zwei Monaten mehr verkauft habe,
als man in neun Jahren wird Bibeln kaufen, und dabei
einen Seitenhieb auf die „Lästerer, Prädestinirer und Be=
trüger" thut, welche seine Schriften schmähen, so hat er
dabei ohne Zweifel Calvin im Auge. War aber der Bruch
einmal offenkundig, so mußte die Kluft immer größer werden.
Calvin eiferte gegen die obscönen Bücher seines Landsmannes
und Zeitgenossen, und Rabelais zählte im vierten Buch
(Kap. 32) zu den Geschöpfen, welche die Antiphysis, die
Widersacherin der Natur, hervorgebracht, die Mucker und
Besessenen von Johann Calvin's genferischem Leutebetrug.
Dennoch scheint er wegen seiner Vergangenheit nicht ohne
Sorge gewesen zu sein; er wechselte öfter seinen Aufenthalt
und suchte sich mächtige Protectoren. Im Jahre 1536
finden wir ihn wieder in Rom bei Du Bellay, der ihn aber
sehr knapp gehalten haben muß, wenigstens bittet er in den
Briefen, die er aus Rom an seinen alten Gönner, den
Bischof Estissac von Maillezais, richtete und die Regis in
seinen Beilagen mitgetheilt hat, mehrmals um Unterstützung.
Bei dieser zweiten römischen Reise hatte Rabelais offenbar
den Zweck, sich mit der Kirche zu versöhnen, und aus den
Actenstücken bei Regis ersehen wir, daß ihn der Papst von
der Strafe wegen eigenmächtigen Austritts aus dem Fran=
ciscanerorden absolvirte und zur Uebernahme kirchlicher Be=
neficien autorisirte. So war denn der Schalk zu Gnaden
angenommen. Er erhielt von seinem Beschützer, dem Car=
dinal Du Bellay, eine Chorherrenstelle in der schön gelegenen
Abtei Saint=Maure=les=Fossés, die er nach mehrern Reisen

und Wanderzügen in seiner Heimat und im südlichen Frankreich mit einer Pfarrpfründe in Meudon bei Paris vertauschte. Die Männer der Sorbonne und alle Vorsechter
der mittelalterlichen Kirchenlehre richteten heftige Angriffe
gegen den Verfasser des „Gargantua und Pantagruel", von
dem das dritte Buch unter seinem eigenen Namen erschien;
aber König Franz I. war bei aller Neigung zu despotischen
Gewaltstreichen doch ein zu warmer Freund und Begünstiger
der Kunst und Wissenschaft, als daß er nicht an den Pro-
ducten des genialen Satirikers Gefallen gefunden hätte.
Erst nach dem Tode dieses Königs hielt es Rabelais für
rathsam, sich den Blicken seiner Gegner zu entziehen. Wir
erfahren, daß er sich gegen Ende der vierziger Jahre in
Metz aufhielt, damals noch eine deutsche Reichsstadt, und
daß er in der Mitte des Jahrhunderts zum dritten mal Rom
besuchte, wo er an Johann Du Bellay einen ebenso warmen
Gönner und Beschützer fand wie an dem schon sieben Jahre
vorher verstorbenen Bruder Wilhelm. Durch ein Festgedicht
auf die Geburt eines Sohnes Heinrich's II. mit einigen
Schmeicheleien auf die königliche Geliebte Diana von Poitiers erwarb er sich bei Hofe und in den einflußreichen
Kreisen so mächtigen Schutz, daß er die letzten Lebensjahre
bis zu seinem Tode am 9. April 1553 ruhig in seiner
Pfarre zu Meudon, die unter dem Patronat des Herzogs
von Guise stand, zubringen konnte. In diesem heitern,
schön gelegenen Städtchen war das Haus des alten Prie-
sters ein Sammelplatz vieler gebildeten Gäste, die aus der
nahen Hauptstadt sich bei ihm einfanden, um sich an der
reizenden Gegend wie an der witzigen Unterhaltung des
muntern Greises zu ergötzen. Er war sehr beliebt bei seiner
Gemeinde, der er als Arzt und Seelsorger treu zur Seite
stand, und aus der ganzen Umgegend besuchten die Landleute seine Messen und seine Predigten. Noch lange lebte

die Erinnerung an den „guten Curé" von Meudon im
Volke fort, und die sagenbildende Phantasie unterließ nicht,
noch einige sarkastische Züge im Geiste seines Romans zu
ersinnen, welche sich von Mund zu Mund fortpflanzten,
sodaß noch hundert Jahre nach seinem Tode sein Verehrer Anton
Le Roy eine Blütenlese Rabelais'scher Denkwürdigkeiten
sammeln konnte. Alle Gäste waren willkommen, nur den
Frauen verwehrte er den Zutritt, wol um bösen Zungen
keinen Anlaß zu schlimmen Nachreden zu geben. In diesem
Punkte hat überhaupt Rabelais, wie sein Bewunderer Wieland, jede Blöße zu vermeiden gesucht. Eine Uebertretung
der kirchlichen Keuschheitsgebote würde ihm von seinen Feinden
und Widersachern, deren er namentlich viele unter dem
geistlichen Stande zählte, mit besonderer Geflissenheit vor-
gehalten worden sein. Erst sein jüngster Biograph Rathery
will in dem Kirchenbuche von Toulouse herausgefunden haben,
daß Rabelais einen Sohn Namens Theodul gehabt hat.
Der einzige Verdruß, der dem alten Pastor in Meudon
bereitet wurde, rührte von seinem frühern Freund Clément
Marot her, der, bei dem Herzoge von Guise wohlgelitten,
seinen Einfluß im Schlosse zum Nachtheil Rabelais' benutzte.
Dieser hatte nämlich im Prolog zum vierten Buch des
„Pantangruel" zwei Humanisten, den Aristoteliker Pierre
Galland und seinen Gegner, den bekannten Philosophen
Pierre Rameau, der in der Bartholomäusnacht seinen Tod
fand, spöttisch behandelt, von dem einen (Galland) gesagt,
er sei ein feiner, schlauer Fuchs, von dem andern (Rameau),
er schmähe, schmiere, brumme und belle auf die alten Philosophen und Redner wie ein Hund, und schließlich den Rath
gegeben, Jupiter möge sie, wie einst die Geistlichkeit von
Notre=Dame einen dritten Pierre, den alten kirchenfeindlichen
Rechtsgelehrten Coignet, in Steine verwandeln. Marot
nahm diesen Ausfall auf einen Gesinnungsgenossen übel auf,

11*

und da er in der komischen Figur des Ecolier Limousin,
der im „Pantagruel" die französische Sprache so schrecklich
zurichtet und mit Fremdwörtern entstellt, nicht mit Unrecht
einen satirischen Hieb auf sich selbst und seine latinisirte
Reimerei erblickte, so wurde er nicht müde, den Autor zu
schmähen und zu verleumden. Noch im Tode verfolgte er
denselben durch eine injuriöse Grabschrift. Ganz ungerecht
war die Strafe nicht. Rabelais galt in den Augen der
reformatorischen Partei als ein Abtrünniger und Fahnen=
flüchtiger. Selbst von dem Sterbelager des Pastors von
Meudon haben sich in der Volkstradition verschiedene Erzäh=
lungen erhalten. Dahin gehört die Sage, er habe sich in
einen Domino gehüllt, weil in der Bibel steht: „Beati qui
in Domino moriuntur." Bei der Letzten Oelung soll er
gesagt haben; „Man hat mir die Stiefel geschmiert für eine
große Reise." Einem Diener des Cardinals Du Bellay,
der sich nach seinem Befinden erkundigte, soll er aufgetragen
haben, seinem Herrn zu melden, er stehe im Begriff, ein
großes „Vielleicht" (Peut-être) aufzusuchen; und noch im
Verscheiden habe er lächelnd ausgerufen: „Laßt den Vorhang
nieder, die Komödie (Farce) ist aus!" Auch in seinem an=
geblichen Testament bewahrt er den Charakter des lachenden
Philosophen und Possenreißers. Man construirte seine ganze
Persönlichkeit nach dem Geiste und nach der Haltung seiner
Werke. Diese aber sind ein unerschöpflicher Schatz von Witz
und Ironie, von Lebensweisheit und Menschenkenntniß im
Gewande des Momus, von satirischer Genialität in burlesker
Form und phantastisch gebildeter Sprache, von Volkswitz,
Volksnatur und Volksleben, wie sie sich in Sprichwörtern,
in Wortspielen, in Räthselfragen, in zweideutigen Redens=
arten, in der Bouffonnerie und Polissonnerie des gemeinen
Verkehrs auf Gasse und Markt abspiegeln, ein originelles
Bild jener tiefbewegten Zeit der Widersprüche und Gegen=

sätze, der derben Naturwüchsigkeit und des idealen Kunst=
strebens, der gärenden Geburtsstätte einer neuen Culturwelt
auf den Trümmern des dahinsinkenden Mittelalters. Der
Verfasser des „Gargantua und Pantagruel" war ein unent=
behrlicher Werkmeister an dem Neubau des Zeitalters; er
hat die Fehler und schadhaften Seiten der Gesellschaft auf=
gedeckt und bloßgestellt, damit die Bauleute nicht durch den
Schein getäuscht oder durch Vorurtheile bestochen die ge=
brechlichen Stellen übersehen möchten. Auf ihn dürfen wir
daher die Worte anwenden, mit denen der Herr den Me=
phistopheles entläßt:

> Du darfst auch da nur frei erscheinen;
> Ich habe deinesgleichen nie gehaßt.
> Von allen Geistern, die verneinen,
> Ist mir der Schalk am wenigsten zur Last.

2.

Wie die Amadisromane beginnt Rabelais die Geschichte
seines Helden mit dessen Herkunft. Wenn man vom Kasten
Noäh an bis auf diese Stunde die Stammbäume besäße,
meint er, so würde man finden, daß gar viele heutzutage
Kaiser, Könige, Herzoge, Fürsten und Päpste auf Erden
sind, die von Bettelbriefträgern und Scherenschleifern das
Leben haben, und daß wiederum mehrere jetzt Spitalbettler,
elende Lumpen und Hungerleider sind, die vom Geschlecht
großer Könige und Kaiser entsprossen, von wegen der er=
staunlichen Versetzung der Staaten und Königreiche: Assy=
riens in Medien, Mediens in Persien, Persiens in Mace=
donien, Macedoniens in Rom, Roms in Griechenland,
Griechenlands in Frankreich. „Und daß ich mich selbst zu
einem Exempel aufwerf, so glaub ich gänzlich daß ich etwan
von einem reichen König oder Fürsten der Vorzeit herkomm:

denn ihr habt euer Lebelang keinen Menschen gesehen der
einen stärkern Trieb König und reich zu sein in ihm ver-
spürt hätt, als mich: auf daß ich auch im Saus könnt
leben, nix schaffen noch sorgen dürft, und meine Freund
und alle fromme geschickte Leut daneben auch stattlich reich
machen möcht." Um aber nach dieser Abschweifung „wieder
auf besagten Hammel zurückzukommen" (eine Anspielung auf
das alte Volkslustspiel „Pathelin", durch Kotzebue's „Klein-
städter" auch bei uns eingebürgert), bemerkt Rabelais, daß
mit Ausnahme des Stammbaumes des Messias, von dem
es sich aber wegen gewisser Teufel, nämlich der Columnia-
teurs et capharts, der „Kuttner" und „Blaustrümpf", nicht
zu reden geziemt, durch eine gnädige Schenkung des Himmels
die Antiquität und Stammbaum Gargantuä vollständiger
erhalten sind, als von irgendsonst jemand. Nämlich in der
Nähe seines väterlichen Weinbergs und Meierhofs La Devinière bei Chinon in Touraine „unweit der Gualeauer
Schleusen unter Olive auf der Seite gen Narsoy" habe
sein Nachbar Hans Audeau auf einer Wiese ein großes
Grab von Erz gefunden und darin ein schimmelig Büchlein,
in dem auf Ulmenrinden der ganze Stammbaum seiner
Helden Grandgousier, Gargantua und Pantagruel zu lesen
gewesen. Und nun gibt er im ersten Kapitel des „Pantagruel" eine Stammtafel von allen Riesen, die irgendwo im
Alten Testament, in den Theogonien der Griechen, in den
Helden= und Ritterbüchern des Mittelalters erwähnt werden,
von Chalbroth, Nimrod, Goliath, von Polyphem, Cacus,
Hercules und den Titanen herab zu Fierabras, Mirlangalt,
Galaffer und Kernhahn, dem Vater Grandgousier's. Das
zweite Kapitel des „Gargantua" ist überschrieben „Der anti-
dotirte Firlfanz (Franfreluches antidotées) in einem alten
Begräbniß funden", darin wird mit sphinrischen Räthsel-
worten wie vom Dreifuß der Pythia herab die Vergangen-

heit und Gegenwart entrollt in gereimten Versen, zu deren Lösung man vergeblich einen Schlüssel sucht. Zwar hat der französische Interpret Esmangart, der Buch um Buch, Kapitel für Kapitel die allegorischen Beziehungen und Anspielungen des Romans auf die Hof= und Zeitgeschichte Ludwig's XII. (Grandgousier), Franz' I. (Gargantua) und Heinrich's II. (Pantagruel) mit wunderlicher Gelehrsamkeit und Belesenheit nachzuweisen sich bemühte, auch diese apokalyptischen Bilder auf geschichtliche Begebenheiten in Frankreich und Italien zur Zeit des Papstes Julius II. gedeutet, aber er wird für seine Auslegung wenige Gläubige finden. Der ganze Roman ist eine „poetische Luftreinigung", der gereimte Eingang die Ouverture dazu. Auch darin ist das Räthselgedicht ein Vorspiel des Ganzen, daß der Leser sogleich auf den Schauplatz geführt wird, in dessen Mitte die Handlungen zur Aufführung kommen. Wenn die Ritterromane auf unbestimmtem nebelhaften Boden sich bewegten, wenn Länder und Orte erwähnt wurden, die man vergeblich auf der Landkarte suchte, wenn die Helden und ihre Schönen in einer Traumwelt umherschwebten, die in der Wirklichkeit nicht den leisesten Anhalt bot, so verlegt Rabelais seine phantastische Riesenwelt in die heimatliche Gegend, an die Ufer der Loire und der Vienne, in seinen Geburtsort Chinon, in die Dörfer und Meierhöfe, in die Klöster und Burgen, in die Gehölze, Wiesen, Weinberge, die in einem engen Raume jene Stadt umgeben. Die alten französischen Ausleger haben daher auch mit Recht das Werk mit Karten und Abbildungen versehen, worin alle Dörfer und Flecken, alle Bauerhöfe, Bäche und Teiche, alle Wäldchen und Baumgruppen angegeben waren, die ehedem in der Gemarkung von Chinon oder in der Umgegend von einigen Meilen sich befanden, und die Wohnstätten und Aufenthaltsorte verzeichnet, wo der Autor seine Jugend verbrachte. Nicht als

ob Rabelais mit elegischer Sentimentalität an jenen Jugend-
erinnerungen sich ergötzt hätte, solchen Anwandlungen und
Gemüthsaffectionen des modernen Seelenlebens stand unser
sarkastischer Doctor fern. Vielmehr geschah es in der rich-
tigen· Ansicht, daß die satirische Kraft seiner Schildereien
bedeutend geschärft und gesteigert würde, wenn er eine
phantastische Welt voll Riesen und Zauberwesen auf den
realistischen Boden eines nüchternen Kleinlebens, unter die
Bauern und Handwerker von Chinon versetzte. Er hatte
dabei noch den Vortheil, daß er an ein altes volksthüm-
liches Märchen anknüpfen konnte, das in jener Gegend heimisch war, von dem sich die Landleute, wie von unserm
Rübezahl, in der Schenke oder in Feierstunden erzählten,
und das in seiner vagen dehnbaren Gestalt einen weitgezo-
genen Rahmen und markige Grenzsteine für seinen grotesken
Phantasiebau abgab. Bildete somit schon die ganze Anlage
einen satirischen Gegensatz zu der verschrobenen, unnatürlichen, unwahren Welt der Romantik, so wurde dieser
Gegensatz noch gesteigert durch die realen Wirklichkeiten, die
der Verfasser in die komische Form einer einfachen naiven
Volkssaze eintrug, durch das reiche schillernde Kaleidoskop
in dem rohen Gehäuse, durch die derbe Volksnatur und den
plebejischen Volkshumor gegenüber der verhüllten, übertünchten und doch unsittlichen Galanterie und Minneseligkeit
der Ritterromane.

Die nächsten Kapitel handeln von der Geburt und dem
kindischen Spiel Gargantua's. Die Rücksichten auf die De-
cenz unserer Zeit gestatten nur einige leise Andeutungen des
Inhalts. Grandgousier, heißt es, war zu seiner Zeit ein
guter Schäfer (raillard), der rein auszutrinken pflegte und
gern Gesalzenes aß. Er nahm zum Weibe Gurgelmilte
(Gargamelle), die Tochter des „Schmetterlingkönigs", ein
schönes Dirnle von hübschem Aussehen. Sie vergnügten sich

viel miteinander im „Börzelspiel" und Gurgelmitte kam
bald in die Hoffnung. Dies brachte jedoch in das zärtliche
Zusammenleben der Eheleute keine Unterbrechung; darin
haben die Menschen einen Vorzug vor dem Naturtrieb der
Thiere, wie schon Macrobius im zweiten Buch der Satur=
nalien beweist. Erst nach elf Monaten ihrer Schwanger=
schaft, als sich die Königin bei einem lustigen Fest in Essen
und Trinken übernommen, gebar sie einen Sohn (der den
Namen Gargantua erhielt) und zwar auf wunderbare Weise,
nämlich durch das linke Ohr. In der elfmonatlichen Dauer
bis zur Geburt soll eine Anspielung auf Maria von Eng=
land, Ludwig's XII. dritte Frau, liegen, welche, als der
König kurz nach dem Beilager starb, ein ganzes Jahr lang
die Meinung zu verbreiten gesucht, sie habe gegründete Aus=
sicht, der französischen Nation einen Thronerben zu geben,
aber Luise von Savoyen, die Mutter Franz' I., habe die
betrügerische Absicht vereitelt. Sicherer ist die Anspielung
auf die scholastische Auffassung von der Befruchtung der
Heiligen Jungfrau: „So ihrs nicht glaubt, sichts mich nix
an; aber ein Biedermann, ein Mann von Verstande glaubet
allezeit das was man ihm sagt und was er in Schrif=
ten findet. Sagt nicht Salomo Sprichwörter am vierzehnten:
Der Unschuldige glaubt jedes Wort u. s. w.? und der hei=
lige Paulus, ersten Korinther 13: die Liebe glaubet Alles?
warum wolltet ihrs also nicht glauben? weil man es nimmer
ersehn hat, sagt ihr. Ich aber sag euch, daß ihr eben um
dieser einigen Ursach willen ihm vollen Glauben schenken
müßt. Denn die Sorbonnisten nennen den Glauben ein
Argumentum derer Ding, die man niemals mit Augen
siehet." Zur Nahrung Gargantua's wurden 17913 Kühe
von Pautillé und Brehemond (Dörfer bei Chinon mit guten
Weideplätzen) verschrieben. In diesen dem Volksmärchen ent=
lehnten Zügen von der unermeßlichen Quantität des Essens

und Trinkens, des Kleiderverbrauchs u. dgl. hat man von
jeher satirische Anspielungen auf die unermeßliche Verschwen-
dung des Hofes für Feste, Schmausereien und Gelage erkannt. Noch klarer geht diese Beziehung aus dem achten
Kapitel hervor, worin beschrieben wird, „wie man den
Gargantua kleiden thät". Für sein Hemd werden allein
900 Ellen Leinwand von Chatelleraud ausgehoben. Die
Beschreibung des Anzugs von weißer und blauer Farbe lie-
fert ein prächtiges Bild von dem Kleiderschmuck des Hofes
und der Aristokratie jener Zeit: Es ist ein vollständiger
Junkeranzug, ins Grotesk-Kolossale gesteigert. Mit fauni-
schem Muthwillen schildert Rabelais besonders ausführlich
den Hosenlatz, „den Phallus der Romantik", und verweist
dabei auf eine andere Schrift „Von Würdigkeit der Lätz".
Wie man noch aus alten Rüstungen und Waffenkleidern ersehen kann, war die Hose so eingerichtet, daß sie den Blick
auf die Stelle lenkte, welche verhüllt werden sollte. Die
ältern Romanschriftsteller ergingen sich gern in breiten
lüsternen Schilderungen von verliebten Situationen und ver-
borgenen Reizen. Rabelais läßt die Wärterinnen ihren
Muthwillen darin zeigen, daß sie beim Ankleiden des jungen
Prinzen alle mögliche Namen anbringen, mit denen der
Volkswitz ein gewisses Glied zu bezeichnen pflegt. Auch die
Scholastik darf nicht leer ausgehen: der wegen seiner feinen
Subtilitäten und Distinctionen berühmte englische Theolog
Occam hat einen Commentar zu den Exponibilien des Mei-
sters „Beinkleiderios" (haulte chaussade) verfaßt.
Wie Philipp von Macedonien, der die einstige Größe
seines Sohnes Alexander an der Geschicklichkeit bei Bändi-
gung des wilden Rosses Bucephalus erkannte und voraus-
sagte, so bewunderte Grandgousier den hohen Witz und
Verstand seines fünfjährigen Gargantua an der Klarheit und
Umsicht, womit er ihm, als er von einem siegreichen Feld-

zuge·gegen die Canarier heimkehrte, auseinandersetzte, wie
man nach einer gewissen körperlichen Entleerung sich am
angenehmsten reinige. Er habe vieles versucht, aber nichts
so fein gefunden, als den geflaumten Hals eines jungen
Gänslein. Die Seligkeit der Halbgötter und Heroen in den
elysischen Feldern bestehe hauptsächlich in diesem Genuß.
Dieser Meinung sei auch der große Meister der Gottesge=
lahrtheit, Johannes Duns Scotus. Von diesem zweiten
Haupte der Scholastiker hatte schon Erasmus gesagt, seine
Schriften seien kein Musenquell, sondern ein Froschpfuhl.

Grandgousier war entzückt über den erstaunlichen Geist
seines Sohnes und sieht sich nach einem berühmten Lehrer
für ihn um: wie Philipp den Aristoteles, so nimmt er den
großen sophistischen Doctor Thubal Holofernes in sein Haus.
(Vielleicht verbirgt dieser Name einen von Rabelais' Leh=
rern in Seuillé.) Unter der Leitung dieses gelehrten Mannes
brachte es Gargantua in fünf Jahren und drei Monaten
so weit, daß er das ABC=Täflein vorwärts und rückwärts
hersagen konnte. „Darauf las er ihm den Donatus, den
Facetus, Theodoletus, den Alanus in Parabolis (lauter
bekannte Schulbücher jener Zeit) und damit bracht er wie=
derum zu, dreizehn Jahr, sechs Monat und zween Wochen.“
Eine weitere Stufe des Unterrichts bildete die Erklärung des
damals gebräuchlichen, schon von Erasmus verspotteten
Buches des Johannes de Garlandia: „De modis significandi“, mit den Scholien oder wie Regis witzig den Aus=
druck „Comments“ übersetzt, mit den Schaalien eines
„Balgewindii, Breitmaul, Schwafelin, Sausenbraus, Hans
Kalben, Billonii, Vorleckeri und eines Haufens anderer“,
wirkliche oder erdichtete Namen obscurer Schulpedanten.
Nach achtzehn Jahren elf Monaten hatte Gargantua auch
diese Weisheit so inne, daß er die Regeln des Buches „De
modis significandi“ vorwärts und rückwärts aus dem

Kopfe hersagen konnte. Nun folgt noch ein ganzer Schwarm
von Grammatiken, Glossarien, Memorirbüchlein, Schulcom=
pendien, Verhaltungsregeln, wie das Doctrinal, ein weit=
verbreitetes lateinisches Elementarbuch in leoninischen Versen,
der „Memmendreck" (Mammetractus, eine Anleitung zum
Bibellesen und Brevier), Tischregeln für Knaben in elegi=
schen Versen und andere Scharteken mehr, die zum Theil
auch schon in den Briefen der Dunkelmänner gepriesen
werden. Als während der sechzehn Jahre zween Monate,
welche Gargantua auf diese Studien verwendete, der Ma=
gister Holofernes an der Krätz starb, trat ein anderer alter
Huster Namens Meister Hiob Zäumlein (Jobelin Bridé)
an dessen Stelle.

Endlich merkt Grandgousier, daß sein Sohn trotz seines
fleißigen Studirens immer einfältiger und ungeschickter wird.
Er geht mit dem Vicekönige von „Popenhöning" (Popeli=
gosse) zu Rathe; dieser beweist ihm an dem Beispiel eines
jungen Pagen, Eudämon, wie weit man es unter einem
guten Lehrer in zwei Jahren bringen kann. Denn dieser
setzt durch seinen Anstand, seine Beredsamkeit, seine feinen
Manieren den ganzen Hof in Erstaunen. Gargantua heult
vor Scham wie eine Kuh. Nun wird der alte Lehrer ver=
abschiedet, „mit Geld und einem theologischen Mäslein
Wein"; Ponokrates, der Präceptor Eudämon's, wird als
Mentor angenommen und bezieht sogleich mit seinem neuen
Zögling die Universität Paris. Wenn die Ausleger in
diesem Kapitel eine Verherrlichung der neuen humanistischen
Erziehungsweise im Gegensatz zu der alten scholastischen er=
kennen wollten, so haben sie den satirischen Zug, der auch
hierin unverkennbar zu Tage tritt, übersehen. Allerdings
wird die scholastische Pedanterie mit Stachelpeitschen gezüch=
tigt, und Rabelais mag sich dadurch an den Schulmeistern
von Seuillé gerächt haben für die verlorene Jugend, für

die gemordeten Lebensjahre; aber dieser junkerliche Stutzer
Eudämon, das zwölfjährige Wunderkind, das innerhalb
zwei Jahren zum vollkommenen Hofmann und Gentleman
herangebildet worden und eine so wohlgesetzte, mit höfischen
Wendungen, Schmeicheleien und altklugen Nutzlehren gespickte
lateinische Rede hält, „daß man ihn eher für einen Gracchus,
Cicero oder Aemilius der Vorzeit als für einen jungen Knaben
dieses Jahrhunderts gehalten hätt", ist nicht minder ein
carikirtes Abbild der hochnasigen, prahlerischen, eingebildeten
Treibhauscultur mancher Humanisten, als der Holofernes
und der Hiob Zäumlein der scholastischen Schulpedanterie.
Es liegt in der Natur junger vorstrebender Parteirichtungen,
sich als die einzigen wahren Propheten und Apostel auszu-
geben und die öffentliche Meinung mit hochtönenden Verheißungen gleichsam im Sturm zu erobern. Die eiteln
Humanisten waren von ihrer geistigen Ueberlegenheit und
Vortrefflichkeit gar zu sehr überzeugt, und der damals fünf-
zigjährige Rabelais war ein zu klarer und sicherer Welt-
und Menschenkenner, als daß er nicht die Schwächen der
eigenen Parteigenossen richtig erfaßt und wenn auch in feiner
und schonender Weise mit Ironie behandelt haben sollte.
Die Kapitel 16 bis 25, die von Gargantua's Aufenthalt in Paris, von seiner Lebensweise und seinen neuen
Studien handeln, entrollen ein vielseitiges, farbenreiches
Zeitgemälde voll Witz und aristophanischer Komik und zugleich voll Wahrheiten und Nutzlehren untermischt mit feiner
Ironie. Zunächst gebraucht er die Züge der Volkserzählung
von der ungeheuern Mähre, auf welcher Gargantua nach
Paris reitet, von der großen Ueberschwemmung, die er auf
so eigenthümliche Weise bewerkstelligt, von den Glocken, die
er von der Liebfrauenkirch herabnimmt und seinem Thier
an den Hals hängt, zu einer Menge witziger Anspielungen
und Schilderungen. Unter der Riesenstute, die mit ihrem

Schweife den Wald von Beauce rafirt, liegt ein Hieb auf die Maitressenwirthschaft des Hofes verborgen, auf das Fräu=lein von „Pisseleu", bekannt unter dem Namen Diana von Poitiers, die durch ihre Buhlkünste bei Vater und Sohn einen unermeßlichen Einfluß besaß und den Holzschlag im Walde von Orleans zum Nadelgeld erhielt. Die Schilderung der Pariser, des beweglichen, lauten, stets zu Aufständen bereiten Volkes, „aus allen Enden und Stücken geflickt, von Haus aus gute Schwörer und Störer und ein wenig oben hinaus", das bunte, an abwechselnden Scenen so reiche Straßenleben der Stadt, der Bettelmönch aus Sanct=Antonius Brüderschaft, der seine Anwesenheit mit Schellen kundgibt, um die Leute zu reichlichen Collecten anzulocken, und gern die gestohlenen Glocken dazu benutzt hätte, wenn sie ihm nicht zu schwer gewesen wären, der Volksauflauf vor dem alten Tour de Nesle, wo man mit erregtem Eifer die kritische Zeitlage discutirt: das alles sind treffliche, dem wirklichen Leben entnommene Züge. Am schlimmsten kommt in dem Zeitgemälde die Universität weg, die einen berühmten Sophisten und Redner, den Janotus de Bragmardo, „Jonas Fochtelnburg", mit einem großen Gefolge von Pedellen, von Magistris inertibus voll Schmuz bis über die Ohren und anderm Mummenschanz an Gargantua abschickt, um die Glocken zurückzufordern. Die mit vielen lateinischen Brocken durchflochtene Rede des kahlköpfigen, „nach Cäsarischer Weise frisirten" Sophisten, der seinen Vortrag mit Husten und Räuspern zur Erhöhung der Würde und Grazie abhält, übertrifft an Lächerlichkeit, Geschmacklosigkeit und schlechtem Mönchs= und Küchenlatein alles, was die Epistolae obscu-rorum virorum darbieten. Als Autorität wird Calepinus, das berühmte Glossarium aller Mönchsschulen angeführt. Fochtelnburg und seine Magister werden reichlich bewirthet und beschenkt. Er läßt sich die Gaben durch seine Begleiter

heimtragen, nur das Tuch zu seinen Hosen trägt er selbst
verstohlen hinweg, wie Pathelin im Volkslustspiel zu seiner
Rechtfertigung sich auf die parva logicalia, ein philosophi=
sches Schulcompendium, berufend. Die Glocken waren schon
vor der Rede des Abgesandten zurückgegeben worden; des=
halb und weil er ohnedies so reichlich beschenkt worden sei,
will die Sorbonne den versprochenen Lohn nicht entrichten,
worüber Magister Jonas in heftige Schmähungen ausbricht
und einen Rechtsstreit anhängig macht, der noch immer nicht
entschieden ist. Die pariser Bürgerschaft war so erkenntlich
für die Großmuth Gargantua's, daß sie sich erbot, seine
Mähre zu erhalten und zu ernähren. Sie wurde daher in
den Forst von Bière (Fontainebleau) auf die Weide
geschickt.

Ehe Ponokrates seine neue Lehrmethode beginnt, will er
zuerst erfahren, wie es die frühern Lehrer gemacht hätten.
Er gestattet daher seinem Zögling, noch eine Weile in der
gewohnten Weise fortzuleben. Dies gibt unserm Autor Ge=
legenheit, ein höchst ergötzliches Bild von der scholastischen
Pädagogik zu entwerfen. Schlafen in den Tag hinein, viel
essen und noch mehr trinken, Messe hören und dem Horas=
leser, „der sich wie ein Wiedehopf ausstaffirt und seinen
Athem geziemendlich mit Weinbeersyrup präparirt", sein Kyrie=
leislein herplärren, „so sorgsam, daß auch nicht ein Körnlein
davon zur Erde fiel", auf dem Rückweg im Kreuzgang und
Klostergarten noch sechzehn Paternoster beten, dann ein halb
Stündchen ins Buch starren, mit dem Geiste in der Küche,
nach der Tafel Karten=, Würfel= oder Bretspiel, in solcher
Abwechselung, daß Rabelais über zweihundert Spielnamen
aufführt, endlich bis zur Nachtruhe ein fröhliches Gelage
mit lustigen Kameraden oder bei jungen Dirnen umhergehen
so war das Tagewerk beschaffen. Diesem wird nun in
Kapitel 23 und 24 eine neue Lebens= und Studienordnung

entgegengestellt: „Wie Gargantua beim Ponokrates solcher
Lehrzucht theilhaftig ward, daß ihm nicht eine Stund vom
Tag verloren ging." Die französischen Erklärer sehen in
diesen Kapiteln eine pädagogische Abhandlung, einen Traité
d'éducation, in welchem Rabelais die neue rationelle Erziehung der alten scholastischen habe entgegenstellen wollen,
und noch jüngst hat auch ein deutscher Schulmann mit
großer Belesenheit diese Ansicht durchgeführt und nachgewiesen, daß Rabelais nicht nur der Vorläufer, sondern auch
das Vorbild von Montaigne, Locke und Rousseau gewesen.
Wir wollen die Ansicht im allgemeinen nicht bestreiten:
während die scholastische Lehrmethode den Hauptwerth auf
das Erlernen von unverstandenen oder halbverstandenen
Regeln und Wortformeln legte und den höchsten Triumph
des Unterrichts sah, wenn der Schüler sie vorwärts und
rückwärts hersagen konnte, so empfiehlt Rabelais hier eine
praktische aus dem Leben und der Anschauung geschöpfte
Lehrweise. Aber abgesehen, daß zunächst nur von einer
Prinzenerziehung die Rede sein kann, die doch andere Gesichtspunkte ins Auge zu fassen hat als die der andern
Menschenkinder, bei welcher es zweckmäßig sein mag, daß
der Zögling vor allen Dingen einige wenn auch nicht gerade
tiefe oder gründliche Kenntnisse besitzt, finden wir auch sonst
in der ganzen Haltung manchen ironischen Zug. Man höre:
Zuerst wird der Zögling gleichsam neu geboren: ein gelehrter Arzt, Meister Theodor, „urgirt ihn kanonisch mit
Nieswurz von Antichra und reinigt' ihm durch solche Arznei
das Gehirn von aller Alteration und böser Gewohnheit.
Auch bracht' ihm Ponokrates durch dies nämliche Mittel alles
in Vergessenheit, was er unter seinen alten Lehrern erlernt
hätt." Um 4 Uhr des Morgens steht er auf; während
des Waschens und Ankleidens liest ihm ein junger Knab
aus Basché (nicht weit von Chinon), Namens Anagnostes,

aus der Bibel vor, wobei er sich in Gebet und Danksagung
gegen Gott ergeht. Darauf sucht er einen heimlichen Ort
auf, wo ihm der Präceptor das Gelesene wiederholt und
die schwerverständlichsten Punkte auslegt. Zurückgekehrt be=
schauen sie den Stand des Himmels und merken, in welche
Zeichen Sonne und Mond an selbigem Tage eintreten.
Während er frisirt, geputzt und parfumirt wird, werden die
Lectiones des vorigen Tages repetirt, auswendig hergesagt
und durch allerlei praktische Beispiele erläutert. Dann folgen
Unterricht, Spaziergang und Spiele zu körperlicher Uebung.
Während das Essen zubereitet wird, sagen sie deutlich und
beredsam etliche Sprüche her. Bei Tisch verhandeln sie
über alle Gegenstände, die aufgetragen werden, und führen
alle Stellen an, welche sich in den alten Schriften darüber
vorfinden, lassen auch öfters zum Beleg die Bücher herbei=
bringen. Dann reinigen sie die Zähne mit einem Mastix=
stengel und danken Gott mit Lobliedern. Nach Tisch trägt
man Karten auf, nicht zum Spielen, sondern um allerlei
arithmetische Kunststückchen zu erlernen, wodurch Gargantua
die Rechenkunst so gründlich erfaßte, daß der englische Ma=
thematiker Tunstal bekennen mußte, gegen ihn wüßt er nicht
mehr davon als vom Hochdeutsch. Während der Verdauungs=
zeit machen sie geometrische Instrumente und Figuren, prak=
ticiren die astronomischen Canones und ergötzen sich an
Gesang und Musik. Gargantua lernte sechs Instrumente
spielen. Die Verdauung endigt mit einer Purganz, dann
geht es ans Lesen und Schreiben. Ist der Zögling damit
fertig, so lernt er von seinem Waffenträger Gymnastes,
einem Edelmann aus Touraine, die Reitkunst. Auch hier
verrichtet er bald solche Wunderdinge, daß der Bereiter von
Ferrara nur ein Grasaff gegen ihn war. Alle Arten von
Waffen handhabt er mit der Virtuosität eines vollendeten
Ritters. Ebenso ist er bald der größte Jäger, und im

Laufen, Springen, Schwimmen, Rudern kommt ihm keiner
gleich; er schwimmt im vollen Strom, ohne daß das Buch,
welches er mit einer Hand hoch in der Luft hält, naß wird;
die Bäume erklettert er wie eine Katze, springt wie ein
Eichhorn von einem zum andern, schlägt die großen Aest
herab wie ein anderer Milo, steigt auf die First eines
Hauses und wieder herunter; Steine, Pfeile und Geschosse
aller Art wirft er mit wunderbarer Geschicklichkeit und
Sicherheit. Den Rückweg nimmt man über Wiesen und
Oerter, wo Kraut, Gras und Bäume wachsen, die man
dann wieder an den Schriften der Alten erklärt und klassi=
ficirt; ein junger Edelmann Namens Rhizotomus trägt die
nothwendigen Geräthschaften zum Botanisiren. Bei dem
Nachtessen, das ganz nach den Vorschriften der Arzneikunst
eingerichtet ist, werden die Lectionen fortgesetzt und dann
der Abend mit gelehrten und nützlichen Reden, mit Musi=
ciren und Spielen verbracht, oder man besucht die Ver=
sammlungen gelehrter Männer oder solcher, die fremde
Länder gesehen. „Um Mitternacht, bevor sie sich zur Ruhe
begaben, stiegen sie auf den freiesten und höchsten Söller
ihres Hauses, des Himmels Antlitz zu beschauen; und gaben
da auf die Kometen acht, wanns ihrer hätt, auf die Fi=
guren, Aspecten, Stellung, Oppositionen und Conjunctionen
der Gestirn. Dann recapitulirt' er kürzlich nach der Pytha=
goräer Art mit seinem Lehrer alles, was er im Lauf des
Tags gehört, verkehrt, erstört, gethan und gelesen hätt'.
Und ruften Gott den Schöpfer im Gebet an, stärkten ihren
Glauben zu ihm, lobpriesen seine unendliche Güt; und
gleichwie sie ihm Dank für alles Vergangene sagten, so be=
fahlen sie sich auch in alle Zukunft seiner göttlichen Gnad'
und Huld. Wann dies vollbracht war, gingen sie schlafen.“
An Regentagen unterhalten sie sich mit Heubinden, Holz=
spalten und Sägen oder besuchen die Werkstätten der Hand=

werfer und Künstler, die Gerichtssäle oder die Sermonen der evangelischen Prediger, die Buden der Gaukler und Taschenspieler. Auch sind dann ihre Mahlzeiten spärlicher, weil sie weniger Leibesübung gehabt. Alle Monat wird ein schöner Tag zu einem Ausflug auf das Land benutzt; dabei werden Verse aus Virgil's Georgica, aus Hesiod, aus dem Rusticus Politian's recitirt und in französische Balladen und Rundreime gebracht und nach der Vorschrift von Cato und Plinius in dem Mischtrug mittels eines Epheubechers Wein und Wasser geschieden und allerlei artige Experimente gemacht.

So lautet die pädagogische Abhandlung Rabelais'. Es ist ein interessantes Phantasiebild auf ein Ideal aufgebaut, das so wenig an Verwirklichung Anspruch machen kann als die - Utopia des englischen Kanzlers Morus, als die Republik Plato's, als Fourier's Socialstaat. Die bestehenden Mis= stände erhalten ihr Correctiv in einem poetisch=idealistischen Gegensatz, in einem schillernden Gemälde eingebildeter Zu= stände. Das Erziehungsverfahren des Ponokrates, des ar= beitbeherrschenden Pädagogen, ist nach vielen Seiten eine prometheische Werkstätte voll schöner Theorien; und doch können wir nicht umhin, auch in diesem Educationsgemälde ironische Beziehungen auf Zeitrichtungen zu erkennen. Jenes Zeitalter der Entdeckungen und Neugestaltungen war so unendlich fruchtbar an phantastischen Gebilden, an wunder= baren Erzeugnissen einer hyperproductiven Geistesthätigkeit, daß das Unglaublichste als möglich erscheinen konnte. In einer Periode, wo die typischen Lebensformen und Gesell= schaftszustände von Mexico und Peru die Einbildungskraft der europäischen Menschheit fieberhaft aufregten, wo man einen „Amazonenstrom" entdeckte, wo man von einem Eldorado, von einem Jugendbrunnen träumte, wo eine neue Welt mit bisher unbekannten Geschöpfen und Naturerzeug=

nissen in die Wirklichkeit eintrat, wurden die Seelenkräfte, wurde die schaffende Phantasiethätigkeit in einer Weise in Bewegung gesetzt, daß die absonderlichsten Ideen und Schwärmereien Wurzel schlagen und Glauben finden konnten. Wenn in der Wirklichkeit sich Wunderwelten erschlossen, wie sollte das Reich der Geister in der alten Begrenzung, in den Banden der Vernunft und Erfahrung gehalten werden? Und so mag man denn den Erziehungstractat des franzö= sischen Doctors als eine Skizze zu einem „Emile" ansehen, wenn auch nur für einen Prinzen mit Riesenkräften. Allein es schillert auch noch eine andere Färbung in das Gemälde. Wir haben früher schon auf das Wunderkind Eudämon hin= gewiesen. In jener gärenden Welt mag das menschliche Gehirn gar manche ungesunde Theorie ausgebrütet, manche Homunculusschöpfung erzeugt haben. War denn nicht das ganze Geistesleben der Humanisten nur eine Reproduction des Alterthums? Alle Anschauungen, alle Bildung, alles literarische Schaffen erhielt nur Werth, wenn es den clas= sischen Mustern entsprach; nur bei den Alten suchte man die Erziehungsmittel zur Menschlichkeit. Jede Natur, jedes Ursprüngliche und Nationale wurde verachtet; alles war Dressur und Doctrin. Was lag daher näher, als daß man auch in der Erziehung diese humanistische Wiedergeburt als Ziel und Endzweck hinstellte? daß man den jungen Men= schen als einen weichen Thon ansah, den man willkürlich und frei modeln und bilden könne? daß man in der Päda= gogik den Zauberstab erblickte, durch den man Wunder be= wirken könnte? Der Glaube an die Allmacht der Theorie und Methode liegt ohnedies bei den Männern der Schul= disciplin tiefer als bei andern Ständen. Und gleicht nicht die Erziehungsweise des Ponokrates einer Werkstätte, wo man in der Retorte künstlich Menschen bildet und mit dem Nürnberger Trichter Weisheit eingießt? Dieser kleinlich

berechnete Unterrichtsgang, wo der Schüler nicht einen Augen=
blick sich selbst überlassen ist, wo alle Erscheinungen und
Thätigkeiten nur als Folie und Lehrstoff für die Mehrung
der Kenntnisse verwendet werden, wo jede Spur von Natur
und freier Entwickelung verbannt ist, wo das ganze Jugend=
leben nur als Schule angesehen und verwerthet wird, ist
von Rabelais mit einer ironischen Färbung überzogen. Aus
einer solchen Zubereitungsanstalt können nur Geschöpfe wie
Eudämon=Homunculus hervorgehen. „Ich finde nicht die
Spur von einem Geist, und alles ist Dressur.“ Trotz dieser
ironischen und satirischen Züge enthält der Traité d'éducation
treffliche Wahrheiten, welche sich die Pädagogik der folgenden
Jahrhunderte zu Nutze machte. Er betont neben der geistigen
Ausbildung die körperliche Uebung durch Gymnastik; er stellt
dem philologischen Unterricht der classischen Sprachen die
Realien an die Seite; statt der todten Buchgelehrsamkeit
empfiehlt er den praktischen Unterricht im und durchs Leben,
statt der Regeln Beispiele, statt des synthetischen Aufbaues
mit Zeichen und Begriffen die analytische Zergliederung
und Erforschung der Objecte selbst, statt der Gedächtniß=
übung die Selbstthätigkeit des Denkens und Beobachtens
unterstützt durch Anschauung, Erfahrung und Reisen. Daß
Rabelais' Erziehungsgemälde nur ein ideales Phantasiestück
und Gedankenspiel sein sollte, geht aus dem schönen Brief
Gargantua's an seinen Sohn Pantagruel, Band 2, Kapitel 8,
hervor, der aus „Utopien“ datirt ist. Hier wird in allge=
meinen Zügen die neue Bildung, das gelehrte und geistig
angeregte Jahrhundert gepriesen, „da die Geister erwacht
sind, die Studien blühen und es eine Lust ist zu leben“,
wie Hutten schrieb, eine Regeneration der Welt, ein gol=
denes Zeitalter wird daraus emporblühen, wo niemand in
der menschlichen Gesellschaft Geltung findet, „der nicht in
der Minerva Werkstatt recht aus dem Grunde poliret ist“.

da Strolche, Hausknechte und Taugenichtse gescheiter sein
werden als ehedem die Doctoren und Prediger. Wie Morus
von einem Utopien im Staats = und Gesellschaftsleben
träumte, so Rabelais von einem Idealzustand im Reiche
des Geistes und der Erziehung. Aber nicht alle Wege, die
von den Humanisten eingeschlagen und gepriesen wurden,
führten auf die sonnige Höhe; über der grauen Theorie
entschwand oft des Lebens grüner Baum.

Während Gargantua seinen Studien obliegt, bricht in
seiner Heimat ein verheerender Krieg aus. Die Wecken=
bäcker von Lerné fuhren einst ihr berühmtes Gebäck auf
mehrern Wagen nach der Stadt. Die Winzer von Chinon,
die in ihren Weinbergen waren, um ihre reifen Trauben
zu hüten, traten an sie heran und wollten von ihrer Waare
um den Marktpreis kaufen, wurden aber mit Schimpfreden
abgewiesen. Es erhub sich ein Streit, der damit endigte,
daß die Weckenbäcker wieder heimzogen, die Weinbauern
aber etliche Dutzend Wecke wegnahmen, die sie jedoch nach
dem Marktpreis bezahlten und sogar noch Trauben zum
Geschenk beifügten. Nach ihrer Rückkunft in Lerné beklagten
sich die Bäcker bei ihrem König Pikrocholus („Bittergroll")
über die Unbill, die ihnen von den Winzern Grandgousier's
an der großen Landstraße jenseit Seuillé zugefügt worden.
Dieser geräth darüber in Zorn und ruft sein ganzes Heer
unter die Waffen, eine Menge Kriegsvolk zu Fuß und zu
Roß und mit allen Arten von Geschütz. Diese fallen über
das Land her und füllen alles mit Raub und Verwüstung;
auch an die Weinberge der Abtei legen sie schon die zer=
störende Hand, und würden die ganze Ernte vernichtet oder
geplündert haben, hätte nicht der tapfere Mönch Jahn von
Klopfleisch (Jean des Entommeures) mit dem Kreuzstock die
Bande nieder= und zurückgeschlagen. Unterdessen erstürmt
Pikrocholus die Clermaldsburg und befestigt sich darin.

Grandgousier erschrickt bei der Nachricht über dieses feind=
liche Vorgehen seines alten Bundesfreundes. Er schickt seinen
Requêtenmeister Ulrich Gallet an Pikrocholus, daß er ihn
ermahne, von dem ungerechten Krieg abzulassen, und bietet
volle Entschädigung und Sühne, ja er schickt sogar fünf
Karren voll Wecken nebst einer großen Geldsumme nach
Lerné. Aber weder die diplomatische Kunstrede Gallet's
noch die Großmuth Grandgousier's vermag den König
Bittergroll von seinem bösen Thun und Gelüsten abzu=
bringen. Denn seine Hofschranzen haben sein eitles Herz
mit den kolossalsten Eroberungsgedanken angefüllt. Wie
Alexander will er die ganze Welt bezwingen, nicht nur alle
Länder Europas, selbst Tunis und Aegypten, Syrien und
Trapezunt will er unterwerfen und die Türken erwürgen.
Nun schreibt Grandgousier einen Brief an seinen Sohn
Gargantua, daß er zur Beschützung seines Reiches herbei=
komme. Dieser bricht sofort auf, begleitet von Gymnastes,
und Ponokrates und Eudämon auf Postpferden; seine Bücher
philosophisch Heergeräth werden ihm nachgeführt. Nun folgen
allerlei Heldenthaten und Abenteuer, wobei einzelne Züge
der Riesensage in die humoristische, höchst komische Kriegs=
geschichte verflochten sind. Gymnastes macht auf seinem
Pferde so halsbrechende Künste und Sprünge, daß er für
einen verkappten Teufel gehalten wird, und erlegt den
Hauptmann Kuttler nebst vielem feindlichen Kriegsvolk.
Gargantua macht einen hohen gewaltigen Baum, Sanct=Mar-
tin's Baum genannt, „weil er aus einem Pilgerstab also
erwachsen war, den vor Zeiten der heil. Martin dahin ge=
pflanzet", zu seinem Spieß und Stecken; seine Mähre be=
wirkt, daß die Furt Vede mächtig anschwillt und Haufen
von Leichen fortreißt; dennoch setzt Gymnastes hinüber, ohne
daß sein Pferd scheu ward; „denn er hätt es nach Aeliani
Lehr gewöhnt, weder Seelen noch Leichnam zu fürchten"

Der Bruder Jahn von Klopfleisch wird für seine Tapferkeit im Schlosse festlich tractirt. Bei seinen Witzen und derben Späßen während des Essens und Trinkens wird man an Falstaff erinnert. Er schmückt seine Rede mit Flüchen und Schwüren, die er für ein Stück „Ciceronischer Rhetorik" erklärt. Es ist ein urkomischer Charakter, ebenso tapfer im Feld wie beim Becher und bei der Schüssel, voll sarkastischer Ausfälle auf Mönche und Klosterwesen. „In unserm Kloster wird halt nimmer studirt aus Furcht vorm Ohrenfluß. Unser seliger Abt sagte: ein gelehrter Mönch wär wie ein ungestalt Meerwunder anzusehen." Er stellt und löst das Problem, warum man an Etlichen längere Nasen findet als an andern, und warum die Jungfernbeine stets frisch sind. Es ist begreiflich, daß eine Figur von so drastischer Zeichnung, von so originellem, unverwüstlichem Humor, von so „grobianischem" Mutterwitz sich auf Jahrhunderte dem Volksgedächtniß einprägte, gleich unserm Eulenspiegel zu einem sprichwörtlichen Begriffswesen werden konnte. An seiner erschrecklichen Kutte bog sich das Eisen des feindlichen Hauptmanns, wie wenn man mit einem dünnen Wachsstock wider einen Amboß schlägt, und mit seiner Fuchtel trifft der Mönch so sicher zwischen Hals und Halskraus auf das Akromienbein, daß der Gegner, aller Besinnung und Bewegung beraubt, unter die Füße seines Gaules stürzt. Endlich wird er gefangen und zweien Wächtern übergeben; aber er erschlägt beide, und wie in einer anatomischen Vorlesung wird genau jeder Knochen, Muskel und Sehne angegeben, die alle von seiner Keule zerspalten oder zerrissen werden, bis dem letzten „der Schädel hinten am Perikranfell über den Achseln hängen blieb in Gestalt eines Doctorhütleins, oben schwarz, inwendig roth, und der Mann maustodt zur Erde fiel". Auch Gargantua wüthet mit seinem großen Martinsbaum und neben ihm Gymnast, Ponokrates, Eudämon, sodaß die feindlichen Heerhaufen, von panischem Schrecken ergriffen, alle das Reißaus nehmen. Der Mönch schlägt auf die Fliehenden, bis sein Kreuzstock entzweispringt; dann stellt er sich mit der Axt, die er einem der Erschlagenen abgenommen, an einen Hohlweg und nimmt den Flüchtigen alle ihre Piken, Degen, Speere und Büchsen ab. Nur den Hauptmann „Staarenstör" (Toucquedillon) führt er gefangen zu Grandgousier, der ihn mit guten Ermahnungen und reich beschenkt zurückschickt. Gerührt durch solche Großmuth räth Staarenstör seinem Herrn zum Frieden; der andere Hauptmann „Frühträubeln" (Hastiveau) wirft ihm vor, er habe sich bestechen lassen und sei ein Verräther; darüber geräth Staarenstör in solchen Zorn, daß er den Verleumder niederstößt, dafür aber auf Pikrochol's Befehl in Stücke gehauen wird. Bald nachher wird Clermaldsburg von Gargantua angegriffen; Pikrochol zieht zur Schlacht aus; aber während er tapfer kämpft, dringt der Mönch in die Festung, zwingt die Einwohner zur Unterwerfung und zieht dann seinem Herrn zu Hülfe. Pikrochol's Leute ergreifen die Flucht; er selbst irrt umher, niemand weiß wo, bis man endlich hört, er lebe als armer Taglöhner in Lyon. Ein altes Weib hatte ihm geweissagt, er würde sein Königreich wiedererlangen, wenn die Katzraben kämen, und nun horcht er bei allen Fremden herum, ob die Katzraben noch nicht kommen wollten und er in seine Staaten wieder eingesetzt würde. Gargantua aber ermahnt nach dem Siege seine Krieger, sich alles Unfugs in der Stadt Clermaldsburg zu erhalten, weil sie nun sein wäre, und hielt eine Anrede an die Ueberwundenen voll löblicher Grundsätze und Gnadenversicherungen. Die Unruhstifter, so viele ihm ausgeliefert wurden, stellte er in seiner neuerrichteten Buchdruckerei an die Pressen und ließ sie den Bengel ziehen. Den übrigen ersetzt er den erlittenen Schaden und entläßt dann seine Söldner huldreich und belohnt. Dem Ponokrates schenkt er Clermaldsburg, den übrigen Getreuen andere Städte und Lehngüter. Für den Bruder Jahn Klopfleisch aber ließ er die Abtei Theleme erbauen am Loirfluß, zween Meilen vom großen Forst von Pont=Huault gelegen.

So lautet der kurze Inhalt des humoristischen Kriegs= gemäldes, das die glänzendste Partie im „Gargantua" bildet. Der Schauplatz, wo alle diese Riesen= und Heldenthaten vollbracht werden, ist, wie früher erwähnt, das Heimatland des Dichters, Chinon und dessen Umgebungen, ein Contrast zwischen Erzählung und Localität, der zur Erhöhung der komischen Kraft wesentlich beiträgt. Die französischen Exe= geten haben sich unendliche Mühe gegeben, sowol den ganzen Krieg als die einzelnen Persönlichkeiten in den Rahmen der französischen Zeitgeschichte von Karl VIII. bis Heinrich II. zu fassen und zu den allegorischen Figuren die Originale zu entdecken. Die Versuche, wenn auch in Einzelheiten zu= treffend, mußten im ganzen scheitern, weil Rabelais von dem freien und höhern Standpunkte des humoristischen Beobach= ters aus die Gegenwart und jüngste Vergangenheit nach allen ihren Richtungen und Brechungen in einzelnen Zügen zusammenfaßt und durch die dehnbare Hülle des Märchen= haften die persönlichen Deutungen verwischt und illusorisch macht. Daß Anspielungen auf die politischen und kriegeri= schen Verhältnisse unter Ludwig XII. und Franz I., auf die italienischen Feldzüge zwischen Mailand und Neapel, auf die diplomatischen Verwickelungen zwischen Frankreich und Spanien, selbst auf die bürgerlichen Kriege in Bretagne zur Zeit Karl's VIII. in dem humoristischen Kriegsgemälde ver= hüllt liegen, wer möchte das leugnen? Wird doch der „ka= tholische König", wird doch die Schlacht bei Saint=Aulbin

zum Sperberbaum (du Cormier) ausdrücklich erwähnt. Aber
außer diesen allgemeinen Beziehungen auf Zeitereignisse, die
gleichsam in der Luft lagen und sich jedem Leser von selbst
aufdrängten, darf man nicht nach bestimmten Begebenheiten
oder Persönlichkeiten forschen; die einzelnen Züge schillern
so vielfach ineinander, daß man vergebens zu Rabelais'
Königs= und Heldengestalten die historischen Originale suchen
wird. Das Ganze ist eine freie Dichtung auf dem Boden
der Zeitgeschichte, auf den allgemeinen Eindrücken aufgeführt,
welche die Ereignisse des Tages, die Erinnerungen aus der
jüngsten Vergangenheit in den Zeitgenossen hinterließen. Wer
kann in dem biedermännischen Grandgousier, der im Kreise
seiner Hausgenossen Kastanien am Herde röstet, der jedem,
welcher ihm nahe kommt, gute Lehren und moralische Er=
mahnungen ertheilt, der um des Friedens willen sogar Be=
leidigungen hinnehmen und sühnen will, wo er nichts ver=
schuldet, ein Conterfei von dem in keiner Beziehung hervor=
ragenden kriegliebenden Ludwig XII. erkennen? Ebenso wenig
kann der despotische, von rohen Leidenschaften beherrschte,
nach den Eindrücken launenhafter Willkür handelnde Franz I.
das Urbild des geraden, wohlmeinenden, großmüthigen
Gargantua sein, abgesehen davon, daß nicht einmal die
Blutsverwandtschaft zutrifft. Dabei soll nicht geleugnet
werden, daß man bei einzelnen Charakterzügen einige Aehn=
lichkeit finden mag. Näher liegt bei Pikrochol der Gedanke
an Lodovico Moro und an den tragischen Untergang seines
Geschlechts; aber das gleiche Schicksal traf ja auch das
aragonesische Königshaus von Neapel. Pikrochol ist nur
das Bild eines Herrschers, der durch eigene Schuld und
Ueberhebung sich selbst und sein Haus zu Grunde richtet.
In der Revolutionszeit hat man darin eine prophetische
Vision des Schicksals der Bourbonen und der emigrirten
Edelleute erkennen wollen! Mit gleichem Recht. Und doch)

liegen dem Rabelais'schen Kriegsgemälde reale Zustände, historische und sociale Lebenserscheinungen zu Grunde! Die Schilderungen der einzelnen Kriegsthaten, der Bewaffnung, der Heereseinrichtung, der Söldnerei, der ritterlichen Einzelgefechte erinnern in allen Stücken, wenn man von der spaßhaften Uebertreibung absieht, an die italienischen Kriege, an die Ritterthaten am Garigliano, an die Eroberung von Mailand. Die Rede Gallet's an Pikrochol und die Ansprache Gargantua's an die Ueberwundenen tragen in Form und Haltung ganz den Charakter der Staatsreden jener Zeit, wie sie in den Geschichtsbüchern von Guicciardini, Comines, Macchiavelli eingeflochten sind. In der Entstehungsgeschichte des Krieges werden die nichtigen Vorwände gegeißelt, welche in jener wankelmüthigen und treulosen Zeit als Kriegsfälle benutzt wurden. Das Unternehmen Karl's VIII. gegen Neapel beruhte auf keiner solidern Rechtsbasis als der Streit der Weckenbäcker und Weinbauern von Lerné und Chinon, und der ebenso hochmüthige als einfältige König Bittergroll, der sich von seinen Hofschranzen einreden läßt, er könne die ganze Welt und alle umliegenden Ortschaften erobern und einen Alexander und Cäsar übertreffen, trägt mehr als einen Zug von jenem französischen Monarchen, der alle von dem neapolitanischen König Ferrante angebotenen Ausgleichungen und Friedensvorschläge hochmüthig zurückwies und Neapel zum Ausgangspunkt großartiger Eroberungen und Triumphe zu machen gedachte. Auch die bösartige Zerstörungswuth und Plünderungssucht der Söldnerheere ist der Wirklichkeit entnommen, und selbst die wunderlichen Abenteuer und Todesgefahren der sechs Pilger, die von San=Sebastian bei Nantes kommend auf den Kriegsschauplatz gerathen, müssen zu komischen und satirischen Anspielungen dienen. Unter den drolligen Späßen, die der volksthümlichen Riesensage angehören mögen, z. B. wie Gargantua

die sechs Pilger im Salat aß und wie sie sich aus seinem
Schlunde retteten, werden sarkastische Bemerkungen über die
zu jener Zeit so häufigen Wallfahrten, welche Unzucht und
Unsittlichkeiten aller Arten im Gefolge hatten, und über
das ungeistliche Leben der Klosterbrüderschaften ange=
bracht. Jean verkündet den Pilgern, wenn sie heimkämen,
würden sie ihre Weiber alle gesegneten Leibes finden;
„denn wo ein Klosterthurm auch nur den Schatten hin=
wirft, da verfängts" (car seulement l'ombre du clochier
d'une Abbaye est feconde). Das wär' ja schier wie das
Nilwasser in Aegypten, meint Gargantua. Auch wegen ihres
Aberglaubens werden sie von Grandgousier abgekanzelt;
wenn ihre Prediger sie wegen der Pest auf die Wallfahrt
schickten, so seien sie falsche Propheten. Wenn man be=
haupte, daß das Böse von den Heiligen Gottes käme, so
lästere man sie und stelle sie den Teufeln gleich. Wie gut
wäre doch ein Regiment geordnet, meint Gargantua, wenn
entweder Könige philosophiren oder Philosophen regieren
würden.

Vor allem unbegreiflich ist es, wie die Erklärer in dem
plebejischen, knolligen und drolligen Jean des Entommeures
ein Abbild des feinen epikureischen Jean Du Bellay finden
konnten. Der letztere gehörte zu der Klasse des höhern
Prälatenstandes, welche die humanistische Bildung liebte und
förderte, um ihre Lebensgenüsse zu vermehren; von dem
andern sagt Rabelais, er sei ein echter Mönch, „so jemals
einer seit die mönchengende Welt mit Mönchen bemönchelt
gewesen, erfunden worden", dem Vina mehr am Herzen
liegen als Divina, der lieber handelt als studirt, eine derbe
Natur und ehrliche Haut, ohne jeden humanistischen Firnis,
aber auch voll Hohn und Verachtung gegen das träge ver=
sumpfte Mönchsleben, ein tapferes Soldatenblut unter dem
Mönchskleide, der mit kräftigem Mutterwitz und bewußter

Selbstironie die Gebrechen des Klosterlebens geiselt, aber nicht mit Reformatoreneifer dagegen auftritt; der Kutte und Brevier nicht von sich thun will, es aber auch mit den kirchlichen Exercitien und Stundengebeten nicht genau nimmt.

Vielleicht hat Rabelais selbst auf diesen Irrweg geführt: denn der Mönch Klopffleisch, in dessen Charakter keine Spur von den genialen Ideen und Gebilden zu finden ist, womit jene fruchtbar gärende Zeit sich trug, war nicht danach angethan, der Gründer eines idealen Ordensstaats „zum freien Willen" (Thelema) zu werden, worin die beiden Wahlsprüche „Erlaubt ist was gefällt" und „Erlaubt ist was sich ziemt" zur Geltung kommen sollten. Gargantua will nämlich seinen tapfern Waffengenossen zum Abt von Seuillé machen oder, wenn er lieber wolle, die Abtei zu Bourgueil schenken, oder die zu Saint=Florent, oder auch beide. Diese damals gewöhnliche Cumulation von geistlichen Stellen in Einer Hand weist Jean des Entommeures zurück, da er von Mönchen weder Vogt noch Vormund sein möchte. „Denn", sprach er, „wie sollt ich andere regieren, der ich mich selbst nicht regieren kann? Wollt ihr mich aber für meine vergangenen oder noch zu erhoffenden Dienste belohnen, so vergönnt mir, eine Abtei nach meinem Sinne zu stiften." Und nun folgt die Beschreibung des großartigen Prachtbaues ohne Mauern und Glockengeläut, in welchem nur wohlgestaltete und wohlgeartete Männer und Frauen Aufnahme finden, jeder Mann mit Ehren beweibt sein und alle in freier Gemeinschaft leben sollten, auch jedes Mitglied der Genossenschaft wieder austreten könnte, wenn es ihm gutdünke. „Zu Bau und Einrichtnng der Abtei", heißt es im 53. Kapitel nach der Uebersetzung von Regis, „ließ Gargantua siebenundzwanzig hunderttausend achthundert einunddreißig Langemwollenhammel (altfranzösische Gold=

münze) baar ausbezahlen und jedes Jahr, bis alles aus=
gebaut wäre, wies er auf das Gefäll der Dive (Flüßchen
in einer sumpfigen Gegend von Poitou) sechzehnhundert
neunundsechzigtausend Sonnenthaler (Goldstücke) und ebenso
viel Siebensternthaler. Zu Fundirung und Unterhalt der=
selben gab er auf ewige Zeiten dreiundzwanzighundertneun=
undsechzigtausend fünfhundert vierzehn Rosenobel unablöslich
amortisirte Grundrente, zahlbar jährlich an der Abtei-Thür,
und fertigt ihnen gute Stiftbrief darüber aus." Diesem
Aufwand entspricht denn auch die Größe und Schönheit:
„Des Gebäudes Figur war hexagonisch, dergestalt daß auf
jedes Eck ein dicker runder Thurm zu stehen kam, sechzig
Schritt im Durchschnitt ihres Umfangs, an Dick und Um=
riß waren sie all einander gleich." Die Thürme sind nach
ihrer Lage mit griechischen Namen bezeichnet. „Dreihundert=
zwölf Schritt betrug von einem Thurm zum andern der
Zwischenraum: zu sechs Gestocken alles erbaut, die Keller
im Grund mit eingerechnet." Das bis ins Einzelne be=
schriebene prächtige Gebäude im reichverzierten Stil der
Renaissance war tausendmal schöner als irgendeins der be=
rühmtesten Schlösser und hatte neuntausend dreihundert und
dreißig Gemächer, jedes mit Hinterkammer, Closet, Kapell,
Garderob und Austritt in einen großen Saal versehen.
Wendeltreppen von Porphyr, numidischem Stein, Serpentin
führten von einem Stockwerk zum andern, mit antiken
Bögen verziert. Liberereyen in Griechisch, Lateinisch, Hebräisch,
Französisch, Toscanisch, Hispanisch waren nach den Sprachen
in die verschiedenen Stockwerk vertheilt. Ein Schnecken=
trepp mit Bogen, so breit, daß sechs Reisige neben einander
darauf bis zum Dach reiten konnten, führte von außen
herein. Zwischen zwei Thürmen waren geräumige Galerien
mit lauter alten Heldenthaten, Historien und Erdbeschrei=
bungen gemalt. Durch eine große Inschrift über dem Thor

werden weggewiesen alle Profanen, die Gleisner und Zeloten, geldgierige Rechtsverdreher und Volksbedrücker, Wucherer, Geizhälse, eifersüchtige Raufer; eingeladen werden die Libe= ralen, die Schönen und Guten, edle Ritter und Frauen, würdige Bekenner eines geläuterten Gottesdienstes. „Zucht, Lust und Preis Gehn hier im Gleis Im fröhlichen Bund." In der Mitte des Hofes stand ein herrlicher Brunnen von schönem Alabasterstein, darüber wassersprühende Grazien; auch Bäder, Plätze zum Schwimmen, zu gymnastischen Uebungen, zum Ballspiel, Hippodrom und Theater, Lust= garten mit Labyrinth, Obstgarten, Parkanlagen mit Wild, Schießstätte, Marstall, Falknerei u. deßgl. durften nicht fehlen. Die Wohnungen der Männer und Frauen waren getrennt und alle mit schönen Teppichen und Stickereien versehen. Vor den Sälen des Frauenquartiers stunden die Haarauf= putzer und Parfumirer, durch deren Händ die Männer gingen, wann sie die Frauen besuchen wollten. Die Zimmer dufteten von wohlriechendem Wasser und Räucherwerk. Das 56. Kapitel beschreibt, „wie die Ordensbrüder und Schwe= stern von Thelem gekleidet gingen", ein Toilettengemälde, wie ein orientalischer Bazar es nicht bunter, reicher und schöner vorführen könnte. Man befindet sich in einer Ge= sellschaft vornehmer, köstlich geschmückter Damen und Herren, die alle Festbeschreibungen eines Froissart und Brantôme weit hinter sich läßt. Eigene Garderobmeister meldeten jeden Morgen den Cavalieren, welche Farbe am selben Tage den Frauen zu tragen beliebe, damit Herren und Damen als Zeichen ihrer Einigkeit überein gekleidet gingen. Denn alles und jedes ward nach dem Belieben der Frauen gethan. Kleidermacher, Goldschmiede, Juwelierer, Teppich= wirker und Handwerker aller Art bewohnten ein eigenes Quartier in der Nähe der Abtei. Schiffe aus den Kanni= balen= und Perleninseln brachten jedes Jahr die nothwen=

tigen Stoffe und Schmucksachen. Ihr ganzes Leben ward nicht nach Satzung, Regel oder Statuten geführt, sondern nach eigener freier Wahl. Uhren und Stundenzeiger gab es nicht. Jedermann stund auf, aß und trank und ging schlafen, wann es ihm beliebte. Die einzige Regel war: „Thu' was du willt.“ Diese Freiheit erzeugte einen edeln Wettstreit, alles zu thun, was dem andern angenehm war. „Weil wohlgeborene, freie wohlerzogene Leut in guter Gemein= schaft aufgewachsen, schon von Natur einen Sporn und An= reiz, der sie beständig zum Rechtthun treibt und vom Laster abhält, in sich haben, welchen sie Ehre nennen. Diese, wenn sie durch niedrigen Zwang und Gewalt unterdrückt und knechtisch behandelt werden, richten nun den edeln Trieb, aus welchem sie frei nach Tugend strebten, auf Zerbrechung und Abwerfung dieses Sklavenjoches. Denn wir trachten allzeit nach dem Verbotenen, und uns gelüstet nach dem, was versagt ist.“ — „So adelich waren sie alle erzogen, daß unter ihnen auch nicht Einer noch Eine war, die nicht hätt lesen, schreiben, singen, musiziren, fünf bis sechs Sprachen reden und sowohl reimweis als in ungebundener Red darin dictiren können. Niemals hat man so wackere galante Ritter ersehen, so fertig zu Fuß und Roß, so rüstig und regsam, so wohl in allen Waffen bewandert, als es da gab. Niemals hat man so stattliche Frauen, so artige, so wohlgelaunte, zur Hand, zur Nadel, ja zu jeder ehr= lichen freien weiblichen Kunst geschicktere Frauen gesehen als da. Sah sich Einer veranlaßt, aus dem Stift auszutreten, so nahm er eine der Frauen mit sich, die ihn etwan zu ihrem Getreuen erkoren hätt, und wurden dann zusammen vermählt, und hatten sie in Thelem treu und einig gelebt, so fuhren im Ehestand noch besser damit fort und liebten einander am letzten Tag ihres Lebens wie an dem ersten Hochzeitstag.“

Dieses reizende Gemälde schließt Rabelais mit einem „Räthsel=Prophezei", entsprechend dem „antidotirten Firlfanz" im Anfang des Stücks. In demselben wird, meistens mit den Worten des gleichzeitigen Dichters Merlin de Saint=Gelais, die trübe Zeit des Bürgerkrieges angedeutet, der bald über den schönen Boden Frankreichs hinstürmen wird. Gargantua begriff den Sinn der räthselhaften Prophezeiung, welche die spätern Geschlechter durch das Zutreffen der Weissagung in großes Erstaunen setzte, indem er sagte: „Es ist nicht von heut, daß man die treuen Bekenner des evangelischen Glaubens verfolgt. Aber - selig, wer sich nicht ärgert und unzerstreut und unverruckt durch seine fleischlichen Gelüsten stetig dem Ziel und Zweck nachjagt, den Gott durch seinen lieben Sohn uns fürgesteckt hat."

Aber Rabelais, wie Mephistopheles „des trocknen Tons nun satt", bricht dem Ernst die Spitze ab, indem er seinen humoristischen Bruder Jahn die Prophetenworte, mit Anwendung des Dichternamens auf den volksthümlichen Zauberer Merlin, in komischer Weise auf das Ballspiel und dessen Wirkungen anwenden, das rinnende Blut in triefenden Schweiß umdeuten läßt.

Wir werden die tiefere Bedeutung, den eigentlichen Sinn des prächtigen Gemäldes, in welchem Scherz und Ernst in heiterm Gewande der Dichtung mit kunstvoller Hand zusammengeflochten sind und über das Ganze ein Anflug des Mode= und Kunstgeschmacks der Renaissance ausgegossen ist, nicht weit zu suchen haben. In jener tiefbewegten Zeit, da die alten Ordnungen einstürzten und auf den Ruinen eine neue Welt in Kirche, Staat und Gesellschaft sich aufzubilden strebte, traten gar mancherlei Ansichten über die „Lösung der socialen Frage" zu Tage. Während die Männer der Reformation auf die Urzustände der Kirche, auf die Anfänge des religiösen Gemeindelebens zurückgingen und an

dem durch die hierarchische und scholastische Thätigkeit der
Jahrhunderte ins Monströse gewachsenen monarchischen Kir=
chenbau die entstellenden Zuthaten späterer Geschlechter ab=
zutragen oder niederzuwerfen sich bemühten, während in den
Kreisen schwärmender Wiedertäufer zum ersten male die Lehre
von der Freiheit, Gleichheit, Brüderlichkeit auf die revolu=
tionäre Fahne geschrieben ward, traten in der aristokratischen
Humanistenwelt sociale Gebilde von minder radicaler und
gewaltsamer Natur zu Tage. Auch hier wollte man refor=
miren, aber nur auf geistigem, ästhetischem Gebiete und
im eigenen Standes = und Sonderinteresse. Man wollte
den Blumengarten der Künste und Wissenschaften zum hei=
tern Genießen mit Gesinnungsgenossen zierlich anpflanzen
und ordnen. Es war dabei nicht ernstlich auf praktische
Verwirklichung abgesehen; man baute sich ein Feenschloß in
idealer Höhe auf und ergötzte sich an dem Gebilde der
Phantasie, das ja nur für die Eingeweihten verständlich
war. So konnte sich in Florenz, in Ferrara, in Rom ein
vornehmer Gesellschaftskreis in die hellenische Götterwelt
und in das platonische Ideenreich versenken; so konnte Thomas
Morus im Umgang mit Erasmus und mit einem kleinen
humanistischen Hofcirkel inmitten des größten Despotismus
sich ein „Nirgendheim" mit idealen Staats = und Gesell=
schaftszuständen bilden. Auch in den geistlichen Kreisen von
Saint=Maure=les=Fossés, der reizenden Abtei, welche Jean Du
Bellay seinen übrigen Pfründen beigefügt hatte und in
welcher Rabelais, wie wir gesehen haben, eine Chorherren=
stelle bekleidete, mögen gar mancherlei Gespräche über gesell=
schaftliche und kirchliche Reformen geführt worden sein im
Sinne ihrer aristokratischen Weltanschauung. Was mag in
jener gärenden Zeit der „Wiedergeburt", wo man jeden
Tag von neuen Entdeckungen, Einrichtungen, Umwandlungen
hörte, wo man hörte, daß die Geistlichen in den Ehestand

13*

treten sollten, daß in Deutschland, in England, in der
Schweiz, in so vielen andern Ländern die Klöster verlassen
und säcularisirt wurden, Mönche und Nonnen ins Leben
zurückkehrten, den feingebildeten Männern der französischen
Humanistenkreise nicht alles durch den Kopf gefahren sein!
So konnte in Rabelais die Idee zu einer Socialreform der
Klosterwelt entstehen, dem in der humanistischen Atmosphäre
sich bewegenden Mönch mußte jede Art von Reform zu=
nächst in dem gemeinsamen Leben der regulären Brüder=
und Schwestergenossenschaften ihren Ausgang nehmen. Man
darf in der Abtei vom freien Willen nichts anderes er=
blicken, als ein heiteres Spiel der Dichtung und Phantasie.
Dem Kenner der menschlichen Schwachheiten und fleischlichen
Gelüste lag der Gedanke an die Möglichkeit eines freien
Zusammenlebens von Männern und Frauen in Züchtigkeit
und Keuschheit, in Ehren und in Sittsamkeit so fern als
irgendeinem. Wenn Plato von seiner idealen Höhe herab
sagen durfte, daß seinen Frauen die Tugend zum Gewande
diene, so konnte der Arzt Rabelais unter König Franz I.
unmöglich zu einer solchen erhabenen Auffassung der Men=
schenwelt sich aufschwingen. Wenn in unserm Jahrhundert
der Saint=Simonismus und Fourier's Socialsystem den Ver=
such machen konnten, die gesammte Menschenwelt in gesell=
schaftliche Gliederungen, in Phalanstèren einzurahmen, so
kann man es leicht begreiflich finden, wie im Jahrhundert
der Kirchenreform ein französischer Schriftsteller auf den
Gedanken kommen mochte, die Klosterwelt zu einem idealen
Organismus umzugestalten. Seine Abtei Theleme ist ein
Phalanstère auf geistlichem Gebiet. Und dabei hat Rabelais
vor jenen modernen Socialreformern noch das voraus, daß
er sich auf dem idealen Boden der Poesie bewegt, während
jene mit ihren Wahngebilden einen Schnitt in den leben=
digen Leib der Menschheit zu machen versuchten. Denn daß

der Dichter des „Gargantua" sein Traumgebilde nur als
eine Zierpflanze im Garten der Dichtung ansah, beweisen
die humoristischen Züge, die da und dort hervortreten: die
Stiftungsbestimmungen, der stutzerhafte Verkehr der Herren
mit den Damen und die conventionellen Umgangsformen
und vor allen der Schluß, wo Bruder Jahn als Droll
oder Satyr das Ganze für eine Phantasmagorie erklärt,
deren Schein, durch die Umhüllung getäuscht, man für
Wahrheit genommen. Auf die Prachtanstalt in Theleme
darf man die Worte aus Shakspeare's „Sturm" anwenden

> Wie dieses Scheines locker Bau, so werden
> Die wolkenhohen Thürme, die Paläste,
> Die hehren Tempel, selbst der große Ball,
> Ja was daran nur theilhat, untergehen;
> Und wie dies leere Schaugepräng' erblaßt,
> Spurlos verschwinden.

Damit wollen wir die Analyse des Buches beschließen.
Bleibt auch im zweiten Theil des Romans der Charakter
derselbe, wird auch im „Pantagruel" in dem Rahmen der
Riesensage ein Zeitbild entrollt, in welchem die Gebrechen
und Schäden der Gegenwart gegeißelt, die leitenden und
tonangebenden Persönlichkeiten in verhüllter Gestalt und
Namen vorgeführt, die Thorheiten und Verkehrtheiten der
Gesellschaft im Spiegel des Momus dargestellt und verspottet
werden; tritt auch in Ton und Haltung derselbe Humor
und Muthwillen, dieselbe cynische Ausgelassenheit, dasselbe
behagliche Ausmalen unanständiger Situationen, derselbe
nackte Naturalismus der Volkserzählung zu Tage, wie im
„Gargantua", so ist doch der Charakter der Zeit ein anderer,
die Signatur, die wir zur Erklärung des „Gargantua"
vorausgeschickt, paßt nicht mehr ganz zu dessen Sohn Pantagruel. Die naive Unbefangenheit, mit der man in der
Zeit der Renaissance mit dem Feuer zu spielen wagte, ohne

den Brand des Hauses zu fürchten, ist im Laufe des 16. Jahrhunderts einer strengern Auffassung der Lebens= erscheinungen gewichen: die Religionsstreitigkeiten erzeugten einen finstern Zelotismus; man sah da und dort Scheiter= haufen emporlodern, welche die reformatorischen Wortführer zum ewigen Schweigen brachten; man hörte von Gefangenen, die in Kerkermauern schmachteten; man sah Verfolgte und Flüchtlinge in der Fremde umherirren; die Kriege mit Karl V. brachten manches Ungemach über Frankreich. Dieser Wechsel in dem Charakter der Zeiten konnte nicht ohne Einfluß auf den Fortgang des Romans bleiben. Die humanistischen Schöngeister wie Du Bellay, die sich an der Idee einer Klostergemeinde von feingebildeten Cavalieren und Damen vergnügen konnten, treten in den Hintergrund; ihre Stelle nehmen durchgreifendere, gewaltthätigere Geister ein, wie der Cardinal von Lothringen; statt des naturwüchsigen Bruder Jahn mit seinen derben Späßen, seinen muthwilligen, aber harmlosen Streichen, spielt Panurg die Rolle des lustigen Raths und komischen Helden, eine Figur, die schon im Namen auf eine versatilere, verschmiztere, verschlagenere Natur hindeutet, in welcher neben dem Charakter eines Falstaff, eines Aufschneiders und Possenreißers, auch me= phistophelische Anwandlungen zu Tage treten. Besonders eingehend beschäftigt er sich mit der Frage, ob es rathsamer sei, sich zu verheirathen oder ledig zu bleiben, eine Frage, welche damals die ganze Welt, vor allen die Geistlichkeit in Aufregung hielt. Und wie der Cardinal von Lothringen, der unter Heinrich II. in allen Hof= und Staatsactionen seine Hand hatte, der in allen kirchlichen Zeitfragen das entscheidende Wort führte, auf der Höhe des öffentlichen Lebens sich bewegte und alle übrigen Personen zurückdrängte, so auch Panurg, in dessen Gestalt man ohne Zweifel manche Züge des klugen, gewandten und mächtigen Kirchenmannes

aus dem Hause Guise suchen darf, nur daß man nicht mit
pedantischer Deutungskunst das freigeschaffene dichterische
Gebilde auflösen, aus dem lebensvollen Phantasiegeschöpf
ein allegorisches Schemen, eine mit kleinlicher Berechnung
zugeschnittene Figur construiren darf. Auch von Rabelais
selbst, dem satirischen Beobachter, dem philosophischen Schalk,
dem schnurrigen Erzähler, sind einige Züge in dem lustigen
Helden des Romans, im Panurg enthalten, dem Urbilde
der französischen Komik, dem spottsüchtigen, gescheiten Welt-
und Menschenkenner, so reich an feinen und gemeinen Er-
findungen, an Possen und muthwilligen Streichen. Als
Rabelais diese Zeitbilder in allerlei Brechungen und Ver-
hüllungen in carifirten Verstellungen und verschobenen Zügen
und Situationen, aber doch den Eingeweihten erkenntlich,
den Gegnern, Mistrauischen und Argwöhnischen verdächtig,
in seinem komischen Roman vorüberziehen ließ, ging der
Wind schneidig durch die Welt und die Kartenhäuser der
Humanisten sanken zusammen unter dem rauhen Hauche der
Wirklichkeit. Es war für den Satiriker, der mit seinem
Herzen auf der Seite der Streiter für die neue Cultur, für
die Freiheit des Geistes und der Wissenschaft stand, eine
schwere Aufgabe, den Weg durch die verschlungenen Pfade
des Lebens zu finden, ohne seinen Fuß an einen Stein zu
stoßen, die schwankenden Gestalten seiner Dichtungen so zu
stellen, daß die Getroffenen sich nicht erkannten, die Beleidigten nicht nach Rache und Strafe schrien, die Späher und
Angeber in den verzerrten Bildern der Komik und Satire
keine Handhabe zur Verfolgung erlangten; aber wir wissen
ja, wie gut Rabelais die weise Lehre beherzigte: „Schicket
euch in die Zeit."

Gesellschaft und Staat in den germanischen Reichen der Völkerwanderung.

Von

Felix Dahn.

Die Grenzregulirung zwischen Staat und Gesellschaft wird von jedem Volk in verschiedenen Perioden seiner Entwickelung verschieden vorgenommen. Eine feste Formel dafür, welche das für alle Völker und Zeiten gleichmäßig, objectiv Richtige aussprächte, kann es nicht geben. Der Nationalcharakter und der Inbegriff der geschichtlichen Voraussetzungen entscheiden in jedem einzelnen Fall die versuchte Lösung auch dieser Frage.

Ohne Reibung, ohne Conflict geht diese Auseinandersetzung nur in zwei Fällen ab.

Einmal in der Stufe der Vorcultur, unter noch gering entwickelten Anfängen sowol der „Gesellschaft" als des „Staates" bei jugendlichen Völkern: wenn z. B. bei den Germanen vor der Wanderung der werdende „Staat" noch kaum über die durch Sippeverband und Feldgemeinschaft verknüpfte Familien= und Gemeinde=Genossenschaft hinausgewachsen und die „Gesellschaft" auch noch auf jene einfachsten beiden Grundlagen beschränkt ist. Und selbst in diesen Zuständen fehlt es nicht an Conflicten: der Staat beginnt z. B. bereits der widerstrebenden Gesellschaft, der Familie, das ursprünglich unbeschränkt geübte Recht der Blutrache leise zu begrenzen.

Sodann bei dem Absterben der Völker, bei der Verknöcherung einer Cultur kann es begegnen, daß der Staat, die einzelne Staatsform, die Gesellschaft vollständig gefesselt und unterjocht hat, daß ihre Functionen nicht

mehr spontan von der Gesellschaft, sondern in den For=
men und nach den Normen des allbeherrschenden Staats=
zwanges geübt werden: dann hat der Staat die Gesell=
schaft absorbirt; ein solcher mumienhafter Zustand kann
sich, wie das merkwürdige Beispiel der Chinesen zeigt, jahr=
tausende lang fast ohne Veränderung erhalten. Freilich
wird in der Regel das nationale Leben an solcher Stag=
nation sterben. Oder es tritt plötzlich, vielleicht durch äußere
Anregung, eine nicht mehr erhoffte Neubewegung ein.

Abgesehen von diesen beiden extremen Fällen einer noch
kaum begonnenen oder einer schon abgeschlossenen Entwickelung.
berühren sich nun aber Staat und Gesellschaft in unabläffigen
Reibungen: beide suchen, in gutem Glauben an ihr Recht,
dem schwer verträglichen Nachbar gegenüber ihr Hausrecht
und ihre freie Bewegung zu wahren, ein Bestreben, in
welchem der Gegner bereits Uebergriffe in sein Gebiet zu
erblicken nur allzu geneigt ist.

Oft hat sich nun der Staat schwer genug an der Frei=
heit der Gesellschaft dadurch versündigt, daß er unter seine
Regelung und Leitung auch solche Gebiete des innern oder
äußern Lebens der Gesellschaft zog, welche höchstens seinen
Schutz, nimmermehr aber seine bildenden oder misbildenden
Eingriffe bedürfen und ertragen: Religion, Moral, Kunst
und Wissenschaft im Innenleben, Volkswirthschaft, Familie
und Gesellung aller Art im Außenleben hat der Staat
häufig genug geradezu „machen" wollen. Die Folge solcher
Bevormundung, wenn sie durchgeführt werden kann, ist Er=
starrung des Volkslebens auf diesen Gebieten.

Im Rückschlag hiergegen hat freilich dann oft auch die
Gesellschaft nicht nur die Uebergriffe, sondern die Existenz
des Staates selbst zu bekämpfen versucht. Und es fehlt auch
nicht an Zeiten, — die unsere scheint sich zu einer solchen
zu gestalten — in welchen die Gesellschaft nicht in Noth=

mehr, sondern in Misbrauch der ihr von Staat und Rechts=
ordnung eingeräumten weitgemessenen Freiheit die Offensive
gegen die Staatsordnung als solche ergreift und die Auf=
gaben des Staates für durch die Gesellschaft allein lösbar
erklärt: der überflüssig gewordene „Nothstaat des Rechts"
soll dem „freien Vernunftstaat", oder der Gesellschaft Platz
machen.

Es ist nun eine anziehende und noch nie angestellte Un=
tersuchung, das Verhältniß von Staat und Gesellschaft in
jenen Uebergangsbildungen zu prüfen, in welchen innerhalb
des zerbröckelnden Rahmens des römischen Reichs mit der
vorgefundenen römischen Gesellschaft der unfertige germanische
Staat in Berührung trat.

Das Ergebniß der Untersuchung ist reich lohnend: die
Romanisirung aller Germanenstämme in Spanien, Italien,
Gallien, der Untergang der germanischen Staatsbildungen in
diesen Ländern erklärt sich zuletzt nur aus der Ueberlegenheit
der mit diesen germanischen Staatsformen unverträglichen
römischen Gesellschaft und ihrer Cultur.

Von vornherein scheidet das Frankenreich von den übrigen
Staaten sich ab: es hatte Dauer und Zukunft; es hat zwar
die Romanisirung der germanischen Eroberer ebenfalls nicht
abwenden können, wohl aber hat es, obzwar mit Mühe und
mancher tödlichen Gefahr, den Staat als fränkischen, zuletzt
als französischen, zu erhalten vermocht. Ueber die Gründe
dieser Abweichung wollen wir bei anderer Gelegenheit, mit
Beschränkung auf das Frankenreich, sprechen: für diesmal
sollen nur die außerfränkischen Germanenreiche und ihr Ver=
hältniß zur römischen Gesellschaft betrachtet werden.

Das Verhältniß des antiken Staates zur Gesellschaft
war bei den Hellenen ein wesentlich anderes gewesen als bei
den Römern.

Bei den Hellenen findet sich, entsprechend ihrem doctri=

nären Wesen, sehr früh die Tendenz des Staates, die Frei=
heit der Gesellschaft zu unterbinden: was bei Pythagoras, Pla=
ton und zum Theil auch bei Aristoteles in der Theorie
bis zum Extrem gesteigert wird — die Absorbirung des
individuellen Lebens, in Kunst und Wissenschaft, der Fa=
milie, des Handels und Verkehrs durch staatliche Allmacht —
hat in der Geschichte, in der Praxis Vorbild und Grundlage
in dem dorischen Staatswesen mit seiner Unterjochung des
Einzelnen und der Gesellschaft durch den Zwang des Staates.

Anders die Römer.

Das classische Volk des Civilrechts hat, bei aller Strenge
der Anforderungen an den Patriotismus des Bürgers, doch
die Sphäre seiner äußern Beziehungen zu der Sachenwelt
und den nächsten Lebensgenossen (eben das Vermögens=
und das Familienrecht) sorgfältig, ja eifersüchtig in
unantastbarer Selbständigkeit gewahrt: der römische Haus=
vater schuldet seinen Sohn dem Waffen= und Staatsdienst
der Republik: aber dieser Sohn kann Triumphator und
Dictator werden, ohne eigenes Vermögen zu besitzen, ohne
der privatrechtlichen Gewalt des pater familias entrückt zu
werden.

In der That, die römische Gesellschaft ist, abgesehen von
der sofort zu erörternden Ausnahme der Sklaverei, dem
römischen Staate gegenüber immer ungebunden, unbevormun=
det gewesen; in der alten Zeit hatte sich die Verfassung
auf dem vorgefundenen geschichtlichen und gesellschaftlichen
Unterschied der Stände aufgebaut: nach Veränderung der
gesellschaftlichen, wirthschaftlichen Zustände hatten die Ple=
bejer Gleichstellung mit den früher nicht ohne Grund pri=
vilegirten Patriciern erkämpft; und wenn im Verlauf der
Culturperioden neue gesellschaftliche Gruppen und Stände
sich bildeten, so errangen sie auch die entsprechende Aner=
kennung im Staatsleben.

Freilich, ohne Sklavenarbeit war der römische Staat so wenig denkbar wie der griechische. Die Sklaverei, welche sich übrigens bei allen Völkern der Vorcultur findet, ich möchte sagen die naive Sklaverei, ist in den entsprechenden Culturperioden keine krankhafte Erscheinung: ist sie doch, aus der Kriegsgefangenschaft erwachsen, immerhin schon eine Milderung des ursprünglichen barbarischen Rechts der Tödtung der Gefangenen: sie ist, wirthschaftlich betrachtet, in den einfachen Zuständen, da der Herr fast alle Arbeit und beinahe alle Genüsse des Lebens, obzwar immerhin mit Auswahl und verfeinert, mit seinen Knechten theilt, kein lebensgefährliches Uebel für den Staat.

Aber die raffinirte Sklaverei, wie sie in der römischen Kaiserzeit bestand, mußte, im Zusammenwirken mit andern wirthschaftlichen Schäden, die römische Gesellschaft und dadurch mittelbar zuletzt den römischen Staat lebensunfähig machen.

Nicht nur das sittliche Misverhältniß, daß der unfreie Mensch von der Rechtsordnung nicht als Mensch, sondern als Sache behandelt wird, ist nun, da häufig der Sklave und Freigelassene auf viel höherer Bildungsstufe steht als der Herr, viel unerträglicher geworden — auch wirthschaftlich muß die ungeheure Vermehrung der Zahl der Sklaven und der Sklavenarbeit immer verderblicher wirken.

In den Häusern weniger senatorischer Geschlechter häuft sich ungemessener Reichthum; ihr weitgestreckter Landbesitz verschlingt wie verzehrend um sich greifendes Feuer Scholle um Scholle der Aecker des kleinen Nachbars, nur Sklaven und Colonen bebauen die veröbeten Latifundien des Provinzialadels: der wohlhabende Mittelstand ist vollständig verschwunden; in den Städten schon längst, da leben nur die reichen „Senatoren", in deren Geschlechtern die städtischen Aemter — und bald auch die Bischofswürden — thatsächlich erblich geworden. Großhandel und Fabrikation

werden mittels deren Kapitalien von Freigelaſſenen oder
Sklaven betrieben, Kleinhandel und Kleingewerk beſchäftigen
ebenfalls Freigelaſſene und den niederſten Pöbel. Aber
auch auf dem flachen Lande kann ſich ein Mittelſtand von
Freien nicht mehr halten; als Colonen, Clienten, Abhängige
aller Art leben die ehemals freien Bauern auf den Gütern
des großen Grundherrn, ihre Hufen hat der Fiscus wegen
Rückſtand der unerſchwinglichen Grundſteuer eingezogen oder
der Pfandgläubiger an ſich geriſſen.

In dem ſtädtiſchen Leben waren ganz analoge Krank-
heitserſcheinungen aufgetreten; die reichern, in der „Curie"
vertretenen Geſchlechter wußten es durch Beſtechung und
Misbrauch ihrer bereits erworbenen Uebermacht dahin zu
bringen, daß die municipalen Laſten in unverhältnißmäßiger
Ueberbürdung von den geringern zum ſtädtiſchen Dienſt verpflichteten Häuſern getragen wurden.

Die Quellen, aus welchen wir reichſte Kenntniß dieſer
ſocialen und wirthſchaftlichen Zuſtände des 4. und 5.
Jahrhunderts ſchöpfen, ſind einmal die in dem Codex
von Theodoſius uns erhaltenen Kaiſergeſetze, welche die Ver-
armung und das Verſchwinden des freien Mittelſtandes in
Stadt und Land, die vergeblichen Vorbeugungsverſuche ſowie die Maßregeln des Finanzdruckes, welche das herr-
ſchende Uebel enthüllen und ſteigern, oft ſehr wider Willen
in erſchreckend greller Beleuchtung uns vor Augen legen.

Dann aber einzelne Schriftſteller, welche gelegentlich mit
dem einen oder andern Zuge jenes Bild ergänzen. Ganz
beſonders aber iſt es die Schrift Salvian's (aus dem Anfang des 5. Jahrhunderts) „Von der göttlichen Welt-
regierung", welche, auch nach Abzug der aus ihrer Tendenz
fließenden Uebertreibungen, uns den Verfall der wirthſchaftlichen Grundlagen der römiſchen Geſellſchaft als
einen unaufhaltſamen überzeugend darſtellt. [1])

Denn — das muß gegenüber den in diesen Dingen immer noch herrschenden hergebrachten Declamationen scharf ausgesprochen werden — nicht die sittliche, die wirthschaftliche Verderbniß hat das Römerthum gestürzt und zwar, wie schon bemerkt, den römischen Staat erst mittelbar, spät, allmählich, nach bewundernswerth hartnäckigem Widerstande gegen innere und äußere Feinde — zunächst und unmittelbar die römische Gesellschaft; aber auch diese hat in der Schicht, in welche sich, freilich auf Kosten aller andern, zuletzt alle römischen Traditionen von Bildung, Wohlstand, Stolz und Glanz zurückgezogen hatten, ich meine in den „senatorischen“ Adelsgeschlechtern, obwol an den tiefsten Lebenswurzeln seit Jahrhunderten unheilbar erkrankt, wenigstens im Abendlande, in Italien, Gallien, Spanien einen langen Todeskampf nicht unrühmlich gekämpft und noch im Sterben manch schönen Zug antiker Cultur und römischer Kraft bewährt.

Man ist gewohnt, nur die Schattenseiten dieser römischen Aristokratie der Verfallzeit aufzudecken und gegenüber dem jugendlichen Germanenthum und der Reinheit des Christenthums nur das widerliche Bild greisenhafter Laster in den Optimatengestalten jener Jahrhunderte zu erblicken.

Wir wollen zeigen, daß alle Kraft, welche die kranke Gesellschaft, den morschen Staat noch zusammenhielt — und zwar doch noch sehr lange — in diesem Provinzialadel beruhte; diese Geschlechter sind es auch gewesen, welche, die Träger der römischen Cultur, mit dieser Cultur den rohen germanischen Staat umgestürzt oder umgestaltet und den germanischen Eroberern allmählich die eigene Nationalität entwunden haben; sie sind die Begründer geworden der romanischen Nationalitäten und ihrer Eigenart in aller Cultur, in welcher wahrlich das germanische Element bis zum Verschwinden von den römischen Traditionen überwältigt worden ist

Einmal unterliegt es keinem Zweifel, daß weitaus der
größte Theil der Staatseinkünfte in den von diesen, den
allein noch reichen, Schichten der Bevölkerung entrichteten
unmittelbaren und mittelbaren Steuern — Grundsteuer,
Verkehrssteuern, Zöllen [2]) — bestand; mochten sie noch so
häufig einen Theil dieser Lasten auf die Aermern überzu-
wälzen verstehen, immerhin blieb das meiste unübertragbar
auf ihnen lasten. Auch die sehr umfassenden Leistungen von
Arbeit — Staatsfronen — und Naturallieferungen [3]) in
Krieg und Frieden an das Reich wurden aus den Arbeits-
kräften und Kapitalien dieser Aristokratie bestritten.

Noch höher ist anzuschlagen, was diese städtischen und
provinzialen Dynasten für das municipale und provinzielle
Leben ihrer Stadtgemeinden und Landschaften leisteten.

Ich meine nicht nur die wahrhaft erdrückenden Lasten,
welche sie zwangsweise vermöge der Staatsverfassung als
Spitzen und Häupter der „Curialen", dieser sinkenden Last-
thiere des sinkenden Reiches, in der städtischen Verwaltung
und dem Reiche gegenüber zu tragen [4]) hatten — z. B. die
eventuelle Haftung für alle rückständigen Steuern im Terri-
torium — noch bedeutsamer ist, was diese Geschlechter —
es galt das als Ehrensache der Familien — neben jenen
wahrhaft erstickenden Zwangspflichten freiwillig für Flor,
Glanz und Schmuck ihrer Vaterstädte, für Schutz und
Wohlfahrt ihrer Landschaften gethan haben.

Die Inschriften Südgalliens [5]), Spaniens [6]), Italiens
sagen es uns, wie auch im 4. und 5. Jahrhundert
noch, in den Pausen, ja mitten in den Stürmen der Barbareneinfälle und der Palastrevolutionen und Bürgerkriege
der Gegenkaiser, jene altedeln provinzialen Geschlechter Theater und Circus, Brunnen und Bäder, Straßen und Brücken,
fromme und wohlthätige Anstalten aller Art für ihre Städte
zu stiften nicht müde wurden.

In der That, für die Erhaltung der antiken Cultur, für die Fristung der Traditionen der römischen Gesellschaft während der gefährlichen, harten ersten Zeiten der barbarischen Invasionen hat diese provinziale Aristokratie ganz Außerordentliches geleistet; ja, nachdem das Herz des Reiches, Italien, bei den unaufhörlichen innern Unruhen in Pflege von Kunst und Wissenschaft zurückgeblieben, hat sich in Gallien und Spanien, getragen durch jenen Provinzialadel, römische Cultur, römisches Geistesleben noch immer zähe aufrecht erhalten.

Endlich aber — und das ist der beste Beleg für die noch keineswegs gebrochene Kraft dieses Standes in den Westprovinzen des Reiches — haben diese gallischen und spanischen Dynasten und Großgrundbesitzer zu Ende des 4. und im Laufe des 5. Jahrhunderts wiederholt, nachdem die Kraft und Thätigkeit des Staates, durch Bürgerkriege und Barbareneinfälle erschöpft, vom Centrum aus diese Provinzen nicht mehr im Kriege zu vertheidigen, ja oft nicht mehr im Frieden zu verwalten vermochte, selbst die Initiative ergriffen und sich mit der Autonomie der Verzweiflung in Rath und That selbst geholfen; jetzt regt sich in Gefahr und Noth in diesen Provinzen eine Selbständigkeit und Selbstthätigkeit, welche in der Zeit seiner Machtfülle der Druck des centralisirten Staatswesens nicht geduldet hatte; nunmehr, da häufig die für Gallien und Spanien bestimmten Beamten, Truppen, Gelder, Befehle die Alpen und Pyrenäen gar nicht oder nur nach langer Verspätung überschreiten konnten, da civile und militärische Behörden gar nicht oder, was noch schlimmer, von zwei Gegenkaisern zwiefach in diese wieder zu Grenzländern gewordenen Provinzen abgeordnet wurden — nun waren sie zumal in Abwehr der Barbaren, aber auch in Dämpfung der innern Unruhen und in der ganzen Verwaltung darauf angewiesen,

14*

sich selbst zu helfen, und wahrlich, sie ließen es daran nicht fehlen. Daß diese Versuche der Uebermacht der äußern Feinde gegenüber häufig scheiterten, nimmt ihnen nicht den sittlichen Werth und die politische Bedeutung.

Nur Ein Beispiel, unter zahlreichen ähnlichen Vorgängen herausgegriffen, ist es, wenn im Jahre 409 zwei solcher spanischer Dynasten, aus dem Hause des Theodosius, Didymus und Verinianus, aus eigenen Kräften die von kaiserlichen Truppen entblößte iberische Halbinsel gegen die drohende westgothische Invasion zu vertheidigen unternehmen; sie ziehen aus den großen Latifundien ihres Hauses die zahlreichen Colonen und Knechte zusammen, rüsten sie selbst mit Waffen und Kriegsgeräth aus, verpflegen sie, besetzen auf eigene Hand die Pyrenäenpässe und suchen so die Provinz mit eigenen Kräften gegen den Gothenkönig (Athaulf) zu vertheidigen.

Und noch zwei Menschenalter später, circa 470, vermochte es in dem durch den Bauernkrieg der Baccauden und durch wechselnde Barbaren tief erschöpften Gallien [7]) der Provinzialadel der Auvergne, diese Landschaft lediglich mit eigenen Mitteln viele Jahre lang gegen die unablässigen Angriffe des gefürchteten Eurich, des großen Eroberers, erfolgreich zu vertheidigen; die „Nobilitas" der Provinz ist es, geführt von Ecdicius, dem Sohne des Avitus und Haupt des mächtigen avitischen Geschlechts, welche „aus eigenen Kräften die Waffen des Staatsfeindes abwehrt und zugleich Offizier und Mannschaft ist". [8]) Mit zwanzig Reitern schlägt sich Ecdicius durch die Reihen der Gothen, welche Clermont-Ferrant belagern, den wichtigsten Mittelpunkt der Landschaft, wirft sich in die schwerbedrohte Stadt, übernimmt die Leitung der Vertheidigung und führt sie unter schweren Verlusten der Belagerer erfolgreich durch; ja, so kräftig ist das Selbstgefühl dieser die Geschichte ihrer Provinz beherrschenden

Aristokratie, daß, nachdem die Staatsgewalt das Land aus=
drücklich den Barbaren abgetreten hat, die „Nobilitas" der
Auvergne sich nicht daran kehrt, sondern nach wie vor auf
eigene Faust den Kampf für den eigenen Herd fortsetzt.

Ein solches Geschlecht ist mitnichten in physischer und
sittlicher Verkommenheit rettungslos versunken, und was uns
die gleichzeitigen Schriftsteller Ammian, Gregor von Tours,
Jordanes, Prokop von den Romanen in Italien und Gallien
berichten, läßt diese keineswegs etwa greisenhaft neben den
Germanen erscheinen; nicht die Laster der Ohnmacht, die
Verbrechen zügelloser Kraft und Leidenschaft walten unter
ihnen, und die Barbaren haben sie gewissermaßen angesteckt,
sie sind verwildert; Blutrache und Familienfehde haben diese
gallischen Optimaten von ihren fränkischen Nachbarn gelehrig
angenommen; der Kraft entbehren diese Naturen nicht.

Aber freilich, diese Aristokratie ist auch der einzige Stand
der damaligen römischen Gesellschaft, der noch zähen Wider=
stand leistet dem von allen Seiten, von innen und außen,
anflutenden Verderben.

Es fehlt vollständig an einem freien gedeihlichen Mittel=
stand in Stadt und Land.

Unter den unermeßlich reichen Herrn der Latifundien
steht sofort die trostlose Schicht der abhängigen mittellosen
Clienten, Colonen, Hintersassen, die in ihrer Halbfreiheit oft
schlimmer daran sind, als die Sklaven, an deren Wohl der
Eigenthümer wenigstens noch das gleiche Interesse wie an
seinen Hausthieren hat. [9]

Günstiger gestellt waren häufiger die Freigelassenen,
welchen ihre Peculien bei der Freilassung belassen wurden
und welche zumal Handel und Gewerk eifrig betrieben.

Das Verschwinden des unabhängigen Mittelstandes im
römischen Reiche ist eine Hauptursache des Verfalls von Ge=
sellschaft und Staat gewesen, es fehlte an der unentbehr-

lichen breiten Masse gesunder Träger für diesen mächtigen
Bau.

Die Abnahme der behäbigen unabhängigen Kleinfreien
ist allerdings schon im ersten Jahrhundert der Kaiserzeit
deutlich wahrzunehmen, aber sie macht im 1. und 2.
Jahrhundert unserer Zeitrechnung erschreckende Fortschritte.
Der tiefste Grund dieser gesellschaftlichen Krankheitserschei=
nung ist selbst gesellschaftlicher, wirthschaftlicher, nicht zunächst
politischer Natur; er ist eine Folge des gesammten, auf der
Sklaverei erbauten gesellschaftlichen Systems und der Ueber=
macht des kolossalen Kapitals, das sich in einer kleinen An=
zahl von Geschlechtern vererbt.

Aber unverkennbar haben politische Misstände wesentlich
dabei mitgewirkt: ein verderbliches Finanzsystem, zumal eine
falsche Steuerpolitik [10]), das auf Erpressung und Bestechung
officiös verwiesene Beamtenthum [11]), der lähmende Druck des
Despotismus im ganzen Staatsleben; endlich aber mußten
auch die seit Trajan und Hadrian selten mehr ruhenden innern
Erschütterungen und äußern Kriege den kleinern Mann viel
härter treffen als den reichen Abel und ihn dazu drängen,
sich mit Hingabe seiner persönlichen Freiheit und seines
Eigenthums unter den Schutz eines „Mächtigen" (potens,
der Ausdruck ist bereits technisch geworden) zu flüchten.

Es ist merkwürdig, in welch mannichfaltigen Formen —
kaum minder zahlreich als später im Mittelalter — sich in
diesen Jahrhunderten solche Abhängigkeitsverhältnisse aus=
gebildet haben; sie beruhen größtentheils, aber nicht alle,
auf Landleihe, auf Vertretung des Schützlings vor Gericht. [12])
Aber schon findet sich auch als Gegenleistung des Clienten
nicht nur Zins und Fron — auch Waffendienst für den
Patron; einerseits sah man sich in den von Beamten und
Truppen oft entblößten Landschaften bei den selten ruhenden
innern Zerrüttungen und feindlichen Bedrohungen darauf an=

gewiesen, die versagende Hülfe des Staates, seiner Polizei
und Gerichte durch Selbsthülfe, durch die bewaffnete Diener=
schaft und Clientel des Hauses zu ersetzen, und andererseits
waren auch diese Großen sehr geneigt, nicht nur zur Ab=
wehr, auch zur Durchführung ungesetzlicher Gewalt zu den
Waffen zu greifen.[13]) In manchen Provinzen, zumal des Ost=
reiches, ließ man sich von den Kaisern zu dem Schutz gegen
Raub und Erpressung besondere Friedenswächter, irenophy-
laces, geben[14]); meist entlassene oder auch noch active Soldaten:
Sauvegarden, sie wurden dann in den zu schützenden Dör=
fern (vici) und Landhäusern (villae) einquartiert; oft aber
wurden diese zum Schutze gegen Gewaltthat erbetenen Mann=
schaften zur Verübung von Gewalt gegen die Nachbarn mis=
braucht. In andern Landschaften, so in Spanien und
Gallien, griff man dagegen zu dem obenerwähnten Mittel:
man bildete sich aus Freigelassenen, Colonen, Halbfreien,
Schutzbefohlenen aller Art in wechselnden Rechtsformen der
rein persönlichen oder der mit Landleihe verknüpften Abhängig=
keitsverhältnisse, dann aus den Sklaven eine dem „Brotherrn"
(buccellarius ist der bezeichnende Name für eine dieser Clientel=
formen, von bucca, der Bissen Brot) zu Trutz und Schutz
blind ergebene bewaffnete Schar. Es wäre eine dankens=
werthe Arbeit, diese Abhängigkeitsverhältnisse des sinkenden
Römerthums erschöpfend darzustellen; der Codex des Theo=
dosius gewährt reiches Material hierfür.

Es ist zwar irrig, das Aufkommen des Beneficialwesens,
wie man früher vielfach versucht hat, als Fortbildung jener
römischen Clientelverhältnisse zu erklären; aber gerade für
unsere Betrachtung ist es lehrreich, zu constatiren, daß bereits
vor der germanischen Invasion in den römischen Provinzen
eine ganz ähnliche Verschiebung in dem Verhältniß von
Staat und Gesellschaft sich vollzieht, wie wir sie, obzwar
in andern Formen und eigenartigen Ursprungs, im Mittel=

alter in der Feudalität antreffen; im Römerreiche hat der
Staat in gewissen Richtungen die Kraft der Thätigkeit ver=
loren: er kann nicht mehr schützen und helfen, er erscheint
greisenhaft, partiell gelähmt, deshalb greift die Gesellschaft,
von wirthschaftlichen Grundlagen ausgehend, zur Selbsthülfe;
privatrechtliche Abhängigkeitsverhältnisse, auf Landleihe gestützt,
werden dazu benutzt, Functionen, welche der Staat nicht
mehr erfüllt, auszuüben; die Gesellschaft tritt hier an die
Stelle des theilweise absterbenden Staates.

Der mittelalterliche Feudalstaat aber vermochte noch
nicht jene Functionen ausreichend zu erfüllen; der altger=
manische Staat, wie er vor der Wanderung bestanden, war
ein wirklicher, obzwar höchst einfach organisirter, Staat ge=
wesen; der „Unterthanenverband", die Staats= oder Volks=
angehörigkeit, also ein staatliches, nicht ein privatrechtliches
Band, war der Zusammenhang, die Grundlage von Pflichten
(z. B. Heerbann) und Rechten (z. B. Rechtsschutz in der
Volksversammlung) gewesen; die Aufgaben jenes germanischen
Urstaates waren wenig zahlreich, aber er löste sie mit staat=
lichen, staatsrechtlich gedachten Rechtsbegriffen. Diesen Ur=
staat der Volksfreiheit hatten die Germanen während des
2. und 3. Jahrhunderts eingebüßt (wenigstens jene,
welche mit den Römern grenzten oder die in Wanderung
begriffenen: bei den im Innern des Landes seßhaft gebliebenen,
so den Sachsen, haben sich die alten Verfassungszustände mit
wenigen Aenderungen bis auf Karl den Großen erhalten),
das Königthum hat fast überall die republikanische Verfas=
sung verdrängt und bei den von jeher monarchischen Stämmen
den Schwerpunkt aus der Volksversammlung in den Palast
des Königs verlegt; gleichwol gelang es nicht, den Staats=
gedanken, etwa nach römischer Auffassung, in einer starken
Monarchie durchzuführen; die Versuche dieser Art schwankten
zwischen Despotismus und aristokratischer Anarchie: auch

in dem mit der größten Macht und mit Garantien der
Dauer errichteten Reiche der Merovinger und der Arnulfinger
vermag der Staatsgedanke nicht staatsrechtlich aufrecht erhal=
ten zu werden: die auf Dienst, Amt und Beneficien gebaute
neue Aristokratie reißt die entscheidende Gewalt im Staate
an sich und fortan ist es nicht mehr das Staatsbürger=
thum, der „Unterthanenverband", kurz ein Nexus öffentlich
rechtlicher Art, was den Staat, den König und die Vasallen
zusammenhält, sondern abermals, wie in den letzten Zeiten
des römischen Reiches, drängen sich privatrechtliche, rein persön=
liche oder auf Landleihe basirte Abhängigkeitsverhältnisse, aus
politischen Bedürfnissen in den höhern, aus wirthschaftlichen
Nothständen in den niedern Schichten erwachsen, aus der
Gesellschaft allbeherrschend in den Vordergrund auch des
Staates, und der patrimoniale, der privatrechtlich gedachte,
dem Verhältniß von Gutsherrn und Hintersassen nachgebil=
dete Staat des Mittelalters wird erst durch die Wieder=
belebung der römischen Staatsidee zu Ende des Mittelalters
in der Zeit der „Renaissance" und zunächst durch die Ueber=
gangsstufe des aufgeklärten Despotismus gebrochen, bis die
englische und die französische Revolution den modernen Rechts=
staat des Staatsbürgerthums und die Repräsentativverfassung
entwickeln.

Kehren wir von dieser vorgreifenden Vergleichung zur
Betrachtung der römischen Gesellschafts= und Staatszustände
zurück, so haben wir dabei noch einen höchst wichtigen Fac=
tor zu würdigen — die christliche Kirche. Die christlichen
Ideen, aus Verfolgten zu Herrscherinnen und Verfolgerinnen
geworden, zeigen in merkwürdiger Weise, wie ursprünglich
rein innerliche Mächte, nachdem sie zunächst in der Gesell=
schaft eine vom Staat kaum noch geduldete äußere Gestalt
gewonnen, allmählich im Staat selbst eine wichtige, ja do=
minirende Stellung erobern können. Freilich mußte sich die

Kirche in den ersten Zeiten der engen Verbindung mit dem
Staate von der Spitze dieses Staates, dem Imperator und
seinem Hofe, nicht nur in ihrem äußern Leben, auch in der
Entwickelung ihrer Dogmen manchen Druck gefallen lassen,
und in dieser „Staatskirche" dominirte der Staat die Kirche;
bald aber gelang es dem Episkopat, nachdem er gegenüber
den in arianische und andere Ketzereien versunkenen Kaiser=
hof die reine Lehre unter dem Nimbus' des Martyrthums
wiederholt erfolgreich vertreten, eine unabhängige moralische
Machtstellung in dem Staatsleben zu gewinnen. Und die
entsprechende Hebung in der juristischen Stellung blieb nicht
aus: der Staat, unfähig, vermittels des verrosteten Mecha=
nismus seiner weltlichen Beamtungen alle seine immer schwie=
riger gehäuften Aufgaben zu lösen, übertrug den Bischöfen
als seinen geistlichen Beamten eine Reihe von staatlichen
Functionen, zumal aber die Controle der in Bestechung
und Erpressung versunkenen Amtsführung der weltlichen
Magistrate. [15])

Von diesen bescheidenen Anfängen aus gewannen die
Bischöfe, zumal in den den Hauptstädten Ravenna und By=
zanz ferner gelegenen Provinzen, allmählich eine höchst ein=
flußreiche Stellung in der weltlichen Leitung und Verwal=
tung. Viele begünstigende Umstände wirkten zu diesem Er=
gebniß zusammen. Abgesehen von dem heiligen Ansehen
ihres Amtes mußte ihre moralische Gewalt über die Ange=
hörigen ihrer Provinz dadurch bedeutend erhöht werden, daß
sie wiederholt im engen Zusammenschlusse mit ihren Ge=
meinden, wie erwähnt, ketzerischen Richtungen am Hofe bald
als Märtyrer, bald als Sieger entgegentraten. Der ge=
niale Ausbau der Hierarchie, wie er sich in jenen Jahr=
hunderten durch Provinzialsynoden und lebhaften Verkehr
mit den Nachbarbischöfen vollendete, stellte die Kirche als
eine festgeschlossene und doch feingegliederte Einheit in gerade=

der nämlichen Zeit hin, in welcher die Einheit des Staates
auseinanderbrach; die römische Kirche schickte sich an, die
Erbschaft des weltbeherrschenden römischen Staates anzutreten.
Dazu kam, daß bei dem allmählichen Vertrocknen der weltlichen Cultur in Wissenschaft, Literatur und Kunst die geistliche kirchliche Wissenschaft in reicher Pflege stand und Literatur und Kunst vielfach in den Dienst der Kirche traten,
deren Lehren das innere Leben der Menschen beherrschten,
deren Reichthum die bildende Kunst für ihren Cult beschäftigte: während im 5. Jahrhundert in Gallien z. B. die
Zahl der Rechtskundigen eine sehr geringe geworden und
juristische Schriftstellerei nur noch in Italien — und auch
hier nur in Codificationen und Formelnsammlungen — gepflegt wurde, ist die Production auf theologischem Gebiete
außerordentlich fruchtbar, ja ein ascetischer Geist in der Literatur jener Periode (Salvian) trachtet, auch die Gebiete
weltlicher Literatur, die Geschichte, für die kirchliche Betrachtung zu erobern und versucht sich an einer Philosophie der
Geschichte vom kirchlichen Standpunkte wie der ungefähr gleich-
zeitige Augustinus dem zerfallenden weltlichen Staate Roms
in seinem „Gottesstaat" das unvergängliche kirchliche Reich
Gottes entgegenhält. Das ist, in der Theorie, der innere
Sieg der Kirche, dieser an sich nicht staatlichen, nur gesellschaftlichen Macht über den Staat, wie denn auch äußerlich
die Kirche den römischen Staat überdauert, ja im gewissen
Sinne überwunden hat.

Denn nachdem einmal mit den Bischofstühlen Reichthum,
Glanz, politischer Einfluß in sehr hohem Maße verknüpft
waren, nachdem in den Städten der abendländischen Provinzen gleichzeitig mit der Abnahme der Kraft der militärischen und der civilen Staatsbehörden die beherrschende
Autorität des Episkopats stieg und stieg — der reiche, wohlthätige, fromme, gebildete, von dem ganzen Bau der Kirche

getragene Bischof [16]) hatte größere Gewalt über die städtische
Bevölkerung gewonnen als der kaiserliche comes oder dux,
der nicht mehr hinreichende Truppen zur Verfügung hatte,
die Barbaren aus dem Stadtgebiete zu verscheuchen, aber
nach wie vor die erdrückenden Staatssteuern von den seuf-
zenden Curialen eintrieb — wurden diese Bischofsstühle der
Gegenstand auch eifrigen politischen Ehrgeizes: die nämlichen
reichen „senatorischen" Familien, in welchen die höhern Mu-
nicipalämter der Städte gleichsam erblich sich vom Vater
auf den Sohn fortpflanzten, die gleichen Häuser — „infulatae
domus" nannte man sie mit Stolz — gaben auch von Geschlecht zu Geschlecht der Stadt die Bischöfe.

Dies trug nun aber ganz wesentlich zu wachsender au-
tonomer Leitung der städtischen Dinge und Schicksale bei;
es waren ja die gleichen oder doch eng verschwägerten Geschlechter, deren Glieder zugleich die höchsten geistlichen und
municipalen Stellungen in den Städten einnahmen. Ein
hervorragendes Beispiel dieser Art gewährt das Geschlecht
des Bischofs Gregorius von Tours: sein mütterlicher Großvater war Bischof von Langres, dessen Bruder Bischof von
Lyon, sein Vatersbruder war Bischof von Auvergne, ja alle
frühern Bischöfe von Tours selbst waren aus Gregor's Geschlecht mit nur fünf Ausnahmen. [17])

Daher erklärt es sich denn, daß im 4. bis 5. Jahrhundert, zumal in den von den Barbaren wiederholt über-
fluteten Außenprovinzen des Abendlandes, in Spanien und
Gallien, in Pannonien, Istrien, Dalmatien, in Rhätien
und Noricum die Autonomie der einzelnen Städte und ihres
Landgebiets unter der Leitung des Bischofs und der hervorragenden Geschlechter in der Curie immer lebhafter hervor-
tritt; der Zusammenhang mit den Centren und Central-
stellen des Reiches, mit dem Kaiser und seinem praefectus
praetorio occidentis, war oft auf Jahre unterbrochen; aber

auch die Centralbehörden der Provinz, der praeses, rector, praefectus provinciae, waren bald unbesetzt, bald abge= schnitten und belagert oder durch eigene Bedrängniß sonst an jeder Hülfeleistung behindert — und die Barbaren lärm= ten vor den Thoren. Sollte Hülfe möglich sein, so war es nur Selbsthülfe; der Bischof feuert durch Gebete, durch Pro= cessionen, durch Traumgesichte, in welchen ihm der städtische Schutzheilige, vielleicht Ahnherr seines eigenen Hauses, er= scheint, dringendenfalls durch ein Mirakel seine Gemeinde an zum Ausharren im Widerstande gegen die heidnischen oder arianischen Belagerer, indeß der Bruder oder Schwager des Bischofs die Vertheidigung des alten Römerwalls leitet und, wenn's glückt, zuletzt die unbeholfenen und trunksüchtigen Feinde in nächtlichem Ausfall zerstreut.

Diese Bilder kehren im ganzen Abendlande wieder: am Inn und der Salzach bei Passau und Salzburg unter Sanct Severin [18]) wie an der Loire bei Orléans unter Sanct Aurentius [19]) und am Tajo und Ebro in Saragossa und Merida unter dem Schutze von Sanct Vincentius und Sancta Eulalia. [20])

Solche Vorgänge im Zusammenhang erfaßt erklären dann die sonst räthselhaften Erscheinungen, wie im 5. Jahr= hundert in Gallien, Spanien, Noricum ohne allen Ver= band mit Rom, Ravenna, Italien, ja zu Ende des Jahrhunderts sogar nach dem Erlöschen des Westreiches, sich einzelne römische Gebiete, z. B. das regnum des Syagrius zu Soissons [21]), Cordova in Spanien [22]), Passau, Lorch und andere Donaustädte [23]) selbständig mitten in der barbarischen Ueberflutung inselhaft erhalten konnten.

Es tritt uns hier, während der Staat erlahmt und abstirbt, ein verzweifeltes Ringen der römischen Cultur und ihrer Gesellschaft um das Dasein wider das Bar= barenthum entgegen: getragen von Mitteln nicht des Staates, sondern der Gesellschaft, des kirchlichen und des Gemeinde= lebens.

So erklärt sich denn auch die bedeutende Stellung des Episkopats in den Germanenreichen dieses Jahrhunderts auf römischem Boden; nachdem der römische Staat in diesen Provinzen niedergeworfen war, stand die Kirche noch wenig versehrt und in ihrem innern Bau ungebrochen aufrecht, während der junge Germanenstaat in voller Verwirrung des Aufbaues begriffen war; das kirchliche und das städtische Leben haben dann auch, die mächtigsten Reste der vergehenden Cultur, die Romanisirung der germanischen Eroberer voll= bracht; auf Kirche und Stadt beschränken sich noch heute in den romanischen Ländern für Millionen alle warm em= pfundenen Lebensinteressen, während ihnen der Staat fremd, unverständlich, gleichgültig bleibt, ja antipathisch wird, wenn er den Interessen der Kirche oder des Kirchthurms entge= gentritt.

So sehen wir den römischen Staat jener Jahrhunderte auch durch die Kirche, welche er anfangs verfolgt, dann als verbündete Macht in sich aufgenommen hatte, überbaut und in manchen Gebieten, in welchen er erlahmt war, ersetzt; auch hier hat eine gesellschaftliche Potenz die Staatsgewalt der römischen Welt überlebt, ja in gewissem Sinne zersprengt und überwunden.

Diesen Zustand, dieses Verhältniß nun von Staat und Gesellschaft fanden die Germanen im 5. Jahrhundert vor, als sie in die Pforten des Römerreiches drangen, einen im Zerfallen und Verrotten begriffenen Staat, der aber immerhin noch auf dem alten, meisterhaft gefügten Grund= bau zähen Widerstand nach außen leistet; eine in ihren wirthschaftlichen Wurzeln unheilbar erkrankte Gesellschaft, welche aber, als Trägerin der mächtigen griechisch=römischen Cultur einerseits und verbündet mit der christlichen Kirchen=

macht andererseits, auch nach dem Untergang des Staates den germanischen. Eindringlingen in unbezwingbarer Ueberlegenheit gegenüberstand. Dem hatten die germanischen Ankömmlinge nichts entgegenzustellen als ihre tüchtige rohe Naturkraft, zumal eine noch immer ziemlich ungezügelte Tapferkeit, aber ihre alten Staatsformen waren zerstört, neue noch nicht ausgebildet, und die Grundlagen, die wirthschaftlichen, ihrer Gesellschaft waren durch den Aufbruch von der Scholle total verloren; in der That, die gesellschaftliche, die wirthschaftliche Existenz dieser mehr gedrängten als drängenten Wandervölker ruht auf der mitgeschleppten Wagenburg und auf der zweifelhaften Spitze des Schwerts, mit der Energie der Verzweiflung ringen und trachten sie nach der Grundlage einer neuen sichern Existenz; Land, Ackerbau im Gebiet und im Frieden des Römischen Reiches — das ist die „quieta patria" [24], wonach die Gothen so lange und sehnlich schmachten, denen das sieghafte Schwert die schmerzlich vermißte Pflugschar nicht zu ersetzen vermochte.

Das Ergebniß dieser Berührungen in Krieg und Frieden war nun zwar einerseits der Untergang des römischen Staates im Abendlande, aber andererseits der Aufbau des germanischen Staates und der Gesellschaft in demselben auf den Grundlagen der römischen Gesellschaft, Cultur und Wirthschaft und folgeweise die Färbung und Durchdringung dieser Gesellschaft mit römischem Wesen; d. h. die Ostgothen, Langobarden, Westgothen, Burgunden und Franken verloren ihre germanische Nationalität und verschmolzen mit den vorgefundenen Provinzialen zu den neuen romanischen Nationen der Italiener, Spanier und Franzosen.

Betrachten wir Gesellschaft und Staat der Germanen vor der Völkerwanderung und die Auflösung dieser alten Lebensformen durch die Wanderung, die Berührung mit den Römern und die begleitenden Vorgänge.

Den lange Zeit lebhaft geführten Streit[25]) über No=
madenthum und Seßhaftigkeit, Jagd und Hirtenleben oder
Ackerbau und festen Grundbesitz als Grundlagen des wirth=
schaftlichen Lebens der Germanen im 1. Jahrhundert nach
Christus darf man heute wol als im Wege des Ver=
gleichs geschlichtet betrachten. Man weiß es jetzt — die
vergleichende Sprachforschung hat es gelehrt — daß schon
in Centralasien, vor der Scheidung von den andern großen
Zweigen der arischen Rasse, von Hellenen, Italioten, Kelten
und Slawen, die Germanen die Anfänge des Ackerbaues ge=
kannt und gepflegt; das bloße Jäger= und Hirtenleben war
bereits überwunden und ein freilich sehr wenig intensiver
Bau gewisser dankbarer Fruchtarten verband sich mit dem
immer noch geübten periodischen Wechsel der Jagd= und
Weideplätze. So sind in langsam, fast unmerklicher Weise
die Germanen nach der Trennung von den übrigen Ariern
im Laufe von vielleicht zwei Jahrtausenden, jagend, weidend
und gleichwie im Vorüberziehen säend und erntend, immer
weiter nach Westen gewandert; das Umkehren, auch das
Stehenbleiben auf die Dauer wurde durch die Ausnutzung
der abgeweideten und ausgebeuteten Länder, durch das Nach=
drängen anderer Stämme unmöglich gemacht, welches wol
auch manchmal nach verlorener Schlacht das im allgemeinen
gewiß friedliche, allmähliche, fast unwillkürliche Vorrücken der
großen, mit Weib und Kind, mit Roß und Rind, mit Knech=
ten, Mägden und Gespann beschwerten Massen beschleunigen
mochte. Das zusammenhaltende Band in diesen Horden
konnte noch nicht Ackergemeinschaft sein, sondern, wie gegen=
über nichtgermanischen Stämmen, die man auf der langen
Wanderung traf, die Nationalität, so gegenüber den andern
Germanen, ja gegenüber den Horden desselben Stammes,
der Sippeverband: sibya ist zugleich „Geschlecht und Friede",
und nur auf die Gesippen erstreckte sich ursprünglich der

Rechtsschutz. Auch nach dem Eintreffen in Europa und im jetzigen Deutschland dauerte bei den mehr in Mitte und Rücken des großen Zuges Wandernden, der sich, mit Unterbrechungen, vom Rhein bis an den Kaukasus und von den Alpen bis nach Thule erstreckt, der mitgebrachte Zustand noch lange Zeit fort, während die an der Spitze des Zuges Marschirenden zum Halten und zur Aenderung der bisherigen Lebens- und Wirthschaftsweise gezwungen wurden durch zwei überlegene Größen: die keltische Cultur und die römische Macht. Letztere schob zuerst in Gallien, dann seit Cäsar am Rhein und bald auch an den Alpen einen zunächst nicht zu zerbrechenden Riegel vor, nachdem schon zwei Menschenalter früher die vereinzelte kimbrische Woge, welche der großen Flut vorverkündend vorausgeeilt, in Südfrankreich und Norditalien an dem Damm der Legionen zerschellt war. Die keltischen Siedelungen aber, welche man in Mittel- und Süddeutschland vorfand, lockten mit dem Reichthum überlegener Cultur, die keineswegs verachtet oder zerstört wurde; man weilte gern in diesen mildern Sitzen, in welchen man den Urwald vielfach schon gerodet und Straßen durch den Sumpf gezogen fand. Das Haltmachen und Nichtweiterkönnen oder Wollen dieser vorgeschobenen Stämme, der spätern Oberdeutschen (Alamannen, Markomannen, Bajuvaren), Mitteldeutschen (Thüringer und Franken), Niederdeutschen (Sachsen und Friesen), wirkte nun auf die nächsten Hintermänner, während die Völker der gothischen Gruppe, z. B. im fernen Osten in Rußland, ja zum Theil noch jenseit des Kaukasus in Asien noch jahrhundertelang der alten Sitte schweifend pflegen mochten; noch der Sprachschatz des Ulfila kennt nur das Holzhaus, das „gezimmerte" 26), welches auf großen Wagen fortgefahren wird, indem seine Pfosten die Erde nicht ganz berühren; noch zu Anfang des 4. Jahrhunderts sind sogar die Kirchen der Gothen nicht Steinbauten, sondern leichtbewegliche Zelte.[27]) Aber bei den Völkern, die von Ungarn, Polen, Böhmen, Schle= sien bis gegen Rhein und Alpen wohnten, begann wenig= stens im 1. Jahrhundert vor Christus entschieden der Uebergang von überwiegendem Nomadenthum mit Jagd und Viehzucht zu überwiegendem seßhaften Ackerbau, freilich immer noch mit sehr starkem Betrieb von Viehzucht und Jagd, sich zu vollziehen.

Und allerdings, noch ist die Seßhaftigkeit nicht so fest, noch ist die neue Heimat nicht so lieb und werthvoll ge= worden, daß nicht geringe Anlässe von Furcht oder Hoff= nung — nachdrängende böse Nachbarn im Osten, Aussicht auf Niederlassung in reichern Gegenden des Südens oder Westens — die alte Wandersitte neu beleben möchten; die Wellen der Einwanderung sind noch nicht ganz zur Ruhe gekommen und leicht gerathen sie in neue Erregung.

Diese Unstetigkeit haben die Römer, hat Cäsar wieder= holt kennen gelernt und zumal bei den Völkern der suevi= schen Gruppe.

Dabei mußten zwei den Römern schwer verständliche Einrichtungen dazu beitragen, ihre Vorstellung von der Un= ständigkeit der Siedelung dieser Barbaren zu übersteigern: die Feldgemeinschaft (Ackerwechsel), wie sie Cäsar von den Sueven berichtet, und die allen Stämmen gemeinsame Allmände.

Das erstere Institut, im Zusammenhang mit der im ausgedehntesten Maße betriebenen Brachwirthschaft, welche der unverhältnißmäßig große Viehstand und die geringe Inten= sität des Ackerbaues erheischte, bedarf keiner weitern Schil= derung; hat es sich doch in manchen Gegenden Deutschlands bis auf unsere Tage erhalten.

Nur ist zu erinnern, daß der in Brache liegende Theil des in Sondereigen zerschlagenen Bodens mit der Allmände,

der nicht in Sondereigen zerfällten Gemeinweide, oft ver=
wechselt werden mochte — eine Gefahr, welcher noch im
17. Jahrhundert die Weisthümer vorzubeugen suchen. 28)

Bedeutsamer für die Fortbildung der Verfassung und
der Verhältnisse der einzelnen Bezirke innerhalb des Stam=
mes, der einzelnen Stämme innerhalb der Völkergruppe
wurde die Allmände, deren ursprüngliche Anlage und spä=
tere Verwendung. Um dies richtig zu würdigen, müssen
wir uns die Vorgänge bei der ersten Niederlassung einer
siegreich einwandernden Germanenschar vergegenwärtigen.

Wenn der Bezirk — bei den größern Gruppen wieder=
holt sich dasselbe Verfahren in größern Dimensionen — in
eine bisher von andern Siedlern, Kelten z. B., bewohnte
Landschaft eingedrungen und der Widerstand der vorgefun=
denen Bevölkerung gebrochen war, so wurde zunächst das
ganze Landgebiet, welches den Besiegten gehört hatte, soweit
man es brauchte — und bei dem damaligen Wirthschafts=
system mit dem starken Betriebe von Jagd und Viehzucht
bedurfte man ganz außerordentlich weitgestreckten Landes zur
Ernährung von wenigen Familien — von Staats wegen
(oder, was in jener Zeit noch dasselbe sagen will, von der
Gesammtheit der zu einer Gemeinde verbundenen Sippen)
in feierlicher Absteckung der Grenzen unter sacralen Hand=
lungen als Staats= (oder Gemeinde=) Gut in Besitz genommen.

Hierauf folgte die von der Gemeinde vorzunehmende
Ausscheidung desjenigen Theils des occupirten Bodens, wel=
cher in Sondereigen der einzelnen Familienhäupter (oder
selbständigen unverheiratheten Männer) zerschlagen werden,
und des unvergleichlich größern Theils, welcher im Eigen=
thum der Gemeinde verbleiben und nur durch Einräumung
von Nutzungsrechten der Jagd und Weide, des Holzbezugs und
jeder andern Ausbeutung der damaligen Wirthschaft den einzel=
nen Familien der Gemeinde dienstbar gemacht werden sollte.

15*

Selbstverständlich bestimmte man nun zur Vertheilung in Sondereigen jene Strecken des occupirten Landes, welche von der vorgefundenen (keltischen) Bevölkerung bereits mehr oder minder für die Cultur erobert waren: also vor allem Haus, Hof und Garten der überwundenen und verknechteten oder doch zu Halbfreien herabgedrückten alten Insassen, dann das von diesen bereits für den Pflug gewonnene Ackerland.

Dagegen unvertheiltes Allmändegut blieb, was bisher von der Cultur nicht in Angriff genommen war, das, was sich seiner Natur nach der Vertheilung und Sonderbenutzung entzog: also der Urwald, der noch unberührt überall einen großen Theil des occupirten Landes bedeckte, dessen Wild, Holz und Streu massenhaft von der damaligen Wirthschaft in Anspruch genommen wurde; Sumpf und Moor, Heide und Weide, die Felsen und Höhenzüge der Berge, endlich die Dünen der See und alles größere Gewässer.

Ursprünglich waren auch offenbar die Nutzungsrechte der Gemeindegenossen an der Allmände zwar subjectiv an das Volleigen an einem Hof geknüpft, aber objectiv der Quantität nach nicht beschränkt, noch war ja in diesem Kampfe um das Dasein mit dem Urwald jedes erlegte Wild, jeder gefällte Baum ein Feind der Einwanderer weniger; noch konnte jeder gewiß soviel Hausthiere als er wollte auf die weitgestreckten unerschöpflichen Weidegründe des kleinen Staates schicken. Noch in den Volksrechten des 5. Jahrhunderts erinnern einzelne Spuren an jene Urzeit unbeschränkter Benutzung von Wunne, Wald und Weide.

Wanderte man in noch völlig uncultivirte, nie von Römern, Kelten oder finnischen Pfahlbauern cultivirte Gegenden ein, so verfuhr man nothgedrungen in ähnlicher Weise: das zur Sonderbenutzung weniger geeignete Land blieb Allmände, das andere ward vertheilt.

Dabei vergaß man jedoch der Sicherung gegen feindliche

Ueberfälle bekannter oder unbekannter Nachbarn nicht: man benutzte vielmehr diese Methode der Ansiedelung zu einem ebenso einfachen, von selbst dargebotenen als wirksamen Vertheidigungsmittel; um das mit schwerer Mühe für die Cultur gewonnene Land, um Haus und Habe vor der Brandfackel der Feinde zu schützen, um überhaupt natürliche Schutzmittel gegen überraschende Angriffe zu gewinnen, legte man, wo es irgend Bodenart und Gebietsumfang gestatteten, die Sondergüter in das Herz, in das geschützte Centrum des occupirten Gesammtlandes, während die Allmände, also der undurchdrungene Urwald, der pfadlose Sumpf oder die Felsgebirge und Bergkämme, die Flüsse und Seen als natürliche Schutzwälle die Außenseite des Staatsgebietes (oder der Gemeindemarkung) bildeten, sodaß ein plötzlicher Ueberfall durch diese nur mit langsamer Mühe zu überschreitenden Marken sehr erschwert war.

Dieses Verfahren, bei der Occupation öden Landes immer statthaft — man konnte ja in solchem Fall mit der Occupation (durch Hammerwurf feierlich bezeichnet) fortfahren, bis man geeignete Gebietsabgrenzung fand — ließ sich auch bei der Eroberung keltischer Siedelungen meistens unschwer anwenden, da ja in jener Zeit solche Culturstätten doch immer nur als Inseln, als Oasen in einer Umgebung von Urwald zu denken sind.

Je menschenreicher und mächtiger nun ein Volk, eine desto größere Strecke solch unvertheilten, unbebauten Staatslandes, desto bedeutendere Jagd= und Weidegründe bedurfte es einerseits und desto erfolgreicher vermochte es andererseits die gesammte nicht urbar gemachte, sondern wüst liegende Markung, welche Bauland und Sondergüter umhegte, vor Eingriffen der Nachbarvölker zu wahren.

Eine vereinzelte Consequenz dieses Sachverhalts ist, abgerissen und in solcher Isolirung schwer verständlich, zu der

Kunde Cäsar's gekommen; nachdem er von der großen Macht der suevischen Völkergruppe, von dem Ueberwiegen von Jagd und Viehzucht über Ackerbau und dem jährlichen Feldwechsel bei ihren Stämmen gesprochen, fährt er fort[29]): „Es gilt als der höchste Ruhm für den Staat bei ihnen, wenn das Land rings um ihr Gebiet so weithin wie möglich öde liegt, als ein Zeichen, daß eine große Anzahl anderer Staaten ihnen habe weichen müssen. Und so, sagt man, liegt nach der einen Seite der suevischen Grenze (offenbar Nordost, süd= westlich grenzen sie mit den Ubiern) das Land ungefähr 150000 Schritt weit öde."

Man sieht, der Römer hat einen einzelnen Zug aus dem Gesammtbild dieser Zustände in schiefen Darstellungen kennen gelernt; er hält die weiten Jagd= und Weidegründe der Sueven für herrenloses Gut — richtig mag sein, daß zum Theil erobertes Land vertriebener Stämme zur suevi= schen Allmände war verwendet worden — und zieht ihre Grenzen da, wo ihre bebauten Sondergüter enden.

Es muß hier nur noch constatirt werden, daß nach dem geschilderten System des Verfahrens bei der Landtheilung und Ansiedelung die Jagd= und Weidegründe trennend zwischen den einzelnen größern und kleinern Gemeinwesen lagen: wie die Allmänden die einzelnen Dörfer — daß bei der Hofsiedelung das gleiche System eingehalten wurde, ver= steht sich — und Markgemeinden, so trennten die Staats= waltungen u. s. w. die einzelnen Bezirke des Stammes, und oft mochte sich „bestrittener Grund" („debatable ground") oder in der That herrenloser, noch nie occupirter Urwald scheidend zwischen den Allmänden und Grenzwäldern ver= schiedener Stämme oder Völkergruppen hinziehen. Wie das allmähliche Verschwinden dieser Scheidewände und Zwischen= länder auf die Verfassung wirken mußte, werden wir als= bald zu erörtern haben. Die gesellschaftlichen Zustände der germanischen Gemeinwesen lassen sich am klarsten auf der ursprünglich alleinigen Grundlage dieser Verbände, der Sippe, und an den ständischen Gliederungen des Volks darstellen.

Die Zeit des ausschließlichen „Geschlechterstaats"[30]) der Germanen ist vorgeschichtlich, vielleicht außereuropäisch.

Gewiß gab es eine Periode, in welcher lediglich der Sippeverband den Rechtsschutz gewährte; nur innerhalb der Sippe war die Entscheidung des Streites durch Waffen verboten, nur über Glieder der Sippe richtete, wol unter Vorsitz des Geschlechtshauptes, die Versammlung der Sippegenossen: über Ungesippen hatte die Sippe keine Richtergewalt, für sie galt nicht das in der Sippe erwachsene Gewohnheitsrecht, wie sie andererseits zunächst keinen Anspruch auf den Schutz der Sippe hatten, nur das Gastrecht mochte hier mildernd eintreten. Streit unter Angehörigen verschiedener Sippen, auch der nämlichen Horde, konnte, in Ermangelung übergeordneten Gerichts und gemeinsamen Rechts, nur durch gütlichen Vergleich oder durch Fehdegang — Krieg — ausgetragen werden.

Sippe und Staat fielen also zusammen: von dem denkbar kleinsten Kreise aus hat der Germane den Staatsgedanken entwickelt. Lange Zeit mag der „Geschlechtsstaat" noch die alleinige Grundlage des Rechtsverbandes auch in der zweiten Periode noch geblieben sein, d. h. in den Jahrhunderten eines mit Jagd und Viehzucht und weit überwiegendem Nomadenthum sich allmählich verbindenden, aber noch kaum seßhaft gewordenen Ackerbaues.

Und Nachwirkungen, Erinnerungen jenes Geschlechterstaates der Urzeit sind ja auch in dem geschichtlichen Germanenstaat, wie ihn Cäsar und Tacitus schildern, überall wahrzunehmen: königliche und adeliche Geschlechter gelten als die halbgöttlichen Begründer des Stammes; Fehdegang, Blutrache, Recht und Pflicht der Wehrgeld-Forderung und

=Zahlung, Eidhülfe, Muntschaft, Erbrecht, ja die Gliederung
der Schlachtreihe im Kriege und der Nachbarschaft im Frie=
den bauen sich auf dem Sippeverbande auf.

Aber gleichwol ist zur Zeit des Cäsar und noch allge=
meiner in den Tagen des Tacitus — die in Mitte liegen=
den anderthalb Jahrhunderte haben offenbar starke Fortschritte
in dieser Richtung gesehen — nicht mehr der Geschlechter=
verband, sondern die Gemeindegenossenschaft der Grundbe=
sitzer die Basis des Staates.

Sie ist auch die Basis der Gesellschaft und des wirth=
schaftlichen Lebens.

Der alte Volksadel, dessen Spitze das königliche Ge=
schlecht, hat allerdings die letzten Wurzeln seines Vorzugs
in der Urzeit des Geschlechterstaates; diese von den Göttern
entstammten Adelsgeschlechter waren daneben aber auch die
größten Grundbesitzer des Stammes oder Bezirks und war
auch dieser Reichthum an Land, das an zahlreiche Halbfreie,
Freigelassene und Unfreie ausgethan wurde, nicht der Ur=
sprung, so bildete derselbe doch eine unentbehrliche Stütze
der Machtstellung, des gesammten Lebens dieser Edeln in
Krieg und Frieden. Dem königlichen Geschlechte, dessen my=
thologisch=heroische Traditionen sie theilten, nahe stehend in
Ansehen und Verehrung des Volks unterhielten sie große
Gefolgschaften, leiteten in der Volksversammlung mit dem
Könige die Entscheidungen, empfingen in ungemessener Gast=
lichkeit in der stattlich gebauten Halle die Besuche fremder
Gesandten, Fürsten und Edeln, waren die wichtigsten Ab=
nehmer der römischen Kaufleute, welche in diese Wälder
drangen, lebten in Schmaus und Jagd, zogen vom Ting
und Opferfest zu andern Edeln auf Besuch und planten mit
oder auch gegen den König Krieg und Raubzug oder Bünd=
niß und Friedensvertrag. Sie selber legten wol nie zur
Arbeit Hand an den Pflug: ihre unfreien und freien Hin=

terfaffen leifteten Zins und Arbeit für den Herrenhof. An
ftaatsbürgerlichen Rechten diefen Adelichen gleich, aber in viel
befcheidenern Vermögenskreifen ftanden nun die eigentlichen
Träger der Verfaffung und die normalen Glieder des Volks=
verbandes, die Gemeinfreien; in diefer Zeit der Volksfreiheit
haben die Edeln nur etwa das Eine vor ihnen voraus, daß
bei Ausfterben des königlichen Gefchlechts thatfächlich die
Krone durch die Volksverfammlung zunächft wol einem der
Adelshäupter angetragen wird. Aber in allen in der Volks=
verfammlung geltend zu machenden Rechten fteht der gemein=
freie Bauer dem reichften Edeln gleich.

Freilich, einen Hof in der Gemeindemarkung muß be=
fitzen, wer alle Befugniffe des vollberechtigten Gemeinde=
oder Staatsgliedes in der Gemeinde= oder Volksverfamm=
lung üben will.

Der Befitzlofe — (und aller Befitz faft ift Grundbefitz;
die wichtigfte Fahrhabe: Unfreie, Heerden und Ackergeräth, ift
meift Zubehörde der Liegenfchaften, fonft finden fich nur
Waffen und Schmuck) — ift nicht vollberechtigtes Glied des
Bauernftaates: er bedarf der fchützenden Vertretung eines
Vollbauers (oder Edeln) im Rechtsleben, wie er im wirth=
fchaftlichen Leben in Dienft oder anderer Abhängigkeit, viel=
leicht als Hinterfaffe auf der Scholle, des Grundbefitzers lebt.

Wol erft in fpäterer Zeit wird fogar ein gewiffes Mi=
nimalmaß von allodialem Grundbefitz in der Gemeinde=
markung als Vorausfetzung der Vollberechtigung aufgeftellt.

Aber auch in jener Urzeit ift diefer Bauernftaat eine
Ariftokratie des Grundbefitzes: allerdings, unter den Ge=
noffen waltet eine mit Eiferfucht gewahrte Gleichheit der
Freiheitsrechte; aber demokratifch kann man eine Verfaffung
nicht nennen, in welcher ein großer Theil der Bevölkerung,
auch abgefehen von den Unfreien, welche gar nicht zum Volke
zählen, wegen mangelnden Grundbefitzes die ftaatsbürger=

lichen Rechte nicht hat, vielmehr durch die Vollbürger gedeckt und vertreten werden muß.

Gesellschaftlich blättert sich dieser Stand der Gemein= freien in drei Schichten ab; die größten Grundbesitzer näher= ten sich wol in der gesammten Lebensweise dem Adel, wenn auch mit geringerm Glanz und ohne den regen Antheil an den Kriegsfahrten der Gefolgschaften, ein solcher Großbauer legte wol auch selten Hand an den Pflug; die weitaus größte Gruppe umfaßte die Bauern mittlern Besitzes, welche mit ihren Knechten zusammen, wie heute, das Feld bestellen; endlich die Leute von kleinerm Grundbesitze mochten zwar in der Volksversammlung erscheinen, aber ihre Stimmen folgten wol meist dem Vorgange einflußreicher Männer, und in Ar= beit und Genuß des Lebens mochten sie schon damals häu= fig schlimmer daran sein als die Freigelassenen und Unfreien der Vornehmen.

Diese haben wir uns theils als Hausdiener der Edeln und Freien in deren Höfen lebend, theils als Hintersassen auf aus= geliehener Scholle, mit Zins und Fron belastet, zu denken; auch das Handwerk, sofern es vorkam, wurde von diesen Ständen betrieben.

Man sieht, das gesammte Leben dieser Gesellschaft und dieses Staates beruht auf Ackerbau, Grundbesitz und den mit diesem verbundenen Rechten. In diesen Zuständen treten nun im Laufe des 3. Jahrhunderts Veränderungen ein, welche sich uns zunächst als politische darstellen, deren Gründe aber, neben Einflüssen äußerer geschichtlicher Vorgänge, zu= mal der Berührung mit den Römern, offenbar in gesell= schaftlichen, wirthschaftlichen Bewegungen zu suchen sind.

Aus den dürftigen Quellen können wir wenigstens zwei große verfassungsrechtliche Erscheinungen bei den meisten Germanenvölkern jener Periode nachweisen: die Verdrängung der republikanischen Form durch das Königthum und das

Verschmelzen der kleinen Bezirks= und Stammesstaaten zu den größern Verbänden der Volksstaaten.

Beide Veränderungen stehen auch unter sich in Wechselwir=
kung: die Herstellung größerer Staatsverbände vertrug sich mit der einfachen und lockern Fügung der nur dem Umfang eines Bezirks oder Gaues angemessenen republikanischen Ge=
meindeverfassung nicht, sie erheischte Zusammenschluß in kräf=
tigerer Führung, und andererseits mußte Eroberung oder friedlicher Anschluß einem hervorragenden Königsgeschlecht bald außer dem Bezirk oder Stamm, von welchem es aus=
gegangen war, andere Gaue desselben Stammes, weitere Stämme desselben Volks zuführen.

Die Thatsachen jener Umgestaltungen stehen fest: als Tacitus die „Germania" schrieb (99 n. Chr.), überwog noch bei allen deutschen Stämmen, mit Ausnahme der gothischen, die republikanische [31]) Verfassung gewählter Grafen; im Laufe des nächsten Jahrhunderts verschwindet dieselbe fast überall (mit Ausnahme etwa der sächsischen Völkerschaften), und alle westlichen Stämme, bei welchen Tacitus noch keine Könige kannte, finden wir nun unter Leitung von Königen.

Gleichzeitig verstummen die zahlreichen Sondernamen der einzelnen Völkerschaften, welche Tacitus und seine nächsten Nachfolger noch allein kennen und nennen: zuerst verschwin=
det der Bezirksstaat; die mehrern Bezirke einer Völkerschaft, welche noch zur Zeit Armin's besondere Staaten gebildet hatten, die nur in einem lockern oder engern Vertragsver=
bande standen, oft sogar Krieg untereinander führten, werden jetzt zur Einheit des Stammstaates zusammengefaßt; nicht mehr der Bezirk, der Stamm bildet nunmehr die Staats=
einheit; was noch einer Persönlichkeit wie Armin zu er=
zwingen nicht hatte gelingen wollen — der centrifugale Sondertrieb war noch zu mächtig: er fand den Tod über dem Bestreben, sein Bezirkskönigthum zum Stammeskönig=

thum über alle cheruskischen Bezirke zu erweitern — vollzog sich jetzt überall von selbst.

Aber die begonnene centripetale Bewegung, welche den
Zusammenschluß zu größern Staatsgebilden verlangte, blieb
hierbei nicht stehen: vielmehr treten im Laufe des 3.
Jahrhunderts auch die Stämme (Völkerschaften) überall
unter neu auftauchenden Gesammtnamen (Alamannen,
Bajuvaren, Franken, Sachsen, Friesen) in Gruppenver-
bände, innerhalb welcher im Anfang noch die einzelnen Völkerschaften mit besondern Königen fortbestehen — Staaten-
bund oder Bundesstaat, in den verschiedenen Fällen lockerer
oder enger verknüpft — im Laufe des 3. und 4. Jahrhunderts aber verschwindet diese Mehrzahl von Fürsten
und nur mehr Ein König des ganzen Alamannen- oder
Frankenvolks begegnet uns: so stehen in der großen Alamannen-
schlacht bei Straßburg im Jahre 357 noch über ein Dutzend
„Könige" nebeneinander (Ammianus Marcellinus unterscheidet größere und kleinere Könige, reges und reguli), aber
140 Jahre später haben die von den Franken bekämpften
Alamannen nur noch Einen König, nach dessen Fall das
gesammte Volk sich unterwirft. Wenn sich nun die Vorgänge bei Beseitigung der Stammeskönige bei den Alamannen
unsern Blicken entziehen (auch bei den Bajuvaren haben wir
wol in den alten Adelsgeschlechtern der Lex die von den
Agilolfingen mediatisirten Fürstengeschlechter bajuvarischer Völkerschaften oder Bezirke zu vermuthen), so können wir bei
den Franken im hellen Licht der Geschichte zusehen, wie einer
dieser salischen Stammeskönige unter seinen salischen und
ripuarischen Vettern und Mitkönigen mit List und Gewalt
aufräumt, bis er das Königthum über alle Völkerschaften des
fränkischen Namens in seiner blutigen Hand zusammenfaßt.

Die Gründe der Verdrängung der republikanischen Formen
und des Zusammenschlusses der Bezirke und Stämme zu größern

Verbänden sind zum Theil in den von dem Römerreiche drohen=
den Gefahren und den Stürmen und Wirrnissen der Wan=
derung zu suchen: nur einheitliche Leitung und Verbindung
zu stärkern Massen konnte vor der überlegenen Politik und
Waffenmacht des kaiserlichen Weltreiches schützen und retten:
kleine Körper unter vielköpfiger Leitung konnten sich in diesen
Gefahren nicht erhalten.

Jedoch traten offenbar innere, tiefer liegende, in dem
wirthschaftlichen Leben der Nation wurzelnde Gründe hinzu,
und auch nur solche, nicht politische und verfassungsrechtliche,
Aenderungen sind es, welche in letzter Instanz die großartige
Erscheinung erklären, die wir, mit vielmisbrauchtem Namen,
Völkerwanderung nennen.

Nicht bloße Eroberungslust oder das Ueberhandnehmen
der königlichen Verfassung *) oder die mystische Sehnsucht
nach den Segnungen des Christenthums hat diese Stämme
in eine zuletzt nicht mehr zurückzudämmende, der Meeresflut
in der That völlig vergleichbare Bewegung von Nordost
nach Südwest versetzt — sondern das mächtigste Motiv:
der Hunger, anders ausgedrückt: die Unmöglichkeit, in den
bisherigen Sitzen mit dem bisherigen Wirthschaftssystem
weiter auszukommen, und zwar wegen Uebervölkerung. Eine
sehr starke und rasche Zunahme der Bevölkerung findet
erfahrungsgemäß und aus nahe liegenden, hier nicht zu er=
örternden Gründen bei allen Nationen immer nach dem voll=
zogenen Uebergang von überwiegendem nomadenhaftem Jagd=
und Hirtenleben zu überwiegendem seßhaftem Ackerbau statt;
naturgemäß nicht sofort, sondern in der zweiten und dritten
Generation, in welcher jene Veränderungen vollwirksam zur
Geltung kommen.

---

*) Obwol unverkennbar die alte Gemeindeverfassung mehr auf
die Abwehr eingerichtet, das Königthum für Angriff und Erobe=
rung mehr geeignet und geneigt war.

Bei den Germanen fällt dieser Uebergang in die Zeit zwischen Cäsar und Tacitus. Und ungefähr zwei bis drei Menschenalter nach Tacitus treten die Wirkungen, eine bedeutende Zunahme der Bevölkerung, unverkennbar ein.

Ich berufe mich nicht nur darauf, daß die Größe der in den germanischen Kriegen gegen die Römer auftretenden Heeresmassen immer kolossaler wird, daß die Schriftsteller nach Tacitus über gothische, sächsische, fränkische, alamannische Heere, ihre Todten und Verwundeten, Zahlenangaben bringen, welche die früher begegnenden um das Zehnfache überragen — es ist die eine der obenerörterten großen Veränderungen des 2., 3. und 4. Jahrhunderts, das Zusammenschließen der alten kleinen Bezirks- und Stammesstaaten zu größern Verbänden, offenbar im letzten Grunde aus der starken und rapiden Zunahme der Bevölkerung zu erklären.

Vergegenwärtigen wir uns, welche Wirkung diese Zunahme auf die oben S. 229 geschilderten Zustände, unter Voraussetzung des dargestellten Ansiedelungs- und Landtheilungssystems, äußern mußte.

Der Maßstab des jedem selbständigen Hausvater (Faramannus) zugetheilten Sondereigens war kein anderer gewesen als das Bedürfniß [32]) im einzelnen Falle; offenbar erhielt, wer mit 6 noch in der Were lebenden Söhnen und 4 Töchtern, mit 30 Knechten und Mägden und einer Heerde von 200 Häuptern in dem occupirten Lande einrückte, mehr an Sonderallod (und entsprechenden Nutzungsrechten an der Allmände), als wer mit Weib und Kind selbdritt gezogen kam. Des Landes aber war genug vorhanden — man brauchte nicht zu sparen.

Wenn nun in dem letztgenannten Beispiel aus der in drei Köpfen bestehenden Familie im Laufe von zwei, drei Generationen eine starke Sippe erwachsen war, so trat, bei aller Reichlichkeit der ursprünglichen Zutheilung, doch zuletzt der Zeitpunkt ein, in welchem das zugewiesene „Los" nicht mehr zur Ernährung des menschenreich gewordenen Ge= schlechts genügte.

Das Material nun, welches sich für Herstellung neuer Lose von Sondereigen von selbst darbot, war natürlich die Allmände, h. d. der Inbegriff des vom Staat occupirten, bis= her unvertheilten Wald= und Weidelandes. Bedurfte man dessen auch bei der damaligen Wirthschaftsweise in großen Mengen — noch war ja im Kampfe mit dem Urwalde und mit den feindlichen Nachbarn jedes Stück öden Landes, auf welchem sich ein neuer Hof erhob, jede Vermehrung der Volks= kraft um eine neue selbständige Familie ein Gewinn.

Bei dieser Verwandlung von Allmändetheilen in Son= dereigen, die jedesmal Beschluß der Volksversammlung vor= aussetzte, verfuhr man nun aus nahe liegenden Gründen der Bequemlichkeit, Zweckmäßigkeit, Sicherung in der Art, daß man zunächst immer die dem bisherigen Ackerlande und Com= plex des Sondereigens, also dem Herzen der ganzen Sie= delung zunächst gelegenen Stücke des Gemeindewaldes, der gemeinen Weide u. s. w. in Angriff nahm, sodaß die früher besprochene Trennung von den Nachbarbezirken, Stämmen, Völkern noch möglichst lange aufrecht erhalten wurde.

Aber freilich, immer dünner, immer schmaler wurde der Scheidegürtel von Wald und Wüste, welcher die Völker trennte; vom Innern der beiden benachbarten Siedelungen aus nagte das steigende Bedürfniß mit der wachsenden Volks= zahl immer mehr von jenen natürlichen Wällen hinweg, und endlich mußte die Zeit kommen, da die beiden Nachbarvölker, früher durch öd liegende ungeheure Wälder und Sümpfe geschieden, mit ihrem Bauland unmittelbar aneinanderstie= ßen, Pflugscheide an Pflugscheide. Schon in den letzten, dieser unmittelbaren Berührung vorhergegangenen Genera=

tionen hatten die Beziehungen des Verkehrs in Frieden und
Krieg, Handel, Gastbesuch, Ehegenossenschaft oder auch Streif=
zug und Eroberung viel häufiger, weil viel leichter, werden
müssen.

Und nun vollends war kein Halten mehr: friedliches
Verschmelzen durch Vertrag oder gewaltsame Einverleibung
durch Eroberung mußte unabläſſig dazu führen, die vielen
kleinen Gemeinwesen in größere zusammenzuschließen.

Alles drängte zu diesem Ergebnisse.

Unter den verschiedenen Bezirken eines Stammes, den
Stämmen einer Volksgruppe hatten bisher schon gemeinsame
Opfer für gemeinsame Götter und Bündnisse gegen äußere
Feinde bestanden.

Jetzt führte die nicht mehr unterbrochene Gefahr, die
von den Römern drohte, der vom Osten her von andern
Germanen und von Slawen geübte Druck, die häufigere Be=
rührung in Krieg und Frieden, die nach Cultivirung der
trennenden Wald= und Weidegründe eng und allseitig ge=
wordene Nachbarschaft und Verschwägerung, der ganze Zug
der Zeit unwiderstehlich zum Zusammenschluſſe in größere
Maſſen.

Und die in solcher Weise entstandenen bedeutendern, von
der beweglichern Gewalt des Königthums geführten Völker=
schaften hatten nun, nach Aufzehrung des verfügbaren All=
mändegebietes, das constant zunehmende Bedürfniß nach ge=
räumigern ergiebigern Sitzen zu befriedigen nur ein einziges
Mittel: die Ausbreitung nach Südwesten in das Gebiet des
römischen Reiches hinein, da die Nachbarn im Nordosten in
stetem Anschwellen weder eine Rückwanderung noch auch
nur ein Verbleiben in den bisherigen Siedelungen gestatteten.

Und diese Bewegung der Ausbreitung von Nord nach
Süd, von Ost nach West in die römischen Provinzen im
Wege bald der Eroberung, bald der friedlichen Aufnahme

als Grenzercolonien, mit strengerer oder gelinderer Abhängigkeit von Rom, stets aber gerichtet auf Landerwerb, auf Ansiedelung, diese Bewegung ist die sogenannte Völkerwanderung; rechnen wir einzelne Abenteuer von Gefolgschaften und
zufällige Störungen durch unberechenbare äußere Einflüsse
ab, so wird sich diese Tendenz, diese geographische Richtung,
dieser Charakter als der Grundzug der germanischen Bewegungen vom Ende des 2. bis Ende des 3. Jahrhunderts überall erkennen lassen.   Fragen wir nun aber
in welchem Zustande von Gesellschaft und Staat diese Ger-
manenvölker in das Römische Reich und in dessen Staat und
Gesellschaft traten, so finden wir erstens die „Gesellschaft"
ihrer Einen Hauptgrundlage, der Voraussetzung ihrer gesammten Wirthschaft, dem Ackerbau und Grundbesitz, ent-
rissen; buchstäblich den Boden unter den Füßen hatte man
verloren, ohne Allmände und Sondereigen lebte man in den
erkämpften oder durch Vertrag eingeräumten römischen Gebieten als unsteter, nur aus Noth geduldeter Gast, ohne Ga-
rantie der Dauer, nach dem römischen Cantonirungs- oder
Einquartierungssystem [33]) auf Zeit untergebracht, der Verdrängung durch andere Barbaren oder durch das sich wieder
erkräftigende Reich stets gewärtig; unsicher, von heute auf
morgen, jetzt übermüthig nach gewonnener Feldschlacht, sofort
aber wieder rathlos wegen Hungers, ohne Rast und Ruhe:
der Sippeverband zersprengt durch Krieg und Wanderung,
der alte Glaube wie die alte Sitte verdrängt durch die
Staatsreligion und die Cultur des Römerreiches.

Die alte germanische Gesellschaft stand aufgelöst, all ihrer
Grundlagen — Ackerbau mit Allmände, Sippe, Götter-
glaube — beraubt, unfähig, in der steten Waffengefährdung
eigene, individuelle Existenz ferner zu gewinnen, der troß
ihrer Krankheiten kolossal überlegenen römischen Gesellschaft,
Kirche, Cultur und Wissenschaft gegenüber; die unvermeid-

liche Folge war, daß die Germanen auf römischem Boden
in allen diesen Gebieten das vorgefundene römische Wesen
übernahmen und aufnahmen, mit wenigen germanischen Fär=
bungen: so vollzog sich ihre gänzliche Romanisirung in allen
Sphären der Gesellschaft: in Sprache und Familie, in Re=
ligion und Moral; Kunst und Wissenschaft wurden einfach
aus den Händen der römisch=byzantinischen Schulen, mit
steigendem Uebergewicht des Klerus als Culturträgers, reci=
pirt; die nationale Poesie, das Heldenlied verstummte oder
nahm unter der mistrauischen Ueberwachung der Kirche selbst
christliche Gewandung an.

Der germanische Staat aber kam ebenfalls in den auf
italienischem, spanischem, südgallischem Boden errichteten Rei=
chen nicht zu dauernder, gesunder, eigenartiger Gestaltung.

Der altgermanische Staat der Volksfreiheit war schon
vor und während der Wanderung durch das Königthum
beseitigt: in den nach der Wanderung im Süden gegründe=
ten Staaten fand die neu sich gestaltende Verfassung, die
nur im Heerbann und Gerichtsbann germanische Institute
beibehielt, fast das gesammte römische Staatswesen, die
Aemterorganisation des Reichs und das Municipalwesen der
Städte, den ganzen Apparat römischer Einrichtungen in Rechts=
pflege, Verwaltung und Finanzwesen noch wenig unterbrochen
fortarbeitend vor; schon um der römischen Bevölkerung dieser
Mischreiche willen konnte man daran nicht rühren und man
nahm alle diese von der römischen Cultur untrennbaren
Stücke des römischen Staatslebens in den unfertigen jungen
Germanenstaat auf, wie man den Römern ihr Privatrecht,
ja vielfach ihr Straf= und Proceßrecht beließ.

Die Folge war sehr starke Romanisirung des ganzen
Staates und des Rechtslebens auch der germanischen Be=
völkerung.

Dazu kam, daß Zahl und Bedeutung der Gemeinfreien,

dieser normalen Träger des germanischen Staates, außer=
ordentlich rasch abnahm: man trat wirthschaftlich,
gesellschaftlich vollständig in die vorgefundenen
römischen Verhältnisse, zumal des Grundbesitzes,
ein, und so ergriffen die Krankheiten, welche den
römischen Mittelstand dahingerafft hatten, auch
die germanischen Gemeinfreien. Nicht mehr die
Volksversammlung, schwer zu besuchen von den nunmehr
über ein weites Reichsgebiet verstreuten Ansiedlern, das Pa=
latium des Königs bildete jetzt den Schwerpunkt der Ver=
fassung; diesen Palast aber erfüllte der neue, aus Romanen
nicht minder als aus Germanen, sich stets frisch rekrutirende
Adel, welcher grundverschieden von dem untergegangenen oder
thatsächlich in diese neue Aristokratie übergegangenen alten
Volksadel, auf Königsamt, Hofdienst, Landleihe beruhte.

Dieser Adel wurde die beherrschende Macht in dem Ger=
manenstaate, wie er seit dem 6. Jahrhundert sich ge=
staltete, und im spätern Verlauf ist es nicht mehr der öffent=
lich=rechtliche Unterthanenverband, sondern der privatrechtliche
Beneficial= und Feudalnexus dieser Aristokratie untereinander
und mit dem Könige, was den Bau des Staates zusammen=
hält. Dieser Staat aber, der Lehnsstaat, und seine Grund=
lage, die patrimoniale Gesellschaft, liegen außerhalb der
Grenzen dieser Erörterungen.

Anmerkungen.

1) Vgl. die Auszüge aus Salvian in: Dahn, Könige der Germanen (Würzburg 1871), VI, 96—100.

2) Ueber römisches Steuerwesen dieser Periode, Könige, VI, 256.

3) Vgl. Könige, VI, 264.

4) Vgl. Könige, VI, 313 fg.

5) Vgl. Le Blant, Inscriptions chrétiennes de la Gaule (Bd. 1, Paris 1856; Bd. 2, Paris 1865).

6) Vgl. Hübner, Inscriptiones christianae Hispaniae (Berlin 1871).

7) Honorius hatte noch im Jahre 418 zu Arles jährliche Versammlungen des conventus Galliarum angeordnet; über deren Bedeutung für das provinzielle Leben vgl. Wenck im Codex Theodos. (Leipzig 1825).

8) Apollinaris Sidonius epist., III, 3, 7; V, 6; VII, 7.

9) Die Abhängigkeit dieser freien Clienten von dem Schutzherrn war so groß, daß das Gesetz von ihnen auf Befehl des Patrons begangenen Mord für ebenso straflos erklärt, wie den von Sklaven auf Befehl des Herrn verübten. Lex Visigoth., VI, 4, 2.

10) Vgl. Könige, VI, 279 fg.

11) Vgl. Könige, VI, 361.

12) Vgl. Könige, VI, 122 fg.

13) Vgl. Könige, VI, 139.

14) Vgl. Könige, VI, 135.

15) Vgl. Könige, VI, 390.

16) Löbell, Gregor von Tours (2. Ausg., Leipzig 1869), S. 257.

17) Gregor Tur., V, 40. Aehnliches gilt von andern Bischofs-städten.

18) Eugippius, Vita S. Severini. Bolland, Acta Sanct., I, 484.

19) Acta s. Aurentii. Bolland, 1. Mai, I, 60.

20) Acta s. Vincentii. Bolland, 11. März, 62. Könige, V, 141.

21) Gregor Tur., II, 27, nennt ihn „König der Römer".

22) Vgl. Könige, VI, 123.

23) Eugippius, l. c. Könige, I, 118.

24) Jordanes, Kap. 30.

25) Vgl. die Literatur hierüber (Waitz gegen von Sybel), Könige, I, 3 fg.

26) Vgl. Könige, VI, 13.

27) Vgl. Könige, VI, 21.

28) Vgl. die darauf bezüglichen deutschen Rechtssprichwörter bei Dietherr und Graf, III, 35, 38, 68.

29) Caesar de bello gallico, IV, 3.

30) Vgl. über den „Geschlechterstaat" von Sybel's die Literatur, Könige, I, 3 fg.

31) Vgl. Könige, I, 35.

32) Vgl. Könige, VI, 57.

33) Vgl. Könige, VI, 53.

Theodor Agrippa d'Aubigné.

Von

E. L. Th. Henke.

Ein Dichter faſt erſten Ranges, der auch als Geſchicht=
ſchreiber nicht minder hoch ſteht, ein reichbeleſener Gelehrter,
der aber auch reich an eigenem Geiſt und an Phantaſie und
ſogar auch noch ein ſtarker Charakter iſt, ein unverſöhnlicher
Kämpfer für Reformation und Religionsfreiheit mit dem
eiſernen wie mit dem geiſtigen Schwerte, ein Hofmann, aber
mit einer prophetiſchen Freimüthigkeit, ein ſchlagfertiger Ca=
valier und beißender Satiriker, der auch ein demüthiger
Chriſt iſt, kein Dante, kein Ulrich von Hutten und kein Paſ=
cal, kein Milton und kein Klopſtock, aber ein gutes Stück
von dieſem allen und dabei in Einer Perſon — das iſt ja
wol eine ſo ſeltene Miſchung, daß wer dies alles vereinigt,
ſchon deshalb einige Beachtung verdient, beſonders wenn ſein
eigenes Volk, ſonſt ſo fleißig ſich ſelbſt alle ſeine gloires
nachzurechnen und nachzurühmen, gegen dieſen Mann, und
vielleicht wegen ſeiner ſtrengen Beurtheilung ſeiner eigenen
Schäden, die es nicht gern hört, bisher ſo ungerecht und
ſo undankbar geweſen iſt. [1]

Theodor Agrippa d'Aubigné wurde am 8. Februar 1552 [2]
geboren auf einem jetzt zerſtörten Schloſſe Saint=Maury, eine
Stunde von dem Städtchen Pons in Saintonge, jetzt De=

partement der Charente. Er stammte aus einer wol nicht
sehr begüterten, aber alten adelichen Familie, welche bis ins
12. Jahrhundert auf eine stolze Reihe von Rittern und
Edelfrauen zurücksah [3]) und welche sich im Anfange des 16.
in freier Anhänglichkeit [4]) an den König Heinrich von Navarra, den Gemahl der geistvollen Margarethe, der Schwester
König Franz' I., angeschlossen hatte. Der Vater Jean d'Aubigné, Seigneur de Brie, scheint sich im Jahre 1550,
wo er sich (laut seines Ehecontracts) noch ganz in den Formen der „h. katholischen und apostolischen Mutterkirche"
zum ersten male verheirathete, von dieser Kirche noch nicht
abgewandt zu haben, und wurde wol erst nach dem Tode
seines Königs Heinrich (gest. 1555), also vielleicht erst unter
dessen Tochter und Nachfolgerin Jeanne d'Albret ihr „chancelier de Navarre". [5]) Aber als solcher wird er nur immer
entschiedener der Sache der französischen Reformation sich
zugewandt und dabei seine anfangs selbst noch schwankende
Fürstin in ihrem Widerstande gegen die schlimmern Schwankungen ihres Gemahls König Anton von Bourbon immer
mehr festgehalten haben; sein näheres Verhältniß zu der
Königin drückt wol selbst die Sage aus, wenn sie auch sonst
ganz unbeglaubigt und nur zu Ehren der Madame de Maintenon erfunden ist, daß er nach dem Tode Anton's (gest. 1562)
insgeheim mit Jeanne d'Albret verheirathet gewesen sei. [6])
Gewisser ist was sein Sohn selbst bezeugt [7]), daß Jean
d'Aubigné zu den Theilnehmern und selbst zu den Urhebern
der Verschwörung von Amboise zum Sturz der Guisen gehörte, ebenso wie nachher zu den vornehmsten Führern der
Hugenotten im ersten Kriege. Im Jahre 1562, wo er sich
sogleich der Armee Condé's anschloß, wurde er Stellvertreter
des Gouverneurs von Orléans; bei Dreux (December 1562)
erscheint er im vertraulichen Verkehr mit Coligny und Beza;
nachher bei Abschließung des ersten Friedens von Amboise

(März 1563) gehört er neben Condé, Dandelot und Saint-
Cyr zu den vier Vertretern der reformirten Partei, mit
welchen die Königin Katharina darüber im blauen Zelte auf
der Isle des Boeufs vorher unterhandelt. Diese Parteistel=
lung des Vaters vererbte sich nun auch um so entschiedener
auf den Sohn, je mehr blos der Vater allein über dessen
erste Erziehung verfügte. Die Mutter starb bei seiner Ge=
burt; auch sein Name Agrippa sollte daran wie an aegre
partus erinnern; die zweite Frau seines Vaters aber drang
darauf, daß er als Kind aus dem Hause gegeben werde;
so war es nichts als männliche Zucht, welche von Kindheit
auf über ihn erging und vielleicht den Grund legte zu der
schroffen Härte und Streitbarkeit, welche ihm stets eigen
blieb. Eine andere Wirkung davon war, daß er nun außer
dem Hause so früh von dem Vater so ausgezeichneten Leh=
rern in den Sprachen übergeben wurde und bei seinen guten
Anlagen so rasche Fortschritte machte, daß er den Gefahren
eines frühreifen Wunderkindes ausgesetzt gewesen wäre, wenn
nicht die zu einer militärischen Erziehung nöthigen Uebungen
hiergegen ein nützliches Gegengewicht geliefert hätten. Er
behauptet von einem unerbittlich strengen Lehrer Jean Costin,
der ihn im Lateinischen, Griechischen und Hebräischen zugleich
unterrichtet habe, so weit gebracht zu sein, daß er mit sechs
Jahren in vier Sprachen habe lesen können [8]); dann habe
ihn der gelindere Jean Morel bald noch weiter gefördert;
im achten Jahre habe er mit Hülfe seiner Lehrstunden den
platonischen Krito übersetzt und sich auch den Druck der
Uebersetzung mit seinem eigenen Bilde vom Vater versprechen
lassen. Noch entscheidender wirkte ein anderes Ereigniß.
Nachdem die Verschwörung von Amboise mislungen war,
hatte der Cardinal Guise seinen Bruder Franz nach sich
ziehend [9]) ohne Proceß mehr als tausend Menschen köpfen,
hängen, ersäufen lassen, auch zu diesen Autos da Fé die Herren

und Damen des Hofes, das schwache Kind, welches König
Franz II. hieß und bald nachher starb, ebenso dessen Frau
Marie Stuart und viele andere „zu ihrer Unterhaltung" [10])
herangezogen; und als hier kurz darauf Aubigné der Vater,
dieser Verfolgung selbst kaum entgangen, mit seinem Sohne
und einigen zwanzig Reitern durch ein Gedränge von Tau-
senden über den Markt von Amboise ritt, wo noch zu Hunderten die Köpfe der Hingerichteten ausgestellt waren, da
rief er in die Menge hinein: „Ils ont décapité la France,
les bourreaux!" und als der Sohn dann erschreckt näher
zu ihm heranritt, legte er ihm die Hand auf den Kopf:
„Mein Kind, mein Kopf ist davongekommen, aber es ist
darum nicht nothwendig, daß du den deinigen sparst, wo es
gilt, diese Häupter der Ehre zu rächen; wenn du dich dabei schonst, so hast du meinen Fluch." Diese Hannibalweihe
des achtjährigen Knaben, wie der Achtzigjährige sie noch an
die Spitze seiner selbstbiographischen Aufzeichnungen für seine
Kinder gestellt hat [11]), drückte auch wirklich aus, was der
Inhalt seines Lebens werden sollte und nachher geworden
ist. Wohl fehlte es darin nicht an einzelnen Schwankungen
und überwundenen Versuchungen, wie Aubigné dies selbst
oft in strenger Selbstanklage anerkannt hat [12]); aber wenn ·
das Wort gilt, daß „der Mensch schwankt zwischen seinem
Urbild und seinem Zerrbild", so stellt sich bei ihm das Urbild in seltener Schärfe seiner Ausprägung dar, nämlich die
Gestalt eines idealen in Lehre und Leben vollendeten Calvinisten, welcher in der stolzen Zuversicht zu den Erwählten
zu gehören und dadurch seines Heils und seiner Seligkeit
diesseits und jenseits gewiß zu sein, einen durch menschlichen
Widerstand nicht zu beugenden Muth hat und in dem an-
vertrauten Kampfe für die „Sache", welche die Sache Gottes,
also Selbstzweck ist, jede Vermittelung und Nachgiebigkeit als
Verrath und Abfall verwirft. Und da er nun immer mehr

die Bedrängniß und zuletzt das Unterliegen dieser Sache er=
leben und selbst für sie im Exil endigen mußte, so war es
sein Glück und sein Trost, daß ihm „ein Gott gegeben hatte
zu sagen wie er leide", daß er, auch darin Dante ähnlich,
auf dem Gebiete des Geistes als Dichter und Historiker das
Gericht über seine und Gottes Feinde ergehen lassen konnte,
welches wirklich über sie zu verhängen er nicht die Macht
hatte und welches Gott selbst noch über sie zurückhielt.
„Victrix causa Diis placuit sed victa Catoni"; dies Wort,
wenn auch ohne die Bitterkeit darin, wurde immer mehr die
Losung seiner letzten Lebensjahre, und in der zunehmenden
Thatenlosigkeit, zu welcher er darin bei dem Unterliegen ver=
urtheilt war, blieb ihm der Rückblick auf die frühern und
die diesen bewahrte Treue eine Erhebung und ein Trost.

Doch solche Resignation war nicht der Anfang seiner
langen Laufbahn; es scheiden sich darin drei Zeiten nach
ungleichem Verhältniß derselben zur Erfüllung seiner Wünsche
und seiner Wirksamkeit dafür: 1) erste Lehr= und Dienst=
jahre bis 1589 neben Heinrich von Navarra, ehe dieser
Heinrich IV. wurde; 2) die Zeit unter Heinrich IV., bis
1610; und 3) noch zwanzig letzte Jahre nach Heinrich's
Tode.

I. Aubigné unter Heinrich von Navarra bis 1589.

Nicht sogleich anfangs kam er mit Heinrich IV. in Ver=
bindung, aber seine Kindheit und Jugend blieb auch ferner
geeignet, ihn für ein Leben unaufhörlichen Kampfes hart
genug zu schmieden. Schon im Jahre 1562, wo der
Bürgerkrieg ausbrach, also zehnjährig, war er vor einem
Inquisitor mit andern aus Paris geflüchteten und dann er=
griffenen Zöglingen eines reformirten Erziehers Beroaldus

zum Feuertode mitbestimmt; aber der Knabe, welcher so
weinte, weil man ihm seine Bücher und nun auch seinen
kleinen Degen weggenommen hatte und den man nun doch
in seinem weißen silbergestickten Atlasjäckchen eine Gaillarde
tanzen ließ, erregte das Mitleid eines der Wächter, sodaß
dieser ihn gegen eine Summe durchschlüpfen ließ; tagelang
ließ sich nachher Renata von Ferrara, zu welcher er in ihre
feste Stadt Montargis gerettet wurde, von dem trotzigen
Kinde vorerzählen, wie bereit er zu sterben gewesen sei. Bald
darauf in Orléans, wo sein Vater den Oberbefehl hatte,
wurde er „un peu debauché", wie er selbst sagt, denn es
sei schwer pacis artes colere inter Martis incendia. Aber
hier verstand sein Vater keinen Scherz; er ließ ihn durch
einen Diener in einem groben Kleide durch Werkstätten der
Handwerker führen, und nun hieß es, jetzt solle er selbst
ein Handwerk wählen, da er ja von Ehre und Wissenschaft
ablasse; nach einem hitzigen Fieber, das ihn hierauf befiel,
erbat er auf den Knien die Verzeihung seines Vaters; bald
darauf sah dieser infolge seiner Wunden sein Ende kommen,
verabschiedete sich vom Sohne, küßte ihn, sagt dieser, contre
sa coutume, und empfahl ihm nochmals seine Worte vor
Amboise, den Eifer für die Religion und die strenge Wahr=
haftigkeit. Auch sein Vormund nahm ihn dann in strenge
Zucht, und schickte ihn zu weiterm Unterricht nach Genf,
wo Beza noch Einfluß auf ihn erhielt (Calvin war erst so=
eben 1564 gestorben); er war bald so weit, daß er versicherte,
lateinische Verse habe er mehr gemacht als ein fleißiger
Schreiber habe schreiben können, und hebräisch habe er ohne
Punkte gelesen, seinen mathematischen und philosophischen
Cursus aber schon in Orléans beendigt gehabt. Aber reiz=
bar und ehrgeizig jederzeit, nahm er es nach zwei Jahren
in Genf so übel, daß man ihn (er behauptete wegen Unbe=
kanntschaft mit dem Dialekt Pindar's) in der Schule herun=

terſetzen wollte, daß er auf= und davouging nach Lyon.
Hier gerieth er freilich bald ſo in Noth, daß er ſchon mit
Selbſtmordgedanken umging; das letzte Wort ſeines Gebetes,
vielleicht des apoſtoliſchen Symbolums, das Wort „das
ewige Leben“ hielt ihn davon zurück. Aber als man ihn
dann zu der Zeit, wo 1565 der dritte Religionskrieg aus=
brach, in ſeiner Heimat wieder eingeſchloſſen hatte (ſein Vor=
mund ließ ihm abends die Kleider wegnehmen, um ihn ſicher
feſtzuhalten), da entſprang er wieder aus der Haft; im
Hemde und in bloßen Füßen ließ er ſich an Betttüchern aus
dem obern Stock hinunter, als ein Trupp ſeiner Bekannten
in den Krieg vorbeizog, und ſchon in dieſem Coſtüm nahm
er an einem erſten Gefechte gegen „Papiſten“ theil und
erbeutete ſich darin ein Gewehr; ihn wenigſtens, ſagte er,
darum, habe der Krieg nicht arm gemacht, denn noch ſchlech=
ter ausgerüſtet habe er nicht aus dem Kriege kommen kön=
nen, als er hineingekommen ſei.

Nun war er Soldat, und wie nun von hier an, wenn
auch in Unterbrechungen, der Bürgerkrieg in Frankreich bis
zum Ende des Jahrhunderts fortdauerte, ſo nahm er auch
fortwährend daran theil, directer noch unter Condé und
Coligny, focht 1569 bei Jarnac mit, wo Condé umkam,
·zeigte ſich in kleinen Gefechten unternehmend und tollkühn,
und füllte auch die friedlichern Zwiſchenzeiten nach der Sitte
mit nicht ungern aufgeſuchten Duellen auf Degen und Dolch
reichlich aus[13]); ſchon 1572 nöthigte ihn ein ſolches aus
Paris zu flüchten, und ſo traf ſich's, daß dieſe Abweſenheit ihm
in der Bartholomäusnacht das Leben erhielt. Die Liebe zu
einem Fräulein Diana Salviati weckte damals auch die
Poeſie in ihm; eine Sammlung von Gedichten, welche er
mon printemps nennt, welche aber noch nicht wieder auf=
gefunden und herausgegeben iſt, enthielt wol, ſagte er,
„plusieurs choses moins polies, mais quelque fureur qui

sera au gré de plusieurs", ein Urtheil, welches fast auf alle
seine poetischen Werke und beinahe auf seine ganze Person
paßt.

Erst um diese Zeit nach der Bartholomäusnacht, nach
dem vierten Kriege, welcher darauf gefolgt war, und nach
dem Frieden von Rochelle, durch welchen dieser im Jahre
1573 beendigt war, kam Aubigné nun auch in die nähere
Verbindung mit Heinrich von Navarra, welche von nun
an sein Leben beherrschen sollte. Wie verschieden waren
diese beiden Männer, wie oft stießen sie einander von sich
ab, und doch wie sehr bedurften sie einer des andern, und
kehrten darum auch nach allem Verdruß über einander immer
wieder zu gegenseitiger großer Schätzung zurück. Es war
wol ein Dienstverhältniß, in welches Aubigné hier als écuyer
Heinrich's [14]) eintrat; aber bei fast gleichem Alter beider,
gleichen Antecedentien, vielfach gleicher Bildung schloß ihr
Verhältniß zu einander Züge echter Freundschaft, welche
Verschiedenheit und gegenseitige Ergänzung fordert, nicht
völlig aus. Aber sogleich die erste Zeit, wo Heinrich jetzt
Aubigné näher an sich heranzog — man hatte ihn an dessen
Vater erinnert und gerühmt, daß auch der Sohn „ne trouvait rien trop chaud" — wurde für diesen schwierig und
gefahrvoll genug; es war gerade noch die Zeit, wo Heinrich
nach der ersten Abschwörung seines Glaubens infolge der
Bartholomäusnacht noch am Hofe seiner Schwiegermutter,
der Königin Katharina, und seiner Schwäger festgehalten
und von den Hugenotten fern gehalten wurde. Auch Aubigné,
damals zwanzigjährig wie Heinrich selbst, ging nun wol gleichfalls
in seiner Weise ein auf die Sitten dieses Hofes; er theilte
die Beschäftigungen und Vergnügungen Heinrich's von Navarra und Heinrich Guise's, welche damals als unzertrenn=
lich beschrieben werden; seine Belesenheit in dem Alter
strengte er an, um Maskeraden und Ballete mit mythologi=

scher Ausstattung für sie zu erfinden; sein Festspiel Circe
in die Scene setzen zu lassen, war der Königin Katharina
zu theuer, erst ihr Sohn Heinrich III. scheute nachher bei
der Hochzeit seines Mignons Joyeuse die dazu nöthigen
Kosten von 3—400000 Thlrn. nicht. [15]) Auch zu der „Akademie", zu welcher Heinrich damals zweimal in der Woche
Gelehrte und auch Damen einlud und sie über gegebene
Streitfragen reden ließ, zog er Aubigné heran wegen seiner
Kenntnisse und wegen seiner Herrschaft über die Sprache in
Versen und in Prosa. Daneben ließ dieser es auch nicht
fehlen an Duellen und Theilnahme an Straßentumulten,
wußte sich auch bei den Damen des Hofes durch scharfe
Bonmots in Respect zu setzen [16]) und für das alles fühlte
er sich damals nicht ohne Selbstgefühl auch von andern als
beneideten Günstling angesehen. [17]) Aber er war es doch
auch, der sich zuerst wieder der Gelübde erinnerte, welche
ihm sein Vater einst auferlegt hatte, und wie dieser einst
eine Stütze der Mutter Heinrich's gewesen war, so vertrat
der Sohn jetzt bisweilen fast ihre Stelle bei Heinrich; er
war es, der ihn im Anfange des Jahres 1576 wieder von
dieser Abhängigkeit von den katholischen Cavalieren und
Damen des Hofes der Katharina und wenn nicht von ihren
Sitten, doch von ihrer Partei loszureißen vermochte. Er
und ein Kammerdiener Heinrich's Armagnac wachten einst an
dessen Bette, hörten ihn tief seufzen und Klageworte über
das Fernsein treuer Freunde aus dem 88. Psalm für sich
anstimmen; da schlug er (er beschreibt es selbst), angetrieben
von dem andern, der es nicht wagte, den Vorhang des
Bettes zurück und will so zu Heinrich geredet haben: „Sire,
so arbeitet also Gottes Geist doch noch in Euerm Herzen
und wohnt noch in Euch? Ihr seufzt zu Gott wegen der
Abwesenheit Euerer Freunde und treuer Diener, und diese
sind jetzt auch zusammen und seufzen nach Euch und arbeiten

für Euere Befreiung. Aber Ihr habt nur Thränen in
den Augen und sie Waffen in den Händen; sie bekämpfen
Euere Feinde, und Ihr dient ihnen; sie erfüllen sie mit
wahrer Furcht, und Ihr schmeichelt ihnen wegen falscher
Hoffnungen; sie fürchten nur Gott und Ihr ein Weib, vor
dem Ihr die Hände faltet, während Euere Freunde die Faust
geschlossen haben; sie sind zu Pferde und Ihr auf den
Knien; sie lassen sich um den Frieden anflehen, aber wenn
Ihr ihrem Kriege ausweicht, so habt Ihr auch keinen Antheil
an ihrem Frieden. Welch ein Geist der Verblendung läßt
Euch lieber hier Knecht bleiben statt drüben Herr zu sein?
verachtet von Verachteten sein, wo Ihr der Gefürchtete sein
könntet? Müßtet Ihr nicht müde werden Euch hinter Euch
selbst zu verbergen, wenn ein Fürst wie Ihr sich verbergen
dürfte? Ihr vergeht Euch an Euerer Größe und verdient
die empfangenen Beleidigungen. Die, welche die Bartholomäusnacht herbeigeführt haben, erinnern sich ihrer recht gut
und können nicht glauben, daß die sie vergessen haben, über
welche sie ergangen ist. Und wenn Euch nur noch die
Schmach gewiß wäre, aber nichts weiter habt Ihr zu fürchten als länger hier zu bleiben. Wir beiden wollten morgen
auf und davon, als Euere Worte uns bewogen hier den
Vorhang wegzuziehen. Bedenkt, Sire, daß die Hände, die
Euch nach uns bedienen werden, sich dann nicht weigern
werden Euch mit Gift und Dolch zu bedienen."

Es ist auch noch ein Gedicht erhalten, worin Heinrich
vorgehalten wird, wie viel Ehre, Freiheit und Macht er
durch Rückkehr zu seiner alten Partei gewinnen werde; obgleich an Aubigné gerichtet, rührt es doch wol von ihm selbst
her; auch durch einen Blumenstrauß aus Oliven, Lorber
und Cypressen erinnerte er ihn an seine Mutter, denn „Frieden, Sieg oder ehrenvoller Tod" war die Devise gewesen,
welche sie einst auf die an ihre Anhänger vertheilten Denk-

münzen hatte setzen lassen. [18]) Wirklich scheint Aubigné durch
solche Aufforderungen bei Heinrich das meiste gethan zu
haben, um ihn zur Flucht aus der Art von Gefangenschaft
zu bewegen, in welcher Katharina von Medici ihn festhielt,
und so war er es auch, welcher sich ihm bei der schwierigen
Ausführung der Flucht (3. Februar 1576) am meisten hülf=
reich erwies. Die Folge war der Friede vom 6. Mai 1576
mit allen seinen Zugeständnissen für die „religion prétendue
réformée" und bald darauf Heinrich's förmlicher Rücktritt
zu dieser unter der Erklärung, daß er nur durch Gewalt
davon losgerissen und ihr im Herzen stets treu geblieben sei;
und bei der Strenge, mit welcher Aubigné über den ganzen
Unterschied von reformirt und papistisch urtheilte, konnte er,
was er hier erreicht, für nichts Geringeres ansehen, als habe
er seinem Herrn dadurch Leben und Seligkeit und der „Sache"
Existenz und Fortdauer erhalten.

Aber Heinrich war nicht blos der Sohn seiner frommen
Mutter, sondern auch der seines leichtfertigen Vaters; durch
zu vieles war ihm die Gemeinschaft der Partei, von welcher
er hier getrennt wurde, werthvoll und wichtig, durch zu
vieles der Hof, von welchem man ihn hier losriß, anziehend
gewesen, als daß er sich von nun an seines Rücktrittes nur
hätte erfreuen und die Entschiedenheit, welche er forderte,
erhalten mögen, und so wechselten auch in seinem Verhält=
niß zu dem, der ihn hier fast wie ein Gewissen zur Rückkehr
gezwungen hatte, von nun an solche Zeiten, wo er Aubigné
ungern sah und dann zurücksetzte und drückte, mit solchen
bessern, wo er für dessen Anhänglichkeit und Freimüthigkeit
wieder ein dankbares Auge hatte und ihn wieder näher an
sich heranzog. Diese Schwankungen in Heinrich's Zuneigung
bedingten dann auch vielfach Aubigné's Glück und Unglück;
aber darin blieb er sich gleich, daß er von der Erfüllung
der Pflicht, nur für die alte Treue und gegen den Abfall

17*

Zeugniß abzulegen, auch gegen den König und aus Furcht
vor dessen Misfallen niemals abließ. Seine Liebe für Heinrich machte ihn auch nicht blind gegen Heinrich's Schwächen,
eher bisweilen schwarzsehend, wie er allerdings von Schonung und Optimismus überhaupt zu weit entfernt war, und
sein Gehorsam gegen ihn reichte nicht mehr aus, wenn Heinrich ihm Unwürdiges zumuthete. So versichert er, Heinrich
habe ihn in diesen ersten Jahren als Unterhändler brauchen
wollen bei Frauen, welche er habe verführen wollen, und
ihn einmal selbst auf den Knien darum gebeten; auch hätten
Freunde gemeint, er müsse sich seinen Einfluß bei Heinrich,
welchen er auch durch seine Verse und seine Gewalt über
die Sprache erworben, um der evangelischen Sache willen
durch solche Dienste erhalten. Aber den Freunden habe er
geantwortet, sie meinten also, man müsse sich blind machen
zum Besten der Kirche, und Gott habe ihn mit Gaben ausgestattet, um einen Kuppler aus ihm zu machen. Und Heinrich habe ihm dann freilich die Weigerung so übel genommen,
daß er durch Duelle, in welche er ihn verwickelt, seinen Tod
gesucht habe, und nur noch mehr habe er dies gethan, nachdem er es ihm selbst vorgehalten, daß er dies gegen den
gewollt habe, den Gott als Werkzeug zur Erhaltung seines
eigenen Lebens gebraucht habe. Das trennte sie dann auf
längere Zeit; Aubigné macht sich selbst Vorwürfe wegen der
Schärfe seiner Klagen. Eine schwere Verwundung, welche
ihn bald nachher 1577 an ein langes Krankenlager fesselte,
wurde zugleich eine Zeit seltener Muße und Einsamkeit für
Aubigné, in welcher er den Plan seines großen Epos „Les
Tragiques" entworfen und mit der Ausführung den Anfang
machen konnte. Nach 1577, am Schluß des sechsten Krieges, bat er Heinrich um seinen Abschied in Ausdrücken, in
welchen er ihm hart und schroff vorhielt, was er für ihn
gethan und gelitten: zwölf Dienstjahre, zwölf Wunden und

daß seine Hand ihn von Gefangenschaft befreit und sich
selbst von Bestechung freierhalten habe. In einem alten
Wachtelhunde Heinrich's, welcher sonst immer auf dessen
Füßen gelegen hatte und nun in seinem Alter verstoßen und
fast verhungert war, fand er sein eigenes Bild; er verschaffte
sich den Hund, gab ihn bei einer Frau in die Kost und ließ
ihm auf das Halsband ein Sonett eingraben, worin er dem
Könige solche Undankbarkeit gegen treue Diener vorhielt und
mit welchem er ihm nun den Hund wieder vorführen ließ.
Schon wollte er sich ganz von Frankreich losmachen, seine
wenigen Güter verkaufen und Dienste nehmen unter den
deutschen Soldaten, welche unter dem Pfalzgrafen Johann
Kasimir den französischen Protestanten helfen wollten.

Aber Heinrich vermochte nun auch wieder trotz oder
wegen der Respectwidrigkeit solcher Vorwürfe sich der Treue
zu erinnern, welche sich darin verbarg. Als einige Zeit
darauf die evangelischen Kirchen von Languedoc sich nach
Aubigné, „der ihre Provinzen gerettet habe", bei Heinrich
erkundigen ließen, und als Heinrich sich hierauf wieder freund=
licher erklärte, er habe ihn gar nicht entlassen, er sehe ihn
noch als den Seinigen an und werde seine Rückkehr befehlen,
da machte dies Aubigné schon wieder nachgiebiger. Es kam
dazu, daß er plötzlich von Liebe zu einem Fräulein Susanne
de Lazay, als er sie an einem Fenster gesehen, so heftig
ergriffen wurde, daß er sein Deutschland, wie er sagte, lieber
wieder mehr in der Nähe suchen und sich hier verdient und
„regrettable à son ingrat" (er meint Heinrich) machen
wollte. Vier Briefe, in welchen dieser ihn zurückrief, will
er noch ins Feuer geworfen haben; aber als er erfuhr, daß
Heinrich in der Meinung, Aubigné sei in einem letzten Tref=
fen gefangen, Kostbarkeiten seiner Gemahlin bestimmt habe
um ihn loszukaufen, und daß er auf eine weitere falsche
Nachricht, er sei umgekommen, vor Trauer mehrmals nichts

habe essen können, da war er versöhnt und ging an den
Hof zurück. Einen Diener, der als eine Art von Hofnarr
früher beiden, Heinrich und Aubigné, gedient hatte, aber
während der Trennung bei Aubigé geblieben war, De Cour,
schickte er voran, und auf alle Fragen Heinrich's nach ihm
ließ er diesen immer „Ja" sagen, und als dies keinen Sinn
mehr gab, versichern, das sei es ja doch allein, wodurch alle
Bessern aus der Nähe der Könige vertrieben wurden, daß
sie nicht immer Ja sagten. Heinrich empfing Aubigné mit
vielen Bezeugungen seiner Umstimmung und Versprechungen
für die Zukunft, und ebenso kam ihm die Königin Marga=
rethe entgegen. Es waren die Friedensjahre 1578 und 1579,
wo Katharina von Medici ihre Tochter mit ihrem Gemahl
Heinrich wieder zusammengeführt hatte, wo sie ihn und sein
Gefolge wieder in die katholische Partei und deren Sitten
auch durch ihre Damen zu verstricken suchte und wo durch
diese aufgemuntert, das zum formlosen Morden gewordene
Duell den fehlenden Krieg so lange ersetzen mußte, bis sie
auch diesen, die „guerre des amoureux", im Jahre 1580
wieder erregt hatte, in der Zeit, von welcher L'Etoile sagte,
daß alles darin erlaubt gewesen sei, außer gut reden und
gut handeln. Diesmal hielt auch Heinrich ein wenig länger
an ihm fest, er ließ sich auch durch die Corisande, über
welche Aubigné spöttische Reden geführt und welche dafür
Rache von Heinrich gefordert hatte, nicht gegen ihn auf=
bringen. Er bedurfte damals eines Boten, der sich vor dem
lebensgefährlichen Auftrage nicht scheute vom König Heinrich III.
Genugthuung zu fordern wegen der Beleidigung, welche er
seiner Schwester, der Frau Heinrich's von Navarra, zuge=
fügt hatte, indem er sie und ihre Damen wegen ihres selbst
für ihn zu anstößigen Lebens von seinem Hofe vertrieben
hatte, und er fand nur Aubigné dazu bereit. Als Heinrich III.
diesen mit Spott und Drohungen über seinen Herrn empfing,

fehlte es ihm nicht an trotzigen Gegenreden: solange der
König Gerechtigkeit gegen ihn übe, werde Heinrich ihm sicher
gehorsam sein, aber seine Ehre werde er weder ihm noch
sonst einem lebenden Fürsten preisgeben, solange er noch
einen Fuß Degenklinge in der Hand habe.[19] Die Königin
Margarethe selbst fiel ihm dennoch bald wieder ab, obgleich
er auch eine Berathung, ob man sie nicht für ihre Sitten
sterben lassen müsse, durch seine Gegenvorstellungen unter=
brochen haben will. Heinrich aber war ihm dankbar hierfür,
wie für seine Mission, und so hatte er auch kurz vorher
durch seine Verwendung bewirkt, daß Aubigné die Zustimmung
zu der Heirath mit Susanne de Lazay erhielt. Am 6. Juni
1583 wurde seine Ehe mit ihr geschlossen, und Heinrich kam
selbst nach Poiten, um an den Festen bei dieser Gelegenheit
theilzunehmen.

Durch diese Heirath ging aber auch in dem Verhältniß
Aubigné's zu Heinrich eine nicht unbedeutende Veränderung
vor. Durch die großen Güter, welche seine Frau besaß,
Surimeau, Mursay u. s. w.[20], kam Aubigné nun erst in
die Lage, daß er nicht mehr wie ein abhängiger Cavalier
in Heinrich's damals kleinem Gefolge bastand, sondern sich
nun den großen Seigneurs nebenordnen konnte, welche da=
mals, katholische sowol wie hugenottische, sich eine möglichst
unabhängige Stellung zu sichern suchten und dabei mitein=
ander concurrirten und rivalisirten. Das war ja damals
der allgemeine Zustand, und dieser kleine Krieg der großen
Herren gegeneinander konnte selbst in den fünf Friedens=
jahren zwischen dem siebenten und achten Kriege (1581—85)
fortgehen, daß sie, unter dem Vorwande oder mit Berufung
auf die Pflicht, die Reformation entweder zu schützen oder
zu unterdrücken, soviel Orte und Landstrecken als möglich
sich zu unterwerfen und einander abzugewinnen suchten, und
daß sie dadurch eine Selbständigkeit gewannen, in welcher

sie dem Haupte ihrer Partei mehr wie Bundesgenossen als
wie in einem Dienst= oder Vasallenverhältniß gegenüberstan=
den, darum jeden Augenblick von ihm abfallen und nicht
durch Strenge, sondern nur in Güte durch Zugeständnisse
festgehalten oder herangezogen werden konnten. So kam
auch Aubigné, bisher arm und durch Heinrich, der es auch
war, wenig bereichert, jetzt in die Lage, daß er aus seinen
Mitteln mehr als 1000 Mann mobil machen und auf diese
Freischaren gestützt sich freier bewegen und es nun auch
auf Erwerbung eines kleinen Gouvernements für sich selbst
anlegen konnte. Das war Verstärkung der Macht der refor=
mirten Partei und insofern auch Heinrich willkommen; ande=
rerseits machte es Aubigné unabhängiger von Heinrich, und
Aubigné wenigstens wirft es Heinrich oft vor, daß er jeden
Erfolg anderer im Kriege ungern und mit Neid angesehen
habe, und so dauerte denn auch in dieser neuen Stellung
Aubigné's zu Heinrich der alte Wechsel fort zwischen An=
schließung und Auseinandergehen. So schon in der letzten
Friedenszeit vor dem achten Kriege. Aber mit diesem wurde
gerade nun seit 1585 die ganze Lage der Reformirten plötz=
lich so viel schwieriger als bisher. Auf sieben Kriege und
sieben Friedensschlüsse, welche alle seit 1563 den Hugenotten
eine mehr und weniger beschränkte Religionsübung gewährt
und ebendadurch Frieden, wenn auch nur vorübergehenden,
verschafft hatten, war im Frühjahre 1585 der kurze achte
Krieg zwischen Heinrich III. und der nun erst gegen ihn
neu organisirten Ligue gefolgt, und bald darauf der Tractat
von Nemours, welcher ihn beendigen sollte. Hier aber hatte
sich Heinrich III. von der Ligue das Zugeständniß abzwingen
lassen müssen, daß nun schlechthin jede andere Religion als
die römische in Frankreich bei Todesstrafe verboten sein sollte,
und so diente denn dieser Friede zu stärkerer Erneuerung
des Krieges als jeder frühere. Was sollten nun die Huge=

notten thun? Heinrich von Navarra, welcher kurz, ehe das
Erict erfolgt war, durch ein Manifest vom 10. Juni 1585
noch einmal eine friedliche Stellung zwischen den Parteien
gesucht hatte, versammelte sogleich einige 60 seiner angesehen=
sten Anhänger und fragte, ob man nun stillsitzen oder Hein=
rich III. gegen die Ligue unterstützen solle? Hier warnte
Turenne vor Rüstungen, da diese eine Vereinigung zwischen
König und Ligue bewirken würden, welche jetzt noch so un=
einig, daß sie dadurch ungefährlich seien, welche aber, wenn
man sie durch Rüstungen nöthige sich zu vereinigen, für die
Reformirten unüberwindlich sein würden. Anders Aubigné.
Wir würden, sagte er, die Asche unserer Märtyrer mit Fü=
ßen treten, würden die zur Schmach verurtheilen, welche ihr
Leben für Gottes Sache hingegeben haben und noch hinge=
ben, würden Gott selbst anklagen, der ihre Waffen gesegnet
hat, wenn wir jetzt stillsäßen; hier unser bloßes Zusammen=
sein wäre hochverrätherisch, wenn wir uns nicht unsers
guten Rechtes bewußt wären. Gerade dies Verhältniß müsse
benutzt werden, daß Heinrich III. sich den Liguisten noch
durchaus nicht gern unterwerfe, welchen sie blos deshalb
bedrängten, weil er sich mit ihnen noch nicht zur völligen
Unterdrückung der Reformirten vereinigen möge. „Wenn der
König uns nicht fürchtet, wird er sich den Liguisten ferner
fügen und dann mit ihnen über uns herfallen; fürchten aber
wird er uns nur, wenn wir bewaffnet und verbunden sind,
und dann wird er uns anrufen mit ihm zusammen seine
Feinde zu vernichten." Diese feurigen Worte stimmten nun
auch Heinrich um; je suis à lui, rief er aus, und die ganze
Versammlung, bestärkt noch von Condé und Duplessis Mor=
nay, schloß sich an; angefangen war die Rüstung schon
früher; jetzt eilte man nur durch Boten nach allen Seiten
die Verbindung zwischen den Truppenabtheilungen in den
einzelnen Provinzen herzustellen.

Aber der Krieg der drei Heinriche, wie man ihn nach
den beiden Königen Heinrich und nach Heinrich Guise, dem
Führer der Ligue, nannte, ging anfangs unglücklich für die
Reformirten. Zwar fehlte es nicht an einzelnen Erfolgen,
und mehrmals zeichnete sich gerade Aubigné durch Acte
außerordentlicher Kühnheit aus. Im Jahre 1586 wußte er
sich in der Nähe seiner Heimat der Insel Oleron, Rochelle
gegenüber, zu bemächtigen, ließ sie stark verschanzen und
war so stolz auf die Pracht, mit welcher er jetzt aus seinen
neuen Mitteln seine Soldaten hatte ausrüsten können, daß
er meinte blos aus Neid möge Heinrich sie nicht visitiren.
In einem tollkühn bestandenen Gefechte gerieth er in Ge=
fangenschaft von Soldaten Heinrich's III. und mußte von
diesen ein Todesurtheil erwarten; auf sein Wort für ein
paar Tage beurlaubt, kehrte er zurück, obgleich der ihn beur=
laubt hatte, ihm hatte rathen lassen, er möge zu seiner Rettung
lieber sein Wort nicht halten; aber nur weil er es gehalten,
sagte er, sei das Gebet um Rettung erhört, welches ihm
allein geblieben sei; blos darum erzähle er es, nicht um sich
zu rühmen, sondern damit jeder glaube, daß ihm Gottes
Beistand stets gewiß sein werde, wenn er sein Leben einsetze,
um die Treue unverletzt zu bewahren.[21] Daß aber Hein=
rich eine von Aubigné über einen Soldaten verhängte Strafe
unter spöttischen Reden über seine Strenge heruntersetzen
wollte, und noch mehr, daß er Oleron wieder herausgab,
welches sich Aubigné mit vielen Kosten und Gefahren erst
soeben angeeignet hatte: dies erbitterte ihn so sehr, daß er
in einem gefährlichen Unternehmen den Tod suchen wollte,
dann aber schwach genug war zum Abfall Lust zu bekommen;
der Teufel, sagte er selbst, brachte ihn auf den Gedanken,
allen Unterricht seiner Jugend mit Füßen zu treten und
durch längeres Studium der Streitfragen zu untersuchen,
ob nicht auch in der römischen Religion ein ausreichendes

Minimum von Heil (une miette de salut) für ihn zu fin=
den sei. Schon redete er darüber zu den katholisch gesinnten
Herren, an welchen es auch auf Heinrich's Seite nicht fehlte,
und diese überschütteten ihn dann mit Schriften, welche ihn
bestärken sollten. Er las die Arbeiten des päpstlichen Lega=
ten Franz Panigarola, Bischofs von Asti, welcher einst vor
Karl IX. eine Lobrede auf die Bartholomäusnacht gehalten
hatte und welchen selbst der Papst Sixtus V. als zu liguistisch
aus Frankreich abrief; denn die Schriften des englischen
Jesuiten Edmund Campian, dessen orationes ihm aber nur
declamationes schienen; am meisten befriedigten ihn noch
die schon vorhandenen Werke von Robert Bellarmin; er
bewunderte die Kraft und die Methode darin und erfreute
sich der anscheinenden Aufrichtigkeit, mit welcher hier die
Gegengründe mit den eigenen Worten der Schriftsteller an=
geführt werden. Schon „glaubte er gefunden zu haben was
er suchte"; aber mit Hülfe der Gegenschriften von W. Whi=
taker und Sibrand Lubbert, und da er an diese Arbeit wie
an jede mit Gebet gegangen war, befestigte er sich mehr als
vorher in seiner Religion, und antwortete denen, welche sich
nach dem Erfolge seiner Studien und nach seinem Uebertritt
erkundigten, er sei durch diese selbst davon abgebracht, pour
ce qu'il mettoit ses genoux par terre auparavant. Und
als nach sechs Monaten die Lage der Reformirten wieder
schlimmer geworden war, zog ihn Heinrich wieder an sich
und wollte ihn auch dadurch sich verpflichten, daß er ihm
das Amt eines Führers einer seiner Bastarde antrug, und
nahm es auch nicht übel, daß Aubigné dies ablehnte.

Auch an der Schlacht bei Coutres, dem ersten großen
Siege Heinrich's IV. über die glänzende Armee Heinrich's III.,
deren Führer Joyeuse selbst darin umkam (20. Oct. 1587),
nahm Aubigné, nach einer Krankheit von vier Monaten
gerade erst wieder genesen, tapfer theil. Als Heinrich seine

Truppen den Morgen mit Gebet anfangen ließ, stimmte
Aubigné mit den Seinigen den 118. Psalm an: „Dies ist
der Tag, den der Herr macht; laßt uns freuen und fröhlich
sein." Die Feinde schrien herüber: die Feiglinge fürchten
sich, denn sie beichten. Aber der Stellvertreter des Herzogs
von Bellegarde, Baur, der schon öfter mit ihnen zu thun
gehabt hatte, sagte diesen: wenn die Hugenotten so anfangen,
schlagen sie sich besonders gut. Er mußte dies bald selbst
erfahren, denn Baur und Aubigné, weil sie, wie dieser sagte,
schon drei- oder viermal miteinander zu thun gehabt hatten,
suchten einander in der Schlacht, und Aubigné, schon von
Baur verwundet, stieß ihm durch das Visir und das rechte
Auge seinen Degen durch den Kopf. Aubigné hatte auch
an dem Plane der Schlacht Antheil, und Heinrich hatte
seine Vorschläge gebilligt, welche nachher durch den Erfolg
gerechtfertigt wurden. Aber er beklagt, daß Heinrich den
Sieg so wenig benutzt habe und statt die Städte von Poitou
und Saintonge einzunehmen oder noch mehr gegen Norden
die Loire und die Vereinigung mit den dortigen Hugenotten
zu suchen, ganz entgegengesetzt gegen den Süden nach Béarn
hingeeilt sei, nur um der Corisande, der Gräfin Guiche [22]),
welche damals dort war, die erbeuteten 22 Fahnen zu
Füßen legen zu können.

Bald darauf trat noch ein Fall ein, wo Aubigné's Rath
in einer wichtigen Frage Heinrich's Entschluß entscheiden
sollte und wo dieser selbst seine Zuflucht zu ihm genommen
hatte. Schon hatte er der Corisande eine rechtmäßige Ehe
versprochen, aber nun sollten noch Turenne und Aubigné die
Sache genau erwägen und sich am folgenden Tage darüber
offen gegen ihn aussprechen. Turenne entzog sich der unbe-
quemen Aufgabe durch eine Reise. Aber gegen Aubigné
eiferte er nun über die Härte derer, welche es leicht hätten
eine Leidenschaft zu verwerfen, welche sie selbst nicht empfän-

den; mehrere Stunden hindurch trug er ihm 30 Beispiele
vor von fürstlichen Ehen mit Personen niedern Standes,
welche glücklich, und mit Hochgestellten, welche für die Staaten wie für die Gatten selbst verderblich ausgefallen seien.
Aber welch eine Gefahr für die evangelische Sache in Frankreich, da der König-verheirathet war, welch ein Bruch mit
alten Ordnungen, schlimmer als einst bei Heinrich VIII. von
England! Aubigné, der sich in der Nacht vorher auf die
Antwort vorbereitet hatte, hielt ihm zuerst vor, die vielen
Beispiele müßten ihm, der die Lektüre hasse, von solchen
schlechten Dienern geliefert sein, welche selbst ohne Leidenschaft, den Leidenschaften ihrer Gebieter schmeichelten. Sie
paßten auch nicht für ihn, der noch nicht in einer friedlichen
Lage frei zu wählen habe, sondern vertrieben umherirre.
Er sei Bourbon, Navarra, Thronerbe in Frankreich und
Beschützer der Kirche, und in vier Klassen zerfielen seine
Anhänger, je nachdem sie auf eins dieser vier bei ihm rech-
neten und so auch bei dem Lohne, welchen sie von ihm verlangten, die einen (Bourbonen) ihre Güter, die andern Aemter in Navarra, die dritten Hoffnungen auf die Zukunft.
Aber die Münze, mit welcher die Diener des Beschützers
der Kirche bezahlt sein wollten, sei für einen Fürsten besonders schwer zu liefern; Eifer, Integrität, gutes Handeln,
das sei der Sold derer, welche ja doch nur in einiger Hinsicht seine Diener seien, in anderer seine Gefährten und ihm
die Gefahren des Krieges fast ganz abnähmen und die Ehre
und den Gewinn dann ganz ließen. So möge er seine
Gedanken theilen und sich mit einer Hälfte derselben auch
dieser seiner Diener erinnern. Die Leidenschaft, die ihn
erfülle, könne man ihm nicht aus dem Herzen reißen, das
wisse er, Aubigné, aus eigener Erfahrung, aber so möge er
sich seiner Geliebten werth machen, seine Liebe möge ihm ein
Sporn sein, seine Pflichten tapfer zu erfüllen und daran seine

beste Zeit zu wenden; erst wenn er so seine Feinde und alle Hindernisse besiegt habe, möge er sich an den Fürsten, auf welche er sich berufe, ein Beispiel nehmen. Also wenigstens Aufschub; und diesen Rath nahm Heinrich wirklich an, dankte Aubigné und schwur ihm in den zwei nächsten Jahren nicht an die Heirath zu denken. Als Aubigné dies nachher Turenne berichtete, kam der König dazu und trug diesem Aubigné's Gründe schon als seine eigenen Bedenken vor.

Im Anfange des Jahres 1589, schon nach der Ermordung der beiden Guisen (December 1588), gelang Aubigné auch noch ein weiterer Schritt zur Erwerbung einer unabhängigen Seigneurstellung dadurch, daß er sich nach der Einnahme eines Städtchens Maillezais in Besitz desselben zu erhalten wußte. Er klagt zwar, daß Heinrich IV. ihm diesen Besitz durch Beschränkungen wieder zu verleiden und ihn dadurch zu bewegen gesucht habe, wieder davon abzulassen; aber er habe es festgehalten, weil er sich hier endlich einige lange entbehrte Ruhe gönnen zu dürfen geglaubt habe; von seinem 15. bis zu seinem 37. Jahre habe er, abgesehen von den Zeiten, wo er seine Wunden und seine Krankheiten habe abwarten müssen, nicht vier Tage nacheinander ohne Herrendienst gehabt.[23])

II. Aubigné unter Heinrich IV.
(1589—1610.)

Durch den plötzlichen Tod des noch nicht vierzigjährigen und kinderlosen Heinrich III. am 1. August 1589 wurde Heinrich von Navarra Heinrich IV. von Frankreich, und so hätte man nun erwarten mögen, und Aubigné hoffte sicher selbst darauf, daß, wenn Heinrich sich als König behauptete, auch die Religion in Frankreich nicht unterliegen werde, für welche Heinrich seit 1576 wieder eingetreten war und deren Anhängern er alle seine Siege über seine Gegner am meisten verdankte. Aber so wie Aubigné und die eifrigsten Hugenotten dies hofften und forderten, erfolgte es nicht und vermochte Heinrich es nicht zu erfüllen, und so trat nun für die nächsten 20 Jahre und darüber eine neue Zeit überhaupt und so auch zwischen Aubigné und Heinrich ein neues Verhältniß ein, in welchem sie gegen alle Erwartung viel weiter als früher, aber doch niemals völlig von einander getrennt wurden. Heinrich erhielt mit dem rechtmäßigen Anspruch auf die Krone Frankreichs und mit der Pflicht sie erst seinen Gegnern abzustreiten auch die Aufgabe, den Frieden und dadurch die Stärke und Unabhängigkeit Frankreichs herzustellen, und das war unmöglich ohne große Zugeständnisse an die Katholiken Frankreichs, seitdem es unzweifelhaft war, daß ihrer infolge der langen Kriege und der neuen Anschürung des Religionshasses die große Mehrzahl geworden war. Ein Theil davon war gerade jetzt in dem Aufstande der Liguisten gegen ihren selbst katholischen König soweit jesuitisch fanatisirt, daß sie Frankreich lieber vom Papst und Spanien abhängig als unter einem ketzerischen Könige frei und unabhängig sehen wollten; ein anderer Theil aber blieb wol ohne solchen Verrath am Vaterlande, fand aber doch auch die Herstellung der Ordnung und des Rechtszustandes von Frankreich ohne die Erhaltung der alten Verfassung, d. h. des katholischen Episkopates des Landes unter einem katholischen Könige unmöglich. Dieselbe Freiheit der Religionsübung, welche auch für sich und die Seinigen zu erwerben der Zweck seiner Kriege gewesen, hatte Heinrich IV. den französischen Katholiken für ihren Cultus schon seit 1585 öfter angeboten, und jetzt, wo es für den Frieden das Nöthigste war, gerade die Mehrzahl zu versöhnen und zu gewinnen,

war er fast schon dadurch nicht nur zu Zugeständnissen, son=
dern selbst zur Bevorzugung derselben vor den Reformirten
geneigt, noch ehe er sich zu dem höchsten, am schwersten zu
verantwortenden Zugeständniß gegen sie entschloß. Aber wer
wie Aubigné nicht die Pflicht und nicht die Fähigkeit zu
vermitteln und nachzugeben hatte, wer mit einer Ent=
schiedenheit wie die seinige nur Einen Weg zu Seligkeit und
Erwählung kannte und außerhalb desselben nur sklavische
und käufliche Unterwerfung unter Lüge und Götzendienst sah,
der vermochte alle diese Schonung, — wie sehr sie auch den
Frieden und die Macht des Vaterlandes herzustellen bestimmt
war, — und wie viel mehr jeden Schritt zur Begünstigung der
neuen Freunde Heinrich's vor den alten nur als Abfall und
Verrath der Sache Gottes um weltlicher Vortheile willen
zu beklagen und zu verwerfen. Das mußte ihn denn frei=
lich immer weiter von Heinrich IV. entfernen und weiter
auch diesen von ihm. Doch auch in Heinrich ließ sich durch
alle Pflichten, welche ihm die Politik, und durch alle Ab=
hängigkeit, welche ihm seine Begierden auferlegten, der alte
Hugenotte, der Sohn seiner Mutter nicht völlig ausrotten,
und so hörten doch auch jetzt die Fälle nicht auf, wo Hein=
rich wieder der „rude probité“ seines alten Waffengefährten
gedachte und bei ihr Wahrheit suchen mußte. Und sogleich
zu Anfang dieser Zeit, gerade kurz nach dem Tode Hein=
rich's III., gelang es Aubigné alsbald noch einmal auf Hein=
rich's IV. zögernde Entschließung in der frühern Weise einen
entscheidenden Einfluß auszuüben.

Er erzählt es als Augenzeuge wieder selbst anschaulich
genug. Am Todtenbett des Königs war auch Heinrich IV.
erschienen, welchen Heinrich III. dort noch selbst als seinen
rechtmäßigen Nachfolger anerkannte. Nachdem er die Augen
geschlossen, erfolgten aber nicht nur nicht die üblichen Accla=
mationen für den gegenwärtigen, soeben anerkannten Thron=

folger, sondern statt des Vive le roi! und wol im Gedanken
daran, daß dies jetzt erwartet werde, stießen die gegenwär=
tigen katholischen Anhänger Heinrich's III. verhaltene Ver=
wünschungen, „plutôt mourir de mille morts", lieber jeden
Feind dulden als einen hugenottischen König" u. dgl., doch
so hörbar aus, wechselten Händedrücke, drückten die Hüte
ins Gesicht oder warfen sie gegen den Boden, daß Heinrich
es nicht ignoriren konnte. Hier nahm er denn Aubigné
und noch einen der acht bewaffneten Begleiter, mit welchen
er gekommen war, bestürzt bei der Hand, führte sie in
ein Nebenzimmer und fragte sie um ihre Meinung, und
während der andere auswich, will Aubigné so gerathen
haben: „Was Heinrich in dieser Stunde thue, werde
über sein ganzes folgendes Leben entscheiden und ihn
zum Könige machen oder zu nichts. Wenn er sich fürchte,
werde ihn niemand fürchten. Nicht diese Herren, weil sie
sich für Anhänger des Königthums erklärten, möge er für
Stützen des Königreichs halten, sondern sich auf festere
Schultern stützen, als auf solch schwankendes Rohr; er möge
solche Katholiken heraussuchen, welche dem Könige mehr als
dem Papste anhingen, denn die Gemeinschaft mit den andern
könne ihm nur schaden. Der Marschall Biron denke jetzt
nicht daran ihn zu verlassen und werde sich gern sagen lassen,
wie sehr man jetzt seiner bedürfe; den möge er sogleich hin=
ausschicken und den Schweizern draußen den Eid abnehmen,
und ihn ausrufen lassen; zwei andere solle er an die Picar=
den und die aus Isle de France senden und den Herzog
von Epernon festhalten; draußen im Garten ständen 200
Edelleute, welche auf einen Wink von ihm hier alle die
zum Fenster hinauswerfen würden, die ihn nicht als ihren
König anerkennen wollten." Hiernach verfuhr Heinrich so=
gleich; Biron war sehr bereit und vermehrte ihm schon durch
seine heitere gascoguer Miene beim Hinausgehen den Muth.

Nun erschien zwar erst noch der Herzog von Longueville als Wortführer der andern Seigneurs und hielt Heinrich vor, wie es nach der Verfassung Frankreichs zur rechten Anerkennung eines Königs der Zustimmung der Prinzen, der hohen Würdenträger, der Parlamente und so auch der drei Stände bedürfe, unter welchen der Klerus die wirksamste Stimme habe, und wie unter denen allen keiner sei, der sich nicht lieber selbst in sein Schwert stürzen als es gegen die katholische Kirche brauchen möge. Wenn er die jetzt zur Verzweiflung triebe, von welchen seine Würde und seine Zukunft abhänge, so ziehe er das Elend eines Königs von Navarra dem Glücke eines Königs von Frankreich vor. Und die Zeichen der Würde eines solchen seien die Krönung und die Salbung, und diese heiligen Gebräuche seien unmöglich ohne die Kirche und keiner unter den prétendus réformés habe dazu die Autorität. Er möge versprechen in die Kirche zurückzukehren und nicht ihr Leben und ihre Ehre denen in die Hände geben zu wollen, welche sie selbst schwerer beleidigt hätten, als daß eine Versöhnung zu hoffen sei. Er werde alle die noch schwankten gewinnen, wenn er verspreche mit dem Königreiche auch die Religion des Königreiches anzunehmen oder sich doch in dieser in wenig Tagen unterrichten zu lassen. Aber mit großer Geistesgegenwart wies Heinrich jetzt noch diese Zumuthung zurück. Ob sie denn die Bitten ihres Königs, drei Stunden nach dessen Tode, schon vergessen hätten zusammen mit der Achtung, die man den Worten eines sterbenden Freundes schuldig sei? Wenn sie den Königsmord nicht rächen wollten, wie sie denn ihr eigenes Leben schützen wollten? Und ob sie denn ihn mit solcher Ueberstürzung in einer solchen Stunde fortreißen wollten zu etwas, wozu man so viele einfache Männer nicht habe zwingen können, weil sie zu sterben gewußt hätten? Ob sie einen raschen Wechsel im Glauben von einem andern

erwarten könnten als von einem solchen, der gar keinen
Glauben hätte? Ob sie einen gottlosen König lieber woll=
ten und auf einen Atheisten sich mehr verließen, mit mehr
Zuversicht einem meineidigen Apostaten in die Schlacht fol=
gen würden? Er appellire von ihrer Versammlung an sie
selbst, nachdem sie ruhiger geworden und noch durch mehr
Pairs und Diener der Krone verstärkt sein würden, als er
hier vor sich sehe. Denen, welche keine ruhige Ueberlegung
erwarten könnten, gebe er den Abschied, damit sie sich Sold
bei den Feinden Frankreichs suchen könnten; er werde unter
den Katholiken schon solche finden, welche Frankreich und die
Ehre liebten. Und da traten auch schon Biron und welche
sonst die Obersten und Hauptleute verpflichtet hatten wieder
ein; man rief, er sei der König der Braven und nur Feig=
linge könnten ihn verlassen wollen; Heinrich nahm dann
auch selbst draußen ihre Huldigung in einem Trauerkleide
an; La Noue, Châtillon und andere reformirte Chefs fan=
den sich auch schon ein; die gefährliche Spaltung in der
königlichen Partei der beiden Heinriche war für den Augen=
blick verhütet.²⁴)

Aber für Aubigné begann nun dennoch von jetzt an eine
Zeit, wo Heinrich, der nur Formen der Vermittelung und
der Annäherung an die Katholiken suchte, von Aubigné's
unbequemer Freimüthigkeit keinen Gebrauch mehr machen
mochte, und wo dieser immer mehr auf die Klagen über das
Untreuwerden gegen die „cause" und über die Zurücksetzung
der alten Diener, welche ihr treu blieben, reducirt wurde.
Im Jahre 1591 erkannte ein Edict von Mantes den Re=
formirten wol wieder eine Religionsfreiheit zu, wie sie 1577
gewährt gewesen war, aber die Anwendung davon wurde
allenthalben beschränkt. Im nächsten Jahre, zur Zeit der
Belagerung von Rouen, für welche Aubigné noch zum Ser=
geant de bataille ernannt war, wurde der König schon nicht

nur von Katholiken, sondern auch von eingeschüchterten oder
sonst gewonnenen Reformirten bestürmt überzutreten[25]), und
da hielt sich Aubigné auch auf den ungewissen Erfolg hin
zu einer Vorstellung bei ihm für verpflichtet, welche die
Gründe seiner eigenen Zuversicht auf die evangelische Sache
erkennen läßt. Er erinnerte ihn, so beschreibt er es selbst,
zuerst an den Segen den er bisher von Gott erhalten habe
und ob er nun den Fluch des Undankes dafür auf sich laden
wolle? Besser in einem Winkel Frankreichs unabhängig
Gott dienen und mit der Liebe von Menschen von erprobter
Treue, als abhängig und unsicher unter den Füßen des
Papstes regieren, der ihn als Besiegten mißhandeln werde,
und über solche, die ein Reich würden mit regieren wollen,
dessen König sie sich unterworfen hätte. „Rom und Italien
fürchten Euch durch Euere Siege stark werden zu sehen, wohl
wissend, daß ein König von Frankreich, der ihr Joch ab=
schüttelt und was den Mönchen zufließt an die Soldaten
wendet, auch ohne der Kirche etwas zu nehmen, drei Armeen
jede von 100000 Mann und 100 Kanonen halten und ein
Drittel der Steuern nachlassen und noch jährlich eine Million
erübrigen kann. Allerdings machen, die sich zur Unterwer=
fung bereit erklären, die Bedingung Euers Uebertritts, aber
sie setzen hinzu «womöglich» und machen ihn also abhängig
von dem was sie von hier zu erwarten haben. Laßt sie
die Frucht ihrer Uneinigkeit ernten und sich eine Strohpuppe
zum König machen, mit welchem dann alle Feinde mit einem
Schlage niedergeworfen werden können." Er möge die große
Urtheilskraft, welche Gott ihm gegeben, anwenden, um den
Unterschied zu erkennen zwischen einem König, der dadurch
König ist, daß er siegt, oder dadurch, daß er sich unterwirft.
Was von der andern Seite vorgebracht wurde gegen Auf=
forderungen wie diese und wie sie noch dringender durch
Mornay an Heinrich ergingen, das vernichtete deren Wirkung

nicht ganz, sodaß Heinrich doch zuletzt recht bewußt mit der
Ueberzeugung endigte, daß er eine Schuld auf seine Seele
nehmen müsse, daß er dies aber als ein Opfer um der Her=
stellung Frankreichs willen nicht verweigern dürfe.²⁶) Aber
der Uebertritt selbst konnte freilich durch die Mornay und
Aubigné nicht mehr verhindert werden. Der 25. Juli 1593 war
der Tag der Abschwörung Heinrich's in Saint=Denis; der 27.
Februar 1594 der seiner Krönung und Salbung in Chartres; man
erfährt nicht, wo und wie Aubigné diese Tage zugebracht habe.

Durch Heinrich's Uebertritt wurde nun überhaupt die
Lage der Reformirten zunächst schlimmer, als sie selbst in der
letzten Zeit Heinrich's III. gewesen war. Denn dieser hatte
sie um Heinrich's IV. willen seit seiner Versöhnung mit ihm
schonen und selbst begünstigen müssen; jetzt aber, seit Hein=
rich IV. selbst nicht mehr in der bisherigen Weise ihr Pro=
tector sein konnte, hatten sie gar keinen mehr, und so wa=
ren sie desto mehr jeder Anfeindung und Gewaltthätigkeit
ausgesetzt, je mehr Heinrich selbst noch um das Vertrauen
und den Gehorsam ihrer Gegner werben zu müssen glaubte
und je mehr diese dabei ihrer Straflosigkeit wie ihres Ueber=
gewichtes gewiß waren. So ganz auf sich selbst verwiesen
und dabei ohne einen einzelnen Führer, fast durch ganz
Frankreich zerstreut, allenthalben aber großer Gefahr gegen=
über, waren die hugenottischen Großen, welche ihr Bekenntniß
und ihre Sache angesichts der großen Gefahr behaupten woll=
ten, genöthigt, für ihre Partei neben dem kirchlichen Institut
ihrer Nationalsynoden Formen einer politischen und militä=
rischen Centralverwaltung auszubilden, welche unter den
gegebenen Verhältnissen allerdings, wie es auch schon damals
von den Gegnern bezeichnet wurde, einen Staat im Staate
auszumachen anfingen. Auf den Nationalsynoden, deren
allein in den Jahren von 1594—1609 noch sieben ge=
halten wurden, sollten nur Glaubens= und Disciplinarsachen

verhandelt werden und zwar von ebenso vielen Geistlichen
als Aeltesten, denn so waren sie zusammengesetzt; nun aber
seit einer ersten mehr blos politischen Versammlung zu Saint=
Foix im Jahre 1594 wurden aus Edelleuten, drittem Stande
und Geistlichen, unter Uebergewicht der beiden erstern zunächst
Privatconseils für die Provinzen organisirt. Diesen wurde
weiter ein Generalconseil übergeordnet, welches nun fast eine
republikanische Regierung über die sämmtlichen Reformirten
Frankreichs auszuüben anfing, die Sicherheitsfestungen über=
wachte, ihre Garnisonen versorgte, dazu Beiträge und Steuern
forderte und erhob und vornehmlich die Verhandlungen mit
dem Könige führte, Beschwerden annahm und dort geltend
machte, und dazu Abgeordnete abschickte oder mit ankommen=
den Beauftragten des Königs unterhandelte. Diese Ver=
sammlungen waren Heinrich IV. nicht ganz zuwider und
wurden mit seinem Wissen und Willen gehalten; er bedurfte
ihrer als eines Gegengewichtes gegen übermäßige Forderun=
gen der Katholiken; aber für seine Duldung derselben wollte
er sie auch fügsam und unselbständig, suchte er sie auch durch
Bestechungen ihrer Wortführer sich dienstbar zu machen, und
so wurden ihm diejenigen von diesen verhaßt, welche sich
so nicht unterwerfen ließen. So auch Aubigné, der auch
von andern durch solche Mittel nicht zu beugen war.[27]
In den Versammlungen, welche in den Jahren 1595—97
nacheinander in Vendôme, Saumur, Loudun und Cha=
stellerault gehalten wurden, war er mit unter diejenigen
gewählt, welche dort mit den königlichen Abgesandten ver=
handeln sollten, und wenn auch hier nicht so viel vermögend
wie die Herzoge von Tremoille und Bouillon, blieb er doch
an grober Freimüthigkeit in Vertheidigung der „Sache" nicht
hinter ihnen zurück. Dabei lud er freilich den Widerwillen
der königlichen Bevollmächtigten so vorzugsweise auf sich,
daß er es diesen zuschreibt und unter ihnen vornehmlich dem

gelehrten Philippe Canaye de Fresne, welcher selbst in
Begriff war wieder katholisch zu werden, daß der König
wieder heftig gegen ihn aufgebracht wurde.[28]) Er will um
diese Zeit[29]) auch gehört haben, Heinrich habe ihm an offener Tafel den Tod geschworen, und er will von seinen
Freunden gewarnt sein, sich jetzt Heinrich ja nicht zu nähern.
Aber dadurch gereizt, drängte sich Aubigné nun erst recht
gerade jetzt bis zum Könige vor. So als einst Heinrich's
Ankunft am Hause der Gabrielle d'Estrées erwartet wurde[30]),
stellte er sich trotz der Warnungen zu den Empfangenden
und hörte Heinrich freilich noch beim Vorüberfahren spöttisch
sagen: „Voilà monsieur monseigneur d'Aubigné"; aber Heinrich war ebenso wenig beständig in seinem Haß wie in seiner
Liebe; er täuschte nun die Besorgnisse der Umstehenden,
welche schon eine Verhaftung Aubigné's erwarteten, küßte
ihn beim Aussteigen, ließ ihm die Gabrielle aus dem Wagen heben und diese ihn ebenso begrüßen, nahm ihn dann
mit zu sich hinauf und hier in dem zweistündigen Gespräch
mit Heinrich und der Herzogin und ihrer Schwester kam es
vor, daß Heinrich ihm am Lichte seine Lippe zeigte, welche
ihm im Jahre vorher der Dolchstoß Jean Chastel's bei dem
Attentat gegen ihn durchbohrt hatte, und Aubigné die Worte
erwiderte, welche Heinrich auch nicht übel nahm: „Sire, jetzt
habt Ihr Gott nur erst mit den Lippen verleugnet, er hat
sich begnügt, Euch diese zu durchbohren; aber wenn Ihr ihn
auch mit dem Herzen verleugnet, wird er Euch das Herz
durchbohren", Worte, welche Aubigné nach 1610 selbst
als eine ihm eingegebene prophetische Rede ansah. Damals
rief Gabrielle: „O les belles paroles, mais mal employés!"
und Aubigné setzte hinzu: „Oui Madame, pour ce qu'elles
ne serviront de rien."

Und Gabrielle, welche sich früher nur mit Reformirten
umgeben, nachher aber nach Aubigné's Meinung für

Heinrich's Uebertritt viel gewirkt hatte, weil sie geglaubt
hatte, nur der Papst könne Heinrich's Ehe scheiden und dadurch für sie Platz machen, fand dennoch viel Wohlgefallen
an dieser Freimüthigkeit Aubigné's, und Heinrich ließ den
zweijährigen Herzog von Vendôme, ihren Sohn, hereinholen,
gab ihn Aubigné ganz nackt auf den Arm, den möge er
nach Saintange mitnehmen und drei Jahre unter den Huge=
notten erziehen lassen, was dann freilich unausgeführt blieb.
Bald darauf führte Heinrich selbst noch einmal ein Gespräch
mit Aubigné herbei über seinen schon geschehenen Uebertritt.[31]
Noch während der Belagerung von La Fère, 1596, verfiel
er in eine heftige Krankheit, sodaß er seinen Tod nahe
glaubte, und ließ ihn holen, schloß sich mit ihm ein und
nach langen Bitten an Gott auf den Knien und mit vielen
Thränen beschwor er Aubigné wie vor Gott und auf seine
Seele hin, sich gegen ihn auszusprechen, ob er glaube, daß
er durch seinen Uebertritt die Sünde wider den Heiligen
Geist begangen habe. Aubigné, wol in dem Gefühl, daß
er dies bejahen und damit aussprechen müsse, daß Heinrich
keine Vergebung und keine Seligkeit zu hoffen habe, suchte
auszuweichen, die Frage sei zu schwer für einen, der nur
das Waffenhandwerk verstehe, und erbot sich dazu lieber
einen Geistlichen herbeizuholen. Aber Heinrich, der gerade
ihn wie er war hatte hören wollen, bestand darauf, und so
trug ihm nun Aubigné vor, was er gelernt, es gehöre ein
Vierfaches zu dieser Sünde: 1) völlige Erkenntniß des Bösen
im Augenblicke der Begehung; 2) Ausstrecken der einen Hand
nach dem Geist des Irrthums und Abstoßen des Geistes
der Wahrheit mit der andern; 3) Mangel an Buße, die da
nicht sei, wo kein Haß der Sünde und unserer selbst um
ihretwillen; 4) Verlust des Vertrauens auf Gottes Barm=
herzigkeit durch dies alles. Nun möge er hiernach und nach
seiner Selbsterkenntniß die Frage selbst entscheiden. Nach

vier Stunden, worin sich Heinrich's Gebete wiederholten, wurde das Gespräch abgebrochen, aber am folgenden Tage, sagt Aubigné, als der König sich besser befand, wollte er nichts mehr hören.

Ueber Aubigné selbst aber war in demselben Jahre 1596 ein anderes Leiden verhängt: der frühe Tod seiner Frau. Nach seiner großen Heftigkeit vermochte er lange gar nicht wieder ruhig darüber zu werden und schämte sich doch der Ausbrüche seines Schmerzes, aber seinen Kindern sagte er in seinen für sie geschriebenen Memoiren, wie er drei Jahre hindurch kaum eine Nacht ohne Weinen hingebracht habe, und wie er, um dies zurückzuhalten, die Milz mit den Hän= den so stark zusammengedrückt, daß ein innerer Bluterguß daraus entstanden sei. Auch in einem Gedichte hat er diese Schmerzen und wie er sie in sich verschließen müsse schön ausgesprochen. [32]) Und in einer ergreifenden Medita= tion über den 88. Psalm, wo er Gott klagt, wie schweres Kreuz er ihm stets auferlegte, nun aber ihn in zwei Stücke gesägt und sein Herz zerspalten habe, verkündigte er das Lob seiner treuen Hälfte, „des Genius seiner Seele, die ihm treu Gesellschaft leistete beim Lobe Gottes, ihn zum Guten ermahnte, vom Bösen abzog, seine Heftigkeiten in Schranken hielt, seine Betrübnisse tröstete, seine zügellosen Gedanken im Zaume gehalten und sein Verlangen, sich der Sache der Wahrheit hinzugeben, angespornt habe; zusammen gingen wir in dein Haus, und aus dem unserigen machten wir einen Tempel zu deiner Ehre". Jetzt gehe er wie ein Schatten unter den Lebendigen umher, außer sich in seiner Angst, die Knie auf der Erde, seine Seufzer in die Luft hinein, seine Augen zum Himmel, sein Herz zu Gott; „erhebe es, Herr, zur Hoffnung auf dein Heil".

Auch die Schmerzen einer andern edeln Frau erregten damals Aubigné's große Theilnahme. Katharina von Bour=

bon, die einzige Schwester Heinrich's IV., geboren im Jahre
1558, also fünf Jahre jünger als er, geistvoll, hochgebildet
und Dichterin wie ihre Großmutter Margarethe und fest
und treu wie ihre Mutter Jeanne d'Albret, hatte wol viel
zu leiden von der Gewaltthätigkeit ihres Bruders, den sie
darum nicht minder wie ihre Großmutter den ihrigen,
Franz I., verehrte; aber zu seinem Abfalle sie nachzuziehen
vermochte er doch nicht, und so wurde sie desto mehr der
Gegenstand der Verehrung der hugenottischen Großen. Sie
war zwar auch, wie ihr Bruder, im Jahre 1572 fast als
Kind zum Abschwören gezwungen; aber kaum war sie ihm
nach seiner Flucht vom Hofe zu Paris im Jahre 1576
gefolgt, als sie in Rochelle mit ihm öffentliche Buße dafür
that, daß sie sich durch Drohungen in die Kirche des Papstes
hatte hineintreiben lassen, und so mit der Kirche ihrer Mut=
ter versöhnte, welcher sie nun auch lebenslang treu blieb.[33]
Viele hatten um sie geworben wie einst Heinrich III., wie
unter andern nachher die Königin Elisabeth für ihren Nach=
folger, den König Jakob, und Philipp von Spanien. Aber
sie hatte sich früh in heftiger Liebe zu ihrem sechs Jahre
jüngern Vetter, dem Grafen Karl von Soissons, dem vier=
ten Sohne Ludwig Condé's, mit diesem verlobt; doch schon
1588 verbot Heinrich diese Verbindung, obgleich Soissons
sich ihm zugewandt und bei Contras tapfer für ihn gefochten
hatte; 1591 ließ er sie durch Sully sehr gewaltsam trennen.
Erst als dann Soissons nochmals von Heinrich abfiel, ließ
sich Katharina zu einer andern von ihrem Bruder verlang=
ten Heirath nöthigen; am 5. August 1598 wurde der Con=
tract ihrer Ehe mit dem eifrig katholischen Herzoge Heinrich
von Lothringen (geb. 1563, gest. 1624) unterzeichnet, und
da dann reformirte und katholische Geistliche, Du Moulin
und Du Perron, in langen Verhandlungen über die Einseg=
nung dieser gemischten Ehe nicht einig wurden, ließ Heinrich IV.

zuletzt im Jahre 1599 in seinem Cabinet durch seinen
und ihren Halbbruder, den Bischof von Rouen, Karl von
Bourbon, die Einsegnung vollziehen. Es erfüllte sich aber
für Katharina in dieser Ehe, was sie einst mit Anspielung
auf den Grafen von Soissons beklagt hatte: „qu'elle ne
trouvait pas son compte (comte) dans cette alliance".
Die Belästigungen mit Versuchen sie zu bekehren, von ihrem
Gemahl und vom Papste selbst mehr noch als von ihrem
Bruder betrieben, hörten nicht auf, ohne sie umstimmen zu
können; in Conferenzen mit einem Jesuiten, zu welchen sie
sich herbeiließ, versicherte sie, noch viel mehr hugenottisch als
jesuitisch geworden zu sein; noch 1601 erbat sie sich refor=
mirte Geistliche von der 16. Nationalsynode zu Gergeau.
Den Hinweisungen auf den Uebertritt ihres Bruders setzte
sie entgegen, daß dessen Beispiel ihr in jeder andern Hinsicht
ein Gesetz sei, nur nicht in dem, was die Ehre Gottes an=
gehe; da kenne sie die Grenzen des Gehorsams; durch das
Salische Gesetz (das galt auch von ihrem Vater) seien die
dadurch Bevorzugten in ihrem Hause nicht auch mit dem
Vorzug der Treue ausgestattet. Für diese Fürstin hatte
nun Aubigné mit seiner Theilnahme gerade für solche Leiden
eine heftige Verehrung, und in diesem Verhältniß zeigt sich
bei ihm, wie selten, die Milde des Dichters und die Fröm=
migkeit des echten „Religionnaire". Er richtete kurz nach ihrer
Heirath eine kleine Trostschrift an sie, über die Süßigkeit
der Betrübniß. [34]) Die Schmerzen, sagt er ihr zuerst, haben
sie stets noch schöner gemacht als Freude und Glück; sie
waren mieux séantes à vos beautés visibles, plus utiles
à celle de l'âme. Wie hat es ihn einst gerührt, als sie
ihm in Pau eins seiner Lieder vorgesungen hat, un air
triste duquel vous aviez honoré mes paroles; die Trau=
rigkeit, die jetzt nicht von ihr weicht, erfüllt die Herzen derer,
welche sie sehen de véritables amours de célestes désirs,

und ihren Mund mit Lobgesängen. Hat sie einst seinen
Liebesworten die Melodie beigegeben, als hätte sie Frühlings=
blumen mit Gold und Seide zusammengebunden, so mag
sie jetzt reifere Früchte ihres Sommers und seines Herbstes
(im Jahre 1600 war die Fürstin 42 und Aubigné 48 Jahre
alt) an den Schatz ihres Herzens legen, dieses kleinen Tem=
pels, welchen Gott sich in ihr geschaffen hat. Schlimmere
Leiden als die alten Märtyrer läßt der Teufel sie ertragen,
geistige statt der leiblichen, unaufhörliche statt der vorüber=
gehenden; er führt seine Verse auf Jane Grey aus seinen
„Tragiques" an, welche nur zu sehr auf sie passen. Aber nicht
die Leiden machen den Märtyrer, sondern die Sache, für
welche er leiden muß, und hier stellt er nun was sie und
alle bedrängten Protestanten an Anfechtungen zu ertragen
haben ein wenig künstlich nach den drei Stadien der Ver=
suchungsgeschichte Christi dar. Wunder und aus Steinen
Brot fordern die Gegner, und aus Brot den Leib Christi;
aber wir antworten: der Mensch lebt nicht von Brot allein.
Sündigt wie ihr wollt, sagen sie uns, wenn ihr Gottes
Sohn, wenn ihr erwählt seid; aber wir erwidern: du sollst
den Herrn deinen Gott nicht versuchen. Der Lehre der
Dämonen sollen wir dienen, vor dem Pantoffel des Anti=
christs niederfallen; aber wir entgegnen, man soll Gott allein
dienen. Und wie der Herr jeder seiner drei Antworten vor=
anstellt: „denn es steht geschrieben", so thun wir es auch,
fügen zu den Hauptstücken unserer Religion, welche auch die
Gegner anerkennen, nicht noch, wie sie und wie alle Courti=
sanen thun, Zuthaten von Putz und Schminke hinzu. Stoßen
sie uns in die Wüste, so dienen uns dort die Engel: wie
schön war es einst in Guyenne, ihr und ihres Bruders Exil,
als er vom Hofe verstoßen war: vous souvient-il de la
douce vie que nous y vivions! nous servions dieu en
paix et faisions éclater ses louanges non étouffées, und

nun verliert er sich in eine Schilderung, wie viel schlimmer es jetzt sei.

Seit Katharina fern vom Hofe ihres Bruders mit ihrem Gatten in Metz und Bar-le-Duc zusammenlebte, in ihrer Demuth immer mehr durch die Liebe zu ihrem Gatten beglückt, kam auch Aubigné nur noch selten an den Hof Heinrich's IV. Er ging damals vier Jahre nach dem Tode seiner Frau ein Verhältniß ein zu einer Witwe Jacqueline Chayer, von welcher ihm 1601 ein Sohn Nathan geboren wurde. Er klagt sich selbst an, daß er, um das Eigenthum seiner ehelichen Kinder nicht zu vermindern, keine rechtmäßige Ehe mit der Mutter Nathan's eingegangen sei, dessen Name ihm aber stets, wie Nathan dem König David, seine Sünden habe vorhalten sollen; aber er erfreute sich seiner nachher als eines sehr wohlgerathenen Kindes in seinem Testamente und erkannte ihn als den seinigen an.[35] Er war auch noch immer beschäftigt, sich auf den von seiner Frau ererbten Gütern in Poitou festzusetzen und diese auszubauen, und außerdem den kleinen Ort Maillezais, in dessen Besitz er 1589 gelangt war und wo eine im 8. Jahrhundert gegründete Abtei in Trümmern lag, zu einer Festung zu gestalten, welche durch ihre Lage in der Nähe von Rochelle und am Ausfluß der Seine für diese ganze Gegend eine militärische Bedeutung erhalten könnte.[36]

Bisweilen erschien er aber auch wieder am Hofe, wenn sich dort eine Gelegenheit bot zu Kämpfen gegen die Papisten und Aussichten auf Erfolge für solche Kämpfe. Einige Wochen nach der Disputation zu Fontainebleau (4. Mai 1600) zwischen Du Perron und Mornay Du Plessis, welche den Eindruck einer Niederlage des protestantischen Streiters gemacht hatte, fand sich Aubigné am Hofe ein und ließ sich vom Könige auch noch zu einem Gespräch mit Du Perron ermächtigen. Fünf Stunden soll vor 400 Personen höhern

Ranges nach Aubigné's Versicherung die Disputation gedauert
haben, und der Cardinal soll zuletzt vor dem Syllogismus
unterlegen sein: wer über einen Gegenstand irrt kann nicht
Richter sein über denselben; nun aber irren die Väter in
den Controversen, wie dadurch unzweifelhaft ist, daß sie
einander widersprechen, also können sie über die Controversen
nicht gerechte Richter sein. Den Obersatz bezweifelte der
Bischof nicht, wohl aber vermißte er noch einen Beweis des
Untersatzes, und Aubigné will dadurch zur Abfassung eines
Tractats de dissidiis patrum veranlaßt sein, auf welchen
Du Perron nichts geantwortet habe, obgleich sich der König
verbürgt habe, daß es geschehen solle; der Tractat ist bis
jetzt nicht wieder aufgefunden.

Nach dem Tode des thätigsten Führers der Protestanten
in dieser Zeit, des Herzogs Claude de la Tremoille, im
Jahre 1604 wurde Aubigné noch einmal von Heinrich an
seinen Hof berufen, wie es scheint um auch für künftige
Fälle reformirter Versammlungen etwas fügsamer gemacht
zu werden, als er sich bisher gezeigt hatte. Zuerst ließ man
ihn hier zwei Monate warten, ehe der König ihn auch nur
anredete. Als es endlich dazu kam, geschah es durch Spott
über die Versammlungen, welche sich ihm zu widersetzen gewagt hätten und deren angesehenste Mitglieder er doch für
wenig Geld kaufen könne; einen Mann aus einem der ersten
Häuser zu bestechen und ihn zu seinem Spion und zum
Verräther gegen sie zu machen, habe ihn nicht mehr als
600 Thaler gekostet. Aubigné erwiderte, er wisse wohl,
daß alle außer Tremoille sich von ihm hätten besolden lassen,
als seien sie in den reformirten Versammlungen nur in
seinem, des Königs Dienste. Er aber, Aubigné, der sich
nicht zu den Wahlen dorthin gedrängt habe, um welche
andere sich beworben hätten, habe sich angesehen als dahin
berufen für die Kirchen Gottes und um so mehr, je ver=

lassener diese gewesen seien, seit sie in ihm ihren Protector verloren hätten; er wolle lieber das Königreich verlassen und das Leben verlieren, als seine Gunst durch Verrath gegen seine Brüder erwerben. Heinrich nahm das nicht unfreund= lich auf und lobte solche Entschiedenheit mehr als die Halb= heit der meisten; und nachher beim Abschiede, als er Aubigné freundlich umarmte und dieser sich darauf ein Herz faßte ihn selbst zu fragen, warum er ihn denn noch hasse, sagte Heinrich: weil Aubigné Tremoille zu sehr geliebt habe, auch nachdem er ihn zu hassen angefangen habe. Aubigné erwi= derte, das habe er bei ihm gelernt, der so oft von Feinden und Unglück bedrängt, Diener nöthig gehabt habe, welche gerade in solcher Bedrängniß nicht gewichen seien und ge= rade dann ihre Liebe zu ihm verdoppelt hätten: „supportez de nous cet apprentissage de vertu." Worauf ihn Hein= rich dann mit à Dieu und einer nochmaligen Umarmung freundlich entließ.

Auch über die Art, wie Aubigné sich bei der politischen Versammlung der Reformirten im Jahre 1605, zu welcher er auch wieder gewählt war, und mit Sully und dem jün= gern Odot de la Noue zu verhandeln hatte, zur Vermitte= lung schwieriger Fragen durch eine von ihm entworfene Schrift verdient machte und allgemeine Billigung dafür er= hielt, hat er sich selbst mit Befriedigung ausgesprochen. [37])

Im Anfange des Jahres 1610 [38]) sah er Heinrich IV. zum letzten male, schied aber eigentlich nicht in bestem Frie= den von ihm. Aubigné kam damals in Paris, im Hause Du Moulin's, des Pastors der dortigen Gemeinde, mit mehrern der eifrigsten reformirten Geistlichen zusammen, auch mit Daniel Chamier, dem ausgezeichnetsten unter allen, unter dessen Vorsitz auf der 17. Nationalsynode zu Gap 1603 der Zusatz zum Bekenntniß angenommen war, welcher neuen Anstoß bei den Papisten erregt hatte, daß der Papst

ter Antichrist und der Sohn des Verderbens (2 Theff. 2, 3)
sei. Heinrich IV., als Aubigné nachher im Jahre 1607 von
der Synode zu Rochelle an ihn abgesandt war, hatte ihn
zu den „sous de synode" gerechnet und während sechs-
monatlichen Wartens am Hofe niemals angenommen. Neue
Verhandlungen über eine Union regten die Hugenotten auf,
denn sie sahen darin nur Verlockungen zum Rücktritt zur
katholischen Kirche und ein Zeichen, daß wieder mehrere der
Ihrigen sich dazu den Weg bahnen wollten. Die Geistlichen
wurden mit Aubigné einig, daß man alle Differenzpunkte
auf eine Messung nach dem zurückführen müsse, was in den
vier ersten Jahrhunderten und dem Anfange des 5.
in der Kirche als Norm gegolten habe, und daß man
darauf bestehen müsse. Voll von diesem Gedanken drang
Aubigné in das Cabinet des Königs ein; der aber mochte
nicht selbst disputiren und befahl ihm vielmehr sogleich zum
Cardinal Du Perron zu gehen. Dieser empfing ihn mit
Wehklagen über das Elend der Christenheit und wie durch
die verderblichen Controversien die Geister der Einzelnen,
die Familien und infolge davon Staat und Königreich zerrissen würden; er fragte, ob sich dagegen nicht etwas zur
Einigung der Christenheit thun lasse. Aubigné rückte nun
heraus mit dem, was in der Zusammenkunft verabredet war.
Der Grundsatz Guicciardini's, daß man eingetretenen Verfall am besten durch Zurückführung auf den ursprünglichen
Zustand reformire, scheine ihm, sagte er, für die Kirche
ebensowol wie für den Staat zu gelten. Da die Katholiken sich nun immer auf das Alterthum beriefen als den
Vorzug, welchen sie vor den Reformirten voraushätten, so
schlage er ihnen vor, was sie demnach gar nicht ablehnen
könnten, daß die in den vier ersten Jahrhunderten bestehenden Einrichtungen der Kirche als unverbrüchliche Gesetze angenommen werden sollten und daß dann Zug um Zug jeder

abstellen solle, was der andere mit der Nachweisung von ihm fordern werde, daß es in den vier ersten Jahrhunderten anders gewesen sei. Zuerst bezweifelte der Cardinal, daß die reformirten Geistlichen sich damit einverstanden erklären würden, und als Aubigné sich mit seinem Kopfe und seiner Ehre dafür verbürgt hatte, verlangte er noch 40 Jahre zu den vier Jahrhunderten hinzu, doch wol um das Concil von Chalcedon auch noch als Norm behandeln zu können, wie Aubigné ihm auch unter Berichtigung des kleinen Rechenfehlers zu erkennen gab.³⁹) Nun forderte der Cardinal zuerst die Anerkennung, daß Kreuze errichtet werden dürften, und nachdem Aubigné zugegeben hatte, daß dies wol um des Friedens willen eingeräumt werden könne, forderte er weiter, daß die Autorität des Papstes so hergestellt werden müsse, wie sie in den vier ersten Jahrhunderten gewesen sei; er wolle ihm noch zwei andere Jahrhunderte hinzugeben „pour vos épingles". Schon hier wurde Du Perron dann so zornig⁴⁰), daß sie die Fortsetzung der Verhandlung auf eine spätere Zeit aussetzten. Der König aber fragte nun Aubigné, der zu ihm hingeeilt war, was er mit seinem Freunde Du Perron gesprochen und warum er ihm die Bedingung wegen der Synode von Chalcedon zugegeben habe. D'Aubigné antwortete: „wenn die katholischen Doctoren zu den vier ersten Jahrhunderten noch 50 weitere Jahre verlangten, so gäben sie stillschweigend zu, daß die vier ersten Jahrhunderte noch nicht für sie seien." Darüber aber murrten nun die anwesenden Jesuiten und Cardinäle; der Graf Soissons, inzwischen katholisch geworden, sagte laut: „dergleichen gefährliche Grundsätze dürfe man nicht anhören"; der König wandte ihm den Rücken und ging in das Zimmer der Königin; ja als man ihn bat den unruhigen Menschen umbringen oder doch verhaften zu lassen, soll er noch Sully den Befehl gegeben haben, Aubigné in die Bastille zu schicken, man werde Stoff genug auffinden, um ihm den Proceß zu machen. Aber Aubigné drang nun am andern Morgen noch einmal bis zum Könige durch, und bat ihn für seine Dienste um eine Pension, was er noch niemals gethan hatte. Und darüber, daß ihm hier zum ersten male ein Zug von Käuflichkeit in der Seele Aubigné erschienen sei, sagt dieser, habe Heinrich IV. sich so sehr gefreut, daß er alles bewilligt, ihn geküßt und auch den Befehl zurückgezogen habe; Sully habe ihn am folgenden Tage blos eingeladen, ihn in der Bastille herumführen zu dürfen, und dabei bemerkt, das sei ohne Gefahr für ihn, aber erst seit gestern.

Es war nun selbst bei Ueberlegung der letzten weitaus= sehenden Plane des Königs zu einer neuen Abtheilung der europäischen Länder und zur Verminderung der Macht Oesterreichs, welche er Aubigné noch mittheilte, davon die Rede, diesen nach Deutschland zu schicken, während er selbst noch mehr Lust hatte, als Viceadmiral von Saintonge und Poitou, welche Titel er führte, mit einer Flotte gegen Spanien ausziehen zu können, und dies beim Könige und bei Sully durchzusetzen wünschte. Aber aus dem allen wurde nichts; Heinrich schied von ihm mit dem Worte, sein zeitliches und geistliches Leben sei in die Hände des Papstes, des wahren Stellvertreters Gottes gelegt, und Aubigné will schon daraus, nach dem was bald erfolgte, erkannt haben, daß Heinrich's Entwürfe vergeblich bleiben würden, und daß Gott über sein Leben schon Gericht gehalten habe.

III. Aubigné's letzte Jahre 1610—1630. Seine Schriften.

Aubigné überlebte seinen König noch 20 Jahre, aber mit der Regentin, der verwitweten Königin Maria und mit allen, welche neben und mit ihr regierten, mit Epernon, Concini, Luynes, mit Ludwig XIII. selbst und zuletzt noch mit Richelieu kam er niemals in ein freundliches Verhältniß und suchte sich vielmehr in der bewaffneten Selbständigkeit und Opposition gegen die Regierung zu behaupten, welche schon unter Heinrich III. und IV. das Verlangen und gewöhnlich auch die Errungenschaft der großen Seigneurs, sowol der katholischen als der hugenottischen, und das vornehmste Hinderniß des Zuruhkommens des Reiches gewesen war. Aubigné glaubte diese fortdauernd offensive Stellung auch nach dem Edict von Nantes um der Religion willen festhalten zu müssen, und beharrte darum in dem gewohnten Mistrauen nicht nur gegen die Regierung, sondern auch gegen alle die Anhänger der Reformation, welche für Erhaltung des Friedens und darum für Nachgiebigkeit gegen die Forderungen der Regierung waren. Sogleich anfangs protestirte er gegen die Einsetzung der Witwe Heinrich's IV. als Regentin, da nicht das Parlament darüber zu entscheiden habe, sondern nur die états généraux des Reichs; als Abgeordneter für Poitou nach Paris geschickt, unterließ er mit den übrigen Deputirten, die ihn als Aeltesten zu ihrem Führer gewählt hatten, das Niederknien vor der Königin, da Edelleute und Geistliche dem Könige nur die révérence schuldig sein. Einige Zeit nachher ließ die Königin ihn nach Paris kommen, aber in einer mehrstündigen Besprechung mit ihm allein gelang es ihr nicht nur nicht ihn für sich zu gewinnen, sondern er behauptete auch eine jährliche Zu-

lage von 5000 Livres, welche sie angeboten habe, nicht an=
genommen und dafür dann auch noch den Jahrgehalt von
7000 Livres verloren zu haben, welchen Heinrich IV. ihm
ausgesetzt habe. Zugleich mehrte sich die Uneinigkeit unter
den Führern der Reformirten, und so auch die von Aubigné
mit mehrern derselben, welche er beleidigen zu müssen glaubte,
wenn sie für Unterwerfung unter den Willen der Regierung
sprachen. So auf der politischen Versammlung zu Saumur
vom Jahre 1611, wo doch auch für die Selbstverwaltung
der Reformirten und für ihre Gliederung als Staat im
Staate ein großer Schritt geschah, nämlich die Eintheilung
in acht Provinzen und die Einsetzung von Provinzialver=
sammlungen für diese. Als der Herzog von Bouillon hier
für die Unterwerfung und das Aufgeben der Sicherheits=
festungen sprach und das Märtyrerthum pries, welchem die
Reformirten sich dadurch aussetzten, da, versichert Aubigné,
habe er ihn angefahren: „wol sei es das Zeichen eines
wahren Christen sich selbst um Christi willen der Schmach
und dem Märtyrerthum auszusetzen, aber andere dazu hin=
drängen sei das Thun eines Verräthers und Henkers", und
er klagt, wie dadurch seine dreißigjährige Freundschaft mit
dem Herzoge unterbrochen sei. Von einem Geistlichen
Du Ferrier nahm er hier förmlich Abschied, um dadurch aus=
zudrücken, dieser werde bald abschwören, was auch nicht aus=
blieb; die Berufung eines andern Predigers auf das Wort
principibus placuisse viris non ultima laus est verscheuchte
ihn dann vollends auf längere Zeit von diesen Versamm=
lungen, für welche er zu alt und welche wie öffentliche Wei=
ber geworden seien. Im Jahre 1615, als gegen die Köni=
gin verbunden katholische und hugenottische Große, Condé
wie Bouillon und Rohan, zu den Waffen griffen, schloß er
sich ihrer Unternehmung an und will namentlich Condé in
seinem Widerstande gegen die Königin mit 5000 Mann

unterstützt und 16000 Thaler für ihn aufgewandt haben.
Desto mehr misbilligte er dessen Unterwerfung im Ver=
trage von Loudun (10. Februar 1616) und will ihm das
lange Gefängniß vorhergesagt haben, wohin ihn das führen
würde; er klagt, wie Condé nachher, als er wieder seinen
Frieden mit den Gegnern der „Religion" gemacht, ihn nun
bei diesen als Feind des Königthums überhaupt dargestellt
und den Herzog von Epernon zum tödlichen Haß gegen
ihn gereizt habe durch die Beschuldigung, das zweite Buch
der „Tragiques" beziehe sich auf ihn.

So kam Aubigné schon von hier an immer mehr in
eine isolirte und selbst feindliche Stellung zu allen, welche
sich um die Macht in Frankreich stritten. Zunächst bemäch=
tigte er sich jetzt in seiner Heimat einer kleinen Insel
Le Doignon, welche der Fluß Sèvre in der Nähe seines
Zusammenflusses mit dem kleinern Flusse Antise und seines
Ausflusses ins Meer bildete, und welche die beiden Ufer der
Sèvre beherrschen konnte. Nachdem · er sich mit den Be=
wohnern der Insel abgefunden hatte, befestigte er sie, wie
das benachbarte Maillezais, versah es, soviel er konnte,
mit Soldaten, Waffen und Vorräthen, und hielt sich nun
von hier aus, wie es scheint, für seine Verluste schadlos an
den Schiffen der Sèvre, indem er Zoll und Loskaufung von
diesen erhob; mehrere Jahre versuchte man es vergebens ihm
dies Raubnest durch Güte oder Drohungen zu entreißen;
alle Unterhändler wußte er hinzuhalten.

Aber mehr noch als zu solchem Widerstande, verwandte
er in diesen Jahren seine Muße, um mehr als eins der
literarischen Werke zum Abschluß zu bringen, welche ihn
vorlängst beschäftigt hatten; in Maillé, einem Dorfe bei dem
größern Maillezais[41]), hatte er selbst eine Druckerei ange=
legt, welche ihm dabei dienen sollte. Sein großes Gedicht
„Les Tragiques", welches ihn seit 1577 beschäftigt hatte und

in Handschriften schon vor 1589 vollständig verbreitet zu
sein scheint, wurde hier 1616 zum ersten mal gedruckt; aus seinem
Exil schickte er es in die Welt mit der Hoffnung, daß es
ihn dort überleben möge, mit ungebrochenem Muthe, wenn
auch noch so verlassen, aber mit der Zuversicht, daß die
Großen dieser Welt machtlos sind gegen Gott und daß ihm
eine Schleuder David's als Werkzeug seines Zornes gegen
sie vollkommen genügt.

Aubigné entwarf den Plan dieses großen Epos und
begann die Ausführung während seiner Krankheit im Jahre
1577. Einer solchen Zeit der Einsamkeit und der Einkehr
bedurfte es für ihn, wenn ihm etwas besseres als Festspiele
und Liebeslieder gelingen sollten und wenn ihm stark genug
der Ernst der Gesinnung aus den Zerstreuungen und man
darf hinzusetzen, den Verbrechen des Hofes gerettet werden
sollte. Die Krankheit schaffte ihm einen Rückblick nicht nur
auf sein eigenes Leben, sondern auch auf die Zustände seiner
Kirche und seines Vaterlandes. Es drängte ihn, fast wie
den verbannten Dante, ein geistiges Gericht zu halten über
alles, was er miterlebt und mitgethan hatte, und über Frühe-
res soweit er es kannte, zuletzt über Diesseitiges und Jen-
seitiges dazu. Das Gedicht ist zu umfangreich, als daß es
während der vielleicht nicht allzu langen Dauer seines Krankenlagers hätte rasch vollendet werden können, es setzt auch
in seinem spätern Verlauf zu fleißige Studien dazu voraus;
aber von dem Anfange, der das Beste ist, bezeugt Aubigné
selbst, daß er ihn aus seinem Krankenbette dictirt habe.
Aber dadurch ist nun hier ein so imposantes, alles Frühere
in französischer Literatur überragendes Werk zu Stande gekommen, daß die große Leichtigkeit in der Versification, das
Zuströmen von Vergleichungen aus allen Zeiten und die
Technik in Verwendung mythologischen Apparates und son-
stiger Darstellungsmittel, wie sie Aubigné schon aus seinem

guten humanistischen Unterricht und nachher in der Fabrik-
arbeit der Festspiele geläufig geworden war, nun hier nicht
mehr französisch spielend für fingirte Fälle oder Kleinigkeiten
verwandt ist, sondern im Dienste tiefen evangelischen Ern-
stes und sittlicher und patriotischer Indignation die entsetzliche
Wirklichkeit der brennenden Gegenwart zu ihrem Gegenstande erhielt und daß dadurch das Ganze eine Kraft und
ein Feuer und eine Wahrheit gewonnen hat, wie es in der
französischen Poesie vorher und nachher kaum jemals oder
wol niemals so wieder vorgekommen ist. So besonders der
Anfang des Werkes; bei den spätern in überirdischen Regio-
nen verweilenden Schilderungen hat hier, wie etwa auch
bei Klopstock, Phantasie und Künstlichkeit die fehlende concrete
Naturwahrheit nicht ersetzen und die hohle Erhabenheit bisweilen die Ermüdung nicht verhüten können.

Das Ganze ist in sieben Gesänge abgetheilt, sie heißen:
Elend, Fürsten und goldener Saal, Feuer, Fesseln, Rache
und Gericht. Und der erste beschreibt die Verwüstung selbst,
welche der lange Bürgerkrieg über Frankreich gebracht hat,
der zweite und dritte die Haupturheber dieses Elends, denn
mit der chambre dorée ist das Parlament bezeichnet; der
vierte und fünfte führt die Märthrer selbst vor, und was
sie auch in andern Ländern und Zeiten für das Evangelium
und durch das antichristliche Papstthum zu leiden gehabt
haben; der sechste stellt schon Beispiele diesseitiger Vergeltung
zusammen und der siebente die letzte Entscheidung.

Schon um 1600 hatte Aubigné auch eine scharfe Satire
angefangen, welche erst lange nach seinem Tode herausgegeben wurde, die „Confession de Sancy", ein Buch in der Weise
der „Epistolae obscurorum virorum" oder der Provinzialbrief
Pascal's, denn hier sind Lobreden auf den Katholicismus,
welche einem zu diesem übergegangenen Hugenotten so in den
Mund gelegt werden, als wolle er dadurch auch andere dafür

gewinnen, wobei er aber so verfährt, daß er selbst und die ver-
theidigte Sache dadurch lächerlich werden. Der Wortführer,
welchen er sich hier ausersehen hatte, war keine fingirte Person, sondern ein besonders hervorragender Mann unter den
vielen, welche Heinrich IV. den Gefallen thaten, auch in dem
Mitmachen seiner Apostasie sich fügsam gegen ihn zu erweisen.
Es war Nicolas de Harlay, Seigneur de Sancy, ein Mann,
der dem Könige besonders 1589 beim Tode seines Vorgän-
gers durch Zusammenhalten der schweizerischen Soldaten
große Dienste geleistet hatte, aber zuletzt durch mehrfachen
Uebertritt hin und her (1572 katholisch, 1589 wieder pro-
testantisch, 1597 wieder katholisch) keine sehr einflußreiche
Stellung bei ihm gewonnen und namentlich nicht vermocht
hatte, Sully, welcher doch nicht übergetreten war, aus seiner
Stellung bei Heinrich IV. zu verdrängen. Die Schrift wird
zugleich zu einer Satire gegen den einflußreichsten Bekehrer,
mit welchem Aubigné auch selbst gestritten hatte, den Cardinal Du Perron, welchem (so ist die Einkleidung) auch Sancy
seinen Uebertritt verdankt und ihm darum seine „Confession"
widmet, mit ihr seinen Dank für eine so bequeme Religion,
welche für jede Treulosigkeit und Unsittlichkeit Rechtfertigungen hat. Der Prophet Daniel wandte sich beim Gebet der
Sonne zu; wie schön sind die allegorischen Auslegungen,
welche Du Perron daran knüpft, daß man auch jeder neuen
Sonne, die auf Erden in den Machthabern aufgeht, seine
Anbetung und jeder untergehenden den Rücken zuwenden
müsse. Solange der König zugleich Beschützer der Hugenotten war, blieb man billig bei ihm; seit er den Protector
in Saint-Denis begraben hat, geht man mit dem Könige;
das ist kein Abfall, sondern Festhalten der gleichen Zwecke,
Vortheile, Ehre, Sicherheit, nur Wechsel in den Mitteln,
welche dahin führen; oder wäre auch der Abfall eine Schmach,
Armuth ist es doch noch mehr. Die Satire richtet sich zu-

gleich sehr scharf gegen die schwachen Seiten Heinrich's IV.
selbst. Seine zunehmende Leichtfertigkeit und Treulosigkeit,
seine Bereitwilligkeit die Treue zu bestrafen und die Feinde
zu belohnen, seine Härte gegen Männer und Weiber, welche
ihm gedient haben, wird in langen Verzeichnissen hier angeklagt und mit seinem Uebertritt zu einer Religion, die ihm
für das alles die besten Rechtfertigungen hat liefern können,
in Verbindung gebracht wird. Vielleicht, daß gerade dies,
wie die Persönlichkeit der Satire, gegen den noch bis 1629
lebenden Haupthelden derselben Aubigné auch noch mit der
Herausgabe zögern ließ zu einer Zeit, wo ihm Heinrich IV.
und die ganze mit ihm zusammen verlebte Zeit in Vergleichung mit der Gegenwart nur in dem günstigsten Lichte
erschien.

Heiterer und mehr spöttisch als bitter gegen die ganze
Klasse damaliger Hofleute und Cavaliere gerichtet, war eine
andere Satire, welche er nicht zurückhielt, sondern in den
Jahren 1616—30 nach und nach selbst herausgab, die
„Aventures de baron de Fæneste."[42]) Auf den Gegensatz von Sein und Scheinen meint er im trotzigen Selbstgefühl seiner Erhabenheit über alle Künste des Scheins am
besten zurückführen zu können, was ihn selbst von den
schwächlichen Epigonen unterscheidet, welche durch solche Künste
in die einst von ihm und solchen alten wie sie ihm wohlgefallen innegehabten Stellen am Hofe eingedrungen sind; in
diesem Sinne läßt er einen Baron Fäneste (φαίνεσθαι)
auftreten und sich selbst durch seine Sitten, seine Erzählungen von seinen Erfolgen und Heldenthaten charakterisiren,
und in Dialogen mit ihm stellt er ihm einen andern Baron
Enay (εἶναι) entgegen, der dieses Großthun meist nur
schweigend und achselzuckend über sich ergehen läßt. Daß
er unter dem erstern nicht eben blos einen Einzelnen, wie
etwa den Herzog von Epernon oder Concini oder Luynes,

sondern auch geringere und zuletzt alle solche habe darstellen
wollen, deren Vordrängen und Prahlereien ihm am meisten
zuwider waren, dies deutet er selbst am Schluß des zweiten
Buches an, wo er versichert, was er in den Gesprächen an
Abenteuern erzählen lasse, sei zwar alles wahr, nur gelte es
nicht von einem und demselben. Der Baron Enay ist aber
nicht etwa Du Plessis Mornay, sondern er selbst und seine
Art die Dinge anzusehen, und jetzt in seinem Alter wol
noch klagend, aber doch resignirt oder lächelnd darüber er=
haben; er läßt sich in derselben Stelle von Fäneste kenntlich
genug bezeichnen. Was aber so den Hauptinhalt des Buches
ausmacht, sind alte Hofgeschichten untergeordneter und bis=
weilen ziemlich indecenter Art, welche Aubigné's auch für
seine Médisance geübter Sammlerfleiß nicht verloren gehen
lassen mag und zur Charakteristik seines Helden verwendet;
auch der Jargon, in welchem er ihn reden läßt, vorherr=
schend gascognisch, aber zugleich wol ein unter dama=
ligen Hofleuten aus Affectation und Unwissenheit recipirtes
Sprachgemisch, soll dazu dienen. Und die Unerschöpflichkeit
seines Vorrathes an solchen Anekdoten, welche in langer
Ueberlieferung und Verwendung auch mehrfach ausgeschmückt
sein werden, ließ ihn denn auch noch immer Nachträge dazu
liefern; auf die zwei ersten im Jahre 1617 erschienenen
Bücher ließ er 1619 noch ein drittes, erst 1630 noch ein
viertes schwächeres folgen, und auch in der Vorrede zu
diesem letzten ließ er seinen Buchdrucker, dem er sie wieder
in den Mund gelegt hatte, noch versichern, er hoffe dem
Publikum noch mehr „γελοῖα de plus haut goût que ceux-ci"
von ihm vorlegen zu können, was sich entweder auf viel=
leicht noch erhaltene, aber bisjetzt nicht erschienene Auf=
zeichnungen oder auch auf die erst nach Aubigné's Tode
gedruckte „Confession de Sancy" beziehen mag. So sind es
Nachträge zu der schon in der „Confession de Sancy" geübten

Geschichtenträgerei über katholische Geistliche und ihre Täu=
schungen, über Duelle und Liebesabenteuer u. dgl., welche
auch hier geliefert werden; aber mehr Heiterkeit und Spott
tritt an die Stelle der Bitterkeit, la comédie, sagt ein fran=
zösischer Kritiker (Geruzez) succède à la satire et au pam-
phlet und richtig ist, was ein anderer sonst so streng urthei=
lend rühmt (Mérimée), il y a dans cè livre des traits de
naturel que Molière n'auroit pas désavoués.

Doch solches Hervorsuchen und Stilisiren alter chronique scandaleuse aus seinem nichts verlierenden Gedächt=
nisse mag für Aubigné, der kein Müßiggehen ertragen konnte,
in seinen Nebenstunden befriedigend gewesen sein zu einer
Zeit, wo er sich wie im Exil und von dem Kreise, an wel=
chen er sich durch seinen Spott über sie rächte, doch nicht
gern ausgeschlossen fühlte. Aber die Hauptarbeit dieser sei=
ner letzten Jahre und wie er es damals ansah seines Lebens
war sein großes Geschichtswerk, die „Histoire universelle" über
die ganze zweite Hälfte des 16. Jahrhunderts.[43]) Mit
bewußtem tiefem Ernst unterschied er nicht nur von seinen sati=
rischen Darstellungen, sondern auch von der Poesie seiner
„Tragiques" den noch größern Beruf nur im Dienste der
Wahrheit ohne blendende Reize der Darstellung blos die
Thatsachen reden zu lassen und dadurch ein unumstößliches
und bleibendes Zeugniß aufzustellen; fast wie Dante fühlte
er sich gerade in einer Gegenwart, die ihm Exil schien, zum
Gericht berufen über das, was er einst miterlebt hatte unter
dem Könige, dessen Ausgang schon seit seinem Uebertritte er
auch als tragisch beklagte. Wie heftig sehnt er sich im Ge=
fühl seiner vorrückenden Jahre das Ende seiner Arbeit noch
zu erleben! Das Wort Psalm 71, 17. 18 ist sein Gebet
während seiner Arbeit; er vergleicht sich mit der Missethäte=
rin, welche zu dem Tode verurtheilt, der allen bevorsteht,
noch um Aufschub bitten darf, weil sie schwanger ist und

um die Erhaltung ihres Kindes flehen darf, ehe sie noch
selbst sterben muß. Seine Zweige, einst schön durch unnütze
Blumen, sollen jetzt unschön sein, weil so dicht mit Früchten
bedeckt, daß für Blätter kein Raum bleibt. Kann er es nicht
allen recht machen, so will er es den Bessern; ohne Exclama=
tionen will er die Facta wie Prämissen hinstellen, aus wel=
chen dann jeder, der urtheilen kann, die Schlüsse selbst ziehen
mag. Auch das Schlimme darf die Geschichte nicht ver=
schweigen, denn sonst stritte sie gegen Gott, wenn sie die
Verbrechen verdeckte, die seine Blitze herunterziehen. Und
während er sonst herabgestimmter nicht leicht vergessen kann,
wo er sich von Heinrich IV. ungerecht und undankbar be=
handelt glaubt, so erhebt er sich hier jetzt nach dessen Tode
im sehnsüchtigen Rückblick über all solche Empfindlichkeit zu
nichts als Bewunderung seiner großen Eigenschaften und
Erfolge und durch die Erinnerung daran hofft er auch Heinrich's
Sohn zu versöhnen. Vor dem dritten Theile richtet er an
diesen, an Ludwig XIII., sein Wort; nicht die soll er hören,
welche sich den Namen von Vätern anmaßen, er meint die
Jesuiten, sondern seinen Vater selbst, der ihm aus seinem
Grabe sagen wird, daß die Katholiken ihm die Krone und
daß wir ihm den Kopf geschützt haben, um die Krone darauf
zu setzen; er bittet Gott, daß wie er ihm einst die schwachen
Hände befestigt hat, um das Leben Heinrich's IV. zu schützen,
er sie ihm auch jetzt stärken wolle, seinen und seines Sohnes
Namen gegen die Mörder seiner Ehre zu schützen.

Auch wurde sein Gebet erfüllt, das Ende seiner Arbeit
zu erleben. Aber die Bitte um mehr Anerkennung für sie
und ihren Verfasser, wurde ihm von Ludwig XIII. und seinen
Führern nicht nur nicht gewährt, sondern seine Stellung in
Frankreich freilich auch durch seinen fortgesetzten Widerstand
nach allen Seiten immer unhaltbarer. Schon im Jahre
1617 war die Restitution des Kirchengutes an die katholische

Kirche in Béarn gefordert, wo mehr als neun Zehntheile seit den Tagen der „guten Königin", der Mutter Heinrich's IV., eifrige Reformirte und im Besitz der Kirchen und des Kirchengutes waren. Im Jahre 1618 waren auf den Widerstand der Béarner immer strengere Androhungen gefolgt, und eine letzte Erklärung vom 19. Januar 1619 stellte Gewalt und den Feldzug schon in Aussicht, welcher nachher auch nicht ausblieb. Für diesen aber mußte auch schon die alte Burg der Hugenotten, Rochelle, ins Auge gefaßt werden, und diese Stadt, nahm man an, war nicht zu überwinden, wenn man sich nicht Aubigné's entledigt hatte, der von seinem Doignon aus den Weg dahin verschlossen hielt. Darum hatte die Regierung des Königs, solange sie noch Gewalt zu brauchen unterlassen wollte oder mußte, schon seit drei Jahren mit ihm über die Summen unterhandelt, gegen welche er seine festen Plätze abtreten sollte, und Epernon hatte ihm zuletzt bis zu 200000 Frs. dafür bieten lassen, und außerdem die Herstellung der ihm vorenthaltenen Pension. Aber statt sie so in die Hände der Gegner gerathen zu lassen und wol schon voraussehend, daß er sie selbst nicht auf die Dauer werde behaupten können, überließ er sie jetzt im April 1619 lieber gegen eine halb so hohe Summe dem eifrigsten Verfechter der hugenottischen Sache, dem Herzoge Heinrich von Rohan, legte zugleich seine Verwaltung von Maillezais nieder und zog nun in das benachbarte Saint-Jean d'Angely, wo er dann den Druck seines Werkes auf seine Kosten vollenden ließ.[++] Er widerrieth nun zwar dem Herzoge und seinem Bruder Soubise, für die aus Blois entflohene Königin gegen ihren Sohn Ludwig XIII. und gegen Luynes loszuschlagen, weil er niemals auf seiten der Königin sein möge, und versprach ihnen seinen Zuzug nur für den Fall, daß sie selbst dabei in Noth kämen. Durch den Sieg des Königs beim Pont-de-Le (9. August

1620) über das Heer seiner Mutter und ihrer Vertheidiger
trat diese Noth wirklich ein; und nun eilte er sogleich zu
ihnen und hatte schon einen Plan zur Gegenwehr fertig,
aber gerade als dieser am folgenden Morgen zur Ausführung
kommen sollte, ging die Kunde ein von der durch Richelieu
vermittelten Einigung zwischen Mutter und Sohn; die von
Rohan besetzten festen Plätze Saint=Jean d'Angely, Maillezais
und Doignon ergaben sich rasch dem Heere des Königs, und
so glaubte Aubigné sein Leben nur durch die Flucht aus
Frankreich retten zu können. Und wohin anders konnte er
sich wenden als zu der alten Geburts= und Freistätte, dem
universellen Mittelpunkte alles Calvinismus. Mit zwölf
Pferden und vier Begleitern gelang es ihm unter mancherlei
Abenteuern durch alle Truppencorps bis zur Grenze und bis
zu der Stadt sich durchzuarbeiten, wo er nun auch für sich
„das Ruhekissen seines Alters" zu finden hoffte; im Anfang
September 1620 kam er in Genf an.

Aber zur Ruhe oder auch nur zum Ausruhen kam es
nun doch für seinen rastlosen Geist auch hier nicht in den
zehn Jahren, welche ihm dort noch zutheil wurden, obgleich
es sein 68. bis 78. Lebensjahr war. Eine schlimme Unruhe
folgte ihm auch in das Exil nach; das war das Unglück
und der Unfriede in seiner eigenen Familie. Von Susanne
de Lazay, seiner ersten Frau, deren Güter ihm und den
Seinigen erst eine ansehnlichere Stellung verschafft hatten,
und welche 1596 gestorben war, hatte er drei Kinder, einen
1585 geborenen Sohn Constant und zwei Töchter Marie
und Louise. Der Vater hatte eine sehr hohe Meinung von
den Fähigkeiten des Sohnes und rühmt wie er ihn durch
die besten Lehrer habe unterrichten lassen, und nicht vergeb=
lich, er hatte einige gute Eigenschaften seines Vaters, war
Dichter und Musiker, und seine Tapferkeit war wenigstens
durch viele Duelle erwiesen; aber bald war er bei einem

Cavalierleben schlimmster Art in Sedan, Holland und am Hofe durch Spiel, Trunk, Unzucht, Duelle und eigentliche Mordthaten zu völliger sittlicher Bodenlosigkeit heruntergekommen, rächte sich dann, als Aubigné ihm Zucht und Beschränkungen entgegenzusetzen suchte, durch Treulosigkeit gegen den Vater und rühmte sich bei Hofe, daß er alle Soldaten seines Vaters zum Verrath gegen diesen bewogen habe. Er suchte nun durch Uebertritt und Anschließung an die Jesuiten seine Laufbahn zu verbessern und erhielt selbst, wie der Vater behauptet, eine päpstliche Erlaubniß, in deren Dienst in der äußern Gemeinschaft der Reformirten zu bleiben. Als Aubigné nun ihn abzuziehen noch Maillezais eine Zeit lang durch ihn verwalten ließ, machte er, wie dieser klagt, ein Bordell und einen Herd für Falschmünzer daraus; dann als der Vater ihn und seine Soldaten hier mit Gewalt vertrieben, zeigte er sich wieder einmal reuig, ließ sich in den reformirten Gemeinden zu Poitou und Paris reconciliiren und schrieb nun gegen das Papstthum in Prosa und Versen u. dgl., sodaß Aubigné sich nun wieder für ihn verwandte; aber nach neuem Verrath war das Ende doch, daß Aubigné sich völlig von ihm lossagen mußte.

Mehr Freude hatte Aubigné von dem Sohne, welcher ihm fünf Jahre nach dem Tode seiner ersten Frau 1591 außerehelich von der Witwe Jacqueline Chayer geboren war.[45]) Nathan la Fosse, seinem Halbbruder unähnlich, wurde ein gelehrter und rechtschaffener Mann; er folgte seinem Vater nach Genf, wo er das Bürgerrecht erhielt, und stand hier noch lange nach dessen Tode als Arzt und Verfasser chemischer Schriften in Ansehen. Von den beiden Töchtern war die jüngste, Louise, verheirathet an einen M. de Villette, so sehr das liebste Kind des Vaters, daß er sie bisweilen sein eigenes nennt; sie scheint später das Beste gethan zu haben für die verlassene Tochter ihres Bruders

Constant, aus welcher nichts Geringeres als Frau von Main=
tenon wurde.   Die ältere Tochter Marie ward mit einem
armen gascognischen Edelmann Dadou oder D'Abbe ver=
heirathet, mit welchem d'Aubigné weniger zufrieden war
und über ihr Erbtheil zu streiten hatte.

Auch war er, obgleich zum Tode und zur Güterconfis=
cation verurtheilt, doch nicht ohne Güter aus den Zahlungen
des Herzogs von Rohan nach Genf gekommen, und hier
wurde er nun als ein angesehener Mitstreiter und nun Con=
fessor für die Sache der Reformation mit großen öffentlichen
Ehrenbezeigungen aufgenommen, die Stadt feierte Feste zu
seinem Empfange, er erhielt einen Ehrenplatz in der Kirche
wie Fürsten und Gesandte; es wurde ihm eine schöne Woh=
nung überlassen, und nachher auch der Vorsitz in einem
Kriegsrathe von sieben Mitgliedern, welchen er jedoch ab=
lehnte, da er Stillschweigen über die Verhandlungen geloben
sollte, und doch, wie er sagt, seine Freiheit nicht verlieren
wollte.   Aber die Festungswerke von Genf ließ man noch
ferner unter seiner Leitung verbessern, und von den eifrigern
unter seinen Glaubensgenossen in Frankreich wurde er fort=
während als eine Stütze ihrer Sache betrachtet und zur
Mitwirkung herangezogen.   Die in Béarn geforderte Resti=
tution des Kirchengutes führte dort im October 1620 schon
zu ersten Dragonaden, welche der junge König Ludwig XIII.
dort selbst zu exequiren sich gefiel; im Frühjahr 1621 er=
gaben sich ihm die meisten Sicherheitsplätze.   Dagegen er=
regte die 23. Nationalsynode, welche damals zu Alais,
unter Leitung des heftigen Pierre Du Moulin, auch die
Beschlüsse der Dortrechter Synode annahm, den Eifer der
Reformirten aufs neue; schon damals verhandelte man von
Rochelle aus darüber mit Aubigné, daß dieser in den refor=
mirten Cantonen der Schweiz eine Erhebung von Truppen
durchsetzen und ihnen diese zuführen solle.   Gegen den

bevorstehenden neuen Feldzug des Königs beschloß dann im
Mai 1621 eine politische Versammlung der Reformirten zu
Rochelle eine militärische Vertheilung von ganz Frankreich
unter acht Divisionen und dieser unter sieben ihrer kriegs=
erfahrensten Häupter: Bouillon, Soubise, La Tremoille, La
Force, Rohan, Châtillon und Les Diguieres; den Grafen
Ernst von Mansfeld, welcher von dem vertriebenen Böhmen=
könige zum Generalfeldmarschall ernannt, den Krieg für
diesen in der Rheinpfalz fortsetzte und gegen das Elsaß
vorrückte, suchte Aubigné ebenso wie die Herzoge Johann
Ernst und Wilhelm durch Summen aus Rochelle zu Hülfe
heranzuziehen; aber als man zuletzt von Rochelle aus doch
nicht ihm, sondern dem Herzog von Bouillon die höchste
militärische Leitung anvertrauen zu müssen glaubte, kam es
zu dieser Hülfe von Deutschland her nicht. Noch in dem=
selben Sommer 1621 beriefen die Berner Aubigné zu sich,
ließen ihn den Bau von Festungswerken für ihre Stadt
leiten und wollten ihm den Oberbefehl ihres Heeres über=
tragen, welches er auf 48000 Mann angibt; er lehnte es
wegen seines Alters und wegen Unbekanntschaft mit der
Sprache der Berner ab. Auch für Basel machte er einen
großen Plan, wie die Stadt befestigt werden solle, wovon
ein Theil ausgeführt wurde. Kein Wunder demnach, daß
man von Venedig aus dem kriegserfahrenen Manne eben=
falls gern den Oberbefehl französischer Miethstruppen über=
tragen wollte. Vergebens suchte der französische Gesandte
bei der Eidgenossenschaft, Robert Miron, diese auch im Aus=
lande fortgesetzte Betriebsamkeit Aubigné's für seine alte
„Sache" zu hindern, und das bewirkte er auch bei der Re=
publik Venedig, daß sie aus Furcht vor Frankreich ihn nicht
in ihre Dienste nahm. Aber sein Ansehen in der Schweiz
konnte Miron nicht zerstören; auf die Beschuldigung, Aubigné
sei schwerer Verbrechen überwiesen und betreibe noch fort=

während Attentate gegen Frankreich und seinen König, ver=
sprach Genf zwar Untersuchung, forderte und versprach auch
strenge Justiz, verlangte aber dazu eine förmliche Anklage
mit ausreichenden Beweismitteln, wie es ihre Rechtspflege
heische, und so blieb es dabei, daß ihm der Aufenthalt in
Genf wol erschwert, aber doch nicht versagt wurde. Viel=
mehr erst jetzt setzte er sich dort immer mehr fest; er kaufte
ein Gut Ciesti oder Le Cist und baute sich dort ein Schloß,
welches noch jetzt zum Theil erhalten und im Besitz der
Familie Tronchin ist, die auch seinen literarischen Nachlaß
bewahrt. Und im Jahre 1623, wie einst in derselben Stadt
der von ihm verehrte Beza, verheirathete er sich dort noch
einmal einundsiebzigjährig mit einer angesehenen und reichen
Genferin, einer Witwe Renee Balbany aus der Familie Bur-
lemachi in Lucca; zwar gerade am Tage vor der Abschließung
des Contracts kam die Nachricht an, daß kurz vorher einmal
wieder in Frankreich ein Todesurtheil, es war das vierte-
mal, über ihn ausgesprochen sei, diesmal weil er einst Steine
eines Kirchengebäudes zu Bastionen habe verwenden lassen;
Aubigné freute sich Geist und Muth seiner Verlobten noch
vorher durch diese Nachricht erproben zu können, welche er
ihr deshalb selbst überbrachte. Aber nur desto mehr schätzte
sie sich glücklich, jede Gefahr mit ihm zu theilen; was Gott
zusammengefügt, sagte sie, das solle der Mensch nicht schei=
den. Schwerer nahm er es, daß am Tage seiner Trauung
in der Predigt der Text vorkam: „Herr vergib ihnen, sie
wissen nicht was sie thun", und er drang deshalb beim Se=
nate auf einen Verweis für den Prediger, da er sich durch
ihn wegen seines hohen Alters getroffen fühlte; aber es
fand sich, daß die Reihenfolge der biblischen Texte dies Zu-
sammentreffen herbeigeführt hatte. Die späte Ehe fiel glücklich bei ihm aus, Aubigné entließ und entschädigte jetzt die
vier Herren, welche er mitgebracht hatte, und gab auch die

ihm vom Staate eingeräumte Wohnung und selbst den Ehrenplatz in der Kirche auf, um sich ganz in seine neue Häus-
lichkeit zurückzuziehen; die Frau erhielt sich den Stolz auf
ihren Mann, welcher ihr die Fürsorge für ihn zu einem
Beruf und zu einer Freude machte, und er selbst behielt die
heilsame Unruhe seines Geistes und das Thätigkeitsbedürf-
niß bis in sein höchstes Alter.⁴⁶) Nur die Schmerzen,
welche der ausgeartete Sohn zu bereiten fortfuhr, drückten
Aubigné schwer in diesen seinen letzten Jahren. Als Constant sich zum letzten mal gehorsam gezeigt und mit der
reformirten Kirche und mit seinem Vater ausgesöhnt hatte,
ließ dieser ihn nochmals, wenn auch nicht ohne Mistrauen
mit schwacher Empfehlung nach England gehen, wo Karl I.
und Buckingham ihren Widerstand gegen das durch die
Schlachten bei Prag (November 1620) und dann bei Lutter
(August 1626) gewonnene Uebergewicht gegen Spanien-
Oesterreich auch durch Unterstützung der französischen Hugenotten gegen ihre Regierung bethätigen und dazu auch
Aubigné heranziehen wollten. Constant gab sich auch in
London das Ansehen als sei er mit seinem Vater völlig
einig, und ließ sich's dort auftragen, diesen selbst nach London einzuladen. Aber was er dem Vater geschworen, Paris
nicht zu berühren, hatte er weder auf dem Hinwege nach
England noch auf dem Rückwege gehalten, vielmehr dort
dem Marschall Schomberg und dem Könige selbst⁴⁷) alle
Verabredung wegen der Hülfe von England und wegen
seines Vaters verrathen. Dies war denn für diesen zu viel;
nachdem der Sohn solche Schmach über seinen Namen gebracht,
vermochte er ihn nicht mehr als Sohn anzuerkennen, und in
seinem Testamente wie in seinem Geschichtswerke sagte er sich
förmlich und feierlich von ihm los.

Nun selbst noch nach England zu reisen, wie er trotz
seines hohen Alters wollte, davon wurde Aubigné, wie er sagte,

durch den Krieg wegen Mantua im Jahre 1628 zurückge=
halten, da dieser eine Belagerung von Genf erwarten ließ,
während welcher in der Stadt nicht zu fehlen er sich für
verpflichtet hielt. Aber im Zusammenschreiben alter und
neuer Scandala als einer Fortsetzung der Abenteuer des
Barons Fäneste, in einem vierten Buche schüttete er noch
seinen Widerwillen gegen alle Gegner seiner Sache aus,
diesmal in einer Weise, welche auch denen, welche ihm wohl
wollten, leid war; seine Frau sagte in einem Briefe an ihren
Schwiegersohn Villette, seine Raschheit und sein trefflicher
Geist sei durch das Alter nicht vermindert, nur gestatte er
sich manchmal mehr Freiheit, als die Zeitumstände erlaubten,
und sie erinnere ihn oft, daß es Zeit sei seine Feder im
Zaume zu halten. Und die Regierung, wie sehr sie ihn
auch sonst ehrte und schonte, bestrafte doch den Drucker des
vierten Buches mit Gefängniß= und Geldstrafe, weil er es
ohne Erlaubniß gedruckt habe, während es doch mehrere
„blasphèmes et impiétés" enthalte, woran viele Aergerniß
genommen hätten. Den Verfasser aber verurtheilte sie
unterm 12. April 1630, daß er vor die Scholarchen und
andern Seigneurs vorgeladen und von diesen erinnert wer=
den solle, wie er sich selbst und dem Publikum unrecht ge=
than und künftig ähnlicher Schriften sich zu enthalten habe,
welche dem Staate nur Nachtheile bringen könnten[48]); ein
Urtheil, welches ihm aber vielleicht nicht mehr eröffnet wurde.

Denn vom 24. April 1630 ist auch das Testament,
in welchem er über seine Schriften und seine Güter fünf
Tage vor seinem Tode verfügte.[49]) Durch seine 80 Jahre
erinnert schreibe er es, frei an Leib und Seele, die Seele „lassée
de vains travaux, rassassiée aber non ennuyée de vivre".
Er schreibt seine Grabschrift vor; mit Selbstgefühl empfiehlt
er seinen Kindern sein eigenes Beispiel, nur die Geburt
seines Sohnes Nathan wirft er sich vor als eine Schuld,

aber er erkennt diesen wegen seiner Rechtschaffenheit als Sohn an, während er sich nochmals von Constant als „Zerstörer des Gutes und der Ehre seines Hauses, beson= ders als Ankläger und Verleumder seines Vaters" lossagt. Auch seine weitere Habe vertheilt er ungleich unter Kinder und Enkel, Diener, Arme und Freunde; seine Frau setzte er unter großen Lobsprüchen zur Vollzieherin des Testamen= tes ein; für fremde Studenten der Theologie in Genf und für fremde Soldaten der dortigen Garnison setzte er 2000 Gulden aus. Ueber seine „geistigen Kinder", seine Schriften soll der genfer Theolog Theodor Tronchin zusammen mit seinem Sohne Nathan verfügen und dazu auch seinen hand= schriftlichen Nachlaß von seiner Witwe ausgeliefert erhalten; er empfiehlt ihnen wegen der Juridica das Wort ure seca, behält sich über ihren Druck noch Verfügungen vor. Als ein seiner selbst gewisser Erwählter, in demüthiger Anerken= nung seiner einzelnen Uebertretungen, aber in der stolzen Zuversicht, daß sie ihn doch nicht aus dem Gnadenstande haben reißen können, dankt er Gott für alles.

Das Vorgefühl, daß die Erklärung seines Letzten Willens Eile habe, hatte ihn nicht getäuscht. Ueber seine letzte Krankheit liegen nur wenige theilnehmende Aeußerungen vor von seiner Frau, welche bekennt: „j'ai tout perdu; il me semble que je n'ai plus rien à faire au monde; je crains d'offenser Dieu dans ma douleur". Am 21. April 1630 war er krank geworden, und fast drei Wochen dauerte seine Krankheit; er blieb bei vollem Bewußtsein bis zuletzt, und erfreute die Seinigen durch seine eigene Freudigkeit, wie er auf die Bitte seiner Frau, eine Speise anzunehmen, einmal erwiderte: „Ma mie, laisse-moi aller en paix, je veux manger du pain céleste." Es fehlte ihm, sagte sie, bis zuletzt nicht an Trost und Beistand. Die besten Männer der Stadt, seine Freunde, besuchten ihn; in seinen beiden letzten Nächten trösteten ihn die beiden würdigen ihm sehr befreundeten Geistlichen, unter ihnen ohne Zweifel Tronchin. Zwei Stunden vor seinem Tode sagte er mit freudigem Gesicht und Frieden im Geiste:

La voici, l'heureuse journée que Dieu a faite à plein desir
Par nous soit gloire à lui donnée, et prenons en elle plaisir.

———

Anmerkungen.

1) Aubigné's eigene Aufzeichnungen über sein Leben sind zum ersten male 100 Jahre nach seinem Tode 1729 von Le Duchat und noch einmal 1731 herausgegeben, aber in einer den Text modernisirenden und bisweilen paraphrasirenden Ueberarbeitung. Diesem Texte sind auch zwei deutsche Bearbeitungen gefolgt und haben im Hinzuthun von nicht immer glücklichen Veränderungen noch mehr gethan, die eine anonym, Tübingen 1780, erschienen, die andere von Joh. W. Baum mit dem Titel „Der Hugenott von altem Schrot und Korn, Denkwürdigkeiten d'Aubigné's u. s. f." (Leipzig 1854). Eine erste unveränderte Ausgabe aus der Hand= schrift im Louvre ist erst die von Ludovic Lalanne (Paris 1854). Hierdurch und durch die neuen Ausgaben einzelner Werke Aubigné's, von welchen unten, wird das sehr neue Interesse für Aubigné als Dichter und Historiker vermehrt sein, welches erst im letzten Men= schenalter lebhaft ausgesprochen ist von protestantischen und katho= lischen Literarhistorikern, von Sainte=Beuve (Tableau de la poésie franç. au XVI siècle 1828, p. 176 sq.), Geruzez 1836 (jetzt in Essais de lit. fr., éd. 3, p. 462—498), A. Sayous (Les écrivains français de la réf., t. 2, p. 197—278), Haag (France prot., t. 1, 1846, p. 157—190), Prosper Mérimée (1855 vor der Ausg. des Baron de Fæneste), Demogrot (Tableau de la lit. fr. au XVII siècle, 1859, p. 76—83), Lavallée (Hist. de la Famille de Maintenon, 1863, p. 5 sq.), Berfier (Herzog, Theol. Enc., Bd. 19) u. a. Die beiden, welche hier am ungünstigsten urtheilen, Lavallée und Mérimée, der letztere allerdings mit großem Scharf= blick auch für Aubigné's Schwächen, haben wol auch seine Supe=

riorität als Dichter daneben nicht genug geachtet; ebenso Berger
de Xivrey, Lettre de Henri IV, t. 1, p. 135. Eine erste Ge=
sammtausgabe der Werke Aubigné's, vermehrt durch Inedita aus
den Handschriften im Besitz der Familie Tronchin in Genf, er=
scheint erst jetzt durch Eugène Réaume und Fr. de Cauffade in
10 Bänden; eine Notice biographique darüber von Théophile
Heyer. Vgl. Revue critique, 1872, Nr. 21.

2) Daß dieses Jahr 1552 und nicht das gewöhnlich angegebene
1550 oder 1551 das Geburtsjahr d'Aubigné's war, ist von Lalanne
nachgewiesen vor seiner Ausgabe der Memoiren d'Aubigné's, S. II
und 3. Seine Vorfahren schrieben sich d'Aubigny. Vgl. Lavallée,
La famille d'Aubigné, S. 5; er selbst nennt sich in seinen Me=
moiren immer nur Aubigné, nicht d'Aubigné, und in seiner Histoire
universelle bezeichnet er sich durch den Buchstaben א.

3) Eine in den Memoiren, S. 439, zum ersten male herausge=
gebene Généalogie en vers vom Jahre 1556 führt das Geschlecht
noch höher hinauf, bringt aber erst vom 12. Jahrhundert an be=
stimmtere Namen und Jahreszahlen.

4) a. a. O. heißt es S. 443, daß König Heinrich († 1555)
die Großältern Aubigné's geliebt und beschützt habe reconnaissant
cette attache assez rare qui vient du cœur et non d'autre lien.
Ihre Güter hatten sie nicht in Béarn, sondern in Saintonge.

5) Vor der ihm gewidmeten Genealogie vom J. 1556 heißt
er noch nicht so, sondern nur chevalier, daselbst S. 439. In einem
ihrer letzten Briefe an ihren Sohn schreibt Jeanne d'Albret aus
Blois vom 8. März 1572, er möge ihr ihren chancelier schicken, car
je n'ai homme ici qui puisse ni qui sache faire ce que celui
la fera. Le Laboureur additions au mém. de Castelnau, t. 1,
p. 860.

6) Marchand, Dictionn. hist., t. 1, p. 67 sq. Die an Jean
d'Aubigné gerichtete Genealogie sagt von Jeanne d'Albret nur, daß
sie le chérit ainsi que la famille.

7) Aubigné, Hist. univ. (ed. 1626), t. 1, p. 125—129 nach
den ihm zugänglichen Acten, welche in den Händen seines Vaters
geblieben waren. Er bezeugt hier auch, daß der Name und das
Siegel des nachherigen Kanzlers l'Hospital unter denen der Ver=
schworenen gewesen sei.

8) „Qu'il lisoit aux quatre langues à six ans"; er sagt

nicht, ob auch verstehen. Mém., ed. Lalanne p. 4. Die in spä=
tem Alter geschriebenen Memoiren scheinen freilich manche Züge
zu enthalten, welche oft und gern erzählt, Uebertreibungen ange=
nommen haben, mit welchen der Erzähler sie zuletzt selbst geglaubt
haben wird.

9) So, als verleitet durch seinen Bruder den Carbinal Karl
von Lothringen, betrachtete Aubigné den Herzog Franz Guise über=
haupt, denn er nennt ihn en toutes ses parties excellent, sobaß
er zum Segen Frankreichs gewesen sein würde en une autre
saison et sous un autre frère. Hist. univ., t. 1, p. 251.

10) Reignier de la Planche, Hist. de France sous François'II,
t. 1, p. 152: „Ceux de Guise le faisaient expressement pour
donner quelque passe-temps aux dames." Der Markt von
Amboise mit diesen Scenen ist dort in der Ausgabe von Menne=
chet nach einem alten Holzschnitte dargestellt.

11) Mémoires, ed. Lalanne, p. 5. Davon, daß der Sohn
hierauf auch einen „Hannibaleid" geleistet habe, wie Eugen Ber=
sier in seiner einsichtsvollen Charakteristik Aubigné's angibt (Her=
zog, Theol. Encykl., XIX., 112), sagen die Memoiren nichts.
Aber sie bestätigen es, daß er sich auch ohnedies hier zu dem
was ihm ein solcher Eid aufgelegt hätte, für verpflichtet gehalten hat.

12) Schmerzliche Selbstanklagen Aubigné's in seinen Tragiques
ed. Lalanne, p. 266, 267.

13) Ueber das Zunehmen des zu einem alltäglichen Morden
gewordenen Duellwesens in den Religionskriegen klagt Aubigné selbst,
Tragiques, p. 63: „Nos savans apprentifs du faux Machiavel
ont parmi nous semés la peste du duel", und daselbst p. 67:
„à ce jeu ont vollé plus de cent mille vies." L'Etoile journal de Henri IV. (ed. collect. Michaud., II, 1, 2, p. 416) be=
merkt zum Jahre 1607, daß bis dahin seit 1589, also in 18 Jahren,
4000 im Duell umgekommen seien. S. auch Martin, Hist. de
France (ed. 4), t. 9, p. 472, t. 10, p. 468 sq.

14) Ecuyer bamals wol nicht gerade was man jetzt bei Stall=
meister denken würde, sondern, nach der Etymologie von écu,
Schild, Schildträger, ein Cavalier im Gefolge, etwa Abjutant oder
Kammerherr oder beides zusammen.

15) So berichtet Aubigné selbst in seiner Hist. univ. (Ausg.
von 1626), t. 3, p. 66—67 und etwas anders der Text von 1616

hinter seinen Mémoires ed. Lalanne, p. 184. Bei Le Long, Bibl. hist. de la France, t. 4, p. 434, Nr. 26276, wird als herausgegeben angezeigt Ballet et fête de la Royne, faits aux noces de Mr. le duc de Joyeuse et Mlle. de Vaudemont (Paris, Le Roy, 1582).

16) Katharina verfolgte ihn weil er die Messe versäumte; auf ihren Vorwurf, er sei ja gerade wie sein Vater, entgegnete er: Dieu m'en fasse la grace. Als drei ihrer Hofdamen, zusammen 140 Jahre alt, ihn einst wegen seines Anzuges verspotteten und als eine ihn endlich fragte: que contemplez vous là? antwortete er: les antiquités de la cour. Er setzte hinzu: ce mauvais mot suivi d'autres le mit en familiarité des dames.

17) Er sagt Mém., p. 32, daß als Diana Talcy ihn in einem Turnier neben Heinrich und den Guisen so hoch gestellt gesehen habe, sie es beklagt habe ihn verloren zu haben und darüber krank geblieben sei bis an ihr Ende.

18) Er erzählt es selbst Hist. univ., t. 1, p. 773 (Ausg. von 1626. Diese Ausgabe gibt den Spruch so: „Sure paiz, victoire entière, mort honorable." Die ältere von 1616 nach Lalanne, Mém., p. 189, wol richtiger so: Sure paix, vaincre bien ou mourir en honneur.

19) Hist. univ., V, chap. 3, t. 2, p. 1083 sq. Zweifel über Aubigné's Mitwirkung bei Berger de Xivrey, Lettres de Henri IV, t. 1, p. 571—73.

20) Sie sind aufgezählt bei Lavallée, La fam. d'Aubigné, p. 10, auch p. 6: ce mariage changeait l'aventurier en seigneur terrien. Noch in die frühere Zeit, in welche sie besser paßt, wird eine Anekdote gehören, welche sehr bezeichnend und schon dadurch glaubwürdig ist, welche Lalanne aber in seiner Handschrift der Memoiren nicht gefunden, aber aus dem früher gedruckten Texte in seinen Anhang, S. 350, mit einer Parallelstelle dazu aus Hist. univ. aufgenommen hat.

21) Sein wirksames Gebet in der Gefangenschaft hatte er in lateinische Verse gefaßt, welche noch nicht vorliegen; französisch steht es im Anhange der Memoiren, S. 334. Sonst s. daselbst S. 76—77 und Hist. univ., t. 3, p. 37 sq.

22) Von 1581—91 dauerte Heinrich's Zuneigung zu Diana d'Andouins, welche 1567 an Philibert de Gramont, Grafen

be Guiche, verheirathet, 1580 Witwe besselben geworden war; es ist bieselbe, welche la belle Corisande ober Corisandre genannt wird. Berger de Xivrey, Lettres de Henri IV, t. 2, p. 153 sq., t. 3, p. 362. Im November 1590 hatte er Gabrielle d'Estrées zuerst gesehen. Daselbst S. 722.

23) Mémoires, p. 89. Die ältern Ausgaben berselben geben hier noch eine Erzählung, welche Lalanne in der Handschrift bes Louvre nicht gefunden und barum nicht in den Text, sondern nur S. 350 in den Anhang aufgenommen hat. „Einige Tage vor der Unternehmung auf Maillezais lagen Aubigné und La Force (doch wol der in der Bartholomäusnacht vierzehnjährig gerettete Jacques Nompar Baumont de la Force, der sie bis 1652 überlebte) in der Garderobe vor Heinrich's Schlafzimmer im Bett, und Aubigné sagte: unser Herr ist ein arger Geizhals (ladre vert) und der unbankbarste Mensch auf der ganzen Erbe. Der andere, schon schläfrig, fragte: was sagst du, Aubigné? Heinrich (l'ouie de ce prince était monstrueuse, heißt es an einer andern Stelle, s. S. 351) hatte es im Nebenzimmer besser gehört und rief von bort: er sagt, ich sei ein ladre vert und der unbankbarste Mensch auf der Erbe, woburch Aubigné doch etwas verwirrt wurde. Aber sein Herr machte ihm deshalb kein böses Gesicht, gab ihm aber auch keinen Thaler mehr."

24) Aubigné läßt hier (Hist. univ., t. 3, p. 258) unerwähnt, was hier, um die Schweizer Heinrich IV. treu zu erhalten und ihren Abzug zu verhüten, durch Philipp Garlay de Sancy erreicht war, und was ein anderer Augenzeuge, der Neffe Heinrich's III., Karl von Valois, nachher Herzog von Angoulême, nicht unerwähnt läßt, vgl. Mém. du duc d'Angoulême in der Sammlung von Michaud, I, Bb. 11, S. 66 fg. Aber Sancy ist Aubigné wegen seines mehrmaligen Uebertrittes zur katholischen Kirche so sehr zuwiber, daß er ihm ja deshalb auch seine satirische Confession de Sancy in den Mund gelegt hat. Poirson, Henri IV, t. 1, p. 22, 24, 26.

25) Eine Hauptstelle für die ganze Beurtheilung bes Uebertritts Heinrich's IV. ist Hist. univ., l. 3, chap. 24, p. 403 qs.

26) Die Worte, welche er nach Aubigné, a. a. O., S. 409, ben Reformirten sagen läßt, brücken bies vielleicht am besten aus: Mes amis priez Dieu pour moi; s'il faut que je me perde

pour vous, au moins vous ferai-je ce bien, que je ne souffri-
rai aucune forme d'instruction, pour ne faire point de plaie
à la religion, qui sera toute ma vie cette de mon âme et de
mon cœur, et ainsi je ferai voir à tout le monde que je n'ai
été persuadé par autre théologie que la necessité de l'état.
Zustimmende Aeußerungen seiner hugenottischen Räthe bei Poirson, I, 393 fg. Sonst Ranke, Werke, VIII, 413 fg. Stähelin,
Uebertritt Heinrich's IV., S. 410 fg.

27) Als ihm 1590 der nach Heinrich's III. Tode zum König
von den Liguisten ausgerufene Cardinal Karl von Bourbon von
Heinrich IV. zum Bewachen übergeben war, ließ ihm die Herzogin
von Retz in ihrem und ihres Mannes, des Marschalls von Retz,
Namen, durch einen Italiener 200000 Thaler oder das Gouverne-
ment von Belle-Isle mit 50000 Thalern anbieten, wenn er seinen
Gefangenen entspringen lassen wolle. Aber da „sein Gewissen sich
bei der Ueberfahrt auf die Insel mit einschiffen würde“, mußte er
es ablehnen. Mémoires, p. 98 sq.

28) Mém., p. 96. Als Aubigné fand, daß Canaye durch seine
Erhebung nothwendiger Unumschränktheit der Monarchie und des
unbedingten Gehorsams gegen den König schon mehrere in der
Versammlung eingeschüchtert hatte, fuhr er ihn an: qui êtes vous
qui nous voulez enseigner ce que c'est du service du roi,
lequel nous avons eu en main avant que vous fussiez écolier? Espérez vous parvenir pour faire choquer le service
du roi et de Dieu l'un contre l'autre? Apprenez à ne rom-
pre point les voix et à vous taire quand il faut. Und als
Canaye, der allerdings nicht jünger als Aubigné war, dann auf-
fährt: où sommes nous? ruft Aubigné: ubi mores ferrum ro-
dunt, doch wol in dem Sinne, dort wo man das Schwert verderben läßt statt es zu brauchen, denn es war von Behalten und
Aufgeben der Sicherheitsfestungen die Rede.

29) Mém., p. 93. Die chronologische Ordnung der Memoiren
ist sehr ungenau.

30) Aubigné, sonst so betrübt über die vielen Maitressen Heinrich's, unterscheidet von diesen gar sehr Gabrielle, cette femme
dont l'extrême beauté ne sentoit rien de lascif, und welche
a pu vivre plutôt en reine qu'en concubine tant d'années et
avec si peu d'ennemis.

31) Die Berichte, welche Aubigné selbst über dies Gespräch gegeben hat, zwei in der Hist. univ., 4, 13 (t. 3, p. 518 und 737), noch einen dritten in den Mém., p. 94, stimmen nicht völlig zusammen, aber sie ergänzen einander. Auch in den Tragiques erwähnt er sein Wort, p. 27, ed. Lalanne. Vgl. auch L'Etoile journal (Chroniques, ed. Michaud, II, 1, 2), p. 613.

32) Aus den petites œuvres im Anhange der Mémoires, p. 368 sq.

33) Verse von ihr sind mitgetheilt im Bulletin de l'hist. du prot. français, t. 2 (1854), p. 140—155; ebendaselbst Briefe von ihr an Beza aus den Jahren 1598—1600. Eine Art von Chronik über die kirchlichen Handlungen unter ihrem Schutz zuerst 1597 und 1598 in Paris im Louvre und dann in Bar-le-Duc und Metz bis an ihren Tod im Jahre 1604 daselbst t. 5 (1856), p. 148—160, 283—292. Eine rührende Verwendung derselben für die Protestanten in einem Briefe an ihren Bruder Heinrich IV. vom Jahre 1599 daselbst t. 15 (1866), p. 158 sq., Briefe von ihr auch in E. Alby, Catherine de Navarra (2 Bde., Paris 1850) (Bull. 2, p. 140), Heinrich IV. ließ ihr auch stets ein Maß von freier Religionsübung für sich und ihren Anhang in seiner eigenen Nähe, oder wies Protestanten, welche sich über Druck beschwerten, an seine Schwester, wie er 1594 solchen antwortete: „pourvoyez vous vers Madame ma sœur, car votre royaune est tombé en quenouille." L'Etoile, collect. des mém. par Michaud, II, 1, 2, p. 251.

34) Traité de la douceur des afflictions à Madame, zum ersten male von Fr. Chavannes herausgegeben 1856 im Bd. 4 des Bulletin de l'hist. du prot. français, p. 561 sq.

35) Nicht in seinen Memoiren, aber in seinem Testamente vom 24. April 1630, welches in der Ausgabe dieser von Lalanne S. 421—431 zuerst mitgetheilt ist, hat Aubigné über dies Verhältniß Auskunft gegeben, und unrichtig wird, wie dort schon bemerkt ist, von Haag, Bd. 1, S. 189, Nathan d'Aubigné der Stammvater der Marie d'Aubigné, für einen ehelichen Sohn desselben und seiner ersten Frau erklärt und seine Geburt im Jahre 1601 nach dem Tode dieser bezweifelt.

36) Ueber alle diese Localitäten und ihre Bedeutung mit besonderer Genauigkeit, Lavallée, La famille d'Aubigné, p. 1—4.

37) Der Herausgeber seiner Memoiren, Lalanne, nimmt hier S. 106 derselben mit Unrecht an, daß Aubigné hier die Zeitfolge verwirrt habe und nach dem, was er für das Jahr 1604 eben erzählt hatte und mit dem was er dann als „de là à deux ans" geschehen bezeichnet, dennoch vor einer Versammlung vom Jahre 1597 rede; aber vielmehr wird die im Jahre 1605 gehaltene Ver= sammlung gemeint sein, von welcher Haag, Bd. 6, S. 302, Bd. 4, S. 420 und Martin, Hist. de France, t. 10, p. 541, rede. So ist auch im Appendix XLV, S. 380 eine dahin nicht gehörende Parallelstelle aus L'Etoile beigefügt. Das Richtige schon in Baum's Ueber= setzung der Memoiren, S. 256.

38) „Trois mois avant la mort du roi", Mém., p. 107. Also nicht 1607, wie Baum S. 258 angibt.

39) Mém., p. 110: „Donnez nous encore quarante ans outre les quatre cents ans." „Vous en demandez plus de cinquante; je vois bien que c'est le concile de Calcédoine."

40) Was hier in den Mém., p. 111, bemerkt wird, läßt es ein wenig zweifelhaft wie es gemeint sei. „Le cardinal qui avait été empoisonné (in dem Text, aus welchem die beiden deutschen Uebersetzungen geflossen sind, muß hier emprisonné gestanden haben) à Rome, et en était venu en colère, s'écria qu'il fallut faire cela (einen Papst? einen Primas?) à Paris, si à Rome il ne se pouvait." Vgl. Baum, S. 261.

41) Im Dictionn. géogr. univ., t. 6 (1829), wird S. 403 Maillezay als ein Ort von 1200 Einwohnern und das nahe ge= legene Maillé als ein Dorf von 500 Einwohnern bezeichnet.

42) Die letzte Ausgabe mit Anmerkungen von Prosper Mérimée (Paris 1855); vorangestellt ist eine urtheilsvolle, doch mehr für die schwachen Seiten als für die Vorzüge scharfsichtige Cha= rakteristik Aubigné's.

43) In erster Ausgabe sind von den drei Theilen des Werks der erste zu Maillé im Jahre 1616, der zweite 1618 und der dritte 1620 ebendaselbst erschienen; so wenigstens nach Dav. Cle= ment, Bibl. hist., t. 1 (Göttingen 1750), p. 188, der diese selten gewordene Ausgabe genau beschreibt. Ueber die Ver= brennung derselben durch den Henker laufen zwei Nachrichten nebeneinander her. Nach einer Angabe, welche sich in der Ausgabe der Memoiren Aubigné's vom Jahre 1731 finden muß, wurde

sie durch ein Arrêt du parlement vom 4. Januar 1617 decretirt; dies gibt auch Le Long, Bibl. hist., t. 2, No. 19784 an; dann müßte sie aber schon gegen den ersten Theil beschlossen sein. Dies verwirft ein Beurtheiler jener Ausgabe im Journ. lit., t. 16 (Haag 1730), p. 504, und gibt an, daß die Hist. universelle „en vertu d'une sentence du Lieutenant Civil du 2 Janvier 1620" verurtheilt sei, durch die Hand des Henkers verbrannt zu werden „en la place et devant le collége royal en l'université"; Le Long hat auch diese Angabe an einer spätern Stelle S. 3, Anhang, Bd. III, aufgenommen, nur die place de Cambray substituirend, welche aber nach Du Laure, Hist. de Paris, t. 3, p. 215, mit jener eine und dieselbe ist; auch Clement, a. a. O., S. 190, ist für letztere Angabe, ebenso Brunet, Manuel du libr., I, 545 (ed. 4). Wenn diese richtig ist, so wäre die Verurtheilung erst nach der Vollendung des ganzen Werkes erfolgt und dann wol erst durch den dritten Theil veranlaßt; nach Le Long's zweiter Angabe soll dieser auch erst nach dem Erscheinen der beiden ersten im Manuscript dem „conseil du Roi" zur Erwerbung eines Privilegiums vorgelegt sein, und als dieses nach einer Prüfung durch beauftragte Gelehrte versagt und der dritte Theil nun dennoch gedruckt wurde, soll das ganze Werk zur Verbrennung verurtheilt sein. Nach Aubigné's eigener Angabe in den Mém., p. 132, bleibt es zweifelhaft, ob das Urtheil erst nach Vollendung des Ganzen oder schon früher erfolgt sei. Auf dem Titel der zweiten Ausgabe vom Jahre 1626 ist wenigstens in einigen Exemplaren kein Druckort angegeben; nach Clement in andern „Amsterdam, pour les héritiers de H. Commelin". Clement, der beide verglichen hat, findet nicht, daß in der zweiten schärfere Stellen der ersten gemildert, sondern nur, daß hier Zusätze und Berichtigungen hinzugekommen seien, von welchen er Beispiele gibt.

44) Mémoires, p. 131, 132 und 384, wo ein Brief Aubigné's vom 29. April 1619 seinen Auszug aus Doignon bezeugt. Seine Absicht dabei schon p. 129: „Pour déposer ses charges et places entre mains de personnes fideles et de les ôter au duc d'Epernon et à l'évêque de Maillezais." Wenn er sich in dem Briefe bei diesem Acte als treuen Diener des Königs bezeichnet, was Lavallée, Famille de Maintenon, p. 23, lächerlich findet, so ist dies vielmehr nach dem Worte zu bestimmen, welches auch im

Briefe steht: „sans avoir autre maître que mon roi, n'en ayant jamais eu que Henri le Grand."

45) Im Testamente, Mém., p. 424, sagt Aubigné von seiner ersten Frau: „à laquelle j'ai gardé chasteté trois ans devant et quatre ans après la durée de sa vie et du mariage, pouvant jurer ne l'avoir enfreint ni par désirs ni par effet."

46) Beides stellt sich in den Briefen der Frau Renee dar im Anhange der Mém., p. 451 sq.

47) Für den frühern Verrath seines Vaters hatte nach dessen Versicherung, Mém., p. 153, Ludwig XIII. dem Sohne gesagt: qu'ayant perdu son père il lui serait le sien.

48) Das Arrêt du Conseil bei Sayous, Etudes lit. sur les écrivains français de la réf., t. 2, p. 253.

49) Die Zahl 80 ist ungenau und beruht bei ihm auf der oft wiederholten Voraussetzung, daß er 1550 und nicht erst 1552 geboren sei; darüber oben Note 2. Wenn das Datum des Testaments, welches in Lalanne's Ausgabe der Mémoires zuerst gedruckt steht (S. 422—435), wie dort S. 452 wahrscheinlich alten Stiles ist, so wäre das Testament vom 4. Mai neuen Stiles, und dann 5 Tage vor Aubigné's Tode, wenn nicht 15 Tage vorher geschrieben.

Der Weißkunig Kaiser Maximilian's I.

Von

R. von Liliencron.

Von den schriftstellerischen Arbeiten, welche theils aus der eigenen Feder. Kaiser Maximilian's I. geflossen, theils auf der Grundlage seiner Aufzeichnungen und Mittheilungen zu Stande gekommen sind, haben die beiden größten und wichtigsten, der Theuerdank und der Weißkunig, von Anfang an ein sehr verschiedenes Schicksal gehabt.

Der Theuerdank, dem die vornehmere Form der Poesie beschieden war, ward vom Kaiser mit Hülfe Melchior Pfinzing's, Propsten zu Sanct=Alban in Mainz und kaiser= lichen Secretärs, so zu Stande gebracht, daß er 1517 in der ersten gedruckten Ausgabe erscheinen konnte. Pfinzing widmete das Gedicht dem jungen König Karl von Spanien. Mit diesem hatte Maximilian I. eben 1517 in Brüssel zum letzten male eine Zusammenkunft, über welche im Fugger= Birken'schen Ehrenspiegel berichtet wird, es habe der Kaiser damals den Enkel in die Geheimnisse seiner Politik ein= geweiht und ihn für seine künftige Regierung mit viel guten Lehren ausgestattet. Hiermit hängt ohne Zweifel auch die Mittheilung des Theuerdanks an den jungen König zu= sammen: denn dies Gedicht, in dessen Schlußwendung sich, wie hernach gezeigt werden soll, noch eine andere enge Ver= bindung mit den politischen Ideen jenes Augenblicks zeigt, sollte nach den Worten der Dedication zunächst dazu dienen, den Enkel zur Nachahmung der tapferen Thaten seines Vorfahren zu reizen.

21*

Dieser erste Druck des Gedichts in Großfolio ward mit einer wahrhaft kaiserlichen Pracht ausgestattet, sobaß er bis heute zu den bewundernswürdigsten Werken der Typographie gehört. Hans Schönsperger der Aeltere, der dazu von Augsburg nach Nürnberg herüberkam, hat ihn veranstaltet. Die unvergleichlich schönen Typen sind so kunstvoll mit sogenannten Schreiberzügen verziert, daß mehrfach behauptet worden ist, das ganze Werk sei überhaupt kein Typendruck, sondern gänzlich in Holz geschnitten. Der letzte Herausgeber hat aber die Irrigkeit dieser Ansicht unwiderleglich dargethan und weiter nachgewiesen, daß der kaiserliche Secretär Vincenz Rockner die Probe der Schrift gezeichnet habe, welche vom Kaiser durch ein darunter geschriebenes „te deum laudamus" für den Theuerdank approbirt und dann von Schönsperger gegossen ward. Zur bildlichen Ausstattung des Gedichtes wurden 118 vorzüglich schöne Holzschnitte, unter denen 8 das Zeichen Hans Schäufelein's tragen, gleichfalls unter eigener Aufsicht des Kaisers angefertigt. Vierzig Exemplare des kostbaren Druckes erschienen auf Pergament, die andern auf starkem Papier. Ein zweiter Abzug ward noch im selben Jahre veranstaltet und schon 1519 ward eine zweite Ausgabe nöthig, gleichfalls in zwei Abzügen vorhanden, in derselben Druckerei und in gleich schöner Ausstattung, nur ohne Pergamentexemplare erschienen. Die Theilnahme, welche das kaiserliche Gedicht erregte, war so groß, daß 1537 eine dritte Ausgabe folgte, in geringerm Druck, aber mit denselben Holzschnitten geziert. Als dann Burkard Waldis 16 Jahre später wiederum eine neue Ausgabe veranstalten wollte, schien ihm der veränderte Geschmack der Zeit zugleich eine etwas verjüngende Umformung des Gedichtes zu verlangen. Seine Ueberarbeitung ist ohne Frage nach unserm Urtheil eine Verschlechterung, aber dennoch insofern nicht uninteressant, als sie erkennen

läßt, daß seine Zeit an dem moralisirenden Theil des Ge=
dichtes besonderes Gefallen fand. Diese Waldis'sche Be=
arbeitung erschien in drei Folio= und einer Octav=Ausgabe,
1553, 1563, 1589 und 1596. Ihr folgte im 17. Jahr=
hundert eine neue Bearbeitung von Matthäus Schultes, die
in zwei Auflagen 1679 und 1693 erschien. Für die Theil=
nahme an dem Werke während des 16. und 17. Jahrhunderts
zeugen außerdem noch zwei in Deutschland verfaßte Ueber=
setzungen, wenngleich beide nie im Druck erschienen sind:
die eine in lateinischen Hexametern, verfaßt von Richard
Sbrul (vgl. über denselben: „Fabric. Bibl. lat. med. et inf.
ætatis voce Richardus Sbrulius") und Kaiser Ferdinand I.
gewidmet; die andere in Alexandrinern, von Joh. Albrecht
Jormann um 1680 angefertigt. Eine französische Ueber=
setzung ward 1528 von Jean Franco besorgt, blieb aber
gleichfalls Handschrift; nach einer Notiz in Scherz' „Gloss."
gab es endlich auch noch eine spanische Uebersetzung.

Diese äußern Schicksale des Buches beweisen hinreichend,
mit wie großer Theilnahme es von den Zeitgenossen auf=
genommen ward und welche Bewunderung ihm das 16. und
17. Jahrhundert zollten. Es ist daher natürlich, daß
wenigstens die Literaturgeschichten auch der folgenden Zeiten
seiner nicht vergaßen. Alle bringen mehr oder minder genaue
Nachrichten und zum Theil ausführlichere Besprechungen des
Gedichtes. Dabei wiederholen sich in der ältern Zeit die
meist überschwenglichen Lobeserhebungen einer von den Vätern
ererbten Bewunderung. Die neuere Zeit dagegen wird kälter
und kritischer. Angesichts der einmal nicht wegzuleugnenden
Thatsache des großen Erfolges, den das Werk einst errang
und so lange behauptete, suchen wol die Einen sich auch
jetzt noch in eine mäßige Bewunderung seiner poetischen
Vorzüge, so gut sie können, hineinzureden. Andere hin=
gegen verkehren kurzweg das Lob in wegwerfenden Tadel

und setzen den frühern Erfolg einfach auf Rechnung eines
kindlichen oder verdorbenen Geschmackes. Man wird bei
genauer Erwägung beiden Seiten den Vorwurf, das Richtige
zu verfehlen, nicht ersparen können. Allerdings beruht wirk=
lich ein Theil des alten Gefallens an dem Werke auf einer
Geschmacksrichtung, welche wir weder zu theilen noch ästhetisch
zu rechtfertigen vermöchten, und dies betrifft nicht mehr noch
weniger als die ganze poetische Werthschätzung des Theuer=
dank. In der That ist seine allegorische Einkleidung so
kindlich und trocken wie möglich; seine breiten moralisirenden
Betrachtungen sind ebenso wenig erbaulich als dichterisch;
seine Ausführung ist das Werk eines redlichen, aber von
allen Mitteln wahrer Poesie entblößten Willens, die Dar=
stellung unbeholfen, der Vers wenigstens nicht über das
Gewöhnliche hinaus. Das 16. Jahrhundert freilich dachte
anders hierüber; denn theils nahm es an diesen Schwächen,
welche uns das Werk als Gedicht geradezu unleidlich machen,
keinen Anstoß, weil der Theuerdank sie mit den meisten
Dichtungen jener Zeit gemein hatte, theils hielt es dieselben
aber auch, wie schon bemerkt, geradezu für ebenso viele
Schönheiten und suchte sie in modernisirenden Bearbeitungen
noch zu überbieten. Insofern mag man nun immerhin dem
Geschmack jener Zeit den Vorwurf machen, sich auf Ab=
wegen zu befinden. Es darf nur dabei Eines nicht über=
sehen werden: die große Anziehungskraft des Theuerdank
beruht keineswegs, beruht wenigstens durchaus nicht allein
auf jenen vermeintlichen poetischen Schönheiten des Ge=
dichtes, sondern auf einer andern Eigenthümlichkeit, die in
seinem Stoff zu suchen ist. Wir kommen darauf zurück.
Hier sei nur zum Schluß noch bemerkt, daß aus der fort=
dauernden Theilnahme der Literatoren an dem Gedichte die
letzte Ausgabe von Karl Haltaus (Quedlinburg und Leipzig
1836) hervorgegangen ist, eine mit gewissenhafter Sorgfalt

gemachte Arbeit, in deren Einleitung alle auf das Zustande=
kommen und die Geschichte des Werkes bezüglichen Fragen
eingehend erörtert und mit gründlicher Kritik zur Entscheidung
gebracht werden.

Neben diesen zum Theil so glänzenden Schicksalen des
Theuerdank erscheint der Weißkunig fast wie ein durch feind=
liches Schicksal von Anbeginn her der Vergessenheit ver=
fallenes Werk. Zwar daß ihm sein kaiserlicher Urheber nur
das bescheidenere Gewand der Prosa bestimmt hat, gereicht
ihm für uns nicht zum Nachtheil; er ist dadurch vielmehr
vor manchen Schwächen seines vornehmern poetischen Bruders
bewahrt worden. Recht eigentlich eines Zwillingsbruders,
denn der Kaiser hat sich mit beiden Werken, die einander
zu ergänzen bestimmt waren, zur selben Zeit getragen, und
während auf Grundlage seiner Entwürfe der Theuerdank
von Pfinzing ausgeführt ward, übertrug er die Redaction
des Weißkunig seinem Secretär Marx Treizsaurwein von
Ehrentreiz (gest. 6. September 1527 nach der Aufschrift
seines Grabsteins im Dom zu Wiener=Neustadt). Ungefähr
die Hälfte seiner Dictate dafür hatte der Kaiser schon 1512
beendigt, wie wir aus einem kaiserlichen Schreiben vom
14. October 1512 an Siegmund von Dietrichstein erfahren.
(Haltaus, Theuerdank, Einleitung, S. 76 fg.) Eine vor=
läufige Zusammenstellung des Werkes aus dem bis dahin
angesammelten Material brachte darauf Treizsaurwein in der
Zeit von Johannis bis Weihnachten 1514 zu Stande, wie
er selbst in den Schlußworten, mit denen er seine Arbeit
dem Kaiser überreichte, berichtet. Doch sollte diese Zu=
sammenstellung dem Kaiser nur zur Grundlage für die
weitere Arbeit dienen. Zwar der erste und zweite Theil
des in drei Hauptabschnitte geordneten Werkes werden wol
im ganzen für abgeschlossen gelten dürfen, aber der dritte
Theil, umfassender und wichtiger als jene beiden zusammen,

ist nicht nur theilweise noch in einer schlimmen Unordnung
verblieben, aus der ihn erst die vom Kaiser zu gebenden
Aufschlüsse erlösen sollten, sondern es fehlt ihm auch noch
der Schluß.   Diesen Schluß für das Werk konnte aber
wiederum niemand anders liefern als der Kaiser selbst.
Die Arbeit für den Text des Weißkunig blieb aber seit
1514 bis auf Kleinigkeiten liegen; nur verschiedene Abschriften waren besorgt.   Ueber mancherlei Einzelheiten waren
dem Kaiser Fragen vorgelegt und die von ihm ertheilte Auskunft ward nebst sonstigen Erläuterungen den Manuscripten
beigeschrieben.   Vieles aber blieb noch unerledigt und in
Betreff einzelner Punkte erklärte sich der Kaiser sogar selbst
von seiner Erinnerung im Stich gelassen.   Daneben aber
ward eine dem Theuerdank entsprechende bildliche Ausstattung
vorbereitet, 237 Bilder wurden in Holz geschnitten, darunter
wenigstens 24 von Hans Burgmaier, dessen Monogramm
sie tragen.   Auch Schäufelein's Zeichen findet sich und das
des Jost de Negker.   Diese Holzschnitte, zum Theil von
großer Schönheit, stehen an Werth hinter denen des Theuerdank nicht zurück.
    Unter solchen Vorbereitungen kam es nun aber zu jener
schon erwähnten Zusammenkunft des Kaisers mit seinen
Enkeln Karl und Ferdinand zu Brüssel im Jahre 1517,
bei welcher Maximilian, wie oben bemerkt, dem ältern von
ihnen, in dem er das künftige Haupt des Hauses Oesterreich
sah, gewissermaßen sein politisches Testament übergeben wollte.
Diesem Augenblick wird ohne Zweifel auch die Widmung
angehören, mit der Treizsaurwein das Manuscript des Weißkunig den beiden jungen Fürsten „zu Ehren und zu ainer
unberweisung“ überreicht hat.   Die Widmung ist zwar
undatirt, aber nicht nur eine aus den Umständen selbst zu
schöpfende Wahrscheinlichkeit weist sie dem Jahre 1517 zu,
sondern auch der dem Erzherzog Karl ertheilte Titel Erb-

kunig der Hispanischen Lande; den Titel des Königs nämlich
hatte Karl zwar gleich nach König Ferdinand's Tode 1516
angenommen, die Krönung aber fand erst 1518 statt. Die
Art, wie des Kaisers in dieser Widmung gedacht wird, zeigt
außerdem, daß sie noch bei seinen Lebzeiten geschrieben ist.
In einem Vorwort bemerkt Treizsaurwein dabei: das
Manuscript enthalte noch kein fertiges Werk, sondern nur
„ain Materi, ... ain gestalt, die ime der ... kaiser ...
in dem XV^c und XIIII Jar fürberait hat, daraus .... ain
volkumenlich werk zu machen".

Bald auf die Rückkehr des Kaisers aus Brüssel nach
Oberdeutschland folgte sein letzter Reichstag zu Augsburg,
bald auf diesen seine letzte Krankheit. Der Weißkunig blieb
ein Torso. Die Handschriften kamen nach Ambras, die
Holzplatten verschwanden lange Zeit gänzlich. Es hat dann
in der folgenden Zeit zwar nicht an einzelnen Bemühungen
um die Arbeit des Kaisers gefehlt, aber mehr als zwei
Jahrhunderte gingen darüber hin, ehe sie endlich aus ihrer
Verborgenheit ans Licht gezogen ward. Die Handschriften
waren mittlerweile nach Wien gekommen; die Holztafeln zu
den Bildern hatten sich zu Gratz wiedergefunden und waren
durch den glücklichen Umstand, daß ein verständiges Auge
sie entdeckte, vor dem Untergange gerettet. (Das Nähere
hierüber steht in der Vorrede des gedruckten Weißkunigs.)
So konnte denn der unverdiente Bann, der so lange auf
dem Werke gelastet hatte, endlich noch gelöst werden, und es
erschien in einer sorgfältigen und würdigen Folioausgabe,
Wien, auf Kosten Joseph Kurzböcken's, 1775. Der fleißige
Herausgeber hat das von Treizsaurwein 1514 zusammen=
geschriebene Exemplar dem Druck zu Grunde gelegt; er hat
dem Texte die Bilder eingeordnet, soweit er ihre Hingehörig=
keit aus ihrem Inhalt oder aus den darüber vorhandenen
von des Kaisers eigener Hand herstammenden Notizen er=

kennen konnte; nur wenige, die er nicht zu bestimmen wußte, folgen am Schluß des Werkes. Die andern Handschriften mit den darin enthaltenen Randbemerkungen hat er für die Erläuterung und Berichtigung zu Rathe gezogen. Den historischen Inhalt sucht er durch die bekanntern Schriften über Friedrich III. und Maximilian in fortlaufenden Aufmerkungen zu bestätigen und, soweit er dunkel ist, aufzuhellen; in der Vorrede stellt er zusammen, was ihm über die bisherigen Schicksale des Werkes bekannt ward, und in einem Kapitelverzeichniß sucht er die verworrenen Partien des dritten Theiles in richtige chronologische Folge zu bringen. Das alles ist sehr dankenswerth und auch zum größern Theil von gutem Erfolg gekrönt; aber genug geschehen ist damit der Ordnung und Erläuterung des Werkes allerdings noch keineswegs, wenn auch die Ausgabe von 1775 hinreicht, um das allgemeine Verständniß zu sichern und damit der historischen Forschung eine nicht unwichtige Quelle zu erschließen.

Dennoch aber kann man kaum behaupten, daß der Herausgeber dies Ziel durch seine redliche Bemühung erreicht hätte. Nicht einmal zur Zeit des Erscheinens gewahrt man viel Theilnahme für das Buch. Ein unbedeutendes Programm: „De claro libro der weiss kunig, Auctore C. R. Hausen. Hist. P. P. Francofurti ad Viadrum 1776", drei kurze Anzeigen, zwei in Büsching's „Wöchentlichen Nachrichten" (3. Jahrg., 23. Stück; 4. Jahrg., 10. Stück) und eine in Murr's „Journal zur Kunstgeschichte und zur allgemeinen Literatur", Thl. 3, S. 43, und Ranke's treffende Bemerkungen, S. 141 fg. seiner Schrift: „Zur Kritik neuerer Geschichtschreiber" (Berlin 1824), das sind, wie es scheint, die Zeugnisse der literarischen Theilnahme alle. Daß die Historiker das Buch ihrer Beachtung werth gefunden hätten, ist weiter nirgends ersichtlich. Durch die Literargeschichten allerdings ziehen sich seit seinem Druck kurze Bemerkungen darüber, die aber meist eine aus der andern stammen oder höchstens auf der Vorrede und allenfalls einem flüchtigen Blick in das Buch selbst beruhen und nur den Beweis liefern, daß seine wahre Beschaffenheit den Verfassern unbekannt blieb. Un= möglich hätte es sonst zum Beispiel einem so umsichtigen Manne wie Koberstein genügen können, dasselbe kurzweg als eine Geschichte Friedrich's III. und Maximilian's I. und ein Seitenstück zum Theuerdank zu charakterisiren, und sogar Goedeke's Sorgfalt reichte nicht aus, um seine wenigen Worte über den Weißkunig gegen einen Irrthum zu schützen: denn er nennt ihn („Grundriß", S. 146) eine „allegorische" Geschichte, während ein Hauptunterschied zwischen ihm und dem Theuerdank gerade darin besteht, daß er n i c h t wie dieser allegorisch ist. Nur Haltaus hat ihn bei Herausgabe des Theuerdank genauer betrachtet und in einigen Worten seiner Einleitung richtig gewürdigt. Im übrigen aber also ist sein Schicksal seit 1775 nicht viel von dem frühern ver= schieden: er blieb eben, obschon jetzt in zahlreichen Drucken, im Dunkel der Bibliotheken liegen. Vielleicht hat dabei die Ungunst mitgewirkt, welcher bald nach der Zeit, zu der der Weißkunig wieder hervorgezogen ward, der einst so ge= feierte Theuerdank zu verfallen begann. Man schloß viel= leicht von diesem ohne weiteres auf jenen und dachte, wenn das von Maximilian selbst, wie es scheint, bevorzugte und zum Druck beförderte Werk schon trotz seiner poetischen Form so wenig Anspruch auf unsere Nachsicht und Theilnahme machen kann, wie viel weniger mag dann beider das andere Werk werth sein, welches sein eigener Verfasser unbeendet liegen ließ und der gleichen Mühe mit dem Theuerdank überhaupt nicht werth erachtete, indem er es in seiner trockenen Prosa beließ! Dieser Schluß ist aber trügerisch: in der That ist von beiden Werken der Weißkunig bei

weitem seinem Inhalt nach das bedeutendere, und es ver=
lohnt sich eben darum, von neuem darauf aufmerksam zu
machen.

Die Ungewißheit unserer Literarhistoriker über das Werk
beginnt sogleich bei seinem Namen, den die einen als den
weißen, die andern als den weisen König fassen, während
dritte meinen, das Wort schwanke spielend zwischen beiden
Bedeutungen, wie denn im gedruckten Text im obliquen
Casus wirklich bald des „weisen", bald des „weissen kunigs"
zu lesen steht. Diese Schreibung aber bedeutet nichts, sie
ist nur das ganz gewöhnliche Schwanken jener Zeit in der
Bezeichnung und wol auch wirklich in der Aussprache des
s=Lautes zwischen zwei Silben. Die Handschrift, welcher
der Druck folgt, schreibt auch: „in weisen hembtern vnd
weisen stablein", wobei natürlich von sapiens keine Rede
sein kann; und sie schreibt auch ebenso schwankend in andern
Fällen, z. B.: „grosen" neben „grossen". Ein sicherer Auf=
schluß ist mithin aus der Schreibung nicht zu erlangen, wenn
auch das überwiegende ss mehr für weiß als für weise spricht.
Zunächst ergibt sich nun aber aus dem Zusammenhang des
Ganzen, daß mit weiß wirklich albus, nicht sapiens gemeint
ist. Maximilian I. hatte nämlich den unglücklichen Einfall,
in seinen geschichtlichen Dictaten die Namen zu verschweigen
und sich selbst sammt den Helden seiner Darstellung gleich=
sam mit geschlossenem Visir in die Schranken zu führen.
Ich brauche absichtlich diesen Vergleich, denn in Wirklichkeit
sind es ritterliche Gebräuche, denen der Kaiser die Bezeich=
nung für die Fürsten in seinem Buch entnimmt. Daß die
Ritter es liebten, die Hauptfarben ihres Wappens auch im
Gewand und der Bedeckung ihrer Rosse zu zeigen, ist be=
kannt. Wollte aber ein Ritter beim Turnier seine Persön=
lichkeit nicht kundgeben, so pflegte er wol ganz und gar in
Eine Farbe gekleidet zu erscheinen, und man bezeichnete dann

den sonst namenlosen nach dieser Farbe. Auch aus bloßer
Liebhaberei thaten andere dasselbe, wie zum Beispiel im
Parzival (145, 16) Ither von Gaheviez, der ganz und gar
in Roth gekleidet erscheint und darum der „rothe Ritter"
heißt, oder Lanzelot im gleichnamigen Gedicht als der grüne
Ritter. Aehnlich, um auch historische Beispiele anzuführen,
hieß Amadeus VI. von Savoyen nach seiner Lieblingsfarbe
im Turnier der „grüne Graf" und Amadeus VII. „der
rothe". — In gleicher Weise nun bezeichnet Maximilian I.
die meisten Fürsten: der blaue König (nach der Grundfarbe
des Lilienbanners) ist der von Frankreich, und zwar heißen
nacheinander Ludwig XI., Karl VIII. und Ludwig XII. so;
der schwarze ist König Ferdinand von Spanien, der grüne
König Matthias von Ungarn, von dem es die hier gegebene
Deutung dieser Namen bestätigend auch einmal heißt (S. 235):
„ainen kunig . . ., der was gar schon in gruen beklaidt,
darumb wirdt Er der grüen kunig genennt." Der König
von England ist der roth-weiße (offenbar nach der Vereinigung der rothen und weißen Rose). Andere werden
anderweitig nach Wappen u. dgl. gekennzeichnet: Karl von
Burgund heißt nach den flammenden Eisengliedern in der
Kette des Goldenen Vließes der König vom Feuereisen, der
Herzog von Mailand wird (nach der Schlange des mailänder
Wappens) als König vom Wurm, der Papst als der König der
Kronen, d. h. der drei Kronen eingeführt u. s. f. Nach den Fürsten
heißen dann weiter auch ihre Völker: die Franzosen die Blauen,
die Ungarn die Grünen, die Eidgenossen heißen die Gesellschaft mit den vielen Farben. Ganz übereinstimmend hiermit nennt dann also Maximilian I. seinen Vater und sich
selbst den alten und den jungen weißen König und seine
deutschen Truppen heißen die weiße Gesellschaft. Die
Meinung, als wenn damit dennoch nicht die weiße Farbe,
sondern die Weisheit gemeint sei, findet nur in einer einzigen

Stelle gleich im Eingang des Werkes (S. 1) einen Anhalt, wo es von Kaiser Friedrich heißt: „. . . ain sonnder Edler kunig . . . von . . . . sanftmuetiger Weishait, Darumb Ime, in seinem alter, von allem volkh ainhelligcliche der nam gegeben vnd gehaissen wardt der alt weiß kunig, wann Er vol vnd kunigclichen Regiret, vnd zu ainem genugsamen alter kam." Es kann immerhin sein, daß Treizsaurwein hier wirklich dem von Maximilian I. in anderm Sinn ge- wählten Namen eine verbindliche moralische Deutung geben will, es kann aber auch ebensowol sein, daß er nur an die mit der weißen Farbe in verbreiteter Farbensymbolik verbundene Nebenvorstellung des Reinen und glänzend Er- habenen denkt. Für die Farbe liegt aber endlich auch noch ein ausdrückliches Zeugniß vor: Melchior Pfinzing nämlich sagt in seiner, dem Weißkunig ja ganz gleichzeitigen Clavis zum Theuerdank, statt „weiß kunig" der „blank kunig". Das schließt jede Zweideutigkeit aus; Pfinzing aber mußte seines Herren Meinung in der Sache kennen oder, wenn er sich geirrt hätte, von ihm selbst berichtigt werden. Dem Pfinzing folgte später Franck in seiner Clavis und auch Jean Franco sagt in der Einleitung seiner Uebersetzung des Theuerdank von 1528: un autre livre intitulé Blancher Kunig, qui vault en françois Blanc roi.*)

Gerade diese Pseudonymen haben bei denjenigen, welche mit der Erinnerung an die allegorischen Figuren des Theuer-

---

*) Nur ein einziger Fürst ist im Weißkunig scheinbar nach einer persönlichen Eigenschaft benannt, nämlich Erzherzog Philipp, König von Castilien, der unter dem Namen des „schönen Königs" eingeführt wird. Aber schwerlich ist es seine Schönheit an sich, welche zu dieser Bezeichnung Anlaß gab, sondern der Umstand, daß er schon bei Lebzeiten den Beinamen „des Schönen" führte, der also ebenso gut wie etwa die Wappenfarbe geeignet war, das Pseudonym errathbar zu machen.

dank an den Weißkunig herantraten und ihn nur obenhin
betrachteten, die irrthümliche Vorstellung erweckt, als sei
auch in ihm die Erzählung allegorisch eingekleidet. In der
That aber handelt es sich dabei nicht im entferntesten um
Allegorien, sondern um die wirklichen Personen mit ihren
wirklichen politischen und kriegerischen Thaten. Nicht ein=
mal, daß auch Venedig unter der Maske eines Königs vom
Fisch auftritt, ist eine allegorische Wendung, denn es ist
damit nicht der Staat Venedig personificirt, sondern viel=
mehr der Doge, oder wie man damals sagte, der Herzog
von Venedig ebenso persönlich, wie mit dem König vom
Wurm der Herzog von Mailand genannt. Die geschichtliche
Deutlichkeit der Erzählung ist übrigens durch diese — mag
man immerhin sagen, geschmacklose Mummerei durchaus nicht
beeinträchtigt, denn alle diese Namen sind sicher und ohne
Mühe richtig zu denten. Schlimmer ist es, daß der Kaiser
die Namen der Ortschaften zum größten Theil verschweigt
und ebenso wenig irgendwo eine Zeitbestimmung gibt. Er
glaubte den Ereignissen noch zu nahe zu stehen, um sie mit
unmittelbarer Deutlichkeit erzählen zu dürfen, und berief sich
zugleich, freilich sehr misverständlich, auf das Beispiel der
Ritterbücher, in denen gleichfalls die wahren Namen ver=
schwiegen würden. Hätte er selbst das Buch nur wirklich
in allen Theilen in die rechte Ordnung gebracht, dann
würden auch aus diesem Mangel der Ortsnamen und Zeit=
bestimmungen keine unübersteiglichen Schwierigkeiten für unser
Verständniß erwachsen. Aber er selbst konnte sich schließlich
an einigen Punkten unter den einmal in Verwirrung ge=
rathenen einzelnen Aufzeichnungen über so viele sich äußer=
lich nur zu ähnliche kleine Kriegsbegebenheiten nicht mehr
zurechtfinden. Um so weniger wird es uns heute gelingen.

Um nun die Art und den Werth des Weißkunig zu
erläutern, ist es nöthig, seine Zusammensetzung zu unter=

suchen. Dabei wird sich zugleich der Antheil, den jeder der beiden Verfasser, nämlich der Kaiser und sein Secretär Treizsaurwein, daran hat, auf einfache Art bestimmen lassen, und es wird sich das Verhältniß des Weißkunig zum Theuerdank in seinem Hauptpunkte zeigen.

Treizsaurwein sagt in der Widmung an König Karl: „damit Ewr kunigclich genab die ordnung ditz puech ain wissn haben muge, So ist das puech in drey tail gestelt, das Erst tail wie der alt weiß kunig mit seim gemahl vermahlt worden ist vnd welcher maßen er vnd sein gemahl die höchst kron zu Rom empfangn haben, Der annder tail des Jungen weißen kunigs Jugendt von seiner lerung schicklichkeit erfarung vnd heirat, Der drit tail von des Jungen weißen kunigs heerfueren kriege vnd streiten." Diese Worte besagen nicht nur, was sie äußerlich sagen: daß die Erzählung sich dergestalt in drei Hauptabschnitte gliedere, sondern daß das Werk aus drei Theilen bestehe, die in den wesentlichsten Beziehungen voneinander verschieden sind, verschieden nach ihren Quellen, verschieden in ihrer Darstellung und verschieden nach dem Antheil, den die Verfasser des Ganzen daran haben. Zusammengeordnet aber und zu einem Ganzen verbunden, das müssen wir gleich hinzufügen, sind sie unter einem bestimmten einheitlichen Gesichtspunkte.

Der erste Theil — er umfaßt S. 1—34 des Druckes — beginnt mit der Botschaft Friedrich's III. nach Portugal zur Werbung um die Hand der Eleonore. Reise und Aufnahme des Gesandten in Lissabon wie ihre Meerfahrt mit der Brant nach Italien werden ausführlich erzählt. Hier ist inzwischen Friedrich III. eingetroffen. Es folgt die Vermählung und Kaiserkrönung in Rom, der Besuch des jungen Kaiserpaares in Neapel und die Rückkehr über Venedig nach Wiener-Neustadt. Dies alles wird in breiter Ausführlich

keit berichtet und dann nur mit kurzen Worten des inzwischen
ausgebrochenen österreichisch=ungarischen Aufstandes gedacht,
um daran zu zeigen, wie sich der dem Kaiser vom Papst
ertheilte Segen erfüllt habe, denn der Länderbesitz des Em=
pörers Cilly sei hernach dennoch dem Kaiser zugefallen.
Dieser erste Abschnitt ist es, welcher zu der herkömmlichen
Angabe: der Weißkunig handle von den Thaten Friedrich's III.
und seines Sohnes, Anlaß gegeben hat, denn weiterhin ist
von Friedrich III. nur noch gelegentlich die Rede. Eine
Angabe, die zwar insofern, als hier von Friedrich III. ge=
handelt wird, äußerlich betrachtet richtig, dennoch aber irre=
leitend ist. Denn diese Braut= und Krönungsfahrt wird
keineswegs um Friedrich's III. willen erzählt, sondern sie
soll nur zur Vorgeschichte Maximilian's I. dienen, um ihn
gleich bei seiner Geburt in dem erhöhten Glanze prophetischer
Andeutungen erscheinen zu lassen. Für uns ist nicht ohne
weiteres verständlich, wie dazu die Schilderung dieser an
wirklichen Folgen so armen Romfahrt des Kaisers, die uns
vielmehr nur den Eindruck eines ziemlich leeren Pompes
macht, dienen konnte. Die Zeit selbst aber, wenigstens die
kaiserlichen Kreise von damals sahen die Sache in ganz
anderm Lichte. Schon, daß der Nachfolger Karl's des
Großen — man liebte es damals, daran zu erinnern, daß
seit Karl dem Großen kein anderer Kaiser als dieser Friedrich
die echten Krönungskleider getragen habe — die schöne junge
Braut vom fernsten Westen her forderte, die ihm vor andern
Bewerbern den Vorzug gab, weil sie sich selbst als Kind,
so erzählt man, geweissagt habe, sie werde die Gemahlin
des höchsten Kaisers werden, erschien seiner Zeit in einem
gewissen romantischen Schimmer. Viel wunderbarer aber
noch der weitere Umstand, daß ein deutscher König in voller
Eintracht mit dem Papste, im tiefsten Frieden, nur von
heiterm Glanz umgeben und von der Kirche wie vom Volke

mit Ehrfurcht und herzlichem Jubel empfangen zur Krönung in Rom einzog. In der That lag hierin etwas noch nie Dagewesenes. Es erschien denjenigen, die es mitsahen, mitfeierten, wie die Verkündigung einer neuen großen Zeit, in der die beiden Schwerter, endlich wieder in ihren höchsten Zielen einig, sich vernichtend gegen die Feinde Gottes auf Erden kehren würden. Wer dachte nicht hierbei zuerst und vor allen der Türken, vor denen soeben Konstantinopel erzitterte! Der Papst selbst war von dieser Zusammenkunft tief ergriffen: als das Kaiserpaar abzog, stand er lange allein auf hohem Thurm, um dem Zuge, so weit das Auge reichte, mit Blick und bewegten Gedanken zu folgen. Auch am kaiserlichen Hofe ist ein ähnlicher Eindruck jener Tage, in denen das Haus Oesterreich eine neue höhere Weihe er= halten zu haben schien, festgehalten worden. Das zeigt unter anderm ein Gedicht, welches, so überaus unbedeutend es auch uns jetzt erscheint, dennoch jener Zeit bedeutend genug war, um es zweimal durch neue Umarbeitungen neuen Umständen anzupassen. Es hat den Zweck, die Gemüther für den vom Kaiser beabsichtigten Türkenkrieg zu entzünden, und enthält in seinem ersten Theil eine Lobpreisung Kaiser Friedrich's, als eines zum Erretter der Kirche besonders be= rufenen Fürsten. Dabei wird nun neben der „Meerfahrt" nach Palästina, die er noch als Erzherzog unternahm, und neben seiner einhelligen Königswahl ganz besonderes Gewicht auf seine Krönung und Vermählung zu Rom gelegt. Es scheint sogar, nach einer Wendung, daß dem ersten Dichter eine der Quellen vorgelegen hat, die auch im Weißkunig benutzt ist. Gedichtet ward es von Ulrich Heyg zur Zeit des regensburger Reichstages von 1471, des sogenannten „kaiserlich christlichen Tages der Türken halben". („Historische Volkslieder der Deutschen", herausgegeben von R. von Liliencron, Nr. 126.) Im Jahre 1507 paßte Hans Schneider es der damaligen Lage an

und 1519 arbeitete Jörg Graff es noch einmal um (a. a. O.,
Nr. 250 und 306). Dieser letzten Bearbeitung fehlt jedoch
der Abschnitt von Friedrich III. In gleichem Sinne also,
um die besondere göttliche Berufung des Hauses, dem der
Held des Buches entsprossen, zu zeigen, ist im Weißkunig
die Romfahrt Friedrich's III. zum Ausgangspunkt der Erzählung gemacht, und es fällt auf den Sprößling der in
Rom unter so feierlichen Umständen geschlossenen Ehe um
so unmittelbarer von dort her ein gewisser verklärender
Schein, als des vor ihm geborenen Christoph gar nicht erwähnt wird. Die Erzählung springt vielmehr, ohne die
dazwischenliegende Zeit anzudeuten, von der Romfahrt fast
unmittelbar auf Maximilian's Geburt. Der Verfasser läßt
geradezu ein gewisses messianisches Licht auf Maximilian
fallen, indem er verschiedene Wendungen braucht, die in
leisen Anklängen an die Geschichte der Geburt und Jugend
Christi erinnern. Dazu gehört es, daß er bei der Vermählung, allerdings auf einen schon in seiner Quelle vorhandenen Satz gestützt, den Umstand ganz besonders betont,
daß zunächst nach der Vermählung die Eleonora noch eine
Jungfrau blieb, um erst als reine Jungfrau die göttliche
Weihe der Kaiserkrone zu empfangen. Diese Anspielung
auf die jungfräuliche Maria ist zart genug, um nicht zu
verletzen. Weiterhin wird Folgendes erzählt: Als die
Kaiserin schwanger war, erschien ein von den Türken vertriebener Fürst (der Wojwode von Siebenbürgen, Nikolaus
von Ujlab), um in ihrer Gegenwart den Kaiser um Hülfe
anzurufen. Bei seinen Worten regte sich das Kind zum
ersten male im Mutterleibe, und der Vertriebene prophezeite
daraus: dieser werde einst sein Rächer an den Türken sein.
In der Stunde der Geburt Maximilian's zeigt sich ein
Komet in einem bis dahin nicht wahrgenommenen Glanze.
Mahnt dies beides an das Loblied der Elisabeth, Lukas 1, 41 fg.,

und den Stern der Weisen, so vertritt gleich darauf bei
der Taufe ebenjener vertriebene Fürst wieder die Stelle
des Simeon, mit dem er sich auch geradezu in Parallele
stellt. „So glaub ich", sagt er, „das mir got die genad
gethan, wie Symony in dem tempel, Der da gesehen
hat seinen hailand und erleser des menschlichen geschlechts.
Also hab ich das kindt ... aus der tauf gehebt der mich
durch sich oder sein frucht gegen meinen veindten, die mich
vertriben haben, Rechen vnd die turcken mit streitparer hanndt
diemuttigen wirdt; dise wort bedeuten künftig auslegung, die
noch beschehen werden mit warer tat." Im Segen des Car=
dinals bei der Taufe heißt es gleich darauf: „Auch das Er
in allen widerwertigkaiten die gedultigkait trag vnd streit
gegen den Unglaubigen zu merung des kristenlichen glaubens
vnd zu hail seiner seel, Wie du unser Herr Jesu cristi in
deiner Marter gestriten vnd den pösen veindt überwunden
vnd damit das menschlich geschlecht von dem Ewigen todt
erlöset hast." Selbst durch die dann folgende Lehrzeit des
jungen Prinzen zieht sich ein Anklang an Christi Auftreten
unter den Schriftgelehrten im Tempel, in der öfters wieder=
holten Wendung, daß Maximilian am Schluß der Lehrzeit
Fragen aufwirft und Antworten gibt, welche die Gelehrten
und seine Aeltern in freudige Verwunderung setzen. Es
zeigt sich zugleich, daß die besondere göttliche Weihe, die
dem Kind auf solche Art vom Mutterleibe her ins Leben
folgt, ihren Kernpunkt in seiner Berufung zum Be=
sieger der Türken findet.

Was nun die Quellen dieses ersten Theiles betrifft, so
folgt er zur größern Hälfte, bald übersetzend, bald para=
phrasirend, meistens aber etwas abkürzend dem Bericht über
die Werbung um Eleonora und ihre Vermählung mit
Friedrich III., welchen der eine der Gesandten, Nikolaus
Landmann von Falkenstein, kaiserlicher Hofkaplan, verfaßt hat

und der unter dem Titel „Historia desponsationis et coro-
nationis Friderici III et conjugis ipsius Eleonorae" 1503
zu Salzburg gedruckt ward; wiedergedruckt in Freher's
„Scriptores rer. german., edit. Struv." und nach einer andern Handschrift in Pez, „Script. rer. Austr.", II, 569.
Bis S. 19 bleibt Landmann die einzige Quelle.

Daß der Herausgeber des Weißkunig dies Verhältniß
zum Landmann nicht bemerkt hat, obwol er ihn nicht nur
oft citirt, sondern auch einen verstümmelten Satz des Weißkunig aus ihm ergänzt, ist nur daraus zu erklären, daß
dergleichen Quellenbetrachtungen seiner Zeit ganz fern lagen.
Wo der alte Druck des Landmann von dem bei Pez ab-
weicht, stimmt der Weißkunig zu jenem. Doch zeigt er auch
von diesem einige Abweichungen, zum Beispiel kleine Zusätze
auf S. 9—10. Von Erheblichkeit sind aber diese Abweichungen nicht und beruhen vielleicht nur auf der Benutzung einer andern Handschrift desselben Werkes. Wenn
im Weißkunig, S. 8, der König von Portugal der deutschen
Gesandtschaft zum Empfang vor die Stadt Lissabon ent-
gegenreitet und sie dann noch einmal in seinem Thronsaal
empfängt, während Landmann nur dieses letztern Empfanges
erwähnt, so könnte jenes leicht eine willkürliche Aenderung
Treizsaurwein's sein, dem der Botschaft nicht genug Ehre
erwiesen schien, wenn ihr der König von Portugal nicht
persönlich vor dem Thore entgegenkam. Auf S. 19 mit der
Abreise Friedrich's III. nach Italien beginnt dann aber neben
Landmann eine zweite Quelle, die bis S. 54 mit seinen
Nachrichten verbunden wird. Unter der gedruckten Literatur
ist sie mir nicht begegnet. (Zu vgl. wäre der bei Potthast
angeführte: „Auszzug von teutschen Landen" u. s. w.) Es
dürfte ein dem Landmann'schen Werkchen sehr ähnlicher Bericht über die äußern Hergänge auf des Kaisers Romfahrt
sein, jedenfalls ein Werk von untergeordnetem sachlichem

Werth, wie denn auch dieser ganze erste Abschnitt des Weißkunig stofflich ziemlich werthlos ist. Daß Maximilian so
gut wie keinen Antheil an seiner Abfassung gehabt haben
kann, ergibt sich eben aus dem erwähnten Quellenverhältniß.
Das Ganze ist offenbar nur eine von Treizsaurwein gemachte Zusammenstellung und Uebersetzung.

Der zweite Theil des Weißkunig, der auf S. 54 mit
Maximilian's Geburt beginnt, reicht meines Erachtens nicht
nur, wie der Herausgeber im Kapitelverzeichniß annimmt,
ohne seine Gründe dafür anzugeben, bis S. 109, sondern
vielmehr bis S. 122. Dafür sprechen folgende Gründe.
Treizsaurwein sagt, wie schon bemerkt, der erste Theil solle
von Friedrich's III. Vermählung, der zweite von Maximilian's
Jugend und Vermählung, der dritte von seinen Kriegen
handeln. Dem entsprechend schließt die Erzählung auf
S. 22: „Und so Ich Nun von dem alten weißen kunig
vnd von seiner Gemahl, vnd von Irem Sun dem Jungen
weißen kunig von seiner Jugent beschrieben hab, So will
Ich Jetzo beschreiben auf das kurtzist die großen krieg vnd
streit, die der Jung weiß kunig in seinem leben gefuerbt,
volpracht vnd gethan hat." Mit S. 123 beginnt dann
auch, wie sich hernach zeigen wird, ein neues Quellenverhältniß und eine neue Art der Behandlung; daraus erklärt es
sich, daß die Erzählung auf S. 123 so beginnt, als wenn
das Vorhergehende nicht erzählt und von Ludwig's XI.
Ränken gegen Maximilian's Vermählung noch nicht die
Rede gewesen wäre. Zu den Stileigenthümlichkeiten des
dritten Theiles, d. h. Maximilian's eigenen Aufzeichnungen,
gehört die fast vollständige Unterdrückung aller Eigennamen;
in den auf S. 109—122 stehenden Treizsaurwein'schen Erzählungen werden dagegen noch mehrere Personen- und Ortsnamen genannt; auch dieser Umstand bestätigt, daß der dritte
Theil erst mit S. 123 anhebt.

Der zweite Theil beginnt danach also mit den Hergängen vor und bei Maximilian's Geburt. Dann folgt seine Unterweisung in allerlei Wissenschaften, Künsten und Fertigkeiten. Darauf wird erzählt, wie seine Verlobung mit Maria von Burgund zu Trier beschlossen, vor Neuß bestätigt ward; wie nach Karl's des Kühnen Tode trotz der Ränke Ludwig's XI. Maria dem Maximilian ihre Hand anträgt; wie der Kaiser ihn erst eine Waffenprobe gegen die Ungarn ablegen und dann nach Brabant ziehen läßt. Hier erfolgt die Vermählung, und gewissermaßen die Bildungsgeschichte Maximilian's abschließend werden dann noch Nachrichten von allerlei Sprachstudien gegeben, zu denen dem immer wißbegierigen Prinzen seine neuen Verbindungen mit Burgundern, Flamändern, Engländern, Spaniern und Italienern Anlaß bieten, sodaß er einst im Kriege mit sieben Hauptleuten in sieben verschiedenen Sprachen reden konnte.

Den breitesten Raum nimmt in dieser Erzählung die Darstellung seiner wissenschaftlichen und ritterlichen Ausbildung in Anspruch, in der man aber keine eigentlich geschichtliche Darstellung seines Entwickelungsganges erhält. So schematisch, wie hier erzählt wird, daß man von Anfang bis zu Ende immer nur einen Gegenstand zur Zeit betriebe und in wohlgeordnetem Fortgang erst nach seiner Absolvirung zu einem neuen Lehrgegenstande überginge, läßt denn doch eine Erziehung sich nicht einrichten. Hat der Prinz indessen die Dinge auch nicht so, wie hier erzählt wird, betrieben, so dürfen wir doch wol annehmen, richtig zu erfahren, welche Wissenschaften und Fertigkeiten ihn überhaupt in seiner Jugend beschäftigt haben und das Bild der überaus talentvollen Natur, welche uns hier entgegentritt, wird durch das, was uns aus andern Quellen über den fertigen Mann bekannt wird, nur bestätigt. Es bleibt ihm kein Zweig damaliger Bildung unbekannt: mit dem Schreiben und den

sieben freien Künsten beginnend beschäftigt er sich mit Re=
gierungskunst, Astrologie, Schwarze Kunst (um sich gegen ihre
Betrügereien zu sichern), Geschichte, Diätetik und Kochkunst,
Diplomatik, Zeichnen, Architektur und Festungsbau, Musik,
Münzkunde, Markscheidekunst; dazu kommen, wie schon be=
merkt, eine Menge fremder Sprachen, alle Arten von Kunst=
fertigkeiten des Ritters und Jägers, dazu auch Waffenlehre,
namentlich artilleristische Studien und Uebungen. Das
Ganze gibt uns ein in vielen Stücken interessantes und zur
Charakteristik der Zeit lehrreiches Bild einer überaus sorg=
fältigen Erziehung und Unterweisung. Daß es aber mit
den Angaben des Weißkunig hierüber seine Richtigkeit habe,
das bestätigen für eine Reihe von Gegenständen Maximilian's
schriftliche Arbeiten, denn in dem Verzeichnisse derselben bei
Lambeck, „Bibl. Vindobon. II, 969“, findet man Auf=
sätze des Kaisers zum Beispiel über Genealogie und Haus=
geschichte, Artilleriewissenschaft, Heraldik, Hippologie, Waffen=
schmiedekunst, Jägerei, Falknerei, Küche und Kellerei, Fischerei,
Gärtnerei, Architektur u. a., lauter Dinge, deren jedem
auch der Weißkunig seinen Abschnitt widmet. Es ist also
sehr glaublich, daß Treizsaurwein bei der Anlage seiner Ar=
beit ebendiese Schriften vor Augen gehabt hat. Wenn
jedoch Hausen in seiner Abhandlung über den Weißkunig
sagt, und andere es ihm nachsprechen, daß dieser Abschnitt
der wichtigste des ganzen Werkes sei, so ist das ein sehr
verkehrtes Urtheil und beruht auf einer Verkennung des
dritten Theiles, in dem allein der eigentliche Werth des
Ganzen besteht.

Was die der Erziehungsgeschichte folgende Darstellung
der Vermählung mit Marie von Burgund betrifft, so ist
diese ganze Partie ohne irgendwelches tiefere Eingehen in
die Sache nur in allgemeinen Umrissen und ohne strenge
geschichtliche Haltung erzählt. Die eingeflochtene erste Waffen=

that Maximilian's in einem kurzen Probefeldzuge gegen die
Ungarn (Weißkunig, S. 110) scheint sich mit den historischen
Thatsachen nicht recht zu vertragen. Denn mit Ungarn war
seit 1474 Friede gewesen, der Krieg von 1477 brach im
Juni aus, Maximilian aber reiste schon im Mai nach den
Niederlanden ab. Mit einem ersten Versuch im Felde in
diesem Jahre kann es aber gleichwol seine Richtigkeit haben.
Es wurde um diese Zeit ein Aufstand im Oesterreichischen
niedergeworfen; die Vermuthung, daß König Matthias dabei
die Aufrührer heimlich unterstützt habe, war einer der Gründe,
die den Kaiser zum neuen Kriege gegen Ungarn reizten.
Maximilian, der sich 1477 bis zu seiner Abreise nach den
Niederlanden beim Kaiser in Wien aufgehalten haben wird,
könnte also von da aus an diesem Zuge gegen die österreichischen Empörer theilgenommen haben.

Daß Treizsaurwein als der eigentliche Verfasser dieses
zweiten wie des ersten Abschnittes zu betrachten sei, kann
man schon aus der Art schließen, wie er sich ein paar mal
nennt. „Ich" — sagt er zum Beispiel S. 74 — „als ainer,
der das puech geschriben hat, gibt von seiner (Maximilian's)
miltigkait getzewgknus, Davon ich ain aigen puech geschriben
hab, Dann Es hat sich nit gepurdt in ditz puech zuschreiben."
S. 89 sagt er bei der Erwähnung der Gemsenjagden des
Kaisers: „das gejaidt beschreib Ich aus der Ursach insonn=
derhait, dann als oft Ich an denselben gejaidt bin gewesen,
so hab ich mir zu meinen tail albegen ain Gembsen sieden
vnd praten lassen, den Ich mit sampt meinen mitgesellen
aß", u. s. w. In dieser Weise nennt er sich weder in dem
ersten Theil, wo er eigentlich nur als Uebersetzer thätig ist,
noch in dem dritten, wo er die schriftlichen Mittheilungen
des Kaisers seinestheils nur redigirt. Es ist nun zwar
keine Frage, daß auch schon an dem zweiten Theil der
Kaiser seinen Antheil hat. Die Mittheilungen aus seiner

Jugendzeit und die manchen kleinen anekdotischen Züge,
welche die Darstellung beleben, können füglich nur von ihm
selbst herkommen. Treizsaurwein hat sie aber, auf Grund
der allgemeinen bekannten geschichtlichen Hergänge, zur zu-
sammenhängenden Erzählung gestaltet. Von einer besonderen
Quelle, deren er sich dabei übrigens bedient hätte, spürt
man nichts. Auch enthält dieser Abschnitt, abgesehen von
den gedachten Einzelheiten, welche füglich nur aus der Erinnerung des Kaisers selbst stammen können, nichts, was
nicht die Männer seiner Umgebung ohne besonderes Quellen-
studium hätten wissen können und müssen.

Hierauf folgt dann, S. 123—307 des Druckes, der
dritte Theil der Erzählung, die Kriege Maximilian's von
1478—1513 betreffend; es ist der ganzen Anlage nach der
Haupttheil des Werkes, dem das Vorhergehende nur als
Einleitung dient. In ihm haben wir dasjenige vor Augen,
was hauptsächlich den Antheil Maximilian's selbst an dem
Weißkunig bildet: der Hauptsache nach eine lange Reihe
von einzelnen Dictaten des Kaisers, welche Treizsaurwein
nur zu ordnen und durch abrundende Zuthaten zum fortlaufenden Ganzen zu verbinden suchte, freilich zum Theil
mit schlechtem Erfolg. Diese Auffassung des Verhältnisses
zwischen der Autorschaft des Kaisers und seines Secretärs
bedarf für denjenigen, welcher diesen dritten Theil des
Buches durchliest, eigentlich gar keines weitern Nachweises,
da er ganz offen zu Tage liegt. Daß man nicht eine von
Haus aus zusammenhängende Darstellung, sondern nur an-
einandergereihte Bruchstücke vor sich hat, sieht man sofort
aus der argen Verwirrung, in die das Einzelne gerathen
ist, weil Treizsaurwein ihm nicht den richtigen Platz anzu-
weisen vermochte, und nicht minder aus den häufigen doppelten
Erzählungen derselben Begebenheit. Daß Treizsaurwein die
Erzählung seinerseits stilistisch abrunden wollte, sieht man

zum Beispiel aus dem Anfang des Kapitels auf S. 210. Im vorhergehenden Kapitel war nämlich eine Begebenheit aus dem Jahre 1485 erzählt; Treizsaurwein glaubte nun bei der ersten Redaction, daß das Nächstfolgende die Fortsetzung dazu bilde, und knüpfte es demgemäß durch den ersten überleitenden Satz daran an. Das beruhte aber auf einem Irrthum, denn was nun folgt, bezieht sich auf eine andere ins Jahr 1488 fallende Begebenheit. Das entdeckte sich denn auch gleich; in einer der andern Abschriften ward also der Irrthum am Rande bemerkt und ein anderer richtig einleitender Satz für die definitive Redaction dazugeschrieben. Aehnliches findet sich öfter. Daß ferner jene einzelnen Aufzeichnungen aus Dictaten des Kaisers hervorgegangen sind, sagt Treizsaurwein selbst in einer Bemerkung vor einer der Abschriften (mitgetheilt bei Lambeck, a. a. O.). „Was in diesem Buch geschrieben ist, das hat Käyser Maximilian im XV. hundert und XII. Jahr mir Marxen Treytzsaurwein, seiner Käyserlichen Mayestat Secretarie mündlichen angegeben." Daß dies auf den ersten und zweiten Theil gar nicht „oder doch nur mit großer Einschränkung" passe, denn Maximilian wird sich nicht die Mühe gegeben haben, den Landmann selbst zu übersetzen, und im zweiten Theil nennt sich ja Treizsaurwein selbst wiederholt als Verfasser, ist oben bemerkt. Für den dritten Theil aber besagen diese Worte nur ausdrücklich eben das, was man auch ohne solche Bestätigung aus der Beschaffenheit des Buches folgern würde. Vor dem Hauptexemplar von 1514 findet sich auf einem eingeklebten Pergamentblatt ein Bild, welches den Hergang veranschaulichen soll (gleichfalls von Lambeck, a. a. O., S. 968, und bei Fugger-Birken S. 1122 mitgetheilt). Der Kaiser sitzt dictirend auf seinem Thron, vor dem ein schreibender Secretär kniet. Darunter steht:

Merck, vil wird von mir geschriben,
was sachen vnd krieg ich hab getriben,
Darumb schreib, wie ich dir sag,
so kumbt die recht warhait an den tag.

Es liegt uns über diese Art Maximilian's, seine Memoiren
zu schreiben, auch noch ein Zeugniß Pirkheimer's vor, welches
Melanchthon in seinen Zusätzen zu Cario's Chronik (ed.
Parisiis 1563, p. 562) aufbewahrt hat. „Ich habe", schreibt
er, „vom Pirkheimer aus Nürnberg selbst gehört, daß Maxi=
milian selbst die Thaten einiger Jahre aufgezeichnet hat.
Er erzählt nämlich, er sei zugleich mit Kaiser Maximilian
zu Schiff von Lindau nach Konstanz gefahren, und da
Maximilian während der Fahrt Muße gefunden, habe er
seinen Schreiber gerufen und ihm die Begebenheiten (res
gestas) eines Jahres lateinisch dictirt in geschickter Anord=
nung und mit Erläuterung aller Umstände und Anlässe
(circumstantiarum atque occasionum).   Da inzwischen Pirk=
heimer geglaubt, der Schreiber solle etwa irgendwelche
Geheimnisse zu Papier bringen, und deswegen habe bei
Seite gehen wollen, habe der Kaiser ihn bleiben und zu=
hören heißen. Ja, abends habe er dem Pirkheimer auch
das Dictat zum Lesen gegeben und ihn gefragt: «numquid
placeret ista militaris latinitatis dictio?»" (dies Reuter=
latein übersetzt Fugger im Ehrenspiegel), „auch hinzugefügt,
er befleißige sich diese Dinge so kurz und deutlich zu fassen,
damit die Gelehrten solche Geschichten hernach um so genauer
nach Umständen und Anlässen erläutern könnten. Pirk=
heimer versichert, keines deutschen Gelehrten Schriften seien
in einem so reinen Stil als Maximilian's Sprache ab=
gefaßt.   Er habe nach Maximilian's Tod diese Auf=
zeichnungen zu erlangen gesucht, sie aber nicht erhalten
können." Diese Erzählung ist, zuerst von Fugger im Ehren=
spiegel (Fugger=Birken, S. 1121), auf den Weißkunig bezogen

worden und würde auch in der That ihrem Inhalt nach
vortrefflich auf ihn passen. Nur der eine Umstand, daß
das Dictat lateinisch gewesen sei, erregt dabei Bedenken,
da sich sonst nirgends eine Spur davon findet, daß die
dem Treizsaurwein gewordenen Mittheilungen ganz oder
zum Theil lateinisch gewesen seien. In der That zertheilte
Maximilian die Mittheilungen aus seinem Leben auf eine
sonderbare Weise: im Theuerdank und Weißkunig schied er,
wie wir sehen werden, zwischen rein persönlichen Abenz
teuern und den kriegerischen Begebenheiten seines öffentz
lichen Lebens. Diese enthalten denn eben auch ganz ausz
schließlich Berichte über seine Feldzüge, ohne andere Seiten
seiner Regententhätigkeit zu berühren. Es wäre daher nicht
unmöglich, daß er noch für eine dritte biographische Arbeit,
eine lateinische Geschichte seiner Regierung, Vorarbeiten gez
macht hätte. Die Frage wird sich lösen lassen, falls Miräus
("De scriptor., sec. XVI, num. XXVI) richtig berichtet ist,
daß eine Abschrift jener lateinischen Dictate, deren Original
sich bisher nicht aufgefunden hat, in der Olivarensischen
Bibliothek in Madrid verhanden sei. Dem sei indessen,
wie ihm wolle; die Erzählung Pirkheimer's zeigt uns jedenz
falls den Kaiser in derjenigen Thätigkeit, aus der nach
Treizsaurwein's Aussage auch das Material zum Weißz
kunig hervorgegangen ist. Haltaus' Untersuchungen über den
Theuerdank haben für diesen ein im Wesen ähnliches Verz
hältniß zwischen Maximilian und Melchior Pfinzing ergeben,
nur daß Pfinzing's redactionelle Thätigkeit größer war, als,
wenn nicht alles täuscht, diejenige Treizsaurwein's im dritten
Theil des Weißkunig angeschlagen werden muß. Es bedarf
kaum der Bemerkung, wie wichtig ein solches Verhältniß
für die Werthschätzung der auf ihm beruhenden Arbeit ist.
Eine Reihe von Mittheilungen, die nachweislich und ohne
jeden Zweifel aus des Kaisers eigener Erinnerung und

seinem eigenen Munde stammen, wie wenig sie auch zum wirklichen Geschichtswerk gediehen sein mögen, wird doch niemand den Werth einer wohlzubeachtenden Geschichtsquelle absprechen wollen.

Eine kurze Uebersicht des Inhaltes ist hier um so mehr am Platze, als sie zugleich zur Charakteristik des Materials dient. Da der Herausgeber die Kapitel leider nur im Verzeichniß gezählt hat, so müssen die Angaben nach den Seitenzahlen des Druckes gemacht werden. Der Weißkunig erzählt zuerst, S. 123—136, den französischen Krieg von 1478—80; es folgen S. 136—140 die Kriege gegen die Utrechter und Johann von Cleve 1483—84; darauf, alles am falschen Ort, S. 140—143 ein Stück des holländischen Kriegs von 1492, Tod der Erzherzogin Maria 1482 und das englische Bündniß von 1484; sodann S. 143—166 der erste flandrische Krieg 1484—85; S. 167—173 der erste lütticher Krieg 1482; dann Nachträge oder richtiger andere Bearbeitungen: S. 173—191 zum französischen Kriege von 1478—79, S. 192—195 zum utrechter Kriege 1483 und S. 195—197 zum flandrischen Kriege 1484—85. Darauf S. 198—203 der französisch-neapolitanische Krieg 1494—96; S. 204—207 der zweite lütticher Krieg 1486; 207—208 Episode aus dem zweiten flandrischen Kriege 1488; 208—209 die Belagerung Gents von 1485 (zum zweiten mal); 210—212 der zweite flandrische Krieg 1488 und eine zweifelhaft gebliebene Erzählung. S. 212—222 der französisch-bretagnische Krieg, die Begebenheiten von 1487—93 kurz und dabei auf sehr verwirrte Weise zusammenfassend; auf S. 219 ist irrigerweise ein Nachtrag zum ersten flandrischen Kriege von 1485 eingeschoben. Dabei ist der Kaiser in seiner Laune, die Hergänge durch Unterdrückung der Namen zu verhüllen, so weit gegangen, daß er der Anna von Bretagne überhaupt mit keiner Silbe erwähnt, sondern auch

hier nur die Bretagne unter der Person des schwarz-weißen
Königs auftreten läßt. Nun läßt er sich zwar im Weißkunig überhaupt auf die politischen Zusammenhänge der Begebenheiten so gut wie gar nicht ein, aber bei dieser Art,
der bretagnischen Händel zu gedenken, kann man sich doch
der Vermuthung nicht enthalten, daß Maximilian aus einer
gewissen Scham oder doch aus Verdruß über die damals
erlittene persönliche Beschimpfung in solcher Art über die
Sache hinweggeht. Nachdem dann S. 222—243 wieder
allerhand Einzelheiten zum zweiten flandrischen Kriege
1488—89, zum ersten lüttcher Kriege 1482, zum ungarischen
und holländischen Kriege von 1488—90 zwischengeschoben,
folgen S. 243—249 und 251—252 nochmals Mittheilungen
über den bretagnischen Krieg, dazwischen und S. 252—254
Stücke niederländischer Händel von 1493 und 254—255
zum zweiten mal der erfolglose Zug gegen die Türken in
Ungarn 1493. S. 255—259 der französisch-italienische
Krieg 1494—96; S. 259—263 der Krieg in Burgund und
Geldern 1498; S. 264—271 der schwäbische Krieg 1499;
S. 271—276 Krieg in Geldern und Friesland 1498—1502;
S. 277—279 der französisch-italienische Krieg 1498—1503;
S. 279—280 sind dem Treizsaurwein unerklärt geblieben;
S. 281 der Krieg um Utrecht 1510—11; S. 281—283 Maxi-
milian's sogenannte Romfahrt 1506—8, S. 283—287 der
bairische Krieg 1504; dann mit einigen Nachträgen zum
geldrischen und ungarischen Kriege zu den Jahren 1499,
1505 und 1510—11 die italienisch-französischen Kriege von
1508—13. Damit bricht auf S. 306 die Erzählung ab.

Treizsaurwein entschuldigt sich selbst, wie schon bemerkt,
in Vor- und Nachwort wegen der ihm wohl bekannten Unvoll-
kommenheit dieser nur vorläufigen Zusammenordnung des
Stoffes. Das vorhandene handschriftliche Material zeigt,
wie nun die Arbeit weiter fortgesetzt ward. Zunächst stellte

man ein Fragebuch auf, um die zweifelhaften Punkte darin
anzumerken. Die Haupthandschrift von 1514 blieb einst=
weilen unberührt; in mehrere Abschriften hingegen trug man
die Aufklärungen und Berichtigungen ein, welche man entweder
durch Nachforschung fand oder vom Kaiser erhielt. Eine
dieser Abschriften enthält dergleichen Glossen von des Kaisers
eigener Hand. Der Herausgeber hat diese wichtigen Rand=
bemerkungen so weit benutzt, daß wir ihre Beschaffenheit aus
seinen Anführungen im allgemeinen kennen lernen. Sie
enthalten einige der im Texte fehlenden Orts= und Personen=
namen, wo diese sich aus den Umständen nicht errathen
lassen; anderwärts Zeitbestimmungen, erläuternde oder auch
berichtigende Zusätze, zum Theil von größerm Umfange.
Wiederholt wird angemerkt, daß ein Abschnitt an einem
andern Ort einzurücken sei, oder daß dieselbe Begebenheit
anderwärts schon einmal erzählt sei. Dann wird wol hin=
zugefügt, man solle vergleichen, welche der beiden Dar=
stellungen die bessere sei, oder man solle die zweite Er=
zählung zur Ergänzung der ersten brauchen. Zu einer
Stelle (S. 255) war erst angemerkt: „Von Mailand wegen";
dann erkannte man aber, daß das ein Irrthum sei, und
fügte weiter hinzu: „Ist der zug von Ligurna; ist es vor
gemacht, sol mans bleiben lassen" (d. h. wenn der Zug nach
Livorno schon einmal erzählt sein sollte, so soll man diese
Darstellung hier ganz weglassen) „wo aber nit, so sol es
k. Mt. noch weiter vnd klarer stymen, dann der paß ist nit
recht"; d. h. der Tenor, das Einzelne der Erzählung mag
zwar wol richtig sein, aber der Baß, die zu Grunde
liegende Begebenheit, ist noch unklar geblieben. Mit ähn=
licher Wendung heißt es beim Beginn des schwäbischen
Krieges (S. 264): „Ist durch den Kamermaister gestimbt
was den Sweitzer handl betrifft", d. h. der Kammermeister
hat die Erzählung, soweit sie die Schweiz betrifft, in

Richtigkeit gebracht. Also auch andere, als der Kaiser, nahmen an dem „Stimmen" Antheil. Es sind zum Theil diese Randglossen, welche den Herausgeber in den Stand setzten, den einzelnen Abschnitten ihre richtige Beziehung zu geben. Er hat sie aber weder mit genügender Kritik noch vollständig ausgebeutet, auch den Leser an vielen Stellen im Unklaren darüber gelassen, ob seine eigenen Anmerkungen aus dieser mehr oder minder authentischen Quelle geschöpft sind. Es ist darum nicht möglich, auf Grund seiner Aus= gabe allein die Untersuchung fortzuführen. Vielmehr bedarf es einer neuen Untersuchung des ganzen in Wien vor= handenen handschriftlichen Apparates unter Zuziehung der sonstigen schriftstellerischen Arbeiten des Kaisers, um die Einzelheiten des Weißkunig so weit, wie dies denn über= haupt jetzt noch möglich ist, zu ordnen und zu erläutern. Hätte Maximilian die Sache zu Ende geführt, so würde er ohne Zweifel Treizsaurwein in den Stand gesetzt haben, uns einen ebensolchen „Schlüssel" zum Weißkunig zu geben, wie er in Pfinzing's Clavis für den Theuerdank vorliegt, und zwar würde uns jener um so viel wichtiger sein, als der Weißkunig den Theuerdank an geschichtlichem Werth überragt. Hoffentlich wird es aber nicht an einer dazu be= rufenen Hand fehlen, die auf die angedeutete Weise das, was sich heute in dieser Hinsicht noch leisten läßt, leistet. Einer neuen Ausgabe wird es dazu nicht einmal bedürfen, da der gedruckte Text, soweit sich ohne Vergleichung der Handschrift erkennen läßt, sorgfältig und gut zu sein scheint. Dem kaiserlichen Autobiographen wäre man wol so viel Achtung schuldig.

Um nun zum Schluß mit einigen Worten auf die Frage zurückzukommen, weshalb der Weißkunig unbeendigt blieb, so führt uns dies zunächst wieder auf den Theuerdank und sein bereits flüchtig angedeutetes Verhältniß zu jenem.

Man liest wol in den Literaturgeschichten als Eingang
der Betrachtungen über den Theuerdank: das Gedicht ent=
halte in allegorischer Form eine Geschichte der Werbung
Maximilian's um Maria von Burgund. Darin liegt aber
so wenig von der Wahrheit, daß dieser Ausdruck geeignet
ist, von vornherein eine falsche Vorstellung beim Leser zu
erwecken oder gar beim Schreiber zu verrathen. Allerdings
hat Maximilian das Andenken der Maria, die gewiß in
den glücklichen, aber kurzen Tagen ihrer Verbindung mit ihm
der Gegenstand seiner wahren und tiefen Liebe gewesen ist,
in zarter Weise im Theuerdank gefeiert, indem er seiner
allegorischen Königin Ehrenreich und ihrem Vater König
Ruhmreich einige äußerliche Beziehungen gab, welche sie mit
Maria von Burgund und Karl dem Kühnen zu identificiren
schienen. Aber trotzdem hat das Gedicht mit den wirklichen
Hergängen seiner burgundischen Vermählung nichts zu schaffen
und enthält insofern gar keinen historischen Stoff. Es ist
vielmehr seinem ganzen Rahmen nach eine bloße Allegorie:
Königin Ehrenreich ist eben nur die personificirte Ehre, nach
deren Erwerbung der Held strebt; Ehre aber ist das Kind
des Ruhmes, darum heißt ihr Vater Ruhmreich. Auf seiner
Brautfahrt nun zur Erwerbung der Ehre stellt sich dem
Helden in seiner Jugend die eigene Thorheit, im Gedicht
als Fürwittig personificirt, entgegen; im jüngern Mannes=
alter bei Hunderten gefährlicher Abenteuer das Mißgeschick,
personificirt als Unfalo und im spätern Alter Neid und
Mißgunst, personificirt als Neidelhart. Diese drei also,
indem sie ihn auf der Brautfahrt zu Ehrenreich aufhalten
und womöglich zu Grunde richten wollen, locken ihn in eine
lange Reihe von Fährlichkeiten; diese Abenteuer aber bilden
den, man kann nicht im strengen Sinne sagen historischen,
aber den der Wirklichkeit entnommenen Gehalt des Ge=
dichtes. Es sind nämlich lauter Fährlichkeiten, die dem

tecken, oft unbedacht waghalsigen Fürsten wirklich begegnet
sind, auf Jagden, beim Ritterspiel, auf Heerfahrten zu Land
und See und bei welchen Anlässen sonst. Hier und da
sind Begegnisse, die sich öfters wiederholt haben, durch eine
zusammenfassende Erzählung abgethan. Wo und wann das
Einzelne vorgefallen, gibt Pfinzing's Clavis mit kurzen
Worten an. Die Erzählung ist leider herzlich schlecht aus=
gefallen: sie ist nicht nur überaus trocken, sondern auch sehr
wenig anschaulich; statt der Schilderung, die uns, wenn auch
nicht um ihres meist unbedeutenden Inhalts willen, so doch
als ein Beitrag zur Geschichte der Sitten und des Costüms
ihrer Zeit erfreuen würde, werden wir mit dürftiger, aber
dafür um so breiterer Moral abgespeist. Sonst aber hält
sich die Darstellung, wenn auch, um den Helden in möglichst
glänzendem Lichte erscheinen zu lassen, hier und da mit
einem leisen Münchhausen'schen Anstrich versehen, doch offen=
bar im großen und ganzen treu und ehrlich an die That=
sachen. Wenn zum Beispiel das Gedicht erzählt, daß Theuer=
dank einst zu einem Löwen in den Käfig getreten sei, weil
er gehört habe, daß ein Löwe sich vor dem Muthigen beuge,
und er dies Abenteuer auch wirklich mit heiler Haut besteht,
so läßt uns der Schlüssel das fast unglaubliche Wagniß
denn doch durch den kleinen Zusatz, daß dieser Löwe, der
Maximilian's Schwager Albrecht von Baiern gehörte, zahm
gewesen sei, in wesentlich milderm Lichte betrachten. Es
sind noch mehr Abenteuer in dem Buche, deren poetische
Größe durch die Erläuterung des Schlüssels höchst ratio=
nalistisch auf ein natürliches Maß reducirt wird. Wir haben
aber in diesen Geschichtchen, den Schlüssel hinzugenommen,
eine lange Reihe von Jagd=, Schlacht= und andern Anekdoten
aus dem Leben des Kaisers vor uns, die, wenn sie gleich
für die eigentliche Geschichte gar keine Ausbeute gewähren,
dennoch zumal für die Charakteristik Maximilian's von großem

Interesse sind. Denn seine ritterliche und talentvolle Per=
sönlichkeit tritt uns aus ihnen in glänzendem Lichte entgegen.
Er war in der That, wie er hier erscheint, der größte Jäger,
der gewandteste Fechter, der tollkühnste Reiter seiner Zeit.
Gerade hierin liegt auch die einfache Erklärung, weshalb
seine Zeit an der Erzählung seiner vielen kleinen Abenteuer
ein so großes Gefallen finden konnte: sie bewunderte eben
an ihm den Besitz aller der Eigenschaften, in deren Voll=
endung sie das Ideal des ritterlichen Mannes erkannte.
Sie las seine kecken und oft übermüthigen Streiche mit eben
demselben Behagen, mit dem heute etwa ein leidenschaftlicher
Jäger, der selbst das halbe Leben im Wald verbringt, eine
Sammlung von Jagdgeschichten verschlingt, die jedem andern
Leser als eine ungenießbare Kost erscheinen. Nicht in dem
vermeintlich poetischen Hintergrunde, sondern in der der Wirk=
lichkeit angehörenden Staffage des Bildes bestand seine An=
ziehungskraft und besteht auch für uns noch heute seine Be=
deutung. Der Unterschied aber dieser Begebenheiten aus
Maximilian's Leben von jenen, die den Gegenstand des
Weißkunig bilden, besteht, wie schon gesagt, darin: daß der
Theuerdank ausschließlich vom privaten Leben, der Weiß=
kunig dagegen von der öffentlichen Wirksamkeit des Kaisers
auf seinen Feldzügen handelt; jener enthält nur persönliche
Anekdoten, dieser will wenigstens der Anlage nach eine Ge=
schichtserzählung sein.

Der Held Theuerdank besteht nun glücklich alle jene
Abenteuer, durch welche ihn seine Widersacher zu verderben
hoffen, und gelangt auf solche Art zur Königin Ehrenreich.
Wenn das Gedicht mit der wirklichen Brautfahrt Maximilian's
nach Burgund etwas zu schaffen hätte, so müßte es sich nun
wenigstens an diesem Punkte der Erzählung zeigen. Aber
nichts weniger wie das. Zwar ist Königin Ehrenreich be=
reit, die Seine zu werden, aber, so erklärt sie ihm, alle seine

bisherigen Thaten, so hohen Preises sie ihn auch werth machten, seien doch nur um irdischer Ehre willen geschehen. Er müsse sein Ziel aber höher stecken, erst wenn er sich auch der himmlischen Ehre werth zeige, könne die Vereinigung mit ihr vollzogen werden. Die Vernichtung der Ungläubigen, der Sieg über die Türken werde ihn dieser höchsten Ehre theilhaftig machen. So zieht also Theuerbank wieder fort, um dieser Krone nachzujagen; damit schließt das Gedicht. Es ist, wie gesagt, eine sinnige Huldigung, welche der Kaiser der Maria von Burgund darbringt, indem er sie mit dieser Königin Ehrenreich identificirt; der Allegorie entkleidet heißt das, daß das Andenken der früh verlorenen Gattin und die Hoffnung der Wiedervereinigung mit ihr im Himmel seinem Herzen die Kraft verleihe, den höchsten Zielen nachzustreben, die letzte erfüllende Aufgabe seines Lebens in die Errettung der Kirche und in die Besiegung der Feinde des Glaubens zu setzen. Auf solche Weise endet mithin der Theuerbank mit der Hinweisung auf eben die großen Thaten, für welche der Eingang des Weißkunig den Kaiser als schon von der Geburt her berufen darstellt.

Wir müssen uns nun daran erinnern, daß die Ausarbeitung beider Werke der Periode in Maximilian's Leben angehört, in welcher der Plan eines großen allgemeinen Kreuzzuges in seiner Politik mehr und mehr in den Vordergrund tritt und in seinen Gedanken alles andere zurückdrängt. Eben auf jener Zusammenkunft des Jahres 1517 in Brüssel, auf welcher Maximilian seinem Enkel Karl den eben fertigen Theuerbank und, wie oben vermuthet ist, auch die vorläufige Reinschrift des Weißkunig überreichen ließ, schloß er den Vertrag mit Spanien und Frankreich, durch welchen die drei Fürsten sich zu dem Kreuzzuge verpflichteten, und zwischen der Curie und den Fürsten fand der bekannte merkwürdige Schriftenwechsel über diesen Plan statt. Auf dem nächsten Reichstage zu Augsburg im Jahre 1518 sollten die praktischen Grundlagen für die Ausführung gewonnen werden. Die Sache ward vom Kaiser und seiner Regierung mit dem höchsten Ernst und Eifer betrieben, aber es war ihm nicht beschieden, diese so lange gehegte Lieblingsfrucht seiner Gedanken reifen zu sehen. Schon kränkelnd verließ er den Reichstag, um wenige Monate darauf am 12. Januar 1519 die Augen zu schließen.

Kann man sich wundern, daß unter solchen Umständen die Arbeit am Weißkunig nicht weiter gedieh? Ohne Zweifel im vollen und festen Glauben an seine göttliche Berufung zur Vernichtung der Türken hatte der Kaiser sein Buch so anlegen lassen, daß es nur in diesem Türkenkriege seinen vorbestimmten Ausgang finden konnte. Wie ließ also das Buch sich enden, ehe die Thaten vollbracht waren, die seinen Abschluß bilden sollten? Maximilian's Weißkunig blieb ohne Schluß, weil auch sein Leben den Abschluß nicht erhielt, den er gläubig erwartet hatte. Wol mögen bange Zweifel des Kaisers Seele niedergedrückt haben, als er, schon fast am Ziele, statt der glänzenden Erfüllung seines Lebens, die Schatten des Todes sich auf sein Haupt herabsenken fühlte.

Aus dem Komödiantenleben des vorigen Jahrhunderts.

Denkwürdigkeiten von Karoline Schulze.

Mitgetheilt

von

Hermann Uhde.

Es darf wol als allgemein bekannt angesehen werden, daß die im Jahre 1766 zu Hamburg unternommene Stiftung eines ersten Deutschen Nationaltheaters, an welches Lessing als Dramaturg berufen wurde, auf die Coulissenstreitigkeiten zweier Schauspielerinnen als auf ihren letzten Keim zurückzuführen ist. Eduard Devrient in seiner „Geschichte der Schauspielkunst" spricht es geradezu aus, daß „von einer Theatercabale die erste Anregung datirte". Zwei Schauspielerinnen mußten aufeinander neidisch sein, damit eine der wichtigsten Kunstthaten, die erste stehende Bühne Deutschlands, und der Codex der Schauspielkunst, Lessing's „Dramaturgie" ins Leben treten konnte.

Die heute fast verschollenen Namen dieser beiden Nebenbuhlerinnen waren Sophie Friederike Hensel, geb. Sparmann, und Franziska Karoline Schulze. Aus der „Dramaturgie" ist bekannt, daß die erstere das Feld in Hamburg behauptete: sie bewog den ihr nahe stehenden Kaufmann Seyler, mit zweien seiner Freunde das Theater auf eigene Rechnung zu übernehmen, und nun konnte die junge und schöne Nebenbuhlerin verdrängt werden. Diese zog sich indessen beizeiten zurück und ging nach Leipzig, wo sie Jung und Alt, auch den damals auf der dortigen Hochschule studirenden Goethe[1]) bezauberte, bis sie von der Bühne zurücktrat, um 1768 den Bancoschreiber (Bankbuchhalter) Kummerfeld in Hamburg zu heirathen. Neun Jahre verflossen, Kummerfeld starb, „und da aus dessen Nachlaß mehrere Verbindlichkeiten zu erfüllen

waren, für welche die Witwe mit eingetreten war, so ent=
spann sich darüber ein Rechtsstreit, in dem sie ihre stattliche
Einrichtung und ihr eigenes erspartes Vermögen mit ein=
büßte" (Biedermann, „Goethe und Leipzig", I, 130).

Von Nahrungssorgen gedrückt, griff die vormalige Schau=
spielerin wieder zu ihrem frühern Erwerbszweige und be=
trat am 11. Juli 1777 die hamburger Bühne in der
nämlichen Rolle wieder, in welcher sie ein Oeser abbildete,
ein Goethe („Werke" in 40 Bänden, XXVII, 477) der Unsterb=
lichkeit überlieferte: als Julie in Weiße's Drama „Romeo
und Julia". Ihr Spiel „hatte sich während ihres Ab=
seins von der Bühne verschlimmert; sie übertrieb in Aus=
druck und Mienen, was die vormals so sehr beliebte und
geliebte Schauspielerin misfällig machen mußte", wie der
hamburgische Theatergeschichtschreiber Schütze als Augen=
zeuge erzählt.[2] Sie richtete daher bald ihr Augenmerk auf
das Hoftheater in Gotha, welches ihr Freund und lang=
jähriger College Eckhof leitete. Doch erst nach dessen am
16. Juni 1778 erfolgten Ableben bot sich ihr die gewünschte
Stellung. Sie verließ Hamburg am 7. November 1778
und trat in ihrem neuen Wirkungskreise zuerst als „Sara"
in dem dreiactigen Lustspiele „Die Holländer" auf; ihr Fach
war dasjenige der „muntern und naiven Frauenzimmer",
ihr Gehalt betrug 7 Thaler wöchentlich und 6 Klafter Holz
(Koffka, „Iffland und Dalberg", S. 28).

Als infolge von Eckhof's Tode das Hoftheater zu Gotha
sich 1779 auflöste, wählte Karoline Kummerfeld unter mehreren
vortheilhaften Anträgen den, welchen ihr der mannheimer
Theaterkassirer Sartori machte. Dieser kam im Auftrage
des Freiherrn von Dalberg nach Gotha, um dort für die
in Mannheim zu errichtende, später so berühmte Bühne die
hervorragendsten Kräfte zu engagiren: unter diesen auch
Madame Kummerfeld, welcher er mehr Gage zu bieten

Vollmacht hatte als selbst Iffland, nämlich 7—800 Gulden. Es gelang ihm indeß, sie für 600 Gulden als „Soubrette" zu gewinnen.

Die Instruction für Sartori war von Seyler's Hand — des nämlichen, der 1766 die hamburger Entreprise hauptsächlich ins Leben gerufen hatte. Nach deren Scheitern war Seyler selbständiger Schauspielunternehmer geworden, hatte im Jahre 1772 zu Weimar die inzwischen von ihrem Gatten geschiedene Friederike Hensel geheirathet und war nun von Dalberg mit der Errichtung der Bühne zu Mann= heim betraut, sodaß dort die Ironie des Zufalls über Karoline Kummerfeld 1779 genau das Geschick verhängte, dem sie zwölf Jahre früher in Hamburg ausgewichen war: nämlich dasjenige, mit der verhaßten Collegin rivalisiren zu müssen, während diese auf die Bühnenleitung den ent= schiedensten Einfluß hatte.

Die kurze Dauer des mannheimer Engagements der Kummerfeld, welche — ohnehin nur für einige Monate auf Probe angestellt — dem dortigen Theater schon zu Ostern 1780 wieder den Rücken wandte, ist daher erklärlich. Wohin sie von Mannheim ging, konnte ich nicht ermitteln; am 19. April 1781 debutirte sie mit der neuerrichteten Ge= sellschaft des augsburger Kaufmanns von Beri zu Inns= bruck. Im nächsten Jahre finden wir sie in Linz bei der Bühne des Grafen Rosenberg; 1783 debutirt der rastlos umhergetriebene Wandervogel als „Baronin" in „Jeannette" bei der Gesellschaft des durch seine Bemühungen um ein Denk= mal für Lessing in bester Erinnerung stehenden Schauspiel= directors Großmann; 38 Jahre alt, war Karoline Kummerfeld jetzt in das Fach der „Damen von Stande" übergegangen. Aber auch bei Großmann, der in Bonn, Frankfurt und Mainz Vorstellungen gab, blieb sie nur ein einziges Jahr: Ostern 1784 trat sie in ein Engagement bei Joseph Bellomo, mit welchem sie im Herbste nach jenem Orte zog, der künftig ihre Heimat bleiben sollte: nach Weimar. Am 5. October 1784 gab sie dort Madame Ruhberg in Iffland's „Verbrechen aus Ehrsucht"; sie spielte jetzt Mütter, zum Beispiel: Claudia Galotti, Sophie Guilbert, („Clavigo"), die Königin im „Hamlet" u. s. w. Zum letzten male betrat sie die Bühne als Marchesa Portia Vercelli in Schinc's Trauerspiel „Gianetta Montaldi", mit welchem Bellomo am 22. Juni 1785 die Saison beendigte.

„Entschlossen, Ruhe und Eingezogenheit dem ängstlichen Herumtreiben bei kleinen Theatern vorzuziehen" („Ephemeriden der Literatur und des Theaters", 1785), entsagte Karoline Kummerfeld der Bühne für immer und errichtete in Weimar eine Nähschule, welche — vielleicht auf Anregung der der vormaligen Künstlerin wohlgewogenen Herzogin Anna Amalie — von den Kindern vornehmer Familien allmählich stark besucht wurde, wie die noch vorhandenen Rechnungsbücher der Kummerfeld[3]) darthun. Auch Goethe mag für sie gesorgt haben: sie blieb „nicht blos als Mitglied von Bellomo's Gesellschaft, sondern auch nach ihrem Abtreten von der Bühne in einiger, wenn auch fernerer Beziehung zu Goethe; er gestattete ihr gern den Besuch seines Gartenhauses, in welchem sie zur passenden Jahreszeit fast täglich eine Weile zubrachte" (Biedermann, a. a. O., II, 58).

Ihre Mußezeit füllte sie aus mit der Aufzeichnung ihrer Erlebnisse. Auf 681 engbeschriebenen Quartseiten[4]) hat sie mit umständlicher Breite erzählt, was ihr bis zum Jahre 1785 Merkwürdiges begegnet ist. Diese Blätter kamen nach dem Tode der Schreiberin in den Besitz des bekannten Hofraths Kirms, der Goethe bei dessen Leitung der weimarischen Bühne zur Seite stand. Die Erben desselben vertrauten mir das Manuscript an, damit aus demselben veröffentlicht werde, was jetzt noch denkwürdig erscheint.

An der unbedingten Glaubhaftigkeit der alten Schau=
spielerin wird niemand zweifeln, der ihre Aufzeichnungen
durchgelesen hat. Subjectiv wahr ist Karoline Kummerfeld
vom ersten bis zum letzten Worte, wie aus ihrer Erzählung
— deren Details sie selbst wiederholentlich bloßstellen — mit
überzeugender Bestimmtheit hervorgeht. Zu ihren Gunsten
läßt sich außerdem noch geltend machen, daß der gewissen=
hafte F. L. W. Meyer, Schröder's Biograph, sie nicht nur
persönlich hochachtete, sondern sich auch von ihr für sein
Buch „manche Nachweisung" erbat („Schröder's Leben", I, 76);
Schröder selbst sprach (nach Meyer) von ihr „nie ohne
Werthschätzung und unterstützte das sorgenvolle Alter seiner
unvergeßlichen Mitarbeiterin ungerufen und mit Freudig=
keit"; gelegentlich des Besuchs, den er 1791 in Weimar
machte, ließ er bei seiner Abreise nach Mannheim in ihren
Händen sein Stammbuch zurück, in welches sie sich als seine
„wahre Freundin" eintragen durfte; auch im Stammbuche
Iffland's steht sie (bei ihrem Abschied von Mannheim) ver=
zeichnet als „Wanderin, die wünscht, daß sie auch in weitester
Ferne eine aufrichtige Freundin" genannt bleibe.

Hoffentlich vermögen diese Notizen Theilnahme für die
nun schon so lange im Grabe Schlummernde zu wecken;
einige fernere Data sollen an passender Stelle eingeschaltet
werden. Ueberall wird sich die oft überraschende Genauig=
keit der Kummerfeld'schen Aufzeichnungen ergeben, welche
diesen, als einer treuen Darstellung des ungebundenen Schau=
spielerlebens im vorigen Jahrhundert, sowie als zuverlässigem,
von Goethe=Forschern längst schmerzlich vermißtem[5]) Nachweise
über die Persönlichkeit einer Jugendschwärmerei des großen
Dichters, cultur= und literarhistorischen Werth verleiht.
Möge nun die Memoirenschreiberin mit ihren eigenen, nur
der modernen Ausdrucksweise durchweg angepaßten Worten
sprechen.

* * *

Ich bin Theaterkind. Mein Vater hieß Christian Schulze
und wurde am 8. November 1693 zu Frankfurt a. O. ge=
boren. Von meinem Großvater, einem gesuchten Porträt=
maler, zum Gelehrten bestimmt, mußte er die kaum bezogene
Universität in seinem zwanzigsten Jahre wieder verlassen, und
zwar aus Mangel an Geldmitteln, denn sein Vater starb
unerwartet und hinterließ kein Vermögen. Der Student,
gezwungen einen neuen Beruf zu ergreifen, wurde Schau=
spieler: als solcher hatte er sogleich ein bescheidenes Aus=
kommen, überdies konnte er reisen, konnte Welt und Menschen
sehen. Fast dreißig Jahre lang war er gewandert, als er
meine Mutter kennen lernte, mit der er sich im Jahre 1741
zu Prag ehelich verband. Sie hieß Augustina von D. und
war 1708 gleich meinem Vater zu Frankfurt a. O. geboren.
Ihre Mutter, geborene von B., die einzige Tochter eines
der ersten Männer Berlins, war mit dem reichen Herrn
von D. verheirathet, der, weil er nicht wußte was er mit
seinem Gelde anfangen sollte, sich auf den Juwelenhandel
verlegte und glücklich Tausende verhandelte. Von seinen
vielen Kindern war Augustina das jüngste. Wirksame Em=
pfehlungen verschafften ihr schon früh in Mitau am Hofe
der Herzogin Anna von Kurland eine Stelle, in welcher sie
sieben Jahre lang verblieb, bis die gütige Fürstin Kaiserin
von Rußland wurde. Als einzige Deutsche, welche in Hof=
diensten stand, sollte ihr meine Mutter nach Petersburg
folgen, allein meine Großältern wollten dies aus religiösen
Rücksichten nicht zugeben. (Meine Mutter war reformirt.
Mein Vater ist evangelisch geboren, wechselte aber, lange
bevor er meine Mutter kannte, die Confession und wurde
katholisch, zu welchem Glauben dann auch seine Braut kurz
vor der Ehe übertrat. Wir Kinder sind katholisch geboren.)

Meine Mutter verließ also den Hofdienst und ging nach Deutschland zu ihrem Vater zurück, welcher nach dem inzwischen erfolgten Tode seiner Frau durch unglückliche Juwelenspeculationen immer mehr herabgekommen war. Er hatte endlich die Mildthätigkeit eines seiner Schwiegersöhne um ein Unterkommen in Anspruch nehmen müssen: meine Mutter sah sich gezwungen, dieses mit ihm zu theilen. Da indessen ihr Schwager sie mit Zärtlichkeiten verfolgte, so gerieth sie bald in die unangenehmsten Zerwürfnisse, in denen selbst ihr Vater ihr nicht beistehen konnte, der sein Gnadenbrot nicht in die Schanze schlagen durfte. Der Verzweiflung nahe, erinnerte sich meine Mutter der Güte ihrer vormaligen Herrin; sie beschloß, sich an diese zu wenden und machte sich heimlich auf die Flucht nach Petersburg.

Ihr nächstes Ziel war S., von wo sie zu Schiffe die Reise fortzusetzen gedachte. Doch wie erschrak sie, als sie von den Unruhen hörte, die zu jener Zeit in Rußland herrschten! Denn von Politik wußte sie nichts; welches Mädchen las damals Blätter, und wie viele Herren hielten sich eine Zeitung!

In S. befand sich gerade eine Schauspielergesellschaft; in dem Wirthshause, das meine Mutter zum Quartier genommen, wohnte der Principal mit seiner Frau. Diesen beiden schloß meine Mutter sich an; rathlos wie sie war, ließ sie sich leicht bereden, Schauspielerin zu werden: unter angenommenem Namen trat sie bei jenem Principal als Actrice ein.

Nach mehreren Jahren lernte sie bei dem Directeur Hake meinen Vater kennen, dem kurz zuvor die erste Frau gestorben war. Zwei kleine Kinder machten dem Witwer so viel zu schaffen, daß er bald der neuen Kunstgenossin seine Hand bot, welche diese auch annahm; am 7. December 1741

wurden sie zu Prag getraut. Bald darauf erhielt mein
Vater eine vortheilhafte Stellung am k. k. Theater zu Wien;
in dieser Stadt wurde ich am 30. September 1745 geboren
— das zweite Kind der zweiten Ehe meines Vaters; das
älteste war ein Sohn, mein Bruder Karl. Wir sowie
unsere Halbgeschwister wurden sehr sorgfältig erzogen. Der
Stiefbruder Christian war ursprünglich zum Studiren bestimmt, allein er ging heimlich davon und zum Theater;
wir hörten nicht eher von ihm, als bis er Unterstützung gebrauchte. Meine Stiefschwester, ein gutes, aber wildes Mädchen,
als Schauspielerin nicht ohne Begabung, lief meinen Aeltern
auch zweimal davon; es schien in der Familie zu liegen.

Ich zählte drei Jahre, als ein für uns folgenschweres
Ereigniß eintrat: mein Vater wurde aus Anlaß einer Cabale
Prehauser's (welcher damals den Hanswurst in Wien gab)
und dessen Geliebten, Madame Walter, abgedankt; das
falsche Spiel glückte um so leichter, als gerade Herr von
Sellier für das nächstfolgende Theaterjahr dem Herrn von
Lopresti das Werk übergeben wollte.

Meine Aeltern waren äußerst bestürzt: mit 14 Gulden
wöchentlich und etwa 100 Gulden Accidenzien jährlich hatten
sie keine Ersparnisse machen können. Sogleich schrieb mein
Vater an seinen Sohn Christian, welcher in München spielte,
und fragte diesen: wie er mit seinem Principal, dem in
Kurbaiern privilegirten Johann Schultz, zufrieden sei? Die
Nachrichten lauteten günstig, und so trug sich mein Vater
jenem Principal an; wir alle wurden angenommen, auch
Karl und ich, die wir schon damals in Balleten tanzten
und Kinderrollen spielten. Meine Hauptpartie war die kleine
Louison in Molière's „Eingebildetem Kranken".

Wie groß aber war der Schreck meiner Aeltern, als
sie nach langwieriger Fahrt mit der gewöhnlichen Land-
kutsche in München eingetroffen waren und bei dem ersten

Besuche, den sie Herrn Johann Schultz machten, dessen Elend entdeckten! Er saß in einem abgetragenen Rocke, die reiche Principalsweste war mit Nadeln zugesteckt, da die Knöpfe gleich dem Silber an den Taschen längst verschwunden waren; die Frau Principalin präsentirte sich in zerrissenem Haushabit, aber geschminkt und mit Mouchen auf dem Gesicht. Hundert Gulden hatte die Reise gekostet; der Principal hatte keine hundert Kreuzer! Die Aeltern erklärten, sofort umkehren zu wollen, falls er die Reise nicht bezahlte, worauf Schultz nach etlichen Tagen das Geld brachte. Erst dann erhielten wir unsere bis dahin mit Beschlag belegten Koffer.

Meine Mutter trat in der Titelpartie einer Burleske: „Die politische Kammerjungfer", zum ersten male auf. Der Kurfürst war mit seiner Gemahlin und dem ganzen Hofstaate im Theater; am Schlusse der Vorstellung ließ die Kurfürstin meine Mutter zu sich rufen, sagte ihr Artigkeiten und schloß mit den Worten: „Mache Sie, daß mehrere Ihresgleichen hieher kommen!" In der That war die Gesellschaft schlecht; sie genügte nicht einmal in Straubing und Landshut, wohin wir bald zogen. Das Publikum blieb aus und mit ihm die Gage; zum Glück erhielt mein Vater vom Directeur Franz Schuch für einige neue Komödien, welche er demselben zuschickte, das Geld. Doch kaum war dies bekannt, als sich der Principal bei uns einstellte und um 30 Gulden bat: er habe seit dem Tage zuvor keinen Bissen genossen, geschweige denn die Herren Pursche (so nannten die Principale ihre Acteurs) soulagiren können. Wirklich händigte ihm mein Vater die erbetene, für jene Zeit beträchtliche Summe ein; Schultz berichtigte seine Schulden und dirigirte die Gesellschaft nach München. Wir waren die einzigen, welche eine Kutsche bezahlen konnten; alle übrigen wanderten zu Fuße. Im ersten Nachtquartier erreichten wir

sie im erbärmlichsten Zustande: von einem starken Regen
bis auf die Haut durchnäßt, hatten sie ihre Kleider an den
Ofen gehängt, um sie zu trocknen. Um den Principal herum,
der in seiner rothen Weste, Allongenperüke und weißen
Strümpfen komisch genug aussah, hantierten die Frauenzimmer
in weißen Schuhen mit rothen Bändern, bunten Schleifen
am Kopfe, hohen Toupets und feinen Manschetten. Auf
einem Ackerwagen, der mit ein paar Schütten Stroh prakti-
kabel gemacht wurde, zogen sie dann weiter.

In München bekamen meine Aeltern Briefe vom Principal Weidner, der in Erlangen eine Gesellschaft hatte, und
da sie von Herrn Johann Schultz bereits über 800 Gulden
zu fordern hatten, so dankten sie ab in der Hoffnung, bei
Weidner einem bessern Geschick entgegenzugehen. Solange
der Hof von Baireuth in Erlangen war, machte Weidner
auch gute Geschäfte, aber die Gagen bezahlte er doch unpünktlich, denn er steckte tief in Schulden. Mein Vater
hatte aus bessern wiener Tagen noch drei Gemälde, die
er an den Markgrafen verkaufte, sodaß wir keine Noth
litten.

Als der Hof wieder fortgereist war, trat völlige Ebbe
in der Kasse ein; Herr Weidner sagte: „Basta! Secunda!"
(dies war seine stehende Redensart), „hier ist's nichts mehr,
ich muß die Concession in Baireuth zu bekommen suchen."
In der That reiste seine Frau dorthin um solche zu erwirken. Sie war schön wie ein Engel, und „Basta! Secunda!", da sie keinen Bescheid in Baireuth wußte, so übernahm der Herr Baron von Türkheim, der in Erlangen
studirte, ihre Begleitung. Sie kamen bald zurück, alles war
— so hieß es — ins Gleis gebracht; es wurde also ge-
packt und der Tag unserer Abreise festgesetzt. Als es aber
zur Wegfahrt kommen sollte, fand sich, daß Herr Weidner
noch Schulden im Gasthofe hatte; der Wirth wollte ihn

nicht fortlassen. Auf vieles Bitten des bedrängten Principals nahm meine Mutter ein blaues Atlaskleid aus ihrem Koffer und gab es dem Wirthe zum Versatz. Dann erst brachen wir auf.

Am Abend kamen wir nach Fürth. Weidner erklärte: „Der Ort, so schlecht er aussieht, hat sehr reiche Einwohner; zwar lauter Juden, aber sie sind begütert und große Freunde der Komödie. Basta! Secunda! Ad interim bleiben wir hier." Mein Vater schüttelte den Kopf, aber der Principal ließ im Saale eines Wirthshauses das Theater aufschlagen, eröffnete die Vorstellungen, und — nahm keinen Gulden ein. Die Ortsbewohner mieden das Schauspiel, denn Weidner war wenige Jahre zuvor mit seiner Frau in Fürth gewesen, hatte diese aber für seine Schwester ausgegeben. Sie lockte den Sohn eines reichen Juden an sich, der ihr versprach sich taufen zu lassen, um sie zu heirathen. Er bestahl seine Aeltern und ging mit Weidners davon; diese aber machten ihn im ersten Nachtquartier trunken, nahmen ihm den Raub, den er an seinen Aeltern begangen, ab und entflohen, indem sie ihn zurückließen. Nachdem der Geprellte seinen Rausch ausgeschlafen, kehrte er zu seinen Aeltern zurück, welche trotz ihres Geldverlustes froh waren, daß ihr Sohn kein Christ geworden.

Als mein Vater dies vernommen, wollte er keine Stunde länger bei Weidner bleiben; meine Mutter forderte sogleich die Summe, um ihr in Erlangen versetztes Kleid einzulösen. Höhnisch antwortete Weidner: „Warum haben Sie das Kleid hergegeben! Ein Mann wie ich hätte sich doch aus der Klemme gezogen!" Das war der Dank.

Am nächsten Morgen waren Weidners über alle Berge; die angebliche baireuther Concession erwies sich als Erfindung. Da die Schauspieler dies erfuhren, zerstreuten sie sich in die vier Winde, ohne zu bezahlen, was sie unterdessen in Fürth verzehrt hatten.

24*

Mein Vater, der keinen zuverlässigen Directeur kannte bei dem er hätte eintreten können, entschloß sich, selbst eine Gesellschaft zu errichten. Er ging nach Erlangen zurück, erbat und erhielt die Permission und verschrieb sich Acteurs. Garderobe und Theaterrequisiten wurden angeschafft: nach und nach traf die Gesellschaft ein. Die Herren Hildmeier, Fischer, Mecour, mein Halbbruder, meine Halbschwester, Madame Ulrici und meine Aeltern bildeten zusammen schon eine gute Truppe; da indessen noch ein junges Frauenzimmer von nöthen war, so wurde Karoline Schädel aus Nürnberg, ein Mädchen von 22 Jahren, das wohl aussah und große Lust zum Theater hatte, angenommen.

Unsere Einnahmen waren gut; des Vaters Sorge galt nur der Adventszeit, während welcher an protestantischen Orten damals nicht gespielt werden durfte. Er wünschte in eine katholische Stadt zu kommen und schrieb daher an einen alten Bekannten, den Universitätstanzmeister von Michelanzky zu Ingolstadt. Früher Tänzer auf dem wiener Theater, war dieser Mann nach München gegangen, wo sich ein adeliches Fräulein in ihn verliebte. Damit er dasselbe heirathen konnte, ertheilte ihm der Kurfürst den Adel und stellte ihn als Universitätstanzmeister an. Michelanzky erwirkte seinem ehemaligen Kameraden die Erlaubniß nach Ingolstadt zu kommen, falls er gute Atteste — deren damals jeder Schauspielprincipal bedurfte — beibringen könne. Dies war der Fall, und mein Vater ging mit der Gesellschaft nach der Universitätsstadt.

Die Bühne wurde aufgeschlagen, der Tag der Eröffnung des Theaters kam, und alles war bereit, als am Nachmittage gegen 4 Uhr der Statthalter von Ingolstadt, Graf Preysing, seinen Läufer schickte und meinen Vater zu sich befehlen ließ. Dieser gehorchte; der Graf kam ihm im Zimmer schon entgegen und rief: „Sie dürfen heute nicht spielen — die ganze Adventszeit nicht!" Mein Vater erschrak so sehr, daß er kaum fragen konnte: „Warum, Excellenz?" — „Die Jesuiten", lautete die Antwort, „haben Vorstellungen ge= macht, daß man an keinem lutherischen oder calvinischen Orte zur Adventszeit spielen dürfe, wie unschicklich es also sei, wenn solches hier erlaubt würde. Die Jesuiten haben großen Einfluß in der Stadt; hätte ich mich widersetzt, so würde es Ihnen in der Folge mehr Schaden thun, als Sie jetzt haben, wenn Sie vierzehn Tage stillliegen."

Mein Vater kam mit der trüben Botschaft nach Hause, es wurde zu den Herrschaften, welche Plätze zum ersten oder zweiten Range gekauft hatten, geschickt und der Vorfall ge= meldet; auch an der Kasse stand jemand, der den Kommen= den Aufklärung gab.

Erst am zweiten Weihnachtstage begannen wir vor einem zahlreichen Publikum zu spielen. Am nächsten Morgen ließ Graf Preysing meinen Vater abermals holen und empfing ihn mit den heftigsten Vorwürfen über das aufgeführte Stück; dasselbe sei gottlos, verführe die Jugend und gereiche dem Alter zum Aergerniß. Noch stand der also Angeredete sprachlos, als mehrere Offiziere ins Zimmer traten, von denen einige meinen Vater mit den Worten begrüßten: „Sie hier, Herr Schulze? Nehmen Sie unsern Dank für den angenehmen Abend, den Sie uns gemacht!" Mein Vater verbeugte sich und entgegnete, zum Statthalter gewendet: „Die Aussage dieser würdigen Männer sei meine Recht= fertigung."

Der Graf stand erstaunt und kam nach kurzer Rück= sprache mit den Offizieren zu dem Entschlusse, das Buch des aufgeführten Stückes mit den Arien von meiner Mutter holen zu lassen. Der Läufer brachte dasselbe und mein Vater, welcher inzwischen gewartet hatte, mußte es vorlesen. Der Graf lachte oft während der Lektüre und rief nach deren Beendigung: „Ich finde darin nichts Anstößiges, und doch sind heute in aller Frühe die Jesuiten bei mir gewesen und haben mich ganz in Hitze gebracht." Er entschuldigte sich darauf wegen seiner vorigen Aufregung und entließ meinen Vater sehr gnädig. Wir spielten fort bei andauernd guten Einnahmen, welche auch nicht schwächer wurden, als die Gesellschaft sich um ein Mitglied verringerte. Mamsell Karoline Schädel nämlich hatte dem Universitätstanzmeister von Michelanzky, der seine adeliche Frau seit zwei Jahren verloren hatte, so wohl gefallen, daß er sich herbeiließ, ihre Seele retten zu wollen, indem er die Schauspielerin ihrem Stande und ihrer Confession — sie war Protestantin — abwendig machte. Um sein Bekehrungswerk desto erfolgreicher zu betreiben, nahm er die Schädel zu sich ins Haus, was sich diese in der Hoffnung, Frau von Michelanzky zu werden, wohl gefallen ließ. Sie trat nicht mehr auf und lebte in aller Bequemlichkeit nur ihren Buß- und Andachtsübungen, zu denen sie ihr neugewonnener Freund (welcher sich alsbald den Spottnamen „Der dreizehnte Apostel" zuzog) nebst einigen Jesuitenpatres anleitete. Als sie aber erfuhr, daß Michelanzky sie keineswegs zu seiner künftigen Frau, sondern zum Eintritt in ein Nonnenkloster bestimmt hatte, weigerte sie sich plötzlich, zum Katholicismus überzutreten, was die Bekehrer so erboßte, daß sie die Schädel prügelten und aus dem Hause warfen, worauf dieselbe nach Nürnberg zu ihren Aeltern zurückging. Aus Aerger über das Scheitern ihres beabsichtigten frommen Werkes schmähten nun die Jesuiten auf den Kanzeln gegen unsern ganzen Stand, ja, sie verfluchten jeden, der in die Komödie ging, bis in den Abgrund der Hölle. Der heilige Eifer machte sich bald fühlbar: nach und nach wurde das Theater leer. Meine Mutter begab sich selbst zu einigen vornehmen Herrschaften und fragte nach der Ursache ihres Fortbleibens.

„Die Jesuiten", antwortete man, „sind fast allein unsere Beichtväter; als wir nun unlängst gebeichtet hatten, befragten sie uns vor der Absolution, ob wir auch die Komödie besuchten? Nachdem wir mit Ja! geantwortet, fuhren sie fort: «Dann können wir Sie nicht eher absolviren, als bis Sie geloben, nicht mehr in die Komödie zu gehen.» Was sollten wir thun? Absolvirt mußten wir sein — also gaben wir das verlangte Versprechen und können nun nicht eidbrüchig werden."

Meine Aeltern hörten daher auf zu spielen. Der Vater nahm etwas Geld, reiste fort und suchte anderswo die Permission zu erhalten. Allein da er von Ingolstadt keine Atteste beibringen konnte, so ward er nirgends zugelassen; unsere Schauspieler, denen die Sache zu lange währte, gingen einer nach dem andern heimlich davon; das Gleiche that meine Halbschwester Marianne. Meine Mutter blieb mit mir und Karl allein; Brot und Salz war unsere Speise, Wasser unser Trank; dazu mahnte unser roher Wirth fast täglich an die Erfüllung unserer Verpflichtungen gegen ihn. Wir waren in einer verzweifelten Lage. Da, an einem Vormittage, nahm meine Mutter uns Kinder bei der Hand und sagte: „Wir wollen nach der Jesuitenkirche." Ohne daß ein Wort weiter gewechselt worden wäre, langten wir vor derselben an; der Gottesdienst war vorbei, aber die Kirche offen. Die Mutter schickte Karl in die Sakristei mit dem Auftrage, er möge einen Geistlichen bitten, in den Beichtstuhl zu kommen. Mein Bruder gehorchte, und bald erschien ein Pater, der sich in den Beichtstuhl setzte. Meine Mutter hub an: „Beichten will ich nicht, aber Sie sollen mich hören. Ich bin die Schulzin, des Komödianten-Schulze Frau; da sitzen meine zwei unmündigen Kinder; mein Mann irrt in der Fremde umher und sucht Brot für die Seinen. Wir sind hierher gekommen als ehrliche Leute, Sie aber haben uns an den Bettelstab gebracht!"

„Sprechen Sie nicht so laut!" fiel hier der Pater beschwichtigend ein (es waren Leute in der Kirche), „was wollen Sie eigentlich?"

„Wegreisen, so ehrlich wie ich gekommen bin", versetzte meine Mutter bestimmt; „ich gehe nicht von hier, ohne meine Gläubiger bezahlt zu haben, und da ich kein Geld besitze, so machen Sie Anstalt. Sie haben unser Unglück verschuldet, Sie müssen uns retten!"

„Madame!" rief der Jesuit, „Sie verlangen Geld von uns? Wir sind selbst so arm, daß wir keinen Kreuzer für Schnupftaback haben!"

Ich stieß meinen Bruder an und sagte laut: „Höre doch, Karl, wie der Geistliche lügt!" — Ueber diese Bemerkung gerieth meine Mutter in Verwirrung, sie faßte sich indessen und sagte: „Gleichviel — ich kann nicht meine Kinder bei der Hand nehmen und wie ich gehe und stehe zum Thore hinauslaufen. Wollte Gott, ich hätte diesen Schritt nicht nöthig gehabt, aber mir blieb kein Ausweg. Wenn Sie nicht Barmherzigkeit üben, so schreie ich laut über der Jesuiten Lügen und Lästerung!"

„Ihnen soll geholfen werden", fiel der Pater ein; „nur gedulden Sie sich ein paar Tage!" Das versprach meine Mutter, und wirklich schickten die Jesuiten, mit ihrem Petschaft versiegelt, noch in derselben Woche Geld, sodaß meine Mutter alle ihre Schulden bezahlen konnte.

Endlich kamen Briefe von meinem Vater. Er hatte in Passau unsern ehemaligen münchener Principal Johann Schultz getroffen und in der Hoffnung, seine alte Schuld bezahlt zu erhalten, sich mit uns bei ihm verdungen. Wir setzten uns zu Schiffe und fuhren nach Passau; Schultz machte leidliche Geschäfte. Allein schon in Regensburg

stockten die Einnahmen; einem Principal, der keine Unter=
stützung vom Fürsten Taxis hatte, konnte es dort nicht
glücken, dieser aber hielt damals italienische Schauspieler
und unser deutsches Theater im Ballhause blieb leer.
Schulz zog daher nach Nürnberg, wo unter freiem Himmel
am Tage agirt wurde. Diese Stadt war vielleicht der
schlechteste Theaterort im ganzen römischen Reiche: ein hoch=
löbliches Kriegsamt beanspruchte für die Gnade, daß wir
spielen durften, von jeder Einnahme den dritten Theil. Es
waren Büchsenmänner bestellt, welche an der Kasse, als wären
sie vom Principal eingesetzt, alles Geld annahmen; nach der
Vorstellung versiegelte der Directeur die Büchse, der Büchsen=
mann drückte sein Siegel daneben, und erst am nächsten
Morgen erhielt der Unternehmer auf dem Kriegsamte seine
zwei Drittel, denen man aber zuvor noch sämmtliche thea=
tralische Unkosten und — 2 Fl. 24 Kr. für die Mühe des
Geldzählens abzog. Außerdem wurden die Zettelträger und der
Requisiteur nebst den übrigen untergeordneten Personen vom
Kriegsamte angestellt: wie oft mußte der Directeur sich von
diesen auf das gröbste behandeln lassen, ohne sie fortschicken
zu können! — Wir Schauspieler waren der unangenehmen
Verfügung unterworfen, daß keiner von uns bei einem Bür=
ger wohnen durfte; jeder mußte in einem Wirthshause logi=
ren, wo es denn der Wirth so einzurichten verstand, daß
die Gage jede Woche richtig draufging, — wenn nicht
noch mehr verzehrt wurde, wofür bei der Abreise Faust=
pfänder zurückblieben.

Unter diesen Umständen konnte es nicht überraschen, daß
unser Principal in Nürnberg völlig scheiterte. Seine vielen
Gläubiger wurden eines Tages alle auf das Rathhaus ge=
laden; auch mein Vater stellte sich dort ein, um zu Proto=
koll zu geben, wieviel Schulz ihm schuldig sei. Er hub an:
„Eintausend..." — „Oho!" fiel ihm der Gerichtsherr in's

Wort, „das ist zu viel, das kann der Mann nicht zahlen. Wieviel ist er Ihnen hier schuldig geworden?" „Hundert Gulden", antwortete mein Vater; „wenn er mir die bezahlt, so will ich ihm die alte Schuld gern schenken." Das wurde zu Protokoll genommen. — Geld war von Schultz nicht zu erhalten, er wollte aber nach Prag fahren, um die Permission zu erwirken. Nachdem er versprochen, uns von dort aus zu bezahlen, reiste er mit seiner Frau fort. — Wochen vergingen; wir hörten nichts mehr von ihm, trotzdem mein Vater wiederholt an ihn schrieb. Endlich entschloß sich dieser alte Mann, im neunundfunfzigsten Jahre seines Lebens, von Nürnberg nach Prag zu Fuße zu gehen; da es ihm gänzlich an Gelde gebrach, so richtete er seinen Weg so ein, daß er mittags und abends ein Kloster erreichte, wo er Speisung und Nachtlager fand. Oft gab man ihm auch einen Zehrpfennig obendrein, sodaß er — während andere ihre Habe auf Reisen verbrauchen — reicher nach Prag kam, als er von Nürnberg gegangen war. Er fand Herrn Johann Schultz nebst Gattin in Gesellschaft eines reichen Zahnarztes, Teppi, bei der Mittagstafel, auf welcher Pasteten, Hasen, Hühner und gute Weine prangten. Mein Vater redete ernsthaft, und Schultz versprach die 100 Gulden für den nächsten Tag. Erst spät am Abend kehrte der Vater, welcher alte Bekannte aufgesucht hatte, in sein Quartier zurück, wo ihn sogleich der Wirth anredete: „Gut, daß Sie da sind; schon dreimal hat der Läufer des Herrn Stadtcommandanten nach Ihnen gefragt, Sie sollen schleunig zu Sr. Excellenz kommen." Mein Vater eilte hin zu dem hohen Herrn, der in ihm freundlich einen alten Bekannten begrüßte, dessen Kunst ihn vormals oft ergötzt. „Und wissen Sie", fuhr er fort, „wie ich Ihre Anwesenheit erfuhr? Ich sollte einen Steckbrief auf Sie erlassen, der Zahnarzt Teppi wollte Sie in Arrest bringen wegen einer

Schuld von 100 Gulden, deren Zahlung Sie vor 12 Jahren für Ihren Principal Hake verbürgt haben!"

Die Sache war richtig und der arme Alte mußte noch froh sein, daß Teppi die Handschrift des Johann Schulz an Zahlungsstatt annahm. Mein Vater erhielt seinen vor 12 Jahren ausgestellten Schuldschein zurück, und da er auf dem nürnberger Rathhause erklärt hatte, dem Principal die alte Schuld zu schenken wenn ihm dieser die 100 Gulden entrichte, so nahm Schulz jene Forderung wirklich für geschenkt an und bedankte sich nicht einmal. Aermer als er gekommen, mußte mein Vater Prag wieder verlassen; müde und matt langte er bei uns an. Wir hatten unter= dessen Briefe aus Luxemburg vom Principal Mayer erhal= ten, der uns Engagement und 100 Gulden Vorschuß an= trug, von denen 50 in Nürnberg, 50 in Würzburg bezahlt werden sollten. Der Vater nahm dieses Erbieten an, und im Anfang des September 1752 machten wir uns auf die Reise.

Zu Würzburg fanden wir im Absteigequartier einen Zettel der Brunian'schen Gesellschaft, welche nur Pantomi= men spielte. Um das Handwerk zu grüßen, suchte mein Vater den Principal auf, der ihm sagte, daß meine Halb= schwester Marianne bei seiner Truppe engagirt sei. Wir eilten zu ihr; die Freude des Wiedersehens war so groß, daß Marianne dringend den Wunsch äußerte, wir möchten ganz bei der Gesellschaft bleiben. Brunian schloß sich die= sem Wunsche an, und da er vorgab, genau zu wissen, daß Mayer in Luxemburg tief in Schulden stecke, so sandte mein Vater diesem den Vorschuß zurück und blieb in Würzburg. Erst als es zu spät war, stellte sich heraus, daß Brunian uns belogen hatte, um uns bei seinem Unternehmen festzu= halten.

Dieses würde unzweifelhaft fortdauernd gute Erträgnisse

geliefert haben, hätte der Principal nicht so viele unnütze Leute angestellt; um eines Brauchbaren willen erhielt er oft ganze Familien. Zum Glück war bei unserm Engagement ausgemacht worden, daß ich an jedem Orte eine Abschiedsrede halten und diese am Schlusse der Vorstellungen austheilen sollte. Mit dem auf diese Weise eingenommenen Gelde bezahlte mein Vater seine Schulden; allein da er von Brunian die Gage sehr unpünktlich erhielt, so besann er sich nicht, zum Directeur Joseph Kurz zu gehen, als ihm dieser Engagement bis Ostern 1754 antrug. Nur meine Halbschwester Marianne blieb bei Brunian, um einen jungen Acteur Namens Meier zu heirathen.

Bei Kurz, welcher im Lager von Kollin und in Regensburg Vorstellungen gab, spielten wir, bis mein Vater Briefe von Locatelli bekam, einem italienischen Entrepreneur, der in Prag welsche Oper hielt und zugleich deutsche Komödie haben mußte. Die Direction über diese letztere trug er meinem Vater an, gegen einen Wochengehalt von 12 Gulden und die Erlaubniß, mich und meinen Bruder von seinen Balletmeistern im Tanzen unterrichten zu lassen. Der Vater sagte zu und wir reisten nach Prag. Der Augustmonat des Jahres wurde wieder im Lustlager bei Kollin zugebracht, wo die Gesellschaft die Ehre hatte, vor Maria Theresia und dem Kaiser Franz zu arbeiten; dann zogen wir nach Prag, wo Locatelli aber mit seiner kostspieligen welschen Oper so viel zusetzte, daß er zuletzt heimlich entwich. Zum Glück fanden wir sogleich wieder Unterkommen bei Herrn Nicolini in Braunschweig, wo wir blieben, bis 1756 der Directeur Franz Schuch uns engagirte. Die Grobheiten dieses hochmüthigen, rücksichtslosen Mannes ertrug mein Vater in dem Gedanken, jede Woche richtig bezahlt zu werden; in der That hatten wir, solange wir bei Schuch waren, unser sicheres Brot, aber ein guter Magen gehörte

dazu, es zu verbauen. Bei einer Probe in Frankfurt a. O.
machte es der Principal so arg, daß mein Vater Händel
mit ihm bekam und stracks abdanken mußte.

Eben war ein italienischer Balletmeister Curioni aus
Dresden angelangt: mit dessen Kutscher traf mein Vater
eine billige Abrede, und so fuhren wir nach der sächsischen
Hauptstadt. Hier sollten wir Kinder am königlichen Thea=
ter (der Hof hielt opéra comique) zu den Ballets engagirt
werden; mein Vater bekam Anstellung bei dem Principal
der deutschen Komödie, Kirsch, welcher den Arlequin machte;
seine Frau war eine Schülerin der berühmten Neuberin
und eine tüchtige Actrice.

Die Vorstellungen begannen, aber bald fehlte ihnen der
Zuspruch, denn der Krieg nahm seinen Anfang: die Preu=
ßen rückten in Dresden ein. Das Komödienhaus, welches
einst Locatelli im Zwinger erbaut, wurde gleich dem Ge=
wandhause, wo Kirsch spielte, in Proviantmagazine für die
preußische Armee verwandelt; der Principal war in Ver=
zweiflung. Auf Zureden meines Vaters faßte er indessen
Muth, ließ sich ein Bittschreiben aufsetzen und verschaffte
sich zur Ueberreichung desselben eine Audienz bei Friedrich II.
Der König nahm das Schreiben, las es auf der Stelle und
sagte: „So ist eine Komödie hier? Das ist gut, da ha=
ben meine Offiziers im Winter einen Zeitvertreib. Er kann
spielen!" — „Ja, Majestät", entgegnete Kirsch, „aber wo?
Wir haben keinen geeigneten Ort!" „Wo habt Ihr denn
sonst gespielt?" fragte der König. „Im Gewandhause!"
lautete die Antwort. „Das geht nicht, das kann ich Ihm
nicht einräumen lassen, es liegt zu bequem für meine Leute,
des Proviantes wegen. Ist denn sonst kein Platz da?" —
„Ja, im Zwinger ist ein Komödienhaus. Aber auch dort
liegt Proviant!" — „Das ist besser! Es sind nur Fässer
mit Mehl darin; der Zwinger ist ohnedies weit entlegen;

die Fässer sollen heraus, ich werde gleich Befehl ertheilen.
Da könnt Ihr anfangen zu spielen wann Ihr wollt!" —
Kirsch, von der Güte des Monarchen tief bewegt, konnte
vor Freude nicht danken; er wollte dem Könige zu Füßen
fallen, doch dieser ließ es nicht zu, sondern reichte ihm die
Hand, welche Kirsch küßte. Friedrich sagte noch: „Gleich
heute sollen Anstalten getroffen werden, den Zwinger zu
räumen; macht Eure Sachen nur gut!" Dann winkte er
mit der Hand und wandte sich ab. Kirsch kam unmittelbar
aus der Audienz nach unserm Hause und erzählte alles;
Thränen erstickten oft seine Stimme.

König Friedrich hielt Wort; in wenigen Tagen konnten
wir anfangen zu spielen. Das Theater war immer gut
besucht; wir arbeiteten mit Lust; auch ich, damals in mei=
nem zwölften Jahre, griff wacker mit ein. Um kein Aer=
gerniß zu erregen (weil ich schon Weiber und junge Witwen
spielte), gaben meine Aeltern mich für drei bis vier Jahre
älter aus; ein großer Reifrock, hohe Absätze und Frisur
mußten mich um eine Viertelelle länger machen.[6])

Bei den Wechselfällen des Krieges dauerte die günstige
Lage in welche wir so unerwartet versetzt worden waren,
leider nicht lange. Die dresdener Besatzung wurde vermin=
dert, und Kirsch, um nicht wieder einzubüßen was er ge=
wonnen, schloß das Theater zum Frühjahre. Einige von
der Gesellschaft, darunter meine Aeltern, gingen nach dem
nahen Freiberg um auf Theilung zu spielen, aber kaum
waren dort die Vorstellungen eröffnet, als die in dem Städt=
chen liegenden Preußen Marschordre bekamen. Das Thea=
ter hörte nun von selbst auf, und wir würden weiter gezo=
gen sein, hätte mich nicht ein hitziges Fieber aufs Kranken=
lager geworfen. Ich war noch nicht genesen, als meine
Mutter von der nämlichen Krankheit befallen wurde. Wir
erholten uns nur langsam, denn Kartoffeln und Salz wa=

ren unsere einzige Nahrung. Da schien mir eines Morgens
die Sprache meines Vaters höchst seltsam: es war ein un=
behülfliches Lallen. Bange Ahnung ergriff mich — sie
sollte mich nicht getäuscht haben. Ein Schlagfluß hatte ihn
getroffen; wenige Stunden später war er todt.

Unser Versorger hatte uns verlassen; wir waren dem
Elend preisgegeben! Da klopfte es, man brachte einen
Brief. Er war noch an den Verstorbenen gerichtet; ich öff=
nete ihn: ein Wechsel von 30 Thalern fiel mir entge=
gen. Herr Doebbelin, der in Erfurt Directeur einer Ge=
sellschaft war, schickte das Geld; mein Vater hatte sich in
seinen letzten Lebenstagen um Engagement bei ihm bewor=
ben; ich hielt die erwünschte Antwort in Händen, daß wir
kommen sollten; der Wechsel war das Reisegeld. Wir ord=
neten unsere Angelegenheiten und begaben uns nach Erfurt,
wo wir die Gesellschaft schon im Begriff fanden, nach Mainz
überzusiedeln. Voll froher Erwartung besserer Tage schlossen
wir uns den neuen Kameraden an, allein Herr Doebbelin
bekam in Mainz keine Permission. Er ließ daher das ganze
Personal zusammenkommen und verkündete: „er sei nicht
im Stande, die Gesellschaft zu erhalten; jeder möge sehen,
wo er bleibe." Ein vormaliger Tänzer Köhler, der in
Mainz jetzt Tanzmeister war und den der Anblick so vieler
trostloser Gesichter jammerte, beredete zum Glück den Prin=
cipal, den Rhein hinunterzufahren und in Koblenz, Bonn,
Köln oder Düsseldorf sein Heil zu versuchen. Die Gesell=
schaft, 20 Köpfe stark, wurde auf ein Schiff geladen und
schwamm nach Koblenz.

Gleich am ersten Morgen wurden wir mit der wenig
tröstlichen Nachricht erweckt, daß Herr Doebbelin mit seiner
Frau und zwei Koffern nächtlicherweile abgereist sei; nie=
mand wußte wohin. Das Theater und die Garderobe
hatte er unter der Obhut seines Bruders gelassen, aber die

Schlüssel bei sich behalten. „Mein mon frère wird Permission suchen!" meinte der Bruder.

Der „mon frère" blieb vier Wochen aus — endlich beschlossen die Herren, wenn der Principal nicht binnen 14 Tagen wieder aufgetaucht sei, so wolle man dem Kurfürsten unser Elend in einem Schreiben vorstellen, die Erlaubniß erbitten auf gemeinschaftliche Kosten zu spielen, die Koffer erbrechen und des Theaters sowie der Kleider sich bedienen. Allein drei Tage danach kam Doebbelin, zahlte unsere Schulden und führte uns zu Schiffe nach Köln.

Dort machten wir bis nach Neujahr 1758 gute Geschäfte; dann reisten wir nach Düsseldorf, wo wir aber nicht das nämliche Glück hatten. Abermals berief Herr Doebbelin die Gesellschaft und sagte: „Wir können nicht länger hier bleiben; ich will zu Schiffe nach Köln zurück." — Wer nicht acht Tage auf dem Rheine schwimmen wollte der gerade stark mit Treibeis ging, konnte auf seine Kosten die Post nehmen oder zu Fuße laufen. Ein Theil der Gesellschaft also schwamm mit der Bagage, ein anderer ging, ein dritter benutzte die Post; darunter wir. Am Palmsonntage fanden sich alle in Köln wieder zusammen; die Vorstellungen begannen, aber der Zuschauerraum blieb leer; man merkte, daß die starke Schweizer=Besatzung, welche das Theater sonst zu füllen pflegte, abgezogen war. Herr Doebbelin nahm seine Zuflucht zu den Karten und hatte wirklich anfangs Glück, doch endlich spielte er sich ganz zum Bettler. Nun führten ihn die Aeltesten unserer Gesellschaft nebst einigen Bürgern, welche Geld von ihm zu fordern hatten, vor den Bürgermeister, der aber nichts thun konnte, als Doebbelin von Amts wegen ein Schreiben nach Aachen zu geben, damit er dort die Permission erwirke. Dafür mußte er einen Eid leisten, alle Schulden zu bezahlen, — wenn er könne. Herr und Madame Doebbelin reisten ab, ohne sich um uns, die wir in Noth zurückblieben, zu kümmern.

Wir schrieben um Engagement an die Principale Schuch, Koch und Ackermann, entschlossen, bei dem ersten einzutreten, der uns Antwort und Reisegeld zukommen ließe. Das war Ackermann, der damals in der Schweiz spielte; er bot uns wöchentlich 9 Gulden Gehalt und 40 Gulden Reiseentschädigung. Frohen Herzens machten wir uns auf den Weg und trafen den Principal in Zurzach, wo gerade Messe gehalten wurde. Wie glücklich war ich, als ich am Thore einen Komödienzettel sah, der für den Abend des 26. August 1758 eine Vorstellung des „Geizigen" ankündigte!⁷) Da waren wir ja am Ziele — nach mühseliger Fahrt!

Wir fragten sogleich nach der Wohnung des Principals; man wies uns in's Schwert. Nicht lange, und wir standen vor Ackermann, der sich, die Pfeife im Munde, im Nachtleibchen, Pantoffeln und Mütze präsentirte. In Ermangelung eines Schnupftuches schneuzte er sich mit der Hand, wischte selbige an seinem dicken Bauche ab und reichte sie uns, indem er uns freundlich willkommen hieß. Frau Ackermann lud uns sogleich zur Mittagsmahlzeit und bald fühlten wir uns bei den ehrlichen, offenherzigen Leuten völlig heimisch.

Nach Tische suchten wir eine Wohnung, abends gingen wir in die Komödie. Der Messe halber wurde täglich gespielt, Sonntags sogar zweimal. Die erste Vorstellung begann um 4 Uhr nachmittags, die zweite wie diejenigen der Wochentage um 8 Uhr abends; in sieben Tagen wurde also achtmal gearbeitet. Madame Ackermann wünschte mich in Zurzach noch auftreten zu sehen; ich brachte ihr das Verzeichniß meiner Rollen und sie wählte die Iphigenia. Ich wandte ein, daß ich diese Partie erst auf der Reise gelernt habe, ja, die beiden letzten Acte noch gar nicht auswendig wisse,

und bat, sie möge mich doch in einem andern Stücke auf=
treten lassen. Allein sie erwiderte: „Ich kann hier nur
Komödien geben, deren Zettel ich gedruckt bei mir habe,
denn hier in Zurzach ist keine Buchdruckerei." Ich verlangte
das Soufflirbuch, da ich das Stück nie hatte aufführen se=
hen; ich hatte es sogar niemals ganz gelesen, sondern be=
saß nur meine Rolle mit den Stichworten, ohne zu wissen,
ob sie richtig geschrieben sei oder nicht. Aber die Einhel=
ferin Klara Hoffmann, welche das Buch hatte, vertröstete
mich von einem Tage zum andern; ich lernte indessen eifrig
aus meiner Rolle, da mir Madame Ackermann ausdrücklich
befohlen hatte, nicht zu sagen, daß ich die Iphigenia
nie gespielt. Meine ganze Hoffnung war die Probe —
allein ich sollte mich getäuscht haben. Ohne daß eine solche
abgehalten worden wäre, wurde das Stück angekündigt; der
entscheidende Abend kam: ich mußte mich auf meine gerechte
Sache verlassen. [8])

Die Rolle gelang mir besser als man hätte annehmen
sollen; großen Beifall aber erntete mein Bruder und ich
am nächsten Abend in einem Ballet, in welchem wir als
Kohlenbrenner (Bauer und Bäuerin) gekleidet, ein Pas de
deux tanzten. [9]) — Wir durchzogen nun mit Ackermann's
Gesellschaft die Schweiz; in Bern trafen Herr und Madame
Doebbelin, unser vormaliger Principal, sowie Madame
Hensel bei uns ein; in Baden starb Madame Doebbelin
fast gleichzeitig mit Madame Curioni (jene am 14., diese
am 7. September 1759). Ackermann war rechtschaffen ge=
nug, beiden Frauen während ihres Krankenlagers die volle
Gage zu zahlen, was nicht jeder Directeur gethan haben
würde.

In Luzern, einem schön gelegenen Orte, der aber er=
bärmliche Wirthshäuser hatte, lebten wir fast alle von Brot,
Kastanien, Obst und Kaffee, denn die Kost war ungenieß=

bar. Wir zogen bald wieder nach Bern, wo ich diesmal das Glück hatte, den Dichter Wieland kennen zu lernen, der sich mir sehr freundlich erwies.

Im Advent reisten wir nach Straßburg, wo am 26. December (1759) mit „Miß Sarah Sampson" und einem Ballet angefangen wurde. Noch nie zuvor war ich an einem Orte gewesen, wo das Publikum so kunstverständig richtete; ob der Autor, der Directeur oder der Schauspieler seine Sache nicht gut gemacht, wußte man dort genau zu unterscheiden. Wahrlich, die Straßburger konnten Künstler bilden! Es war damals nicht Mode, bei den Personen auf dem Zettel die Namen der Schauspieler zu nennen: wenn also ein neues Stück gegeben wurde, dessen Inhalt bekannt war, so besetzten die Straßburger dasselbe in Gedanken. Traf sich's, daß diese Besetzung mit der wirklichen übereinstimmte, so wurde der betreffende Schauspieler bei seinem Erscheinen mit Händeklatschen bewillkommnet; war die Besetzung eine andere als man erwartet, so mußte es der Directeur, nicht aber der Darsteller entgelten, der ja spielen muß, was man ihm gibt. Hatte gar die Direction sich eine Rolle angemaßt, der sie nicht gewachsen war, so rührte sich keine Hand, während die kleinste Nebenrolle, wenn der Schauspieler in derselben genügte, mit Beifall überschüttet ward. Parteilichkeit kannten die Straßburger nicht; mochten die Acteurs alt oder jung, schön oder häßlich sein: das Publikum kümmerte sich nur um die Kunst. Ganz so war es in dem französischen Theater, welches Straßburg unterhielt. — Glücklich der Schauspieler, der vor solchem Publikum zu arbeiten die Ehre hat!

Bis 1760 zur Fastenzeit blieben wir in Straßburg; dann zogen wir nach Kolmar, allein es wollte dort Herrn Ackermann nicht glücken. Wir reisten daher bald nach Sulzbach, wohin der Gesundbrunnen viele Fremde lockte. Der

Principal hatte etwa eine Stunde von dem Orte ein Bauer=
haus gemiethet; dort wohnte bei ihm der größte Theil der
Gesellschaft; Madame Ackermann kochte für alle, die bei ihr
im Hause waren. Wir lebten so recht einträchtiglich bei=
einander. Das Theater war auf einem großen Boden auf=
geschlagen und die Komödie begann anfänglich abends zur
gewöhnlichen Zeit; da dies aber den Brunnengästen zu spät
war, so spielten wir in der Folge zunächst gleich nach
Tische, dann morgens um 8, endlich nachmittags um 4 Uhr.
Ja, einmal gaben wir sogar nach dem Abendessen Komödie.
Trotzdem nahm Ackermann die Kosten nicht ein; der Spieltisch
zog die Leute mehr an als unser Theater, und wir gingen
abermals nach Kolmar. Dort aber zeigte man sich französischen
Schauspielern mehr geneigt als uns; Ackermann war daher
froh, als wir endlich Michaelis schrieben, denn zur Meß=
zeit konnte er nach Basel gehen. Hier glückte es uns wirk=
lich in vollem Maße, doch leider war die Freude von kur=
zer Dauer. Ein baseler Bürger, seines Zeichens Schuster,
der sich von Ackermann, der Himmel weiß wodurch, belei=
digt glaubte (vielleicht daß dieser ein Paar Schuhe getadelt),
wurde in den Rath gewählt und rächte sich nun durch die
Anordnung, daß Ackermann wie die Puppenspieler, Zahn=
ärzte, Gaukler und Taschenspieler am letzten Tage der Messe
sein Theater schließen mußte. Wir wandten uns nach Kol=
mar zurück, in der Hoffnung, die Einwohner dieser Stadt
würden im Herbste nachholen, was sie im Sommer an uns
versäumt. Allein diese Erwartung sollte sich nicht erfüllen;
man war und blieb in Kolmar gleichgültig gegen deutsche
Komödie. Ackermann war nicht mit uns gereist, sondern
hatte für ein gutes Winterquartier gesorgt; als er wieder zu
uns gestoßen war und das Theater eines Abends fast völlig
leer fand, ließ er den Vorhang aufziehen, stellte den An=
wesenden in bescheidener Rede vor, wie er in dem Orte

nicht bestehen könne, dankte für ihren Besuch und bat sie, an der Kasse sich ihr Eintrittsgeld wiedergeben zu lassen, denn Zeit und Umstände erlaubten seiner Gesellschaft nicht zu spielen. Mit dem Wunsche, wohl zu leben, machte er seinen Diener und zog sich zurück, das Publikum zerstreute sich und wir wanderten andern Tags nach Straßburg. Dort bot der französische Principal Monsieur le Neuf mir nebst meinem Bruder Engagement für seine Ballete an, allein da Ackermann inzwischen unsere Gage auf 11 Gulden wöchentlich erhöht hatte, so blieben wir bei ihm, trotzdem wir von den Launen seiner Frau viel ausstehen mußten. Die Principalin hatte eine sehr unangenehme schwache Seite, sie war vom Teufel der Eifersucht besessen; Ohrenbläser wußten sie immer in Argwohn zu erhalten und so wurde oft die ganze Gesellschaft aneinandergehetzt. Dennoch fühlte man sich bei Ackermann's im ganzen wohl; die Principalin war, von dem erwähnten Fehler abgesehen, eine rechtschaffene Frau, häuslich, außerordentlich geschickt in allen Arbeiten, unermüdet in ihrem Fleiße und pünktlich im Bezahlen. Daß Ackermann's Unternehmung glückte, war lediglich das Verdienst der sparsamen Wirthschaft seiner Frau, welche trotzdem nicht geizte, sondern gegen Arme und Kranke immer mildthätig war. Ackermann selbst konnte nicht sparen; mit jeder andern Frau wäre er bald zu Grunde gegangen.

Zur Fastenzeit zogen wir nach Freiburg im Breisgau, wo der Adel, die Bürger und die Studirenden das Theater gut besuchten; dann gingen wir nach Rastadt. Unterwegs befiel mich die rothe Ruhr, und als ich kaum genesen war aber noch Krankensuppe essen mußte, wäre ich beinahe durch die Unvorsichtigkeit einer Magd vergiftet worden. Diese sollte mir mein Frühstück bringen, ließ es aber auf der Treppe fallen, dachte „Suppe ist Suppe" und holte aus der Küche einen Rest Schweinefleischsuppe, welcher in einem unverzinnten Kupferkessel gestanden hatte. Ich genoß davon und wurde zum Tode krank; nur sehr langsam kam ich wieder zu Kräften.

Anfangs August wanderten wir nach Karlsruhe, wo am 28. desselben Monats die Vorstellungen mit so gutem Erfolge begannen, daß wir bis tief in den Winter blieben. Im December und Januar bildeten die Hofmaskeraden, zu denen jedermann unentgeltlich zugelassen wurde, auch für uns eine angenehme Zerstreuung; ich hatte dort wiederholt das Glück, von dem Markgrafen und der Markgräfin besonders ausgezeichnet zu werden, wie denn überhaupt die Herrschaften uns allen große Huld bewiesen. Dies zeigte sich besonders, als in einem Ballet, „Die Türken", Ackermann's Stiefsohn Herr Schröder, der damals noch Grotesktänzer war, auf eigenthümliche Weise verstieß. Es war nämlich seine Aufgabe, vier Tamburins, welche auf einem hohen Gestell hingen, mit dem Fuße durch einen gewaltigen Sprung herabzuwerfen; sein Mißgeschick wollte nun, daß eines dieser Tamburins dem Erbprinzen an den Kopf flog. Der Schreck war groß, allein das Herrscherhaus entzog um dieses Versehens willen seine Gunst dem Theater nicht; dieses hingegen bemühte sich, durch Fleiß und sittliches Betragen der höchsten Protection immer würdig zu bleiben. Wir schlossen die Bühne in Karlsruhe — auf der Charlotte Ackermann als dreijähriges Kind zum ersten mal vor die Lampen trat — am 28. Januar 1762, dem Geburtstage des durchlauchtigsten Herrn; der nächste Ort war Mainz, dann zogen wir nach Frankfurt. Hier war der Unterhalt ebenso theuer, wie in Mainz billig; zum Glück für meine Kasse mußten wir bald französischen Schauspielern Platz machen, welche in der Messe zu spielen kamen. Die Franzosen hatten damals in Frankfurt zu befehlen: es war ja noch Krieg. So wurden denn Deutsche von Deutschen getrennt, und wir wanderten nach Mainz zurück, wo wir bis zur Fastenzeit des Jahres 1763 spielten.

In Mainz bekam meine Mutter im September 1762 einen Brief des Directeurs der deutschen Komödie, des Herrn Weißlern aus Wien, welcher ihr auf Befehl des Grafen von Durazzo ein Engagement am deutschen privilegirten Theater antrug. Er bot uns drei Personen — der Mutter, Karl und mir — 24 Gulden Gage wöchentlich, zahlbar auch wenn die Mutter unfähig würde. Aus Anhänglichkeit für Ackermann's gingen wir auf dieses günstige Anerbieten nicht ein; an meiner Statt wurde darauf Madame Hensel nach Wien verschrieben.

Von Mainz reisten wir in der Fastenzeit 1763 nach Kassel; als Beförderungsmittel dienten derbe Leiterwagen, da durch Geschütztransporte die Wege so grundlos geworden waren, daß Kutschen gleich zerbrochen wären. Wir trugen die Beschwerde ohne Murren: hieß es doch, daß der Krieg, welcher sieben Jahre lang gewüthet hatte, nun beendet sei. Furchtbar hatte die Gegend gelitten, welche wir passirten; in den Dörfern und Städten, wo wir rasteten, fanden wir nur selten Brot. Wie oft unsere Wagen umwarfen daß wir alle in den Koth fielen, wie oft die Pferde stürzten, wie viele Räder und Deichseln brachen, war nicht zu zählen. Daß keiner von uns zu Schaden kam, erscheint mir noch jetzt wunderbar; braun und blau gestoßen waren wir freilich alle.

Als die Bauern durch uns erfuhren, daß Friede sei, athmeten sie freier. Grauenvoll war oft das Elend: in einem Dorfwirthshause sahen wir einen sechsjährigen Knaben zu seiner Mutter treten, diese reichte ihm die Brust und er trank. „Wie hätte ich ihn sonst ernähren sollen?" sagte die Bäuerin. „Auf diese Weise zehrte er von mir mit!" — In einem andern Dorfe fanden wir in der Schankstube des Wirthshauses eine hagere Frau von etwa

40 Jahren, welche regungslos eine und die nämliche Stelle der Wand anstarrte. Ich versuchte ein Gespräch mit ihr anzuknüpfen. „Es ist Friede“, sagte ich. Sie schüttelte den Kopf: „Für mich kommt kein Friede; man hat mir zu furchtbar mitgespielt. Drei meiner Söhne wurden mit Gewalt fortgeschleppt und zu Soldaten gepreßt; alle drei wurden erschossen. Fünfmal haben sie uns rein ausgeplündert; was sie nicht mitnehmen konnten, zerschlugen sie. Das letzte mal hatten die Hannoveraner jeden Bissen aufgezehrt, da kamen Franzosen, alle betrunken. Wir sollten Essen schaffen — das wir selbst nicht hatten! Da mishandelten sie mich und meinen Mann, hieben mit ihren Säbeln in Tische und Stühle und einer riß trotz meines Flehens meinen jüngsten Sohn aus der Wiege und schleuderte ihn an die Mauer... da — da sehen Sie noch sein Gehirn!“ Sie wies auf jene Stelle, welche sie unverwandt betrachtet hatte; Blut war nicht zu sehen, denn seit der Unthat waren vier Jahre verstrichen, die Frau aber war nicht von dem Platze zu entfernen, wo sie in ihrem Irrsinn die Spuren des gemordeten Kindes zu sehen glaubte!

Wir dankten Gott, als wir endlich Kassel erreichten. Dort wurde uns das von den Franzosen hart mitgenommene Maximilianische Palais eingeräumt; wir wohnten in kostbaren Zimmern, schliefen aber auf Stroh, denn in ganz Kassel war für schweres Geld kein Bett zu haben. Trotzdem wir von den Strapazen der Reise sehr erschöpft waren, eröffnete Ackermann das Theater gleich am folgenden Abend; da Madame Hensel uns verlassen, mußte ich die ersten Liebhaberinnen übernehmen und lieferte in Kassel die Lindane aus der Schottländerin, sowie Lessing's „Miß Sarah Sampson“. Ackermann erhöhte unsere Gage; in dem nächsten Orte, Braunschweig, wohin der Impresario Nicolini die Gesellschaft berief, bekamen wir 14 Gulden wöchentlich.

In der genannten Stadt sollte Schröder in einem Ballet: „Die Aepfeldiebe oder das Obstschütteln", zum zweiten male durch einen seiner waghalsigen Sprünge mit einer fürstlichen Person in Zerwürfniß gerathen. Er war ein lustiger Vogel, der gern Billard spielte und das Geld keineswegs zu Rathe hielt. Eines Tages verlangte er Vorschuß, Ackermann weigerte sich solchen zu leisten, und sein Stiefsohn bekam mit ihm auf einer Probe Streit, der endlich so heftig wurde, daß Schröder den dicken Ackermann immer im Kreise um die Bühne hetzte, bis sich die Anwesenden ins Mittel legten. Abends sollte Schröder tanzen; der Erbprinz Karl Wilhelm Ferdinand hatte das „Obstschütteln" ausdrücklich zu sehen gewünscht, da bei der herzoglichen Tafel erzählt worden war, daß Schröder in diesem Ballet einen Apfel vom Baume und sich gerade in den Mund schleuderte. Der Erbprinz brannte nun vor Begierde, dies zu sehen, Schröder aber war durch den Zank verstimmt. Seine Scene kam, der Erbprinz legte sich mit dem halben Leibe aus der Hofloge, um von dem Kunststücke nichts zu verlieren; Schröder flog auch wirklich mit einem Satze vor den Aepfelbaum, dort aber nahm er plötzlich eine lässige Haltung an und — pflückte den Apfel mit der Hand. Der enttäuschte Erbprinz rief laut: „Das kann ich auch!" — „So kommen Sie herunter auf die Bühne und machen es nach!" antwortete Schröder, ohne sich zu besinnen. Die Folge davon war, daß er drei Wochen in's Gefängniß wandern mußte, aus dem ihn erst Ackermann's dringende Verwendung wieder befreite. [10]

Von Braunschweig zogen wir nach Hannover, wo Ackermann um der guten Führung seiner Gesellschaft willen die besondere Vergünstigung erhielt, nach Göttingen gehen zu dürfen. Ich hatte dort das Glück, von den Herren Studirenden mit besonders gütiger Nachsicht behandelt zu werden. Oft versammelten sie sich, wenn ich gespielt hatte, unter Anführung des mir besonders ergebenen Daniel Schiebeler vor der Ausgangsthür und folgten mir, aber immer ruhig und geordnet, bis an meine Wohnung, wo sie sich zerstreuten, nachdem sie mir ein Vivat gebracht. Im Theater betrugen sie sich immer sehr gesittet; besonders wohl gefiel ihnen unsere Vorstellung der „Miß Sarah Sampson", worin Eckhof, der in Hannover zu uns gestoßen war, den Mellefont gab und ich die Heldin so zu dieses großen Künstlers Zufriedenheit darstellte, daß er mir dieselbe mit warmen Worten bezeugte.

Als die letzte Komödie in Göttingen gespielt war, kam eine Deputation der Studirenden zu Ackermann auf das Theater, dankte in kurzen Worten für die bereiteten Genüsse und endete mit dreimaligem Vivat. Wir küßten sie die Hände, dankten und wünschten glückliche Reise; vor meinem Hause brachten sie mir ein Hoch, so laut, daß man es gewiß in ganz Göttingen hörte.

Tags darauf reisten wir nach Braunschweig ab, wo auf Befehl des Hofes mit „Miß Sarah Sampson" angefangen wurde. Von dort siedelten wir nach Hamburg über; hier gaben wir am 6. September 1764 die erste Vorstellung. Der Schauplatz war am Dragonerstall, in einem Komödienhause, in welchem auch vor uns schon deutsches Schauspiel gewesen war. Das Theater wurde stets gut besucht; wir erhielten allen Beifall, namentlich aber gefiel dem mehr schaulustigen als mit Feinsinn urtheilenden Publicum das Ballet. Niemand war jetzt vergnügter als Eckhof; ihm ward erst recht wohl in Hamburg, — seiner Vaterstadt, in der er einst als einundzwanzigjähriger Anfänger bei Schönemann mit 1 Thaler 16 Groschen wöchentlichen Gehaltes Komödie gespielt hatte. Auch wir waren zufrieden, denn der Principal erhöhte unsere Wochengage auf 16 Gulden.

Da das alte Theater nicht mehr genügte, so ließ Acker=
mann zunächst den Concertsaal auf dem Kampe zu einer
Bühne einrichten; nach dem Weihnachtsfeste 1764 begannen
die Vorstellungen dort. Gleichzeitig ward der Principal in
Hamburg Bürger und erbaute auf seine Kosten ein neues
Komödienhaus, welches auf einem Hinterplatze am Gänse=
markte errichtet wurde. Bis dieses fertig war, zogen wir
nach Bremen, indem wir am 22. Februar 1765 aufbrachen,
zu Wasser bis Buxtehude und dann mit Extrapost weiter
gingen. Wir spielten in Bremen bis Mitte Juli 1765
unter stets wachsender Theilnahme; beim Scheiden hatten
die ersten Mitglieder noch eine besonders freudige Ueber=
raschung. In schwere silberne Tabacksdosen verpackt erhielt
Eckhof, wie ich, 18, der alte Schröter 12 und Boeck 10
Stück Dukaten von namenlos gebliebenen Gönnern zu=
gesendet; wir erfuhren später, daß eine Gesellschaft von
Kunstfreunden, welche im Rathsweinkeller regelmäßig zu=
sammenzukommen pflegte, die Summen für uns ausgesetzt
habe.

Am 24. Juli 1765 kehrten wir nach Hamburg zurück,
wo unterdessen das neue vom Baumeister David Fischer
(übrigens mit wenig Geschick) errichtete Schauspielhaus am
Gänsemarkte vollendet war. Es ward am 31. Juli vor
einem dichtgedrängten Publikum mit einem Prolog: „Die
Komödie im Tempel der Tugend", aus der Feder des Dich=
ters Löwen, dem aus dem Französischen des du Belloy in
Prosa übersetzten Trauerspiel „Zelmire" und dem Ballet
„Die Kornernte" eröffnet. Ackermann sparte nichts, um die
Zuschauer dauernd zu fesseln: die Garderobe war prächtig,
die neuen Decorationen mannichfach und geschmackvoll und
die Auswahl der Stücke, deren oft neue gegeben wurden,
gut. Molière's, Voltaire's, Goldoni's Bühnenwerke wechselten
ab mit denjenigen Schlegel's und Lessing's; den „Kanut"

sowie „Miß Sarah Sampson" und den „Freigeist" konnten
wir oft wiederholen. Im Anfang des September glückte
ein prunkhaftes Trauerspiel mit Ballets: „Soliman II. oder
die drei Sultaninnen", worin ich die Roxelane machte.
Dann freilich traf uns das Misgeschick, daß durch Kaiser
Franz' I. Ableben Landestrauer eintrat, während deren die
Bühne (vom 6. September bis zum 6. October) geschlossen
blieb. Ich konnte unterdessen gesellschaftlicher Beziehungen
pflegen, welche sich mir im Hause des Tapetenfabrikanten
Bubbers — desselben, der ein Jahr später das Theater mit
übernahm — geboten hatten. Ich traf bei diesem Kunst=
freunde den Theaterdichter Secretär Löwen, der die be=
rühmte Schauspielerin Demoiselle Schönemann geheirathet
hatte, den Postmeister Meyer, Vater des spätern Freun=
des Schröder's, den durch satirische Schriftstellerei be=
kannt gewordenen holsteinischen Secretär Dreyer — und
andere. Auch Herrn Lessing lernte ich später bei Bubbers
kennen.

Im October traf Madame Hensel aus Wien wieder
bei Ackermann's ein. Wir hatten soeben ein sehr günstiges
Anerbieten des Directeurs Koch in Leipzig erhalten, welches
ich nun ablehnte, damit man nicht sagen solle, ich hätte
Hamburg aus Scheu vor der Hensel verlassen. Ackermann
entschädigte uns indessen: er erhöhte unsern Gehalt von
Neujahr 1766 an auf 40 Mark wöchentlich.

Um diese Zeit hatte ich das Unglück, in einem Ballet,
welches ich mit Schröder und dessen Schwester Dorothea
Ackermann tanzte, zu fallen und mir den Fuß zu ver=
stauchen. Ich erfuhr vielfältige Antheilnahme; anonym sandte
man mir sogar eines Tages 24 Stück holländische Dukaten.
Unter den Leuten, welche am beharrlichsten waren sich nach
meinem Befinden erkundigen zu lassen, befand sich der mir
gerade gegenüberwohnende Bancoschreiber Kummerfeld. Hier

hörte ich den Namen des Mannes, der mir einst so wichtig
werden sollte, zum ersten male.

Kaum war ich genesen, als meine Mutter einen Blut=
sturz bekam, der sie an den Rand des Grabes brachte. Sie
lag hoffnungslos — ich mußte den nämlichen Abend im
„Bestraften Betrüger" eine neue Rolle spielen! Vergebens
beschwor ich Ackermann's, mich freizugeben; sie hatten für
meine Stimmung kein Herz. Sie lebten noch alle und
waren gesund, keine Heimsuchung wie zehn Jahre später die
des plötzlichen Todes von Charlotte Ackermann hatte sie
getroffen. Eckhof, der nie genug spielen konnte, bestand
sogar darauf, daß noch ein Nachspiel gegeben werden sollte:
„Herzog Michel", worin er brillirte; allein Schröder, der
allezeit menschlich fühlte, legte sich in's Mittel und arrangirte
ein Ballet, in welchem ich unbeschäftigt blieb. Ich arbeitete
— und wußte nicht, ob ich meine Mutter noch lebend
wiederfände! Kaum war der Vorhang über dem „Bestraften
Betrüger" gefallen, so warf ich meinen Pelz über und eilte
nach unserer Wohnung, welche in der Kleinen Drehbahn,
also sehr nahe war. Noch lebte meine Mutter, aber in
der nämlichen Nacht verschied sie; Karl und ich waren
Waisen.

Wir sollten es bald erfahren, was es heißt, ohne Stütze
und Schutz zu sein. Nicht lange, so erschienen Kritiken —
richtiger Pasquille auf die Ackermann'sche Gesellschaft; wie
ein blinder Maulwurf kroch der unbekannte Schmäher um=
her und verwüstete durch Flugschriften, wie das „Schreiben
an einen Freund über die Ackermann'sche Schaubühne" und
die Antwort darauf „im Namen des Ackermann'schen Lichter=
putzers", außerdem durch Mittheilungen in den „Freyen
Nachrichten aus dem Reiche der Wissenschaften und schönen
Künste" [11] Ackermann's Garten, an dem so lange mit größtem
Fleiße gearbeitet worden war. Nur Eckhof und Frau Hensel

blieben vom Tadel verschont; man hätte sehr kurzsichtig sein müssen, um nicht zu merken, woher der Wind wehte. In der That entpuppte sich auch bald der Secretär Löwen, dem Eckhof sehr den Hof machte, als der Kritikus, dessen ökonomische Umstände ihm die Feder zur Niederschrift von Dingen in die Hand drückten, welche zum Theil am Putz= tisch der Madame Hensel abgeredet wurden. Diese Frau war unstreitig eine tüchtige Schauspielerin, allein sie hatte den Fehler, allein glänzen zu wollen; neben ihr sollte keine gefallen. Wenn ein Stück Erfolg errang in dem sie nichts zu thun hatte, so galt ihr das Publikum für völlig urtheils= los; hatte ein Autor neben der ihr zugetheilten Rolle noch eine zweite dankbare Partie geschaffen, so erklärte sie ihn für einen Stümper. An jungen Actricen, welche neben ihr emporzukommen trachteten, versündigte sie sich geradezu; so auch an mir. Und doch lauschte sie mir mehr als eine Nuance meines Spieles ab; so zum Beispiel copirte sie mich völlig als Sarah Sampson, und wenn ihr der große Lessing in seiner „Dramaturgie" wegen der Sterbescene ein so be= deutendes Compliment macht[12]), so gilt dasselbe eigentlich mir, denn die Hensel ahmte mir sklavisch nach. Leider hatte ich ja Gelegenheit gehabt, die Schauer des Todes an mehr als einem Sterbebette zu studiren! — Madame Hensel be= stahl mich, aber sie trug die Farben stärker auf; nie hätte ich gewagt, als Sarah die Marwood so anzudonnern, den Stuhl zu packen und an die Seite zu schleudern, daß man ungewiß war, ob derselbe der Marwood an den Kopf oder an die Coulisse fliegen würde. Aehnliche Fehler beging sie oft; sie war nicht zufrieden, wenn sie nicht bei jedem Ab= gange ein Donnerwetter von Applaus hörte. Freilich mach= ten dergleichen Schnitzer noch nicht das Ganze schlecht; eine gute Schauspielerin war und blieb sie immer. Sie bildete sich allmählich ganz nach Eckhof, als dessen Schülerin auch ich), aber mit völligem Unrecht (denn ich war schon fertig entwickelt, als ich ihn kennen lernte) galt; ein Irrthum, der sich um so leichter Eingang verschaffen konnte, als Eckhof allerdings mit mir sehr befreundet war. Er hielt große Stücke auf mich und auch ich schätzte den verdienstvollen Künstler, den redlichen Mann, der unserm Stande so große Ehre machte, daß er sogar bei dem Prediger der reformirten Gemeinde, Giraud, einem würdigen Greise von 70 Jahren, täglicher Gast war. „Der Pastor ist mein Freund!" pflegte Eckhof nicht ohne Stolz zu sagen.

Während des ganzen Sommers des Jahres 1766 dauerten die Zeitungsangriffe zum allseitigen Mißvergnügen der ganz in Gährung kommenden Gesellschaft fort; endlich verstummten sie: Herr Löwen hatte an Wichtigeres zu denken. Bald sollte man deutlich einsehen, weshalb so vieles geschrieben worden war: wenn Madame Hensel nach Belieben schalten, alles allein spielen und die Rollen nach Wohlgefallen austheilen wollte, so gab es dazu nur einen Weg: sie mußte Directrice oder zum mindesten Vicedirectrice werden. Dazu sehnte sich Herrn Löwen's Frau wieder nach der Bühne auf welcher sie ehemals geglänzt hatte; Löwen's Ehrgeiz trachtete nach dem Directorate — kurz, der reiche Herr Abel Seyler, der große Patron der Hensel, wurde beredet, mit noch einigen Kaufleuten aus der Stadt das Hamburger Theater zu übernehmen: er that es, aus Liebe zu ihr; ihm schloß sich Herr Bubbers, der seinem frühern Stande (er war einst bei Schönemann Schauspieler gewesen) noch immer sehr gern anhing, mit freudigem Herzen an. Ackermann war die ganze Entreprise verleidet worden; „sie haben mir und meiner Frau alles zum Ekel gemacht", äußerte er gegen mich. „Aber sie werden untereinander schön anlaufen!" — Er sollte recht behalten! — Schulden hatte Ackermann auch; ohne die Maskeraden, welche der Senat gestattet hatte,

wäre es ihm gewiß längst übel ergangen. So sah der ge-
plagte Principal denn hier einen willkommenen Ausweg,
seiner ganzen Last auf einmal lebig zu werden, und ging
willig darauf ein, als die Herren Seyler, Tillemann und
Bubbers sich unter günstigen Bedingungen zur Uebernahme
der Entreprise meldeten. Löwen hatte sich richtig zum Directeur geschrieben; Ackermann und seine Tochter (Schröder
ging nach Mainz) sollten fürder nur simple Schauspieler
sein, Ballete sollten nicht gegeben werden, „weil solche auf
ein regelmäßiges Theater nicht gehörten"; Herr Lessing, als
gutberufener Schauspieldichter, sollte Dramaturg, kurz, alles
ein Nonplusultra sein, und — so wurde es auch. Ich
habe manches in der Welt kopflos und verkehrt anfangen
sehen, aber das Kopfloseste war doch die Art, wie dieses
hamburger Theater errichtet wurde. Nicht stückweis, nein zu
ganzen Hüten voll warf man das Geld aus dem Fenster:
dermaßen thöricht waren die Einrichtungen, welche man traf.

Ich sah voraus, daß die Sache nicht lange währen
würde. Die fortdauernden, wiederholt zum erbitterten Wortwechsel sich steigernden Reibungen mit der Hensel hatten
mich ohnehin verstimmt; all meine Lust zur Komödie war
dahin. Freudigen Herzens dankte ich deshalb, trotzdem namentlich Herr Bubbers mich wiederholt zum Bleiben nöthigte, im
März 1767 ab; Ackermann's Theater wurde mit dem „Ruhm-
redigen", dem Ballet „Cephalus und Prokris" und einer Rede
Ackermann's (s. „Hambg. Adreß-Comtoir-Nachr." von 1767,
Nr. 20) am 6. desselben Monats geschlossen, am 7. erhielt ich
meine letzte Gage und machte mich nebst meinem Bruder
Karl noch am nämlichen Tage auf den Weg nach Leipzig,
zum Directeur Koch, der uns für Agiren und Tanzen ebenso
bezahlen wollte wie Ackermann. Mein Bruder sollte Balletmeister werden: sechs Frauenzimmer, fünf Herren und zwei
Kinder bildeten das Ballet.

Wir erreichten Leipzig nach fünftägiger Reise; außer dem guten alten Vater Koch bewillkommnete uns ein göttinger Bekannter, der nun in Leipzig studirte: der Dichter Daniel Schiebeler. Im allgemeinen ging es etwas bequem bei Koch her; alte Stücke wurden nicht gern probirt. Doch aber bewilligte mir der Principal sogleich eine Stückprobe zur „Cenie", in welchem von Frau Professor Gottschedin übersetzten Stücke ich zum ersten male auftreten sollte; ein von Karl angeordnetes Ballet: „Das Leben der Bauern", worin wir beide tanzten, war zum Beschluß des Abends bestimmt. — Am 22. April sollte nach der Fastenzeit zuerst wieder gespielt werden und zugleich unser Antritt stattfinden.

Das Schauspielhaus war erst am 10. October 1766 mit Schlegel's „Herrmann" eröffnet worden; alles war daher ganz neu und man rühmte mit Recht die Pracht und die täuschende Perspective des Theaters; die Verwandlungen waren nach optischen Regeln entworfen. Besonders gut gingen auch die scenischen Veränderungen vor sich, da die Coulissen nicht mehr aufgezogen, sondern vorgeschoben wurden. Der Besuch war immer zahlreich; am 22. April war das Haus sogar überfüllt und der Beifall groß; zum Schlusse vertheilten wir an die Zuschauer Verse, welche Herr Schiebeler [13]) angefertigt hatte. Mit artigen, in Kupfer gestochenen Verzierungen nahmen sie sich sehr hübsch aus und wurden vom Publikum, dem wir uns damit empfahlen, freundlich empfangen. Als nun gar am 6. Mai des leipziger Dichters Christian Felix Weiße Trauerspiel „Romeo und Julia" — damals noch Manuscript — mit neuen, vortrefflichen Decorationen vom Professor Oeser zuerst gegeben ward und ich die Julia agirte, war mein Sieg gewiß. [14]) Ich spielte diese Rolle binnen acht Monaten zehnmal; dreimal gab ich während meines leipziger Engagements die Sarah

Sampson, und vom 18. November 1767, wo das Stück zum ersten male bei uns aufgeführt ward, bis zum 7. Januar 1768 sechsmal Minna von Barnhelm, welches neue Lustspiel gleich so sehr gefiel, daß wir es durchschnittlich jede Woche einmal vorstellen mußten. Der Principal war mir auch dankbar: da während der Messe in Leipzig täglich Komödie stattfand und es hergebracht war, daß die Acteurs eine Extravergütung erhielten, bemaß der alte Vater Koch mein Meßgeschenk besonders reichlich. Die Herren Studirenden waren bald, wie vordem in Göttingen, meine besondern Freunde; mehr als einer unter ihnen widmete mir Verse; auch Daniel Schiebeler besang meine Kunst. Viele dieser Gedichte habe ich in ein Foliobuch [15]) geschrieben: die Lobeserhebungen machten jedoch wenig Eindruck auf mich, da Herr Kummerfeld aus Hamburg mir bereits seine Hand angetragen hatte, was aber zunächst noch Geheimniß blieb. So beliebt wurde ich endlich in Leipzig, daß der Director der Zeichenakademie, Herr Professor Oeser, sich herbeiließ, mich zu malen, und zwar als Julia in „Romeo und Julia". Ich gerieth mit dem wunderlichen Künstler über das Bild in Zwist: in einer Stelle aus dem großen Monologe sollte ich dargestellt werden; nun wollte ich gemalt sein bei den Worten: „Komm glücklicher Trank, du sollst mich mit Romeo vereinigen." Oeser aber wählte den Ausruf Julia: „Mit dem Romeo —!" bei dem sie im Begriff ist, den Schlaftrunk zu nehmen. Es wurde mir sehr schwer, bei diesen abgebrochenen Worten, die ein Blick voll Entzücken begleiten mußte, in der richtigen Attitüde zu bleiben, doch Oeser bestand auf seinem Kopfe. Sein Gemälde [16]) sollte auch von Herrn Bause, der soeben erst in einem wohlgetroffenen Bildniß des Herrn Professor Gellert seine Kunst gezeigt hatte, in Kupfer gestochen werden — eine Ehre, die ich mir indessen verbat.

Als solchergestalt mein Ruhm als deutsche tragische Actrice wuchs, wünschten zu meiner großen Genugthuung auch die Entrepreneurs des hamburger Theaters meine Zurückkunft. Herr Bubbers bot vortheilhafte Bedingungen, allein lieber wäre ich zum ersten besten Budenprincipal gegangen als . . der großen hamburger Entreprise. Nein, ich spürte kein Verlangen danach, unter Madame Hensel's Vicedirection zu stehen, welche sich mit niemand, nicht einmal mit einem so kenntniß= und verdienstreichen Manne wie Herrn Lessing, vertragen konnte. Richtig ging denn auch in Hamburg alles den Krebsgang, trotz der großsprecherischen „vorläufigen Nachricht von der vorzunehmenden Veränderung des ham= burger Theaters", welche Herr Löwen ganz ohne Ueber= legung prahlerisch in die Welt geschrieben hatte und die Manchen, der anderswo gut situirt war, zu seinem Schaden nach Hamburg lockte. Nirgends herrschte Ordnung; eine Narrheit nach der andern wurde begangen, und — wie immer, wo solche heillose Verwirrung herrscht — kehrte Un= friede im höchsten Maße bei den Acteurs ein. Viel hatten die Vernünftigen zu thun, den Frieden nur noch vor der Welt aufrecht zu erhalten; aber heimlich? Du lieber Himmel! Schöne Dinge berichteten mir meine hamburger Freunde darüber!

Inzwischen war ich in Leipzig desto glücklicher; meine Beliebtheit wuchs; ich spielte tragische Rollen, arbeitete in Gellert's Lustspielen sowie in Schiebeler's und Weiße's Singstücken, zu denen Herr Hiller die Musik gesetzt hatte, und tanzte Ballet. Wie gern man mich sah, wies sich erst aus, als ich, da der Zeitpunkt meiner ehelichen Verbindung mit Herrn Kummerfeld inzwischen herbeigekommen war, am 24. Februar 1768 zum letzten male auftrat. Man gab mir in Oertel's Hause ein Souper; einige dreißig Personen waren zu Tische, darunter Herr Professor Clodius, der mir ein Blatt, welches er auf meinen Abschied hatte drucken lassen, überreichte. (Vgl. den „Gothaischen Theaterkalender", 1775, S. 12.) In äußerster Bewegung saß ich da — man hatte mir als Braut den ersten Platz bei Tische gegeben; beziehungsvoll reichte mir ein kleiner Amor auf dem Tafel= aufsatze die Verse entgegen:

Zur Ehre des Geschmacks, zum Ruhm der Deutschen Bühne
Bewundert und geliebt leb' uns're Caroline!

Auch in die Zeitungen — selbst in den weit in die Welt gehenden „Hamburgischen Correspondenten", den damals Herr Licentiat Albrecht Wittenberg besorgte — ward es mit sehr schmeichelhaften Worten eingerückt, daß ich den Schauplatz gänzlich verlassen würde. („Hamburgischer Corre= spondent", 1768, Nr. 18, vom 30. Januar.)

Am 26. Februar, früh 5 Uhr, reiste ich nun von Leipzig ab; Herr Professor Clodius, Herr Schiebeler, mein Bruder und einige Schauspieler begleiteten mich noch eine kleine Strecke Weges zu Pferde. Wohlbehalten erreichte ich Braunschweig, wo ich bei lieben Freunden kurze Rast hielt. Es war französische Komödie in dem Orte; wir besuchten sie am Schalttage, man spielte den „Galerensklaven". Daß ich im Theater war, konnte, da so viele Leute mich von früher her kannten, nicht verborgen bleiben. Die Herren Pro= fessoren Zachariä und Ebert sowie auch der zufällig an= wesende Herr Lessing traten im Parket zu mir und bewill= kommneten mich. Der Herzog Karl Wilhelm Ferdinand, ein großer Liebhaber der Komödie, hatte mich kaum erblickt, als er mir gnädig mit der Hand winkte und leutselig nickte; Zachariä sagte: „Sehen Sie, liebe Schulzin, daß man Sie hier nicht vergessen hat?" Und als die Acteurs so trefflich spielten, daß alles was Hände hatte lebhaft applaudirte,

meinte Lessing scherzend: „Unsere Franzosen greifen sich ja
heute besonders an! Sicherlich wissen sie daß die Schulzin
da ist!" — „Freilich!" fiel Zachariä ein; „ich bin auf
dem Theater gewesen und hab's ihnen gesagt!"

Wie gern ich auch in Braunschweig verweilte: es trieb
mich doch nach Hamburg zu meinem Bräutigam. Am 5. März
schloß ich ihn in meine Arme — sechs Wochen später,
und Kummerfeld ward mit mir — am 12. April 1768 —
durch den Segen der Kirche verbunden. Die ruhige Aus=
sicht für mein Alter mußte mich heiter, die Rechtschaffenheit
meines Gatten ganz glücklich machen. Wahre Liebe kettete
mich an den allgemein geehrten Mann, die Gefühle auf=
richtiger Zuneigung wurden nicht beeinträchtigt durch die
Jahre Kummerfeld's, welcher am 2. December 1723 ge=
boren, mithin bedeutend älter war als ich. Strenge erfüllte
ich meine häuslichen Pflichten; die Bühne schaute ich nur
noch von fern an.

Im Frühjahr 1772 erhielt ich Briefe von meinem
Bruder, der mir anzeigte, daß er von Koch abgegangen und
als Balletmeister beim Principal Abel Seyler angestellt sei,
der zu Weimar am herzoglichen Hofe engagirt war. Karl
befand sich noch nicht lange in dieser Residenz, als ihn die
regierende Fürstin Anna Amalie, welche uns als junge
Prinzessin oft auf dem Theater ihrer Vaterstadt Braun=
schweig gesehen hatte, um mein Schicksal befragte und ihm
ihr Porträt für mich schenkte. „Grüßen Sie Ihre Schwester
von mir", hatte sie hinzugesetzt, „und ich hoffte, daß sie
beim Anblick des Porträts neugierig würde, das Original
einmal wiederzusehen!" Die Gnade der Herzogin ent=
zückte mich, und wirklich unternahmen wir im Frühjahr
1773 die mühselige Reise von Hamburg nach Weimar.

Wir kamen durch verschiedener Herren Länder, fanden
aber wenig glückliche Unterthanen, da Ueberschwemmungen

und Miswachs bittere Armuth erzeugt hatten. Allgemein beneidete man uns, daß wir nach Weimar reisten; „ein gesegnetes Land", rief man aus; „das einzige, welches dank der Fürsorge der durchlauchtigsten Regentin keine Noth gelitten hat". Wirklich wurden die Gesichter der Menschen heiterer und gesunder, als wir das weimarische Land betreten hatten. Wir hörten vollkommen bestätigen was man uns zuvor gesagt. „Die Herzogin liebt uns wie ihre Kinder", riefen die Unterthanen. „Wenn nur einst unser Herr Erbprinz in die Fußstapfen seiner Mutter tritt!"

Wie freute ich mich darüber — denn innig verehrte ich die hohe Frau. Auch sie hatte mich lieb: gleich am Tage nach meiner Ankunft in Weimar ließ sie mich rufen. Welchen Charakter lernte ich in ihr kennen! Ich sagte ihr, was ich unterwegs vernommen. „Ach!" seufzte sie, „auch bei den besten Wünschen, alle glücklich zu wissen, kann man es nicht jedem recht machen!" — „Ew. Durchlaucht Unterthanen", entgegnete ich, „haben nur den Wunsch, daß der Erbprinz einst in Ihre Fußstapfen trete!" — „Wir wollen hoffen!" sagte sie mit einem Blick aus der Fülle des Herzens. „Karl August ist jung, feurig; an mir soll's nicht fehlen, auch nicht an seiner Erziehung." — Dann war sie so herablassend, mir alle Pretiosen zu zeigen, welche sie in ihrem Cabinet hatte. Auf den mittelsten Stein ihres Brillanthalsbandes weisend sagte sie: „Dieser ist ein Geschenk meines seligen Herrn. Es sollte meine Wochengabe sein zu meinem Konstantin. Als der Herzog erkrankte, rief er mich an sein Bett und sagte: «Nimm, Amalie. Ich wollte dir den Juwel in dein Kindbett schenken; weil ich aber doch bis dahin nicht mehr leben werde, so will ich mir die Freude machen, ihn dir selbst zu geben.»" Hier schwieg die Fürstin, eine Thräne trat in ihr Auge. Endlich fuhr sie fort: „Auch hat er den Tag meiner Entbindung nicht mehr erlebt. Mein Konstantin war bei seiner Geburt ein elendes Kind, aber Gott hat ihn mir erhalten — und das Gebet meiner Unterthanen, und die Medici. Nun sieht er gesünder und hübscher aus, als mein Erbprinz." — Beide Prinzen sah ich am Abend im Hofcirkel, wo sie mit der Mutter ein Concert spielten.

Schweren Herzens nur trennten wir uns, als Kummer= feld endlich nach Hamburg zurückkehren mußte, von dem freundlichen Weimar; beim Abschied reichte mir die Herzogin einen Ring und eine Tabacksdose zum Andenken. Es hätte dieser äußern Zeichen nicht bedurft, um Anna Amalia's Bild tief in mein Herz zu prägen. Leider fand niemand von uns Gelegenheit, seine Anhänglichkeit an die edle Frau thätig zu beweisen, außer meinem Bruder Karl, der 1774 bei dem Schloßbrande zu Weimar Leib und Leben in die Schanze schlug und sich so verletzte, daß er seine Kunst als Tänzer nicht ferner ausüben konnte. Mich selbst aber, als meines Gatten Tod meinem ganzen Leben eine andere Richtung gegeben hatte, zog es unwiderstehlich her nach Weimar, wo ich als alte Frau diese Blätter schreibe und wo man mich wol dereinst begraben wird.

*   *   *

Für den Leser, welcher Karoline Kummerfeld durch das „weite unabsehbare Feld von Kummer" wie sie einmal selbst ihr Leben nennt, bis hierher begleitet hat, bleibt nur noch wenig nachzutragen. In den Jahren 1792—95, um ihr funfzigstes Lebensjahr, schrieb sie ihre Denkwürdigkeiten nieder; 20 Jahre später, am 20. April 1815, starb sie, 70 Jahre alt. Sie hat selbst ihre Grabrede verfaßt, welche, in Ermangelung eines katholischen Gotteshauses, in der protestantischen Haupt= kirche zu Weimar verlesen wurde.

Karoline Kummerfeld muß namentlich im Lustspiel Her=
vorragendes geleistet haben, wie alle Urtheile schließen lassen,
welche uns über sie erhalten sind. Löwen nennt ihren Ton
„in ernsthaften Rollen ohne Affect bisweilen zu gedehnt,
und am unrechten Orte feierlich"; Meyer wirft ihr im
Trauerspiel „gespreiztes Weisen, Tänzermanieren, Aufwerfen
der Lippen und gänzlichen Mangel des wahren Tons der
Zärtlichkeit" vor und behauptet: „nur ihre Jugend, ihre
Lebhaftigkeit, ihr Talent für Zofen und muntere Rollen,
ihr Tanz, ihre Mannichfaltigkeit und der Vortheil, eine Zeit
lang keine gefährliche Nebenbuhlerin zu haben", hätten ihr
den Beifall erwerben können, den sie bis zu ihrer Abreise
von Hamburg genoß. Ein Urtheil, welches auffallend scharf,
ja, wenn man andere Stellen desselben Autors vergleichend
herbeizieht, unbegreiflich erscheint. Daß sie bei ihrem Ab=
gange von Ackermann's Theater „heftig beklatscht" wurde,
erzählt er selbst; bei Eröffnung des Theaters am Gänse=
markte, 1765, stellten die „Unterhaltungen" sie und Eckhof
als „beste deutsche Acteurs" in gleichen Rang; der „Ham=
burgische Correspondent" gedenkt der Künstlerin wiederholt mit
warmen Worten, ja, er bemerkt (1766, Nr. 178) es sei
für die neue Entreprise „kein guter Anfang, wenn man
einer der besten Schauspielerinnen, die man auf alle Weise
zu behalten suchen sollte, den Abschied giebt." Auch das
leipziger Publikum nahm die Kommende herzlich auf und
überschüttete die Scheidende mit Beifall; außerdem besitzen
wir die unanfechtbaren Zeugnisse eines Goethe und Clodius,
von denen der erstere „ihre Bewegungen und Recitation
vielleicht zu scharf" findet, aber sie waren doch „durch die
Anmuth der Jugend gemildert". Der „Gothaische Theater=
kalender" von 1792 sagt, als das Eigenthum der „ehemals
berühmten Actrice sei Munterkeit, Naivetät, Drolligkeit,
Muthwille auf der einen, der Enthusiasmus der Liebe und

der höchste Schmerz des Trauerspiels auf der andern Seite betrachtet worden"; erwägt man, daß das Talent der Schulze erst in Leipzig zur Blüte gelangte, so dürfte man geneigt sein, dieses Urtheil für erschöpfend zu halten. Die kritischen Bemerkungen, welche sich in der Handschrift finden, sind verständig und lassen deren Verfasserin jedenfalls als eine „denkende Künstlerin" erscheinen.

Von Person war Karoline Schulze „klein und ziemlich stark; sie weiß sich vortheilhaft zu tragen; ihre Gesichtszüge und Stimme hat sie ziemlich in ihrer Gewalt" (Löwen). Schütze nennt ihre Figur „lebhaft und leicht tändelnd", Goethe schildert sie als „nicht groß, aber nett; schöne schwarze Augen und Haare". Spaßhafterweise spielt hier dem Dichter sein Gedächtniß einen Streich: Karoline Schulze hatte ihrer eigenen detaillirten Personalbeschreibung zufolge „dunkelbraunes langes starkes Haar, das ihr bis an die Hälfte der Waden reichte; die Augen blau und voll Feuer aber nicht groß, doch sagen konnten sie was sie wollten. [17]) Groß von Person war ich nicht, doch auch nicht von denen ganz kleinen". So (und noch weit genauer) schilderte die vormalige Schauspielerin ihre Reize, als diese längst verblüht waren.

„Dem Mimen flicht die Nachwelt keine Kränze." Die künstlerischen Gebilde der einst so gefeierten Darstellerin sind vergessen, ihr Gedächtniß verschollen. Aber doch lebt ihr Name noch und zwar sogar weit jenseits der Grenzen unsers Vaterlandes — lebt in Verbindung mit einem Mittel gegen Flechten und Sommersprossen! Das „Kummerfeld'sche Waschwasser" — das ist das Loos des Schönen auf der Erde! — ist Leuten bekannt, die von Karoline Schulze und deren Wirken als Künstlerin keine Ahnung haben. An der Schwelle ihrer Tage ließ diese das Recept zu einem Schönheitsmittel in den Händen des Besitzers der Weimn muß!

Hofapotheke; die Enkel desselben bereiten das „Wasch= wasser" bis auf den heutigen Tag. Weit hinaus geht es in alle Lande und verkündet den Namen einer Frau, die vermöge ihrer makellosen Sittlichkeit, Treue und Tüchtigkeit wol ein besseres Loos verdient hätte als das trübe, welches ihr gefallen ist.

————

Anmerkungen.

1) „Karoline Schulze ist dasjenige Mitglied der leipziger Bühne, welches vor allen die Aufmerksamkeit der Goethe-Freunde verdient, da Goethe selbst ihr vor allen die meiste zugewendet hat." Biedermann, Goethe und Leipzig, I, 127.

2) Mit diesem Urtheil übereinstimmend berichtet Meyer, Schröder's Leben, I, 296: „Madame Kummerfeld, als Karoline Schulze hochgefeiert, trat am 11. Julius in Weißens «Romeo und Julia», ihrem ehemaligen Triumph, wieder auf. Ihr Beifall war der nämliche nicht mehr. Vielleicht weil die Zeit sichtbarer mit ihr fortgegangen war, als sie mit der Zeit. ... Schröder konnte sich daher nicht widersetzen, als seine Freundin im November 1778 darauf bestand, Hamburg zu verlassen." Danach ist Biedermann zu berichtigen, der den 11. August als Tag ihres Wiederauftretens angibt und hinzusetzt: „Auch diesmal erreichte sie den frühern Erfolg." — In ihr sorgfältig geführtes Rollenregister hat Karoline Schulze unterm 10. Juli 1777 folgenden Stoßseufzer eingetragen: „Ich mich auf das Neue bei Madame Ackermann engagirt, nachdem ich 9 Jahre 4 Monat 3 Wochen davon entfernt gewesen. Gütiger Gott, gieb mir die Kräfte, daß ich mit Ehren die neue Laufbahn meines Lebens betrete; laß mich nicht zu Schanden werden, laß mich kein unnützes Geschöpfe sein! Nicht großen Ruhm, nein, Gott! sondern nur so viele Geschicklichkeit wieder, daß mich die Menschen nicht wider Willen sehen, und, Gott! gieb doch Friede! Einigkeit! Daß ich nicht in beständiger Trauer die noch übrigen Tage meines hinfälligen Lebens zubringen muß!

Amen!" — Und am 11. Juli schrieb sie: „Romeo und Julie:
Julie. — Dank Dir, Gott! Daß dieser Tag vorbei ist. Wer
hat jemals das empfunden, was ich den Tag litt!"

3) In denselben stehen Luise Herber, Juliane Wieland, Ulrike
und Ottilie von Pogwisch, die Comtessen Egloffstein u. a. als
Schülerinnen verzeichnet.

4) Vom Herausgeber der hamburger Stadtbibliothek überwiesen. Die Blätter waren eingeschlagen in einen Bogen, auf
welchem sich von Karoline's Hand die Bemerkung fand, daß „Alles
was zum Theater gehöre, noch deutlicher abgefaßt sei" in einer
zweiten, mit der im Vorstehenden benutzten offenbar parallel
laufenden Handschrift, betitelt: „Karoline Kummerfeld geborene
Schulze, wahre Geschichte meines theatralischen Lebens. Weimar
1793." — „Als ich diese Geschichte schrieb", fügt die Kummerfeld hinzu, „glaubte ich nicht, noch so lange zu leben und eilte,
mithin ist manches nicht so wörtlich auseinander gesetzt wie in
dem andern Werke, das ich hoffte im Jahre 1793 herausgeben zu
können." Diese zweite Handschrift aufzufinden, hat bisher leider
noch nicht gelingen wollen.

5) „Von der einst gefeierten Schauspielerin, die Goethe einst
zu Gedichten begeisterte, wußte die Goethe-Literatur bisher wenig
zu sagen; ein Lebensbeschreiber Goethe's fertigte sie kurz mit der
Erwähnung ab, daß sie schwarze Augen und Haare gehabt, was
nicht einmal wahr ist." Biedermann, a. a. O., I, 133.

6) Daher vielleicht der Irrthum in den meisten Gothaischen
Theaterkalendern sowie bei Biedermann und Schütze (Hamburger
Theatergeschichte, S. 318), die Geburt der offenbar frühreifen Schau-
spielerin in das Jahr 1743, statt 1745 zu verlegen.

7) Vgl. Meyer, „Schröder's Leben", I, 75.

8) „Karoline Schulze trat am 31. August in der «Iphigenia»
auf." Meyer, a. a. O. — Natürlich war es nicht Goethe's Ge-
dicht, sondern „ein aus dem Französischen des Racine übersetztes
Schauspiel, so wie es in der zu Leipzig bey Breitkopfen durch den
Herrn Professor Gottsched an's Licht gestellten Schaubühne anderem
Theile befindlich" war.

9) „Der Bruder, kein schlechter Tänzer, taugte zum Schauspieler nicht. Aber der Fleiß, die Unverdrossenheit, die Sittlichkeit
beider Geschwister ließ nichts zu wünschen übrig." Meyer, a. a. O.

Schröder selbst bezeichnete Karl Schulze als „tüchtigen Tänzer".
Biedermann nennt seinen Tanz „zu leidenschaftlich; weniger noch
leistete er als Schauspieler und Sänger. Von seinen Ballet=
entwürfen sind einige veröffentlicht, zum Beispiel „Ibris und
Zenide". Auch seiner erinnerte sich Goethe im Alter noch sehr
wohl; er nennt ihn neben seiner Schwester, Werke in 40 Bänden,
XXVII, 477.

10) Meyer erzählt die Ursache von Schröder's Verhaftung anders.

11) Nach der Aufführung der Operette „Basilio und Quiteria",
einer Jugendarbeit Schiebeler's, erschien in den „Freyen Nach=
richten" von 1766, St. 17, ein Artikel über Karoline Schulze,
der „alle Grenzen der Freiheit überschritt die einer Recension zu=
kommen" wie Schiebeler (vgl. „Hamburgische Correspondent", 1766,
Nr. 94) in einer sehr entschieden gehaltenen Abwehr sagt. —
1766 in Nr. 207 nennt der „Correspondent" Löwen geradezu den
„Verfasser und ewigen kleinen Helden" der „Freyen Nachrichten";
Streiflichter, welche wohl geeignet sind, die Richtigkeit der Kummer=
feld'schen Darstellung zu belegen.

12) Dramaturgie, 13. Stück, letzter Absatz. Man kann übrigens
sehr zweifelhaft sein, ob das dort von Lessing über Frau Hensel
Gesagte wirklich ein Compliment, oder nicht vielmehr ein unter ironischer
Form versteckter Tadel ist. — Löwen (in den im Texte angeführ=
ten Flugschriften) bemerkt über die Darstellung der Sarah Sampson
durch Karoline Schulze: „Sie macht die Sarah in einigen Auf=
tritten ungemein gut, andere aber, insonderheit solche, worin Lessing
sie viel beclamiren läßt, mislingen ihr. Doch, dies ist vielleicht
mehr ein Fehler des Stücks als der Schauspielerin."

13) Daniel Schiebeler, geboren 1741 zu Hamburg, ging 1763
nach Göttingen, 1765 nach Leipzig, erwarb dort am 3. März 1768
die juristische Doctorwürde und ward dann zum Kanonikus des
hamburger Domkapitels erwählt. Er starb am 19. August 1771.
Eschenburg gab 1773 bei Bode in Hamburg seine „Auserlesenen
Gedichte" heraus; von seinen Bühnenstücken ist die von Hiller
componirte Oper „Lisouart und Dariolette" am bekanntesten.
Schiebeler, einer der Hauptmitarbeiter an den 1766 von Eschen=
burg gegründeten hamburger „Unterhaltungen", hat die Briefe
über das leipziger Theater für dieses Blatt geliefert; außerdem
sind dort die Gedichte abgedruckt, deren die Kummerfeld gedenkt

und welche sich zum Theil in ihrer Handschrift vorgefunden haben. So bringen die „Unterhaltungen", III, 370, die Verse, welche die Geschwister Schulze am Abend des 22. April 1767 austheilten; der „Hamburgische Correspondent" von 1767, Nr. 80, druckt dieselben nach mit der Bemerkung, daß „das Andenken der Schauspielerin, welche sie angehen, den Freunden des Theaters in Hamburg noch immer lieb und werth" sei. Ferner veröffentlichten die „Unterhaltungen" zuerst die auch von Eschenburg in Schiebeler's „Auserlesene Gedichte" aufgenommenen „an Dlle. K. Schulze" gerichteten Poesien; eine „Ode" und eine Erzählung: „Ines de Castro." In seiner Vorrede hebt Eschenburg den Namen der Kummerfeld hervor als den einer „hamburger Freundin, deren Umgang dem seligen Schiebeler ungemein schätzbar und vortheilhaft war". Nur eine in unbestrittener Achtung stehende Frau konnte öffentlich so ehrend genannt werden.

14) Goethe erinnert sich genau „des lebhaften Eindrucks, den Demoiselle Schulze machte .... sie zog uns in die Bühne, so oft sie spielte. Ihre Darstellung von «Romeo und Julia» von Weiße ist mir noch ganz gegenwärtig, besonders wie sie in dem weißen Atlaskleide aus dem Sarge stieg und sich sodann der Monolog bis zur Vision bis zum Wahnsinn steigert. Wenn sie die Ottern, welche sie an sich hinaufkriechend wähnte, mit lebhafter Bewegung der Hand wegzuschleubern schien, war ein unendliches Beifall-klatschen ihr Lohn". Auch Schiebeler („Unterhaltungen", IV u. V) urtheilt von der „Julia" der Schulze mit großer Wärme; ebenso von deren „Minna".

15) Dieses ist leider verloren gegangen. Unter denen, welche Karoline Schulze besangen, war auch Goethe, in dessen Gedichten an diese Schauspielerin Biedermann (a. a. O.) „neben denen an Corona Schröter die ältesten gedruckten Gedichte Goethe's überhaupt" sucht, wobei freilich die zu Anfang des Jahres 1766 in den Frankfurter „Sichtbaren" gedruckten „Poetischen Gedanken über die Höllenfahrt Christi" nicht übersehen werden dürfen. Dagegen ist Biedermann's Vermuthung, daß Goethe „in den Häusern, in welchen Karoline Schulze aus- und einging, mit ihr zusammentraf", um deswillen kaum glaubhaft, weil in der Handschrift, obgleich diese zu Weimar und als Goethe schon berühmt war entstand, des Dichters mit keiner Silbe erwähnt wird.

16) Dasselbe war bis 1865 im Besitz des Hofapothekers Hoff=
mann zu Weimar, welcher es damals dem Freiherrn von Biedermann
gegeben hat. — Frau von Goethe, als Ottilie von Pogwisch Schülerin
in Frau Kummerfeld's Nähstunden, erzählte dem Herausgeber, daß
das in einem abgesonderten Cabinetchen über einer Art von Altar
nebst noch andern Andenken aus verflossenen Schauspielertagen
sorgfältig verwahrte Bild besonders fleißigen und artigen Kindern
als Extrabelohnung bisweilen gezeigt worden sei, wobei die Alte
sich stets mit wunderlicher Geheimnißkrämerei phantastisch be=
nommen habe.

17) Dieser Irrthum Goethe's könnte der indirecte Beweis sein,
daß er die Schauspielerin Karoline Schulze nie anders als auf
der Bühne sah, denn von fern und bei Lampenlicht erscheint
braunes Haar schwarz und blaue Augen sehen wie dunkle aus.

Druck von F. A. Brockhaus in Leipzig.

www.ingramcontent.com/pod-product-compliance
Lightning Source LLC
Chambersburg PA
CBHW032311280326
41932CB00009B/770